Karl Hiersemann

Architekur, Ornamentik, Innendekoration, Möbel

Karl Hiersemann

Architekur, Ornamentik, Innendekoration, Möbel

ISBN/EAN: 9783743363199

Hergestellt in Europa, USA, Kanada, Australien, Japan

Cover: Foto ©ninafisch / pixelio.de

Manufactured and distributed by brebook publishing software (www.brebook.com)

Karl Hiersemann

Architekur, Ornamentik, Innendekoration, Möbel

ARCHITEKTUR
ORNAMENTIK
INNENDEKORATION MOEBEL
etc.

einschliesslich der vom Architekten
HEINRICH MÜLLER in BREMEN
hinterlassenen Bibliothek.

IN LEIPZIG,
Königsstrasse 2.
SPECIAL-BUCHHANDLUNG
für
KUNST UND KUNSTGEWERBE.

CATALOG No. 108.

1893.

Architekt Heinrich Müller in Bremen.

Das Lebensbild des Mannes, dessen Bücherschänke wir unserer Sammlung eingereiht haben, scheint uns in seiner Schlichtheit und Vollendung bedeutsam genug, um hier in den Umrissen in weitere Kreise getragen zu werden.

Ist es doch jedem leicht die Umrisse zu füllen, um zu erkennen, wie sicher und vollendet der Baumeister sein eigenes Leben aufgebaut hat, auf dem festen Fundament der bürgerlichen, strengen, dreijährigen Lehrzeit als praktischer Maurer.

„Willst Du das Wesen der Dinge erschauen, musst Du die Steine selber behauen".

Seine Wanderjahre führten ihn nach Riga, Kopenhagen, München und Berlin.

Das Heimweh brachte des Zweiundzwanzigjährigen im Jahre 1841 wieder nach seiner Vaterstadt zurück, freilich, um ihn erkennen zu lassen, dass dort noch das Feld zu sehr eingeengt sei für seine rastloses Schaffen verlangende Natur.

Der grosse Hamburger Brand im Jahre 1842 eröffnete ihm ein weites Thätigkeitsgebiet und seine dortige fünfjährige Arbeit hat mächtig an seiner Entwicklung und Vervollkommnung beigetragen.

Die Anhänglichkeit an seine Vaterstadt, ein Grundzug seines liebenswürdigen Wesens, liess ihn im Jahre 1847 in Bremen seinen dauernden Aufenthalt nehmen.

Ein innerer Zug führte ihn zur Erkenntniss, dass sich dort seine ganze Schaffensfreudigkeit entfalten würde zur Umgestaltung und Verschönerung der Stadt.

Die stolzen öffentlichen Bauten, wie die neue Börse, der Saalbau am Dom sind Zeugen seines Könnens. Die Liste der von ihm ausgeführten Privatbauten ist lang, doch bietet sie mehr als lokales Interesse und die Gerechtigkeit verlangt, dass wir wenigstens den hauptsächlichsten einige Zeilen widmen: Hillmanns Hotel, das Haus des Herrn v. Kapf am Osterdeich, die Häuser der Herren Wätjen, Fritze, L. v. Kapf, Haches, des Bürgermeisters Lürman, des Consuls Lürman, Georg Melchers, des Consuls H. H. Meier, Senators Nielsen, C. Melchers, J. Fritze, F. Schütte, und den Häuserblock am Wandrahm; von Landhäusern erwähnen wir: die der Herren Wätjen und Haches in Blumenthal; in St. Magnus, die Lürmans; in Syke, die Finke'sche Villa; in Harzburg, die des Consuls Meier.

Im Jahre 1873 war es ihm vergönnt, das Land zu sehen, nach dem sich jedes Künstlerherz sehnt. Der deutsche Gesandte H. v. Keudell, den er bei Anwesenheit König Wilhelms in Bremen kennen gelernt hatte, nahm ihn gastfreundlich auf. Der Blick von seinem Zimmer auf das gewaltige Kolosseum und die Ruinen des alten Roms spornte ihn zu neuem Eifer an und seine Arbeitslust wurde von Neuem ausserordentlich. In diese Zeit fällt der Bau der Börse in Königsberg, das Logengebäude Friedrich Wilhelm z. Eintracht, Ecke Gögestrasse und Wall, die zahlreichen Konkurrenz-Entwürfe, worunter preisgekrönte.

Später erfolgte seine Ernennung zum ordentlichen Mitgliede der Königlichen Künste in Berlin und Ordensverleihungen. Noch schuf er das Museum und die Remberti-kirche in Bremen, die Kirche in Obersneuland, das Auswandererhaus in Bremerhaven. Seine letzten Werke waren vor allem die Anregung der Wiederherstellung der Domthürme, der Ansichtsthurm im Bürgerpark, das Zollgebäude an der Kaiserstrasse, Entwürfe zur Stadtbibliothek, Stadthaus u. a. m. Einen Titel hat er nie gehabt, er starb unter dem schlichten Namen Heinrich Müller, am 9. März im Jahre 1890.

KARL W. HIERSEMANN
BUCHHAENDLER UND ANTIQUAR
LEIPZIG
KÖNIGSSTRASSE No. 2.

Zeitschriften.

M. Pf.

1 **The American Architect** and Building News. Vols. 1—20. With upw. 4000 plain and coloured plates. 4. Boston 1876—86. Leinwandbde. (Ladenpreis in America 200 Dollars = 900 Mark.) — Fast alle Bände sind vergriffen und complete Serien sehr selten. 900 —
  Diese reich illustrirte, vorzügliche Publication sollte in keiner grösseren Kunst-Bibliothek, noch in derjenigen bedeutender Architekten fehlen. Amerikanische Bauten (Kirchliche u. Profan-Architektur) u. die damit zusammenhängenden Kunst-Gewerbe, sowie Sculptur, Ornamentik etc. sind alle und in characteristischer Weise berücksichtigt.

2 **Annales de l'académie d'archéologie de Belgique.** Années 1865—80. 16 vols. Avec beaucoup de planches etc. Anvers 1865—80. (200 fr.) broch. 100 —
  Enth. grössere Abhandlungen über röm. Alterthümer, kirchliche u. profane Kunstgesch. des M.-A., Genealogie, Geschichte. — Die obigen Bände umfassen die 2. Serie vollständig u. 3. Serie, Tome 1—6.

3 — **de la société d'archéologie de Bruxelles.** Mémoires, rapports et documents. Tome III et IV. Av. un grand nombre de pl. photolith. et d'illustr. Brux. 1889—90. 28 80

4 — **de la société histor., archéolog. et littéraire de la ville d'Ypres** et de l'ancienne West-Flandre. 9 vols. Av. un grand nombre de planches. Ypres 1861—80. 60 —

5 **Anzeiger für Schweizerische Geschichte u. Alterthumskunde.** 14 Jahrgge. Mit vielen Tafeln u. Generalregister. Lex.-8. Zürich 1855—68. — Berichte der antiquar. Gesellschaft in Zürich. 1. Jahrg. Mit Tafeln. Zürich 1868. 25 —

6 — **für schweizer. Alterthumskunde.** Jahrg. 2—18. Mit vielen Tafeln. 4. Zürich 1869—85. Z. Th. vergriffen und selten. 26 —

7 **Archaeologia,** or miscellaneous tracts relating to Antiquity, published by the Society of Antiquaries of London. Complete set from the beginning in 1770—1890, being vols. 1—51 and vol. 52, part 1, with Index to vols. 1—50. With a large number of woodcuts, plain and coloured plates. 4. London 1770—1890. Bd. 1—9 in Hfz. u. Frzbd. 10—35 brosch. u. 36 bis Schluss in Lwdbdn. (Neupreis circa 1850 M.) Theilweise vergriffen. 900 —

8 — — Vols. 38—49. With a large number of woodcuts, plain and coloured plates. 4. London 1860—1886. cloth. (ca. 650 M.) 450 —

9 **Archief voor Nederlandsche Kunstgeschiedenis.** Verzameling van meerendeels onuitgegeven Berichten en Mededeelingen, door Fr. D. O. Obreen. T. I—V. mit lith. Tfln. Rotterdam 1877—83. kl.-4°. (90 M.) br. 68 —

10 **Archives de l'art français;** recueil de documents inédits relat. à l'hist. des arts en France. Publ. sous la direction de Chennevières et de Montaiglon. 6 vols. Paris 1851—61. d.-toile. 40 —

Karl W. Hiersemann in Leipzig, Königsstrasse 2. Catalog 109.

1

M. Pf.

11 **Archives des Missions scientif. et littér.** Choix de rapports et instructions publ. sous les auspices du Ministère de l'Instruction publ. et des beaux arts. 1. série. 8 vols. — 2. série. 7 vols. — 3. série. 12 vols. — En tout 27 vols. Avec planches noires et color. Paris 1850—85. Schönes Ex. in gleichmässigen Halbmaroquinbdn. 5 Bde. brosch. Vollständige Ex. sind selten. 360 —

12 **L'Art.** Revue illustrée. Rédacteur en chef: E. Veron. De l'origine 1875—1887. In fol. Avec un grand nombre d'illustrations (environ 800 eaux-fortes). Hfrz. Ladenpr. 1400 fr. ungeb. Vollst. Reihe; wohlerhalten. 580 —
   Die Einbände dürften nahezu 800 Mark gekostet haben.

13 **l'Art ornemental**, revue hebdomadaire illustrée, red. p. G. Dargenty. 4 années (Série complète). Av. un grand nombre d'illustr. fol. Paris 1883—86. 16 —

14 **l'Art pour tous.** Encyclopédie de l'art industr. et décoratif, publ. par E. Reiber et Cl. Sauvageot. Année 1—29, 3032 planches av. plus de 4500 grav. s. b. et chromolith. fol. Paris 1861—90. (770 frs.) Jahrg. 1—8 in Hlwd. 400 —

15 **Art-Werker, The.** A Journal of Design devoted to Art-Industry. vol. I. 94 lithogr. plates, each containing a variety of Designs concerning Furniture, Decoration and Ornament. 4. in Portfolio. New York 1878. 48 —

16 **Atti della Società di Archeologia e Belle Arti per la provincia di Torino.** Vol. I—IV à 5 fasc. = 20 fasc. Con molte tavole. Lex.-8. Torino 1875—85. (Ladenpreis ca. 69 lire.) 48 —

17 **Bäumer, W., et J. Schnorr**, magasin des arts et de l'industrie. 4 vols. Av. un très grand nombre d'illustrations. 4. Paris (ca. 1868—72,) 2 Hfrzbde. (60 fcs.) 32 —

18 **Bauzeitung, deutsche.** Organ des Verbandes deutscher Architekten- u. Ingenieur-Vereine. Redig. v. K. E. O. Fritsch u. F. W. Büsing. Jahrg. II—X, XIII—XV (1868—76. 79—81). Mit Tafeln u. Holzschn. im Text. fol. Berlin 1868—81. In 12 Hlwd.-Cartonbdn. (140 M.) 90 —
   Einzelne Bände zu entsprechenden Preisen.

19 **—, allgemeine**, hrsg. v. Chr. F. L. Förster (die späteren Jahrgänge unter Mitwirkung v. H. v. Ferstel, E. v. Förster, Th. v. Hansen, Fr. Schmidt hrsg. v. A. Köstlin). 1.—48. Jahrg. in 84 Bänden mit nahezu 4000 Tafeln. 4. u. fol. Wien 1836—83. (Ladenpreis broschirt 1473 Mark. Kosten der Einbände mindestens 200 Mk.) In 82 hübschen, dauerhaften Halbfranzbänden. 1882 u. 83 br. 700 —
   Vollständiges und gut erhaltenes Ex. mit dem Register zu d. Jahrg. 1836—65.
   Einzelne Bände zu entsprechenden Preisen.

20 **le Beffroi.** (Revue): Arts. — Heraldique. — Archéologie. 4 vols. (années). Avec 27 planches et 37 grav. s. bois. 4. Bruges 1863—76. Publié par Weale. (100 fr.) 54 —
   Diese fast unbekannte, interessante Publication enthält hauptsächlich Beiträge zur älteren christl. Kunstgesch. u. Archäologie bes. Belgiens u. Hollands etc.

21 **Berichte und Mittheilungen des Alterthums-Vereines zu Wien.** Band I, III—IX, XI—XVI, XIX. M. vielen Taf. u. Holzschn. 4. Wien 1854 —80. Selten. 120 —
   Bd. I 2. Theil durch Nägel verletzt.

22 **Blätter für Kunstgewerbe.** Organ d. Wiener Kunstgew. Vereins, redig. v. J. Storck. Jgg. 1—17. Mit über 1000 Tafeln, theilw. in Farbendruck. fol. Wien 1872—88. (Subscr.-Preis: 255 M.) 140 —
   Prächtige Publication über alle Gebiete des Kunstgewerbes. — Einzelne Bände zu mässigen Preisen.

23 **Builder (The).** An illustrated weekly Magazine for the Architect, Engineer, Archaeologist, Constructor and Artist, conducted by George Godwin. Complete Series from the beginning in 1843 to end 1889. 58 vols. fol. London. Hfrz. 400 —
   Complete Serie dieser werthvollen Zeitschrift.

Karl W. Hiersemann in Leipzig, Königsstrasse 2. Catalog 108.

Zeitschriften.

M. Pf.

24 Bulletin de l'Académie d'Hippone No. 4—10, 12—18. 20—21 et 22 fasc. 1 et 2. Av. 3 append. et un grand nombre de planches. 8 et 4. Bone 1868—87. Epuisé. 55 —

25 — de l'Académie Royale des sciences, des lettres et des beaux-arts de Belgique. 1832 à 1885. 92 vols. Avec des planches. Bruxelles 1836 à 1885. — Avec 3 vols. de Tables générales et avec l'Annexe aux bulletins. — En tout 92 vols. 320 —

26 — de l'académie impériale des sciences de St.-Pétersbourg. Tome XXI (No. III) à XXXII. Av. 52 pl. 4. Petersbg. 1876—88. (103 M.) 70 —
  _{Die umfangreiche Publication enthält eine ungemein grosse Zahl interessanter Beiträge zur Archaeologie u. Linguistik.}

27 — archéologique du Comité des travaux hist. et scient. Année 1—4. Avec beaucoup de planches. Paris 1883—86. (52 fr.) 36 —
  _{Umfasst griech.-röm., punisch-lybische u. mittelalterl. Kunst.}

28 — des commissions roy. d'art et d'archéologie. Années I—XXI. Avec plus de 300 planches en partie coloriées. gr.-8. Brux. 1862—1882. Broschirt unbeschn. (168 fr.) 115 —

29 — monumental publié sous les auspices de la Soc. franç. d'archéologie pour la conservation des monuments hist. dirigé par de Caumont, Palustre, de Marsy etc. Série complète. Vols. 1 à 53 et 4 vols. de table. Paris 1834—87. Collection tout à fait complète avec 540 belles planches color. et noires et qq. milliers de grav. sur bois dans le texte. (1000 fr.) 580 —

30 — trimestriel des antiquités Africaines. Rec. par la Soc. de Géogr. et Archéol. de la province d'Oran; publ. p. E. Poinssot et L. Demaeght. Fasc. 1 à 15 ou Année 1—4 (= Tome I—III) et 5. année fasc. 1. Av. 1 carte et 62 pl., et beauc. de grav. s. bois. Paris 1882—86. (63 fr.) 45 —

31 — de la société d'encouragement pour l'industrie nationale. Années 1852 à 1872 en 21 vols. Avec un grand nombre de planches noires et color. 4. Paris 1852—72. Sehr schönes Ex. in Halbfrzbdn. (756 fr.) 100 —

32 — de la Société pour la conservation des monuments histor. d'Alsace. 4 vols. Avec un grand nombre de planches. Paris 1857—61. Hmaroq. Vergriffen. 50 —

33 — de la Soc. industr. de Mulhouse, publ. à l'occasion du 50me anniversaire de la fondation (cont. les bulletins de juillet à décembre 1876). Avec annexes, cont. les rapports sur l'expos. industr. et des beaux-arts et table gén. des 45 premiers vols. du Bulletin. 2 vols. Av. 8 planches. Mulh. 1876—77. d. maroq. Ex. sur papier de Hollande. 22 —

34 — de la Société impériale (nationale) des Antiquaires de France. De l'origine: Année 1857 à 1888. Avec de nombreuses planches. Paris 1857—90. 34 vols. Jahrg. 1857—82 gbd. in 8 grüne Hmaroqbde. Rest br. Zum Theil vergriffen. (Ladenpr. ohne Einbände ca. 340 fr.) 220 —

35 Bulletino di archeologia cristiana del Commendat. G. B. de Rossi. Vom Beginn 1863—89 = Serie I—IV. 27 Thle. Mit vielen Taf. 4. u. Lex.-8. Roma. Serie I in 3 Hpgtbdn. Rest in Liefergn. Vollständige Ex. sind sehr selten. 400 —

36 — archeologico neapolitano pubbl. da Avellini. 6 voll. Complet. Napoli 1843—48. — Nuova serie, publ. da Minervini. 1852—60. 8 voll. Napoli 1853—63. — Bulletino archeologico italiano, pubbl. da G. Minervini. Vol. 1 (unico). Napoli 1862. 4. Con molte tav. In 8 rothen Halbmaroquinbdn. 295 —

37 Chronique des arts et de la curiosité. 1862—67, 1871—88. 22 vols. gr. in-8. Paris 1862—88. 10 Bde. cart. Rest in Nos. Die älteren Jahrgänge sind vergriffen u. sehr selten. 120 —
  _{Die Chronique des arts behält stets ihren Werth wegen der Preise für Gemälde, Kunstgegenstände etc.}

38 Comptes-rendus et mémoires du Comité archéol. de Senlis. De l'origine 1862 à 1888 (= Série I: 10 vols., sér. II: 10 vols. et sér. III vol.

Karl W. Hiersemann in Leipzig, Königsstrasse 2. Catalog 108.

Zeitschriften.

    1 à 3.) 23 vols. Avec nombreuses cartes et planches. Senlis 1862 bis 89. En partie épuisé.   **100 —**

39 **Compte-rendu** de la Commission impériale archéolog. (publ. par L. Stephani) pour les années 1874—1877. Texte. 4 vols. 4. Avec 4 atlas de planches. gr.-fol. St. Pét. 1877—80. (120 M.)   **75 —**

40 **Croquis** d'architecture, publ. par une société d'architectes (Intime Club), de l'origine 1866—1887 = 21 années. Av. plus de 1500 planches. fol. Paris, 1866—87. En 7 portef. (630 fr.)   **370 —**
<small>Schöne Serie dieser äusserst reichhaltigen Zeitschrift. Façaden, Grundrisse, architecton. u. ornament. Details von Privat- u. öffentl. Bauten, Denkmäler, Grabmonumente.</small>

41 **Dissertazioni** (Atti) della Pontificia Accademia Romana di Archaeologia. Serie I (complet) 15 tomi in 16 vol. — Serie II. Tomo I. Con 204 tavole inc. in rame. 4. Roma 1821—81. Verschiedene Pappbde. (cart.) und 1 Band brosch., 1 Bd. geb.   **350 —**
<small>Die nicht häufige Serie umfasst umfangreiche Beiträge zur griech.-röm. Archaeologie u. Philologie; ferner zur alt-christl. Kunst (v. Nibby, Visconti, Fea, Borghesi, Campana, Campanari, Bellenghi, Canina, Rossi, Garrucci, Coppi, Griš u. anderen hervorragenden italien. Gelehrten.)</small>

42 The **Fine Arts.** Quarterly Review. 5 vols. W. many beautiful illustr. 4. London 1863—67. Schönes Ex. in Lwdbdn., unbeschn. Alles Erschienene.   **60 —**
<small>Die 5 stattlichen Bände enth. Beiträge der renommirtesten Autoritäten zur neueren Kunstgesch.</small>

43 **Gazette** des beaux arts; Courrier de l'art et de la curiosité. Années 1 à 27 (ou 1859 à 85) formant 56 vols. et table alphabét. et analyt. des années 1859 à 68 en 2 vols. et Annuaire 1869—70 1 vol. ou en tout 59 vols. Avec un grand nombre d'eaux-fortes, gravures etc. etc. Paris. Vols. 1—25 et table alphabét. relié en 27 vols. d.-maroq. rouge, le reste en livraisons. Très bel exemplaire.   **950 —**
<small>Ich hebe ganz besonders hervor, dass das Exemplar ganz vollständig mit allen Tafeln ist. Die Table générale (1859 à 68 2 vols), welche das Ex. ebenfalls hat, sind sehr selten. Die Jgge. 1870—71 bilden in Folge der Unterbrechung durch den Krieg nur 2 Bände.</small>

44 — des architectes et du bâtiment. Revue bimensuelle. 2. série. 1. à 5. année. Avec beauc. de grav. intercalées. 4. Paris 1872—76. d. maroq. (100 fr.) Schönes Ex.   **30 —**

45 — archéologique. 1—5 année. 4. Av. beauc. d'illustr. 1875—79. (200 fr.)   **130 —**

46 **Gewerbehalle,** die. Organ für den Fortschritt in allen Zweigen d. Kunstindustrie. Hrsg. z. Z. von Eisenlohr u. Weigle. 1.—21. Jahrg. M. vielen Abbildgn. im Text, 732 Tafeln (davon 84 col.), u. Musterbogen. fol. Stuttg. 1863—88. Jahrg. 1—19 Hfzbde., Rest in Heften. (275 M. brosch.)   **200 —**
<small>Exemplar m. allen Detailbogen. Einzelne Bände (soweit auf Lager) zu mässigen Preisen.</small>

47 **Hirth,** G., der Formenschatz der Renaissance. Eine Quelle der Belehrung und Anregung f. Künstler u. Gewerbtreibende. Jhg. 1—14. Ueber 2300 Holzschn.-Taf. mit kurzem erklär. Text. München 1877—90. In Hlwdmappen.   **200 —**

48 **Huis-en Decoratie-Schilder.** Practisch en theoret. Tijdschrift. 1.—5. Jahrg. Mit 51 Taf. 4. Rotterdam 1879—1884. Halbmaroquin. (41 M.) 3 No. fehlen, Tafeln vollständig.   **23 —**

49 **Jahrbuch** d. k. k. Central-Commission z. Erforschung u. Erhaltung d. Baudenkmale. 5 Bde. (Vollständig.) M. 164 Taf. u. 566 Holzschn. im Text. 4. Wien 1856—61. Vergriffen.   **100 —**

50 — der königl. preuss. Kunstsammlungen. Bd. 1—11. Mit zahlr. Tafeln u. vielen Holzschn. in Text. fol. Berlin 1880—91. Bd. 1—6. Hfrz. Rest br. (Ladenpr. br. 326 M.)   **220 —**

    Karl W. Hiersemann in Leipzig, Königsstrasse 2. Catalog 108.

Zeitschriften. 5

	M. Pf.
51 **Jahrbücher** des Vereins v. Alterthumsfreunden im Rheinlande. Heft 1—90. M. vielen Taf. 4. Bonn 1866—91 (460 M.) Heft 41—80. gebd. in ?¹ uniforme Hlwdbde. ☞ Einzelne Hefte, soweit apart vorräthig, zu mässigen Preisen.	220 —
52 — für **Kunstwissenschaft**. Hrsg. v. A. v. Zahn. 6 Jahrge. (Bde.) Mit Tafeln u. Holzschn. Lpz. 1868—73. (57½ M. brosch.) Hlwd.	30 —
53 **Jahreshefte** des württemb. Alterthums-Verein. 1.—12. Heft (oder Bd. I). M. 42 Taf., wovon einige in Farben. fol. Stuttg. 1844—69. Umfasst röm. u. mittelalterl. Kunst: röm. Mosaikboden zu Rottweil. — Röm. Funde in Oehringen etc. — Spielkarten a. d. 15. Jahrh. — Altar in d. Herrgottskirche bei Kreglingen. — Glasgemälde in d. Stiftskirche in Tübingen. — Details v. Kirchen etc.	26 —
54 **Japon artistique**. Documents d'art et d'industrie, publ. par S. Bing. Année 1—3 = vol. 1—6. Av. 347 planches col. et beaucoup d'illustr. dans le texte. 4. Paris, 1888—91. (75 fr.)	45 —
55 **Illustrated London News**, from the beginning 1842 up to 1890, of which 88 vols. bound in publisher's cloth as issued with emblematic impression in gold, most of them with gilt edges, and subsequent vols. in numbers as issued. Title pages in some vols. missing. An amateur's copy in perfect condition. (ca. 2500 M.) Ein vollständiges und sauberes Exemplar dieser weltbekannten illustrirten Zeitschrift: ein Spiegelbild der literar., geschichtl., künstler. etc. Bestrebungen u. Ereignisse der Welt, besonders aber in England.	850 —
56 **Instituto** di corrispondenza archeologica di Roma: Annali 1829—85. 8vo. Bulletino 1829—85. 8vo. Monumenti inediti 1829—85. fol. Repertorio 1829—85. 8vo. Mit allen Tafeln. ☞ Ich habe eine grosse Anzahl einzelner Theile auf Lager und bin zur Completirung incompleter Serien gern bereit.	1650 —
57 **Journal**, the archaeological, published by the Royal Archaeolog. Institute of Great Britain and Ireland, for the prosecution of researches into the arts and monuments of the early and middle ages. Vols. 1—38. With a large number of woodcuts and plates. London 1845—81. Vol. I—V Hfrz., Rest broschirt. (1140 M.) Vollständiges und wohlerhaltenes Ex. ☞ Einzelne Bände zu entsprechenden Preisen.	400 —
58 — of the **British archaeological association** established for the prosecution of researches into the arts and monuments of the early and middle ages. Vol. 1 to 30 with index to vols 1—30. With about 700 plain and coloured plates and many woodcuts. London 1846—74. 15 vols. in Lwd., 6 Hfz., Rest brosch. (952 M.) Römische u. mittelalterliche Kunst u. Kunstgewerbe umfasst dieses wichtige Journal. Einzelne Bände zu entsprechenden Preisen.	280 —
59 — des **beaux arts** et de la littérature: peinture, sculpture, gravure, architecture, archéologie, musique, belles-lettres. Publ. p. A. Siret. Année 1 à 7 (= 1859 à 1865) et année 12 et 13 (= 1870—71) et 17 à 20 (= 1875 à 78). Avec des planches. 4. Bruxelles. (224 fr.)	48 —
60 — of **Hellenic Studies**, publ. by the Society for the Promotion of Hellenic Studies. Vols I—XI. With many plain and col. pl., and Atlas to vols. I—VIII. London 1880—90. br., neu. (Ladenpreis für Nicht-Subscribenten 330 M.) Bis zum 8. Bande erschien die Zeitschrift in Oktav u. die Tafeln dazu besonders als Atlas in Folio, seit dem 9. Bande wurde das Format des Textes in Quart vergrössert, u. die Tafeln erscheinen in dem gleichen Formate, mit dem Texte vereinigt. ☞ Ich besitze eine Reihe einzelner Bände, die ich zu entsprechenden Preisen abgebe.	290 —
61 — de **menuiserie** spécialement destiné aux architectes et aux menuisiers. Années 1—11 et 13. Avec environ 576 belles planches. 4. Paris, Morel 1863—76. (296 fr.) Gleichmässige Halbfrzbde.	150 —
62 — de l'**École Polytechnique**, publ. par le conseil d'instruction de cet établissement. Heft 1—56, mit 2 Reg., zusammen in 50 Bdn. Mit vielen Taf. 4. Paris, an III (= 1794)—1887. geb. u. br.	750 —

Karl W. Hiersemann in Leipzig, Königsstrasse 2. Catalog 108.

Zeitschriften.

M.   L

63 **Kunst- und Gewerbe-Blatt** des polytechn. Vereins für das Königreich Bayern. Jahrg. 1833—38, 1840—45, 1847—63 nebst Real-Index zu Jahrg. 1815—46. Mit vielen lith. Tafeln u. Holzschn. 30 Bde. 4. München 1833—63. 30 Ppbde. (348 M.) **50 —**

64 **Kunstblatt**, deutsches (f. bild. Kunst, Baukunst u. K.-Handwerk). Hrsg. v. Fr. Eggers. 9 Jhrgge. M. vielen Kunstbeil. (9. Jhrgg. m. Literatur-Blatt red. v. P. Heyse.) 4. Stuttg. 1850—58. Hlwd. (120 M.) Vollständige Reihe. **95 —**
Mitherausgeber sind Kugler, Passavant, Waagen, Schnaase, Eitelberger etc.

65 **Kunstfreund**, der. Neue Folge. Herausgeg. von K. Atz u. H. Madein. I.—VII. Jahrg. mit Kunstbeilagen u. vielen Holzschnitten i. Text. 8. Bozen 1885—1891. (M. 35.) **20 —**
Eine Zeitschrift, die ihres durchweg gediegenen besonders auf kirchliche Kunst bezüglichen Inhalts wegen verdient, in weiteren Kreisen bekannt zu werden.

66 **Kunstkronijk**, uitgegeven ter aanmoodiging en bevordering der schoone kunsten. M. zahlreichen Taf. Jahrg. 1868—71. 74. 79—82. 85. 4. Leiden 1868—85. (15 Hefte fehlen.) **20 —**

67 **Kunstzeitung**, deutsche. Monatsschrift f. bildende Kunst. 1. Bd. 4 Hefte. M. 11 Taf. u. Illustr. im Text. fol. Leipzig 1851. (12 M.) Nicht mehr erschienen. **5 —**

68 **Lyon-Revue**. Recueil littéraire histor. et archéol. Sciences et beauxarts, rédigé p. F. Desvernay, illustr. de E. Fromment. Années 1 à 7 et 8. I° sémestre. Avec beauc. d'illustr. 4. Lyon 1880—87. Jgg. 1—4 in 2 grünen Hmaroqbdn. Rest in Heften. (150 fr.) **95 —**

69 **Maler-Journal**, Deutsches, hrsg. v. A. Gnauth, Lesker u. Thiersch. Plafonds, Vestibule, Treppenhäuser, Sgraffiten, Holz- u. Marmormalerei, Blumen, Alphabete, Embleme etc. Bd. 1—6. M. 112 Tafeln in prachtv. Farbendruck u. 119 Details-Bogen (Schablonen). fol. Stuttg. 1876—81. Zum grössten Theil vergriffen u. sehr selten. **180 —**
2 Tafeln fehlen, im 1. Bande sind einige Schablonen ausgeschnitten.

70 **Mémoires** de l'Académie Celtique ou recherches sur les antiquités celtiques, gauloises et franç. 6 vols. Avec planches. Paris 1807—12. In 5 grünen Hmaroqbdn. **85 —**
Vollständige Serie dieser Publication, die den Vorläufer zu den Memoiren de la Soc. des Antiqu. de France bildet.

71 — de l'Académie des sciences, arts et belles lettres de Caen. De l'origine (1800) jusqu'à 1882. 40 vols. (tout ce qui a paru pendant cette période). Caen 1811—82. **260 —**
Die ersten 2 Bände, umfassend die Jahrgge. 1800—1815, erschienen unter dem Titel Rapports sur les travaux de l'Ac. de Caen.

72 — et dissertations sur les antiquités nationales et etrangères publiés par la Soc. des Antiquaires de France. Tome I à L. Avec l'atlas du tome IX in folio et avec un grand nombre de cartes et planches. Paris 1817—90. Uniforme grüne Hmaroquinbände. (Ladenpreis ohne Einbände ca. 600 fr.) **350 —**
Ganz complete Reihen sind von grösster Seltenheit und fehlt besonders der Atlas zum 9. Bd. fast allen im Handel vorkommenden Exemplaren.
Dem Exemplar liegen ausserdem bei 8 Bde. Annuaire de la Sociéét royale des Antiquaires de France 1848 à 55.

73 — couronnés et autres mémoires publiés par l'Académie Royale. Collection in-8. Tomes 1 à 36, et tome 37, Ire ptie. Av. planches. Brux. 1840—84. Bd. 19—28 in 10 Hlwdbdn., das Uebrige br., unbeschn. Es fehlen Bd. 29, u. von Bd. 36 das 2. Heft. **70 —**

74 — de la Soc. des Antiquaires de Picardie. I° série (10 vols) et II° ser. vol. 1 à 3. = 13 vols. avec beauc. de planches. Amiens 1838—54. Hfrz. **120 —**

75 — publiés par la Mission archéol. franç. au Caïre. 1. et 2. fasc. Avec planches noires et color. et 40 pl. de musique. 4. Paris 1884—85. (65 fr.) **44 —**
Enthält Beiträge von Bouriant, Maspero, Loret, Dulac etc.

76 — de la Mission archéol. fr. au Caire. Tome II: Hypogées royaux de Thèbes p. G. Lefébure. Première division: tombeau de Séti I^r. (Textes

Karl W. Hiersemann in Leipzig, Königsstrasse 2. Catalog 103.

Zeitschriften. 7

                       M. Pf.

hiérogl. etc.) publ. p. Bouriant, Loret et Naville. Av. 196 pl. 4. Paris 1886. In Carton. (75 fr.)   52 —

77 — — Tome 4: Monuments p. s. à l'hist. de l'Egypte chrét. aux 4. et 5. siècles. Documents coptes et arabes inéd. (avec trad.) p. Amélineau. 4. Paris 1888. (60 fr.)   42 —

78 — de la Société académique d'archéologie, sciences et arts du département de l'Oise. De l'origine: 1847—1891 = Tomes 1—14. Avec de nombreuses planches et cartes. Beauvais 1847—91. (Vols 1 à 5 rel. en demi-maroq. le reste en livr.)   190 —

79 — de la Société archéolog. et historique de l'Orléanais. Tomes 1—22. Avec planches et des Atlas. Orléans 1851—1890.   260 —
  Für gallo-röm. Archäologie, mittelalterl. u. neuere Kunstgesch. und Architectur, allgem. franz. Geschichte und Lokalgesch. von Interesse. Mit umfangreichen Beiträgen zur Geschichte des Handels etc.

80 — de la Société des Antiquaires de l'Ouest. 1e série (1834 à 1876) 40 vols. et 14 vols. des Bulletins de la Soc. des Antiqu. de l'Ouest. IIe série (1876 suivants). Vol. 1—13 et Bulletins vol. 1—5 et Documents inédits 1 vol. (1876). En tout 73 vols. Avec un très grand nombre de planches. Poitiers 1835—1891.   1200 —
  Cette publication est très recherchée; beaucoup de vols. sont compl. épuisés et une collection complète de l'origine jusqu'aujourd'hui est très rare. Elle comprend l'ère gallo romaine, l'archéol. et l'architecture religieuse, civile et militaire etc.

81 — lus à la Sorbonne: Archéologie (des séances tenues 1861. 1866. 1867). 3 vols. Avec 39 planches. Paris 1863. 1867. 1868.   15 —
  Antike u. mittelalterliche Kunst.

82 **Memorie** per le belle arti. 4 vols. (Anno 1785—88.) Con tavole in rame. 4. Roma. Hpergt.   35 —
  Eine Monatsschrift, alle Gebiete der Kunst umfassend: Malerei, Sculptur, Architectur, Poesie, Musik etc.

83 **Messager** des sciences et des arts. Recueil publié par la Société Royale des beaux-arts et des lettres, et par celle d'agriculture et de botanique de Gand. Depuis le commencement: 1823 à 1830. 6 vols. (Tout ce qui a paru.) Avec beaucoup de planches. — Continuation: Messager des sciences et des arts de la Belgique ou nouvelles archives hist., litter. et scientif., et de la bibliographie. Depuis le commencement: 1838 à 1872 en 40 vols. Av. un grand nombre de planches. — Avec 1 vol. de tables générales. — Ensemble 47 vols. Gand 1823 —1872. — Vollständige Reihe.   300 —
  1823—1851 und Register in 26 rothen Halbmaroquinbdn. Rest brosch.

84 **Mittheilungen** der k. k. Central-Commission zur Erforschung u. Erhaltung der Baudenkmale. 20 Bde. u. Neue Folge: Bd. 1—16. Wien 1856 bis 1890. — Jahrbuch der k. k. Central-Commission etc. 5 Bde. (Alles was erschienen) 1856—61. — Sitzungsprotocolle d. Commission 1853 bis 1857. Zusammen 42 Bde. Mit vielen Illustr., Tafeln etc. 4. Wien 1856—1890. Die Mittheilungen in sauberen gleichmässigen Hlwdbdn. Die Jahrbücher Lwd.   440 —
  Absolut vollständige Reihe sämmtl. Publicationen der Centr. Commiss. in schöner Erhaltung. Die meisten Bände sind im Handel vergriffen.

85 — der antiquarischen Gesellschaft in Zürich. Bd. 1—22 u. Bd. 23 Heft 1 u. 2. Mit zahlreichen color. u. schwarzen Tafeln u. Holzschn. im Texte. 4. Zürich 1841—91.   388 50
  Ein Inhalts-Verzeichniss und Preisliste der einzelnen Bände und Hefte stehen auf Verlangen zu Diensten.

86 — — Bd. 1—20. M. zahlreichen color. u. schwarzen Tafeln u. Holzschn. im Texte. 4. Zürich 1841—80. (342½ M.) Antiquar. Expl. 275 —

87 — d. deutschen archäol. Institutes in Athen. 2. Jahrg. m. 25 Taf. Athen 1877. Vergriffen.   15 —

88 **Moniteur des architectes**. Revue mensuelle de l'art architectural ancien et moderne. Nouvelle série. Vol. 1—15 (année) et Vol. 16.

Karl W. Hiersemann in Leipzig, Königsstrasse 2. Catalog 108.

Zeitschriften.

M. Pf.

Jan.—Juin. Avec environ 1200 belles planches noires et color. 4.
Paris 1866—82. (520 fr.) 200 —
Umfasst nicht allein Architectur (alte u. moderne) sondern auch das Kunstgewerbe
soweit es nur irgendwie mit der Architectur in Berührung kommt:

89 **Mösster för Konstindustri och slöjd**, utgif. of Svenska slöjdföreningen,
Jahrg. 1—17. M. 143 lithogr., photogr. u. chromolith. Tafeln. gr.-fol.
Stockh. 1873—90. 116 —
Prächtige, sämmtliche Gebiete des schwedischen Kunstgewerbes umfassende Publication.

90 **Notizblatt** des Architekten- u. Ingenieur-Vereins f. Hannover. 2. u.
3. Bd. M. 70 Taf. 4. H. 1852—53 u. 1853—54. Hfzbde. (34 M.) 10 —

91 **Notizie degli scavi** di antichità comunicate alla R. Accademia del
Lincei (da Fiorelli). Anno 1876—1885. Con molte tavole. Roma, in-4. 280 —

92 **Oud Holland**. Nieuwe Bijdragen voor de Geschiedenis der Nederland'sche Kunst, Letterkunde, Nijverheid enz. Onder Redact. von A.
D. de Vries, N. de Roever en A. Bredius. 1.—6. Jahrg. m. 3 Supplem.
= 26 Hefte. M. vielen Illustrat. 4. Amsterd. 1882—88. (130 M.) 80 —

93 **the Portfolio**, an artistic periodical. Ed. by Ph. G. Hamerton. 1876
—86. W. numerous illustr. (etchings, woodcuts etc.) fol. London.
cloth. (ca. 450 M.) Vergriffen. 340 —
Eine vorzüglich redigirte u. prächtig illustr. Kunst-Zeitschrift.

95 — Artistic periodical ed. by Ph. G. Hamerton. W. a large number
of fine woodcuts and etchings. fol. Lond. 1883. cloth. 28 —

96 **Proceedings** of the Society of Antiquaries of Scotland. Vol. XI part
2nd, vol. XII 2 parts, and vo¹s. XIII—XVIII (or New Series vols.
I—VI). With numerous plates and woodcuts. 4. Edinb. 1876—83.
cloth., vols. XI and XII in wrappers, in vol. XI, 2. sind 3 Bogen
durch einen Nagel beschädigt. 140 —

97 **Raguenet, A.**, matériaux et documents d'architecture et de sculpture
classés p. ordre alphabétique. Autels, cheminées, fontaines, grilles,
portes etc. de tous les styles et de toutes les époques. Années 1—19
ou livr. 1—228. 4. Paris 1872—90. (285 fr.) 210 —
Einzelne Bände soweit vorhanden zu entsprechenden Preisen.

98 **Recensionen** u. Mittheilungen üb. bild. Kunst. 1—4. Jahrg. 1862—65.
m. Reg. Wien. 4. Hlwd. (Reg. geh.) (32 M.) Soweit erschienen. 16 —

99 **Réunion** des sociétés des beaux-arts des départements. 5e à 14e session.
10 vols., avec plus de 100 planches. Paris 1881—90. 100 —
Berichte über alle Gebiete der Kunst und des Kunstgewerbes.

100 **Revue archéologique** ou recueil de documents et de mémoires relatifs
à l'étude des monuments, à la numismatique et à la philologie de
l'Antiquité et du Moyen-âge. 1. série et 2. série. vols. 1—42. Avec
un grand nombre de planches etc. Paris 1844—81. Zusammen 57 vols.
1. Serie brosch., 2. Serie in 40 gleichmässigen Halbfranzbdn. 660 —

101 — générale de l'architecture et des travaux publics: Journal des
architectes, des ingénieurs, des archéologues et des industriels (architecture — peinture, sculpture, décoration, ameublement — céramique
— archéologie etc. etc.) publ. p. César Daly. Série complète de
l'origine: 1840 à 1875 (ou séries 1 à 3: 30 vols. et 4. série. Vols 1
et 2 (en tout 32 vols.). Avec un grand nombre de gravures s. bois
dans le texte et environ 1600 belles planches noires et color. 4.
Paris 1840—75. (fr. 1600.— brosch.) Wohl erhalten. 400 —
☞ Einzelne Bände soweit vorräthig zu mässigen Preisen.

102 — de l'architecture en Belgique, publ. sous la direct. d'un comité
d'architectes. Années 1—2, avec 120 planches en phototypie. fol.
Liège 1882—83. (fr. 120.) Epuisé. 80 —

103 — des arts décoratifs. Red. N. Champier. 1—4. années. Avec un
grand nombre d'illustrations noires et color. 4. Paris 1880—84.
Hmaroq. ob. Schnitt vergold., Seiten unbeschn. (100 fr. ohne Einband.) 70 —
Eine schöne kunstgewerbl. Zeitschrift.

104 — de l'art chrétien. Red. p. l'Abbé J. Corblet. Des le commen-

Karl W. Hiersemann in Leipzig, Königsstrasse 2. Catalog 108.

Zeitschriften.

| | | M. | Pf. |

cement: 1e. à 25e. année ou tomes 1 à 32. Avec un grand nombre de planches. Paris 1857—81. (552 fr.) Vergriffen. **300 —**

106 **Revue** universelle des Mines, de la metallurgie, des travaux publics, etc., publiée sous la direction de M. de Cuyper. Série complète dès le commencement en 1857 jusqu'à l'année 1881 inclus. = 25 années, av. beauc. de planches. gr.-in-8. Paris et Liège 1857—81. (875 fr.) **300 —**

107 **Rundschau**, architektonische. Skizzenbl. aus allen Gebieten d. Baukunst hrsg. v. L. Eisenlohr u. C. Weigle. Jahrg. 1—6. M. 576 Taf. fol. Stuttg. 1885—90. (108 M.) **75 —**

108 **Scottish Art Review.** (Journal). Vol. I. (June 1888—May 1889). W. many pl. in heliograv. and illustr. 4. Glasgow 1889. cloth, top edges gilt. ($17^1/_2$ sh.) **15 —**

109 **Studien**, architektonische, herausgeg. v. Architektenverein am kgl. Polytechnikum in Stuttgart. Heft 1—58. Mit 327 (statt 348) Tafeln. gr.-fol. Stuttg. 1870—83. ($139^1/_5$ M.) **60 —**

110 **Tegninger** af ældre Nordisk architektur. Udg. af Dahlerup, Holm, Storck, Koch, Mork-Hansen og Schiodt. 1. Serie in 4 Abtheilgn. u. 2. Serie 1—3. Abth. Mit 122 Taf. fol. Kopenhagen 1872—90. Soweit erschienen. **52 —**

Diese für den Architekten, Kunsthistoriker u. Ornamentisten gleichinteressante Sammlung berücksichtigt ausschliesslich die ältere Architectur u. Kunst der nordischen Reiche.

110a **Tidskrift** finske, Fornminnesföreningens. Suomen muinaismuistoyhtiön aikauskirja. 12 Hefte. M. vielen z. Th. color. Taf. u. circa 700 Holzschn. Helsingissa 1874—90. M. franz. Erklärung der Tafeln. **44 —**

Zeitschrift der finn. archäolog. Gesellschaft m. zahlr. Illustr., für Ethnographie und Kunst von hohem Interesse.

111 — for Kunstindustri, udgiv. af industrifor. i Kjobenhavn red. af C. Nyrop. Aarg. 1—4. Mit vielen Abbildungen. 4. Kjobenh. 1885—88. **20 —**

112 **L'Union** des arts. Revue littéraire et artist. publ. sous les auspices de la Soc. de l'Union des arts. 2 vols. Avec 15 gravures et 7 morceaux de musique. Metz 1851—52. **38 —**

113 **Verhandlungen** d. Vereins z. Beförderung d. Gewerbefleisses, red. v. H. Wedding u. A. Slaby 1882. Heft 8—10, 1883—1889, Heft 5. M. vielen Taf. u. Inhaltsverz. üb. Jg. 1822—81 v. H. Kempert. 4. Berlin 1882—89. (195 M.) **60 —**

114 **Die Wartburg.** Zeitschrift für alte Kunst und Kunsthandwerk, mit Berücksicht. der Neuzeit. Hrsg. v. C. Förster. Jahrgang I—XIV (soviel erschienen). Mit 51 Tafeln u. vielen Holzschn. Bd. I—IV in 2 Hfzbdn., der Rest in Nummern. — Beigelegt sind die als Vorläufer des Obigen erschienenen Sitzungsberichte des Münchener Alterthums-Vereins. Heft 1—3. Mit 18 Taf. hoch-4. München 1868—72. **120 —**

115 **Weale**, J., quarterly papers on architecture. 4 vols. W. about 220 plates mostly coloured and numerous woodcuts. 4. Lond. 1844—45. Hmaroqu. **85 —**

115a **Ysendyck**, J. J. van, documents classés de l'art dans les Pays Bas du 10c au 18e siècle, recueillis et reprod. p. Ysendyck. 10 années 120 llvr. Avec 700 belles planches. fol. Anvers 1880—89. Nicht im Handel und wurde nur in geringer Anzahl an Subscribenten abgegeben zum Preise von 1000 fr. **600 —**

116 **Zeitschrift** des Architecten- u. Ingenieur-Vereins zu Hannover. Jahrg. (Band) 1—15. Mit sehr vielen Taf. gr.-4. Hannover 1855—1869. (ca. 270 M.) 11 Hfzbde. Rest br. **130 —**

117 — des Vereins zur Ausbildung der Gewerke in München. Jahrgang III—XXXIII. (= 1853—83; vom 19. Jahrg. 1869 an: Zeitschrift des Kunst-Gewerbe-Vereins zu München). Mit vielen schwarzen u. color. Tafeln. gr.-fol. **150 —**

Es fehlen die Jahrgänge 25 u. 27 (1875 u. 77) ganz, von Jahrg. 24 (1874) 10 Nummern, ausserdem 5 einzelne Tafeln, u. in 8 Jahrgängen die Titel u. Inhaltsverzeichnisse.

Karl W. Hiersemann in Leipzig, Königsstrasse 2. Catalog 108.

118 **Zeitschrift** für prakt. Baukunst hersg. v. J. A. Romberg. 41 Jahrgänge 45 Bde. Mit über 1600 Kupfern. fol. Lpz. u. Berlin 1841 — 81. (M. 564 ohne Einband.) Schönes Ex. in gleichmässigen Halbleinwandbänden. Kosten des Einbands über 170 M. Vollständige Reihe, wie sie selten vorkommt. 220 —
<small>Mit Beiträgen von Semper u. anderen hervorragenden Architekten.</small>
119 — **für Bauwesen.** Redigirt v. Erbkam, Hitzig, Endell etc. (Unter Mitwirkung der k. technischen Baudeputation u. des Architecten-Vereins zu Berlin) 1—22. Jahrgang. 22 Textbde. in Quart u. 22 Atlanten in folio. Nebst Registerbd. zu 1—15. Berlin 1851—72. (Bd. 1—15 in 16 Halbfranzbdn., Rest brosch.) (Ladenpreis 572 M.) 250 —
120 — **für Ethnologie.** Organ der Berliner Gesellschaft für Anthropologie, Ethnologie u. Urgeschichte. Herausg. von Bastian, R. Hartmann, Virchow, A. Voss. 1.—20. Bd. u. 8 Supplemente. Mit 359 theilw. col. Taf. gr.-8. Berlin 1869—88. (455 M.) 295 —
<small>Die werthvolle Zeitschrift enthält zahlreiche Beiträge über prähistor. Funde, die besonders für die römische Kunstarchäologie von Interesse sind.</small>
121 — **für Bildende Kunst,** mit dem Beiblatt Kunstchronik. Hrsg. von C. v. Lützow. I.—XXIV. Jahrg. u. Register. Mit zahlr. Radirungen, Holzschnitten etc. 4. Leipz. 1866—89. Bd. 1—15. Hfrz. Rest br. 380 —
<small>Die älteren Jahrgänge fehlen im Buchhandel.</small>
122 **Zeitung,** archäologische. Hrsg. v. Ed. Gerhard. 1.—3., 5.—12. Jahrg. Mit vielen Taf. 4. Berlin 1843—54. In 6 Hfrzbdn. Vergriffen u. selten. 165 —

Geschichte der Baukunst und der Baustile. — Säulenordnungen. — Biographien. — Sammelwerke u. Lexica.

M. Pf.

123 **Adamy, R.,** Die Architektur als Kunst. Aesthet. Forschungen. Mit Holzschn. Hannover 1881. (4 M.) 2 50
124 **Aikin, J.,** the Doric order of architecture hist. view of its rise among the Ancients and modern use. W. 7 plates. fol. London 1810. 4 —
125 **Albrecht, A.,** Instrument zur Architectur damit die fünff Seülen auch aller sorten Stück vnd Morser sowohl allerley Bilder vnd dergleichen sachen leicht vnd recht proportionirt zu vergrössern oder zu verkleinern seindt. Mit interessantem reich ornam. Titelkupf. u. 5 Kupf. kl.-4. Gedruckt zu Nürnberg 1622. 16 Seiten. Aeusserst selten. 30 —
126 **Album** archéolog. des Musées de province publ. p. R. de Lasteyrie avec la collaboration de S. Reinach, Molinier, Palustre etc. Livr. 1 avec 8 héliogr. 4. Paris 1890. 10 —
127 — architekton. Bauentwürfe m. besond. Berücksicht. d. Details u. Construct. Hrsg. v. Architecten-Verein in Berlin, Heft 1—4. 7. 14. 20. M. 36 Kupfertaf. z. Thl. in Farben. fol. Berlin 1838—62. (39 M.) 8 —
128 **Androuet du Cerceau,** Le premier (et le second) volume des plus excellents bastiments de France, auquel sont désignez les plans de quinze (trente) bastiments et de leur contenu, ensemble les élévations et singularitez d'un chascun, par J. Androuet du Cerceau. A Paris pour ledit J. Androuet du Cerceau, 1607. — fol. 2 vols en 1. vél., tranches dorées. Les dernières 3 feuilles un peu tachées. 480 —
<small>Les deux livres des Bâtiments de France constituent l'œuvre la plus importante du célèbre architecte. Ils nous ont conservés les plans exacts de trente palais, châteaux royaux et seigneuriaux, qui depuis ont été démolis ou ont reçu de nouvelles constructions qui en ont changé grandement l'aspect. Ils renferment 16 feuillets prélim. et 130 planches.</small>
129 — de architectura opus, quo descriptae sunt aedificiorum quinquaginta plané dissimil. ichnogr. M. 69 Kupfertaf. fol. Paris 1559. Hpgt.

Karl W. Hiersemann in Leipzig, Königsstrasse 2. Catalog 108.

Geschichte der Baukunst etc.

M. Pf.

Erste, äusserst seltene Ausgabe dieses geschätzten Erstlings-Werkes des berühmten Verfassers mit sehr guten Abdrücken, die Taf. sind theilw. aufgezogen und unterlegt. 160 —
Die Tafeln stellen 50 Gebäude dar und sind numerirt 1—50, doch sind die No. 1. 15 bis 18. 21. 22. 25—27. 29. 33. 35. 44—46 doppelt u. N. 38 vierfach vorhanden. Ein anderer Antiquar bot im J. 1888 die weniger werthvolle 3. Auflage (1811) für M. 800.—. an.

130 **Angelucci**, A., arti e artisti in Piemonte. Documenti inediti con note (a. 1573—1631). gr.-8. Torino 1878. A. 56 pp. 3 50

131 **Antiquités** de l'empire de Russie éditées par ordre de Sa Majesté l'Empereur Nicolao I. 6 tomes in fol. max. pour les 515 planches et 6 pties de texte in 4. Plus un supplément à la IIIe. partie: L. Jakawoleff, les anciens drapeaux russes, 1 vol de texte, avec 11 planches in folio. Moscou 1849 (Supplém. 1865). Le texte en russe, les titres et la légende des planches en russe et en français. 1600 —
T. I : Saintes, croix et ornements d'église, 114 pl. — T. II: Costumes des Tsars 102 pl. — T. III (2 pties): Armes, armures, voitures, sellerie 148 pl. — T. IV: Costumes et portraits des Tsars, Boyards etc. 38 pl. — T. V: Coupes, aiguières et objets d'orfévrerie, 78 pl. — T. VI: Monuments civils, religieux et meubles 40 pl. Supplém.: les anciens drapeaux russes. 11 pl. „Magnifique ouvrage renfermant 515 planches, impr. sur pap. à dessin glacé. Les planches, coloriées avec le plus grand soin, reproduisent avec exactitude de nombreux monuments de l'art byzantin, d'anciens costumes et des modèles de l'ornementation fort remarquables en usage aux XVe et XVIe siècles. Ce livre somptueux n'a pas été mis en vente." (Brunet.)

132 **Antolini**, G., Idee elementari di architettura civile per le scuole del disegno. M. 24 Kupf. fol. Bologn. 1813. cart. Erste Ausgabe. 15 —

133 **Architekten-Verein** zu Berlin. Monats-Concurrenzen, Jahrg. 1869 bis 70. — Entwürfe von Mitgliedern, Jahrg. 1871—79. 10 Jgge. mit je 12 Taf. — Entwürfe, Neue Folge, Jahrg. 1880—89 = 10 Jahrgänge zu je 10 Tafeln, z. Th. in Farbendruck = 220 Tafeln. gr.-fol. Berlin 1869—81. Nicht im Handel. 60 —

134 **Architectural** Sketch Book, The, ed. by the Portfolio Club, Boston vol. I. II. III and IV No. 1—6. July 1873 — December 1876; each volume containing 48 plates and letterpress 4. Halblederbd. 100 —

135 **Architecture** moderne ou l'art de bien bâtir pour toutes sortes de personnes tant pour les maisons des particuliers que pour les palais. Tome 1. Avec 147 planches. 4. Paris 1728. Ldrbd. 24 —
Die Tafeln 78, 79, 90, 98, 115, 129, 134, 185 u. 188 fehlen.

136 **Armand** et Suard, Beaux-arts. 2 vols. (A.—Z.) et 1 vol. de 130 pl. (Formant partie de l'Encyclopédie méthod.) 4. Paris 1788—1805. 3 vols. d.-toile. 12 —

137 **L'Art** et l'industrie belges à l'expos. univ. 1878. Album de 34 planches avec des notices p. N. Lenaert. fol. Brux. 1879. Lwd. 20 —
Peinture et sculpture 12 pl. (dont une double) Industrie et arts industr. 22 pl. — Notices et mentrons speciales.

138 **Atz**, K., Kunstgeschichte v. Tirol u. Vorarlberg, mit 502 Holzschn. XII, 410 pp. 8. Bozen 1885. 8 50
In kleiner Auflage erschienene Monographie besonders d. kirchlichen Kunst in allen ihren Theilen.

139 **Ausgrabungen** zu Olympia. Hersg. v. d. ausgrab. Direct. unter Leit. v. Curtius, Adler, Hirschfeld u. a. Uebers. d. Arbeiten u. Funde 1875 bis 81. Bd. 1. 3—5. M. 178 Taf. in Lichtdr. u. Lithogr. fol. Berlin 1877 bis 81. In Mappen. (300 M.) 180 —

140 **D'Aviler**, A. C., dictionnaire d'architecture civile et hydraulique. Nouv. édit. 4. Paris 1755. Frzbd. 5 —

141 **Baldinucci**, F., opusculi sopra varie materie di pittura, scult. e architett. — Bocchi, eccelenza della statua di S. Giorgio fatta da Donatello. Firenze 1765. Hldr. 2 —

142 **Bellier de la Chavignerie**, E., et L. Auvray, dict. général des artistes de l'école franç. (archit., peintres, sculpt., grav. et lithogr.) 2 vols. et suppl. (en tout 3 vols.) Paris 1882—87. (82½ fr.) 48 —

Karl W. Hiersemann in Leipzig, Königsstrasse 2. Catalog 108.

Geschichte der Baukunst etc.

M. Pf.

143 **Bermudez**, J. A. C., diccionario historico de los mas illustres professores de las bellas artes en España. Publ. por la R. Academia de S. Fernando. 6 voll. 12. Madrid 1800. 42 —
Ouvrage recherché et rare.

144 **Bertolotti**, A., architetti, ingegneri e matematici in relazione coi Gonzaga, signori di Mantova, nei secoli XV—XVII. Ricerche architistiche. gr.-8. Genova 1889. 140 pag. S.-A. 5 —

145 **Beunat**, J., recueil des dessins d'ornements et d'architecture. 71 planches. 4. Paris ca. 1805. Hfz. 15 —
Fehlt Bl. 65, 66, 69.

146 **Bilderbogen**, Architektonische, hrsg. v. W. Wicke. Heft 1—24. 240 Lichtdrucktaf. fol. Gr. Lichterfelde. 1886—89. 48 —

147 **Bloem**, Hans, beschryv. van de vijf Colomnen van Architecture, in kopere figuren an den dagh ghegheven door C. J. Visscher. fol. Amst. 1634. Hpgt. Holländ. u. französ. Text. 25 —
8 Doppeltafeln mit holländischem Text (goth. Typen), auf der Rückseite der französ. Text, u. 6 Kupfertaf. mit reich ornam. Säulen. Das Buch hat 3 Titel, 1 holländ. u. 1 französischen.

148 **Blondel**, Franç., cours d'architecture. 5 parties en 2 volumes. Av. un grand nombre de fig. fol. Paris 1675—83. Franzbde. 1. Ausgabe. 48 —

149 **Bloome**, Hans, the booke of five columnes of architecture (abridged by H. W.). With copperplates in the text. fol. London 1660. 3 —

150 **Bloxam**, M. H., the principles of Gothic architecture. 2. ed. With many woodcuts. London 1836. cart. (4 sh.) 2 —

151 **Boni**, F. de, biografia degli artisti. 4. Venezia 1840. Hfz. Starker Band von 1109 doppelspaltigen Seiten. 14 —

152 **Book** of ornamental, architectural, and monumental designs, rare alphabets etc. W. 36 plates. 4. London ca. 1850. cloth. 12 —

153 **Bosc**, E., Dictionnaire rais. d'architecture et des sciences et arts qui s'y rattachent. 4 vols. Illustré de 4000 grav. s. bois dans le texte, 60 pl. à part et 40 chromolithogr. Paris 1877—80. gr. in-8. Etat de neuf. 80 —

154 **Bottari**, M. G., raccolta di lettere sulla pittura, scultura ed architettura scritte da, più celebri personaggi dei secoli XV, XVI e XVII continuata fino ai nostri giorni da S. Ticozzi. 8 Bde. M. Portr. Milano 1822—25. Schöne rote Hmgbde. 25 —

155 **Brandon**, R. and J. A., an analysis of Gothick Architecture illustr. by a series of upwards of 700 examples of doorways, windows etc. and accomp. with remarks on the several details of an ecclesiast. edifice. New edit. 2 vols. w. 158 plates and many woodc. 4. London 1860. Lwbde. (ℳ 5.5 sh.) 70 —
Enthält ausschliesslich ornamentale Details.

156 **Breymann**, G. A., allgemeine Bau-Constructions-Lehre, mit besond. Beziehg. auf das Hochbauwesen. 3 Bde. (Bd. I u. II in 2. Aufl.) Mit Holzschn. u. 269 Tafeln. 4. Stuttg. 1854—57. Hfz. (37½ M.) 10 —

157 **Brockedon's** road book from London to Naples. Illustrated with 30 engravings by Finden. 4. London 1835. cloth. Wenig papierfleckig. 15 —
Mit 30 Städte- u. Landschafts-Ansichten.

158 **Brunelleschi**. — Vasari, G., le Vite di Filippo Brunelleschi scultore e architetto fiorentino con aggiunte, documenti e note. Zum Gebr. bei Vorlesung. hrsg. v. C. Frey (Sammlg. ausgew. Biographien Vasari's IV. Bd.) Berlin 1887. (5 M.) 3 —

159 **Bühlmann**, J., die Architektur des classisch. Altertums u. d. Renaissance. 3 Abtlgn. m. 75 Taf. fol. Stuttg. 1872—88. In 3 Mappen. (60 M.) 42 —
I. Die Säulenordng. — II. Bogenstellungen, Thüren u. Fenster, Façaden-Entwicklungen. — III. Architekton. Entwickl. u. Decoration der Räume.

160 **Busch**, C., die Baustile. Anleit. z. Kenntn. ders. u. ihres Werthes f. d. künstler. Schaffen d. Architekten. 3 Bde. m. vielen Holzschn. Leipz. u. Berl. 1868—82. Illdr. (Bd. I in 3 Aufl.) (16 M.) 11 —

161 **Cadorin**, L., nuova enciclop. artist., ovvero collez. di disegni originali.

Karl W. Hiersemann in Leipzig, Königsstrasse 2. Catalog 108.

Geschichte der Baukunst etc. 13

M. Pf.

1 vol. de 106 pp. de texte en ital. et franç. et 100 pl. soigneus.
gravées s. cuivre. obl. fol. Venezia 1864. (125 fr.) . 50 —
162 **Capra**, A., la nuova architettura famigliare divisa à 5 ordini. Con
molte tavole e figure incise in legno. 4. Bologna 1678. Pgt. 20 —
*Das interessante Buch behandelt weniger die Baukunst als vielmehr die technischen
u. mechan. Wissenschaften. Der 1. Theil enthält den Acker-, Garten- u. Weinbau
(delle viti pag. 55—87), u. die Feldmesskunst; der 2. Theil enthält die Bau-
constructionslehre; der 3. Theil „delle misure"; der 4. Theil die Perspektive n.
die Wasserbaukunst; der 5. „delle misure" ist voller Holzschnitttafeln n. zeigt
u. A. 2 Haafbrechen, 5 Land- u. Wassermühlen mit 2 Göpelwerken, 7 Tafeln
Pumpwerke zum Felderberiesein, 3 Fontainen, 1 Perpetuum mobile, 3 Taf. zur
Construktion eines selbsthät. Mellenzeigers an Wagen, etc.*

163 **Catalogue**, Universal, of Books on art, compiled for the use of the
National Art Library and the Schools of Art in the United Kingdom,
by the Science and Art Department of the Committee of Council on
Education, South Kensington. 2 Bde. kl.-4. London 1870. Hfrz.
(*£* 2.2 sh.) 30 —
164 **Cataneo**, P., i quattro primi libri di architettura. Con molte fig. fol.
Venetia, Aldus, 1554. cart. Erste Aldiner Ausg., selten. Schönes Ex. 30 —
Die zahlreichen Initialen stellen Sujets aus Ovids Metamorphosen dar.

165 **Cauwenberghs**, C. v., la corporation des quatre couronnés d'Anvers
ou les architectes Anversois du moyen âge (1324—1542). Anvers 1889. 3 50
166 **Chapuy**, le moyen-âge pittoresque. Monumens et fragmens d'archi-
tecture, meubles, armures et objets de curiosité du Xe au XVIIe
siècle. Dessinés d'après nature, av. un texte archéol., descr. et histor.
p. Moret. 5 vols. av. 180 planches lith. fol. Paris 1837—40. Illdr.
(200 fr. brosch.) Lagerfleckig wie alle Exemplare. 85 —
167 **Choisy**, Aug., l'art de bâtir chez les Romains. Av. 24 planches et
100 gravures s. b. dans le texte. fol. Paris 1873. Vergriffen. 40 —
168 **Christmann**, F., Kunstgeschichte. Musterbuch. E. Samml. v. Dar-
stellgn. aus d. Arch., Sculpt., Malerei. In Farbendr. m. erl. Text.
(12 Hefte m. 44 Taf.) Frkf. a. M. 1879. qu.-fol. (24 M.) 3 —
Taf. 15 u. 18 fehlen, Taf. 6 am Rande etwas fleckig.

169 **Collection Sabouroff**. Monuments de l'art grec. Publ. p. A. Furt-
waengler. 2 vols. av. 149 pl. en héliogr. et en chromo et beauc. de
grav. s. bois dans le text. fol. Berlin 1883—87. Hlwdmppn. (M. 375.) 240 —
*Die durch Schönheit und Bedeutung ihrer Stücke hervorragende Sammlung befindet
sich jetzt z. Th. in den kgl. Museen zu Berlin, z. Th. in der k. Ermitage zu
Petersburg. Das Werk zerfällt in drei Abtheilungen: Denkmäler der Sculptur,
Thongefässe und Terracotten.*

170 **Collinot**, E., et A. de Beaumont, encyclopédie des arts décoratifs de
l'Orient. Recueil de dessins pour l'art et l'industrie. 6 séries. Avec
250 planches en chromolithogr. rehaussées d'or et d'argent. gr.-fol.
Paris 1880—83. (980 fr.) Vollständiges, tadelloses Ex. 200 —
*Les ornements de la Perse, 60 pl.; de la Chine, 40 pl.; du Japon, 40 pl.; des Turcs,
50 pl.; des Arabes, 40 pl.; des Vénetiens, Hindous, Russes, Byzantins, 40 pl.
☞ Einzeln zu entsprechenden Preisen sowelt apart am Lager.*

171 **Conversations-Lexicon** für bildende Kunst. Begr. v. Romberg, fort-
geführt v. Faber u. L. Clasen. 1.—7. Bd. (A—Heiligthum.) Mit Illustr.
Lpz. 1845—57. Hfz. (52 M.) Nicht mehr ersch. 30 —
Schönes Exemplar.

172 **Cottart**. Recueil des Oeuures du Sieur Cottart, Architecte. 33
planches, un titre ornemental gravé, et 5 ff. de texte av. 5 vignettes.
fol. Paris (vers 1684). Hfz. 150 —
*Schönes Exemplar dieses hervorragenden Architekturwerkes mit prächtigen Abdrücken
der Tafeln (z. Theil in Doppelformat), welche Paläste aus der glänzendsten Periode
mit Grundrissen u. Details darstellen; darunter 3 Tafeln zur Façade des Louvre.
Eine grosse Tafel ist an den Seiten scharf beschnitten.*

173 **Coussin**, J. A., du génie de l'architecture. Avec 60 planches. 4.
Paris, imprim. de F. Didot, 1822. Pp., unbeschn. Schöner Druck.
tadelloses Ex. 10 —

Karl W. Hiersemann in Leipzig, Königsstrasse 2. Catalog 108.

14 Geschichte der Baukunst etc.

M. Pf.
174 **Cruden, J.**, convenient and ornemental architecture consisting of original designs for plans, elevations and sections. W. 70 copperplates engr. by Js. Taylor. 4. Lond. 1767. Frz. 15 —
175 — — With 70 copperpl. 4. Lond. 1791. Frz. 13 —
176 **Cunningham, A.**, lives of the most eminent British painters, sculptors and architects. 6 vols. W. 41 plates and portr. (instead 53.) Lond. 1830--33. coth. (30 sh.) 15 —
178 **Daly, C.**, l'architecture privée au 19c siècle. 1. Série: Etude speciale de la distribution des plans et de la physionomie des ensembles. Elévations, plans, coupes etc. 3 vols. Avec 227 planches. fol. Paris 1870. Elegte. Halbmaroquinbdc. (240 fr.) 90 —
Einige Tafeln unbedeutend stockfleckig.
179 — — 2. Série: Détails techniques et esthétiques. Décorations extérieures et intérieures. 3 vols. Avec 238 planches en partie color. fol. Paris 1872. Hfz., schönes Ex. (240 fr.) 85 —
180 — motifs historiques d'architecture et de la sculpture d'ornement pour la composition et la décoration des édifices publics et privés (16—18 siècle). Details extérieurs. 2 vols. Avec 198 planches. fol. Paris 1869. Lwd. (300 fr.) 160 —
181 **Darly, M.**, the ornamental architect, or young artist's instructor, consist. of the fife orders, with their embelishments etc. Title page, dedication and index engraved, with 99 fine plates, contain. about 400 details. fol. Lond. 1771. Rauhes Kalbleder. Complet, 220 —
Schönes und äusserst seltenes Werk, Lowndes u. allen Bibliographen unbekannt, u. auch nicht in Guilmard's Maîtres ornemantistes verzeichnet. Darly nennt sich selbst „Professor of Ornament" u. bringt in seinem Werke zum Theil reizend erfundenen Festons, Friese, Kamine, Plafonds, Vasen etc. Er stach die Kupfer zu Ince and Mayhew, household furniture, theilweise die zu Chippendale's Ornamenta, etc.
182 — a compleat body of architecture wherein the five orders are exactly describ. 102 folio copper plates (includ. title, dedication and index) consist. of the five orders, mouldings, windows, cielings, chimney pieces, sections, frances etc. fol. Lond. 1773. Frz. 145 —
Schönes und sehr seltenes Ornamentwerk.
183 **Daviler, A. C.**, cours d'architecture, qui comprend les ordres de Vignole, av. des commentaires, les figures et descript. de ses plus beaux bâtiments, et de ceux de Michel-Ange, etc. 2 vols. en 1 avec plus de 100 pl. 4. Paris 1694. Frz. Scharfe Abdrücke der Kupfer. 15 —
Vol. II enth.: Dictionnaire d'architecture.
184 — — 2 pties. M. Titelkupfer u. 115 Taf. 4. Paris 1699. Frzbde. 16 —
Titelblätter beschädigt, sonst wohl erhalten u. vollständig.
185 **De L'Orme, Philib.**, le premier tome de l'architecture. Av. un grand nombre de grav. s. bois. fol. Paris 1568. Hprgt. Schönes Ex. 68 —
1. Ausgabe enthaltend die 9 Bücher der Architectur, geschätzt wegen der guten Holzschnitte, von denen viele Kamine darstellen.
186 **Denkmäler der Kunst.** Zur Uebers. ihres Entwickelungsganges v. d. ersten Versuchen bis z. d. Standpunkt der Gegenwart. 3. Aufl. Bearb. v. W. Lübke u. C. v. Lützow. 2 Bde. m. 193 Taf. (7 davon in Farbendr.). qu.-fol. u. 1 Bd. Text. Imp.-8. Stuttg. 1879. Hfrz. Pracht-Ausg. (190 M.) 70 —
187 **Denkschrift** üb. die Pflege der Kunst an d. öffentl. Bauwerken. 4. München 1877. 1 20
188 **Denon, Viv.**, monuments des arts du dessin chez les peuples tant anciens que modernes, recueillis p. servir à l'histoire des arts. 315 planches lithogr., décrits et expliqués p. Amaury Duval. 4 vols. fol. Paris 1829. Hmaroqbdc. (500 fr.) 225 —
Vollst. Exemplar dieses interessanten u. selten gewordenen Werkes, von welchem nur 250 Ex. hergestellt wurden.
189 — L'oeuvre originale de Vivant Denon. Collection de 317 eaux-

Karl W. Hiersemann in Leipzig, Königstrasse 2. Catalog 108.

Geschichte der Baukunst etc. 15

fortes dess. et grav. p. ce célèbre artiste. Av. une notice très-détaillée sur la vie intime ses relations et son oeuvre p. A. de la Fizelière. 2 vols. (30 livr.) fol. Paris 1873. (200 fr.) 110 —
190 Derand, Fr., l'architecture des voûtes ou l'art des traits et coupes des voûtes nouv. éd. revue. Av. 82 planches en taille douce. fol. Paris 1742. Frz. 36 —
Das gesuchte Werk über den Bau der Gewölbe. Die Taf. enthalten auch ornament. Cartouchen.
191 **Dietterlin**, W., Architectura. Von Austheilung, Symmetria und Proportion d. Funff Seulen, Und aller daraus volgender Kunst-Arbeit von Fenstern, Caminen, Thurgerichten, Portalen, Bronnen u. Epitaphien. Portrait u. 209 Blatt. fol. Nürnberg. R. Caymor. 1598. Frzbd. Einige Tafeln fleckig. 300 —
192 — — 131 Kupfertafeln aus diesem bedeutenden Werke, Kamine, ‒?; Fenster, Thüren, Fontainen, Monumente etc. etc. darstellend. 4. Nürnberg 1598. In Mappe. 85 —
193 — — Von Austheilung, Symmetria vnd Proportion der 5 Seulen. Vnd aller darauss volgender Kunst-Arbeit von Fenstern, Caminen, Thürgerichten, Portalen, Bronnen vnd Epitaphien. 5 Thle. in 2 Bdn., mit Portrait u. 209 Tafeln. fol. Lüttich 1862. Hfzbde., schönes Ex. (150 fr.) Facsimile-Ausgabe. 75 —
194 — le livre de l'architecture. Recueil de planches donnant la division, symétrie et proportion des cinq ordres appliqués à tous les travaux d'art qui en dépendent. 5 vols. Avec 210 planches. fol. Liége 1862. In 2 roten Hmaroqbdn. (150 fr.) 75 —
195 **Dodd**, The. The Connaisseur's Repertory, or, a biograph. history of painters, engravers, sculptors, and architects, with an account of their works, from the 12. century to the end of the 18th. Parts I—VI: A—Barr (all published). With 30 plates of monograms. London no d. (circa 1825). Lwd. (48 sh.) 20 —
196 **Dohme**, R., Barock- und Rococo-Architektur. 9 Liefg. von je 20 Taf. in Lichtdruck. fol. 8 Lfg. erschienen. Jede Lieferung 20 —
Mit der in Vorbereitung befindlichen Schlusslieferung gelangt der reichillustrirte Text zur Ausgabe.
197 **Donaldson**, T. L., Architectura Numismatica, or architectural medals of classic antiquity, illustr. by comparison with the monuments a copious text. 100 lithogr. u. woodcuts. London 1859. Imp.-8. (£ 3. 3 sh.) Lwd. 30 —
198 **Dubut**, L. A., architecture civile; maisons de ville et de campagne. Av. 90 pl. fol. Paris an XI (1803). Hfrz. Ex. s. grand papier lavé à l'encre de la Chine. (400 fr.) 40 —
Ducerceau — vide Androuet.
200 **Durand** (J. L. N.), Recueil et Parallèle des édifices de tout genre anc. et mod., remarquables par leur beauté, par leur grandeur ou par leur singularité. 112 planches. obl. fol. Paris an XI (1801). Hfrz. Dieses Exemplar enthält 20 Taf. mehr als auf d. Titel angegeben, die Taf. sind fortlauf. nummerirt. 60 —
201 **Durand**, J. N. L., Recueil et parallèle des édifices de tout genre anciens et modernes, remarquables par leur beauté etc. Avec 91 pl. Imp. obl.-fol. Paris 1800. En feuilles. 48 —
202 **Durant**, S., H. Durand et E. Laval, album archéolog. et descript. des monuments histor. du Gard. Av. 23 planches. Nimes 1853. cart. 20 —
203 **Du Sommerard**, Adr. et Ed., les Arts au Moyen-Age. 5 vols. de texte gr. in-8 et Atlas (10 séries) et Album de 510 planches dont environ 120 illuminées, en or et en couleurs. gr. in-folio. Paris 1838—46. In neuen, prachtvollen Halbmaroquinbdn. (Ladenpreis für ein broschirtes Ex. mit schwarzen Tafeln und ohne Einbände fr. 1500.) 950 —
Vollständiges und tadelloses Exemplar ohne die zahlreichen starken Stockflecken, die viele andere Exemplare haben.

Karl W. Hiersemann in Leipzig, Königsstrasse 2. Catalog 108.

16   Geschichte der Baukunst etc.

                                                                                    M. Pf.
204 **Eastlake**, Ch. J., a hist. of the Gothic revival. W. 36 plates and 12
    illustr. in the text. 4. London 1872. Lwd. (31½ sh.)   20 —
205 **Eckardt**, L., Vorschule der Aesthetik. 2 Bde. M. 176 Holzschn. etc.
    Karlsruhe 1864—65. Hfzbde. (18 M.) Vergriffen.   13 —
206 **Effigies**, the true, of the most eminent painters, and other famous artists
    that have flourished in Europe. Frontisp. engr. with lat. text, 18 pp.
    and 22 engrav. on copperpl. (Antw.) 1694. — Image (sic!) de divers
    hommes d'esprit sublime qui par leur art et sciences debvrovent vivre
    eternellement et des quels la lovange et renommée faict estonner le
    monde. A Anvers mis en lumière par Jean Meyssens 1649.
    Frontisp. et 99 portr. numerotés 23 à 121 et 2 portraits d'une autre
    série. Frz.   120 —
         Sehr selten, besonders in so guten Abdrücken. Die 125 Portraits stellen meist nieder-
         länd. Künstler dar und sind gestochen von den besten Stechern dieser Zeit:
         W. Hollar, P. de Jode, C. Waumans, C. Lauwers etc. etc. Vergl. Brunet III. 409.
207 **Encyclopédie** d'architecture. Revue mensuelle des travaux publics et
    particuliers. Publié par Calliat et Lance. Ire série. 12 vols. avec
    1485 planches en partie color. gr.-4. Paris 1851—62. (360 fr.)   60 —
         Jeder Band hat 120 Tafeln, nur Bd. III hat 140 u. Bd. XII 145 Tafeln. Ganz voll-
         ständig ist nur Band VIII, in den übrigen fehlen zusammen 77 Tafeln. Der Text
         ist vollständig bis auf den 12. Band, an dem die 12. (Schluss-) Nummer mit dem
         Index fehlt.
208 — — 2e. série. 10 vols. Avec 772 planches (en partie col.) et
    plus de grav. s. b. 4. Paris 1872—81. 1872—77. Hfzbde., Rest in
    Heften. (450 fr.)   200 —
209 **Engelhard**, ausführbare Verbesserungen der Bauart deutscher Landstädte.
    4. (Berlin.) 1833. S.-A. 100 SS. cart. m. G. Stockfleckig.   2 —
210 **Erasmus**, J. C., (17. Jahrh.) kurzer Bericht von denen so genannten fünff
    Seulen, sambt Unterweisung, wie derselben Grund-Risse u. Capital
    aufzureissen u. auszutheilen seien. M. Frontisp., 12 Taf. u. Anhang
    von 7 Taf., enth. Arabesken-Ornamente. gest. v. W. Pfann. fol.
    Nürnb. o. J. (ca. 1670) Hbln.   30 —
211 **Etudes** archéologiques sur le moyen-âge et la Renaissance: Marine. —
    Architect. militaire. — Cartes à jouer. — Croyances populaires. —
    Manuscrits. — Peinture murale. — Peinture. — Art héraldique. Av.
    préf. p. P. Lacroix et av. 41 planches (22 chromolith.) fol.
    Brux. 1854.   20 —
212 **Falke**, J. v., Gesch. d. modernen Geschmacks. 2. Aufl. Leipz. 1880.
    (5½ M.)   4 50
213 **Faesch**, J. R., (Architect zu Dresden) Anderer Versuch seiner architekton.
    Werke, bestehend aus allerh. Grund-, Haupt-Rissen u. Profilen unter-
    schied. Gebäuden. 5 Thle.: 5 gest. Titel, 5 Blatt Vorrede und 125
    Kupfertaf. quer-fol. Nürnberg 1722. Sehr selten complet.   60 —
214 **(Felibien)** des principes de l'architect., sculpture, peinture et des autres
    arts que on depend. Avec 65 planches et dict. des termes propres
    à ces arts. 4. Paris 1676. Hkbldr.   8
215 **Ferrey**, B., recollections of A. N. Welby Pugin and Aug. Pugin. W. 2
    portr. and several woodengrav. Lond. 1861. cloth. (21 sh.)   6 —
216 **Fiedler**, C., d. Ursprung d. künstler. Thätigkeit. Lpz. 1887. (2½ M.)   1 50
217 **Fisenne**, L. de, l'art mosan du XII. au XVI. siècle. Recueil de monu-
    ments. Livr. 1 à 5 av. 92 pl. 4. Brux. 1887. (11¾ M.)   7 50
218 — Kunstdenkmale d. Mittelalters. I.—III. Serie. 353 Taf. m. Text
    (deutsch u. franz.) 4. Aachen 1880—86. (60 M.)   40 —
219 **Fränkel**, W., u. R. Heyn, Atlas d. Bauwesens. M. 19 Taf. in Stahlst.
    Quer-4. Leipz. 1874. (6 M.)   4 50
220 **Freart** de Chambry, parallèle de l'architecture ant. et de la mod. av. un
    recueil des dix princip. auteurs qui ont écrit des cinq ordres. Av.
    beauc. de pl. fol. Paris, Ed. Martin, 1650. Hfrz. Erste Ausgabe.
    1 Taf. u. 4 Vign. sind ausgemalt.   22 —

            Karl W. Hiersemann in Leipzig, Königsstrasse 2. Catalog 108.

Geschichte der Baukunst etc.

M. Pf.

221 **(Füssli).** Allgemeines Künstler-Lexicon. M. 3 Suppl. 2 Bde. 4. Zürich
1763—77. Ppbd. u. Hldr. — 12 —
222 — Allgemeines Künstlerlexicon. (Neue Aufl.) M. Suppl. fol. Zürich
1779. Fzbd. — 10 —
223 **Gailhabaud,** die Baukunst des 5.—16. Jahrh. u. die Bildhauerei, Wandmalerei, Glasmalerei, Mosaik etc. 6 Bde. Mit 300 Taf. gr.-4. Lpz.
1856—66. (240 M.) Vollständiges, tadelloses Ex. Vergriffen. — 150 —
224 **Galland,** G., Gesch. d. holländ. Baukunst und Bildnerei i. Zeitalter d.
Renaiss., d. nat. Blüthe u. d. Klassicismus. M. 181 Holzschn. Frankf.
1890. (15 M.) — 12 50
225 — u. G. **Rosenkranz,** (Gesch. der) italien. Renaissance. M. 115
Lichtdrucken. (Reproductionen.) Lpz. (1887.) Hlwd. (18 M.) — 9 50
226 **Garnaud,** A., études d'architecture chrétienne. Livr. 1—3. Avec 12
planches. fol. Paris 1857. (60 fr.) — 26 —
227 **Garsoni,** Th., la piazza universale di tutte le professioni del mondo.
4. Venetia 1595. Prgt. — 15 —
Für Gesch. aller Gewerbe von höchstem Interesse.
228 **Gérard,** Ch., les artistes de l'Alsace pendant le moyen-âge. 2 vols.
Colmar 1872. Hmaroq. (16 fr.) — 11 50
229 **Geschichte** der deutschen Kunst. Bd. I—III u. V. u. IV. Lfg. 1.
M. ca. 200 Tafeln u. Farbendrucken. Imp.-8. Berlin 1885—90.
Hldr. (72 M.) — 53 —
Bd. I: Dohme, Gesch. d. d. Baukunst. Bd. II: Bode, Gesch. d. d. Plastik. Bd. III:
Janitschek, Gesch. d. d. Malerei. Bd. V: Falke, Kunstgewerbe. — Bd. IV: Lützow,
Gesch. d. d. Kupferstichs und Holzschnittes. Die Fortsetzung des vierten Bds.
liefere ich zum Subscriptionspreis.
230 **Goldmann,** N., vollständige Anweisung zu der Civil-Baukunst. Hrsg.
v. L. C. Sturm. Mit 74 Tafeln. gr.-fol. Wolfenbüttel 1696. Pgt.
Die Tafeln 28—32 („von den Schnecken") fehlen, sonst schönes
Exemplar. — 28 —
231 — Vollständige Anweisung zu der Civil-Baukunst, mit 2 Titelkupfrn.
u. 75 Tfln. und der ersten Ausübung der Goldmannischen Baukunst,
mit 20 Tfln. Hrsg. von L. Chr. Sturm. Leipz. 1708. gr.-fol. Pgt. — 36 —
Anhang wasserfleckig.
232 **Gonse,** L., l'art Gothique: l'architecture, la peinture, la sculpture, le
décor. Avec 28 planches dont plusieures en couleurs hors texte et
plus de 300 gravures dans le texte. 4. Paris 1891. Toile tête
dorée. (100 fr.) — 65 —
233 — l'art Japonais. 2 vols. Avec 1000 grav. s. bois dans le texte et
64 illustr. hors texte (planches en couleur etc.). fol. Paris 1883.
In japan. Seide gebunden, unbeschn. (Subscriptions-Preis 250 fr., jetzt
erhöht). Schönes, tadelloses Ex. — 120 —
Peinture. Architecture. Sculpture. Ciselure et le travail des métaux. Lacques.
Tissus. Céramique. Estampes.
234 **Guhl,** E., Künstlerbriefe übers. u. erläut. 2. Aufl. v. A. Rosenberg.
Berl. 1880. (18 M.) Lwd. — 8 —
235 **Gurlitt,** C., u. H. **Schmidt,** Klassiker d. Baukunst: Mittelalter. 2 Bde.
M. 167 Lichtdrucken. Leipz. 1884—86. Hlwd. (30 M.) — 15 —
236 **Harding,** J. D., Sketches at home and abroad. Title, dedication, and
50 beautiful tinted lithographs by Hullmandel: Views of towns and
villages, natural scenery, picturesque architecturale, etc. imp.-fol.
London no d. Hfz. (126 M.) — 75 —
Fleckig, wie alle Exemplare. Interessante und schöne Sammlung von Städteansichten
und Landschaftsbildern aus Deutschl., Tirol, der Schweiz, Italien, England u.
Frankr., am zahlreichsten vertreten sind die Rhein-Ansichten, z. B. Bacharach
(3 Bll.), Ober- u. Nieder-Lahnstein (2 Bll.), Coblenz, Liebenstein, Oberwesel,
Rüdesheim, St. Goarshausen etc., ferner Frankfurt a/M., Mainz, Landeck, Nauders
Finstermünzpass, Trient, die grossen Seeen in Oberitalien, Monaco, Ternl,
Roveredo etc. Die schönen mit weiss gehöhten Tafeln sind 1834—1835 bezeichnet.
237 **Haestens,** H. van, de magnificentie ofte lust-hoff van gantsch Christenrijck, bestaende in verscheyden tempels, paleysch, triumph-colomnen,

Karl W. Hiersemann in Leipzig, Königsstrasse 2. Catalog 108.

2

18 Geschichte der Baukunst etc.

                                                            M. Pf.

lust-hoven enz., soo in Italien, Vranckrijck, Spangien, Duytslandt enz. Mitsgaders de triumphelicke crooningen der coningen van Vranckrijck ende Engelandt. 4. Leyden 1619. Perg. Mit vielen Holzschn. Im Schluss ein Wurmloch.   15 —
Deutschland ist m. den blattgrossen Holzschnitten d. Strassburger Münsters u. d. berühmten Uhr darin vertreten.

238 **Hauser**, A., Styl-Lehre d. architekt. Formen d. Alterthums. M. 173 Holzschn. Wien 1877.   1 50

239 **Heck**, J. G., Bilder-Atlas zur Gesch. d, Baukunst. M. 60 Kupfert. quer-fol. Lpzg. 1849. Lwd.   5 —

240 **Hirt**, A., die Lehre der Gebäude bei den Griech. u. Röm. 4. M. 18 Taf. in-fol. Berl. 1827. Hfz. Atlas cart.   10 —
Bd. 3 der Gesch. der Baukunst bei den Alten.

241 **Hoare**, Prince, extracts from a correspondence with the Academies of Vienna and St. Petersb. on the cultivation of the arts on painting, sculpture and architecture in the Austr. a. Russian dominions. 4. London 1802.   3 —

242 **Heideloff**, C., Gesch. der Bauhütte des M.-A. in Deutschland, mit Urkunden, Holzschn. im Text u. 2 Taf. Wappen, Trachten der Steinmetzen (15. Jahrh.) u. Leyenbrüder aus d. Klosterbauhütten 1300. 4. Nürnb. 1844. cart.   4 —

243 **Heideloff**, C. v., architekton. Entwürfe u. ausgeführte Bauten im byzant. u. altdeutschen Stil. 2 Hefte. Text 8. Mit 23 Stahlst. fol. Nürnb. 1851. (24 M.)   6 —

244 **Hoffstadt**, Fr., gothisches ABC-Buch, d. i. Grundregeln d. gothischen Styls, für Künstler u. Werkleute. 1.—7. Lieferung (mehr nicht ersch.) Mit 42 Kupfertafeln. fol. Frankf. 1840. Fehlt im Buchh. Pracht-Ausgabe auf starkem Papier. Jede Seite in Bordüre.   54 —

245 **Hope**, Th., histor. essay on architecture, with an analytical index. 2 vols. Lond. 1825—26. cloth. Die Tafeln fehlen. Mit zahlreichen handschr. Verbesserungen.   8 —

246 **Hübsch**, H., Bauwerke. Heft I. u. II (üb. Kirchenbau; holzersparende Dach-Construction; Construction z. Bestimmg. v. Bogen- u. Widerlager-Stärken bei Gewölben. 4°, mit Atlas v. 12 Taf. in gr.-fol. Carlsr. 1838.   8 —
Unbedeutend lagerfleckig.
Der Atlas enthält u. A. die evangel. Kirchen zu Barmen, Freiburg, Zaisenhausen, Epfenbach, Bauschlott; die kathol. Kirchen zu Dürrheim, Rothweil, Stahringen, Waltzen, Bulach, Rottenburg; ferner öffentl. Profanbauten zu Carlsruhe, Frankfurt a/M. u. Mannheim .

247 — Bau-Werke. 2te Folge. Heft I u. II. Mit 12 Taf. gr.-fol. (Carlsr. 1852.) Ohne Titel. (18 M.)   6 —
Die Kunsthalle in Karlsruhe, 5 Bll.; Trinkhalle zu Baden, 4 Bll.; Pavillon im Museumsgarten in Karlsruhe, 2 Bll.; kathol. Kirche zu Bulach, 1 Bl.

248 — über griechische Architektur. M. 5 Kupfertaf. 4. Heidelb. 1822. (4¹/₂ M.)   3 —

249 — die Architektur u. ihr Verhältniss zur heut. Malerei u. Sculptur. Stuttg. 1847. Hlwd.   2 —

250 **Jahrbuch** des Concurrenz-Clubs an d. Bauschule d. k. k. techn. Hochschule Wien. Studienj. 1879—80. M. 11 Taf. — Preisgekr. Entwürfe hrsg. v. Concurr.-Club. Studienj. 1881—83. M. 13 Taf. 4. Wien 1880—83. Nicht im Handel.   8 —
Fontainen, Grabdenkmale, Candelaber, ornamentale Gitterwerke etc.

251 **Indau** J., Wienerisches Architectur-, Kunst- u. Säulen-Buch. Mit gest. Titel u. 21 grossen Kupf. fol. Augsp. 1713. Pbd. Selten. Einige Tafeln am Rande wasserfleckig und unterlegt, die Hälfte einer Taf. fehlt.   20 —

252 (**Jombert**, C. A.), architecture moderne ou l'art de bien bâtir pour toutes sortes de personnes. 2 vols. en 1 avec 152 planches. 4. Paris 1728. Frz. Erste Ausgabe.   22 —

Karl W. Hiersemann in Leipzig, Königsstrasse 2. Catalog 108.

Geschichte der Baukunst etc.

		M. Pf.
253	**Jones**, Inigo. Designs, consisting of plans and elevations for publick and private buildings. Published by W. Kent. 2 vols. in 1. With 138 carefully engraved plates (includ. the 2 supplementary plates 71" and 72" in vol. I.), a frontispiece, and vignettes. gr.-fol. London 1727. Ldr. Einband beschädigt, sonst schönes Ex. der Original-Ausgabe dieses splendid ausgestatteten und dem König Georg gewidmeten Werkes.	180 —
254	— — (New ed.) W. front., portr. and 138 fine copper plates. fol. Lond. 1770. Hfranzbd. Enthält viel Ornamentik.	120 —
255	**Kendall**, J., an elucidation of the principles of English architecture, usually denom: Gothic. W. 23 plates. 4. London 1818.	4 —
256	**Klingenberg**, E., architectonische Entwürfe, theils ausgeführt, theils für d. Ausführg. entworfen. Lfrg. 1—III (soweit erschienen), mit 20 lith. Taf. fol. Glogau 1864—66. (9 M.)	4 50
257	**Knight**, H. G., die Entwickelung d. Architectur vom 10.—14. Jahrh. unter den Normannen in Frankreich, England, Unteritalien u. Sicilien. Uebers. v. Lepsius. M. 23 lith. Taf. Lex.-8. Lpz. 1841. Hlwd. (20 M.)	13 —
258	**Knight**, R. P., analyt. inquiry into the principles of taste. 2. ed. Lond. 1805. calf.	3 —
259	**Konkurrenzen**, deutsche. Eine Sammlg. interess. Entw. aus d. Wettbewerben dtsch. Architecten zusammengest. u. herausg. v. A. Neumeister u. E. Häberle. Heft 1: Rathhaus-Konkurrenz f. Pforzheim. M. vielen Abbildgn. Leipzig 1892.	1 20
260	(**Kopp**, E.) Die Beurtheilung von Schinkel's architect. Werken. — Leo v. Klenze's architect. Werke. Jena 1854. Krit. Blätter üb. d. neuere Bauwesen. 2. u. 3. Heft.	2 —
261	**Kramm**, Chr., de levens en werken der hollandsche en vlaamsche kunstschilders, beeldhouwers, graveurs en bouwmeesters. 6 Bde. u. Anhang. Amst. 1857—64. gr.-8. (58 M.)	40 —
262	**Kugler**, F., Geschichte der Baukunst. Bd. I—III. Mit zahlr. Illustr. Stuttg. 1856—59. Hfz. (36 M.) Bd. I: Oriental. u. antike Baukunst. II: Roman. Baukunst. III: Gothische Baukunst.	14 —
263	— kleine Schriften u. Studien zur Kunstgeschichte. 3 Bde. mit Holzschn. u. (theilweise color.) Tafeln. Stuttg. 1853—54. Hmaroq. (54 M.) Mit leichten Papierflecken.	27 —
264	— Handbuch der Kunstgeschichte. 4. Aufl., bearb. v. W. Lübke. 2 Bde. Stuttg. 1861. Hlz. (21 M.)	12 —
265	**Künstlerbriefe** (des 16. u. 17. Jahrh.) Uebers. u. erl. v. E. Guhl. 2. verm. Aufl. v. A. Rosenberg. 2 Thle. Berl. 1880. (18 M.)	7 —
266	**Künstler-Lexikon**. Allgemeines, hrsg. v. J. Meyer, H. Lücke u. H. v. Tschudi. 2. umgearb. Aufl. v. Nagler's Künstlerlex. Bd. I—III. (A—Bezzuoli). Leipz. 1872—85. I. II. Hfrz. III. br. (43 M. ungebd.)	25 —
267	**Lacroix**, P. et Ferd. Seré, Le moyen-âge et la renaissance. Histoire et description des moeurs et usages, du commerce et de l'industrie, des sciences, des arts, des littératures et des beaux-arts, en Europe. 5 vols. Avec 500 planches coloriées et noires, culs de lampe, gravures s. bois etc. 4. Paris 1848—51. Schöne rothe Hmaroqbde. ob. Schn. vergoldet. Etwas papierfleckig wie wohl alle Exemplare. Dieses prächtige, für alle Gebiete der Kunst u. des Kunstgewerbes, sowie für Culturgeschichte gleich wichtige Werk ist bisher unübertroffen und nur von dem Hefner Alteneck'schen Werke annähernd erreicht. Das Werk ist längst vergriffen und sind vollständige Exemplare äusserst selten.	280 —
268	**Laureys**, F., Kursus d. klass. Baukunst. Die fünf Ordnungen. E. vollst. Zerleg. ders. auf Grundl. d. Dezimalsyst. u. i. pract. Verwerthung. 2. Aufl. 70 Taf. m. Text. fol. Berl. 1889. In Mappe. (30 M.)	22 50
269	**Le Clerc**, S., traité d'architecture av. des remarques et des observations très utiles. 1 vol. de texte et 1 vol. de 181 planches. 4. Paris 1714. In 1 Pgtbde. Enthält viel Ornamentik. Die ersten Bll. wasserfl.	28 —

Karl W. Hiersemann in Leipzig, Königsstrasse 2. Catalog 108.

Geschichte der Baukunst etc.

M. Pf.

270 **Le Comte**, Fl., cabinet des singularitez d'architecture, peinture, sculpture et graveure ou introd. à la connoissance des plus beaux arts etc. 3 vols. av. titre gravé et 2 pl. de monograms. Paris 1699—1702. Franz. 9 —
271 **Le Muet**, Pierre, Manière de bastir pour touttes sortes de personnes. Av. frontisp. gr. et 53 planches. fol. A Paris, chez Melchior Tavernier, graveur imprimeur du Roy, 1623. Vélin. Très bel exemplair de la I^e édition. 30 —
272 — manière de bien bastir (cont. plus. figures, plans et élévations des plus beaux bastimens et édifices de France.) 2. éd. revue et augmentée. Avec 84 planches. fol. Paris 1663. cart. 22 —
273 — manier de bien bastir pour toutes sortes de personnes, (cont. figures, plans et elevations des plus beaux bastimens et édifices de France.) 2 pties. en 1 vol. Av. 86 planches. folio. Paris 1681. Frz. 20 —
274 **Lenormant**, F., et **Roblou**, chefs-d'oeuvre de l'art ant.: architect. peinture — statues — bas-reliefs — bronzes — mosaiques — vases — médailles — camées — bijoux — meubles etc. Tirées de div. coll. et principal. du Musée de Naples. 7 vols. Avec 807 pl. gr.-4. Paris 1867. (250 fr.) 145 —
In Lwd.-Mappen unbeschn.
275 **Lenormant**, Ch., musée des antiquités égypt. ou recueil des monuments égypt.: architect., statuaire, glyptique et peinture, accomp. d'un texte explic. Avec 39 planches. fol. Paris 1841. (140 fr.) Hfz. 50 —
276 **Le Preux**, E. F., album d'architecture 70 grav. (planches) av. texte explic. 4. Paris 1874. Lwd. (Architect. Details.) 20 —
277 **Lilienfeld**, C. J., die ant. Kunst. Leitf. d. Kunstgesch. m. bes. Abhandl. üb. die Archit. u. Polychromie d. Alten. M. 69 Holzschn. Magdeb. 1875. (4 M.) 2 —
278 **Lohde**, L., die Architektonik d. Hellenen. fol. Berlin 1862. 1 20
279 **Lotz**, W., Kunst-Topographie Deutschlands: Statistik der deutschen Kunst des Mittelalters u. des 16. Jahrhunderts. 2 Bde. Cassel 1863. (25½ M.) Vergriffen. 20 —
280 **Louandre**, Ch., les arts somptuaires. Histoire du costume et de l'ameublement et des arts et industries qui s'y rattachent. 2 vols. texte et 2 vols. planches en couleurs p. Hangard-Maugé. En tout 4 vols. 4. Paris 1858. Très bel exempl. en fascicules broché n. rogné. 280 —
281 — — Relié en 3 vols. d.-maroq. rouge, n. r. tête dor. Très bel exempl. 300 —
282 **Lübke**, W., Geschichte der Architektur. 2. Aufl. M. 448 Holzschn. Köln 1858. Hfz. (14²/₅ M.) 5 -
284 **Lübke**, W., Geschichte der deutschen Renaissance. 2 Bde. mit 261 Holzschn. Stuttg. 1873. Hfz. (28½ M.) 8 —
285 — Gesch. der Renaissance in Deutschland. 2. Aufl. 2 Bde. Mit 382 Holzschn. Stuttg. 1882. Hfz. neu. (34 M.) 20 —
286 — Gesch. d. Renaissance Frankreichs. M. 95 Holzschn. Stuttg. 1868. Hlwd. (11 M.) 5 —
287 — Gesch. der Renaissance in Frankreich. 2. Aufl. Mit 163 Illustr. Lex.-8. Stuttg. 1885. Eleg. Hfz., neu. (17 M.) 12 —
288 — Grundriss der Kunstgesch. 6. Aufl. 2 Bde. m. 464 Holzschn. Stuttg. 1873. In 1 Hfzbde. (13 M.) 7 —
288a **Lübke**, W., u. C. v. **Lützow**, Denkmäler d. Kunst. Zur Uebers. d. Entwicklungsganges d. bild. Künste. Volksausg. 2. Aufl. Text in 8 u. 98 Tfl. in-fol. Stuttg. 1881. (30 M.) 23 —
289 **Mariette**, E., traité prat. et raisonné de la construction en Égypte. Tome I (seul paru?): Des matériaux de construction — des constructions civiles. Alexandrie 1875. 494 pp. 7 —

Karl W. Hiersemann in Leipzig, Königsstrasse 2. Catalog 108.

Geschichte der Baukunst etc.

290 **Marot, Jean,** (1619—1679.) Oeuvres d'architecture. Recueil des plans, profils et élévations de plusieurs palais, châteaux, églises, sépultures, grottes et hôtels. 117 planches publiées sans titre. obl.-fol. (Paris ca. 1700.) Frzbd. 100 —
291 **Meusel,** J. G., neue Miscellaneen artist. Inhalts f. Künstler u. Kunstliebhaber. 2 Teile in 1 Bd. Lpz. 1795—96. 4 —
Beschäftigt sich besonders mit tyrolischen Künstlern.
292 **Meyer's** Konversations-Lexikon. Eine Encyklopädie d. allgem. Wissens. 4. Aufl. 17 Bde. mit vielen schwarzen und color. Tafeln. Leipz. 1888—90. Hfrzbde. Tadellos. (170 M.) 120 —
293 **Mezger,** E., Architekton. Zeichnungen zu s. 2 Abhandlgn. über das Erechtheum. M. Vorwort v. F. Thiersch u. 5 Foliotafeln. 4. Münch., Akad., 1851. 2 —
294 **Milizia,** de l'art de voir dans les beaux arts. Trad. p. Pommereul. Paris (1798). Hfz. 4 —
295 **Millin,** A. L., monumens ant. inédits ou nouvell. expliqués. Collection de statues, basreliefs, bustes, peintures etc. 2 vols. Avec 92 pl. 4. Paris 1802—6. veau. 45 —
296 **Minard van Hoorebeke,** L., recueil descriptif et curiosités du 13e au 19e siècle. Avec 42 planches. fol. Gand 1865. Ein stattlicher, schön ausgestatteter Band. 36 —
297 **Moller,** G., origin and progress of Gothic architecture traced in and deduc. fr. the anc. edifices of Germany etc. fr. the 8—16 cent. Transl. fr. the German. London 1824. calf. 3 —
298 **Mollett,** J. W., illustrated dictionary of words used in art and archaeology. With 707 woodcuts. kl.-4. London 1883. Lwd. (15 sh.) 10 —
299 **Moore,** Ch. H., development and character of Gothic Architecture. With 191 woodcuts. London 1890. Lwd. 18 —
300 **Mosler,** H., Klassiker der Baukunst. M. 67 Lichtdrucken (Reproductionen). Lpz. (1885.) Hlwd. (12 M.) 6 —
301 **Mothes,** O., die Baukunst des Mittelalters in Italien von der ersten Entwicklung bis zur höchsten Blüthe. 4. Lfrg.: Lombardisches u. Normannisches. Mit Holzschn. Lex.-8. Jena 1883. (8 M.) 3 —
302 **Müller,** Klunzinger u. Seubert, die Künstler aller Zeiten u. Völker, od. Leben u. Werke d. berühmten Baumeister, Bildhauer, Maler, Kupferst. etc. 3 Bde. u. Nachträge = 4 Bde. Stuttg. 1857—70. Hlwd. (56 M.) 22 —
303 **Müller,** H. A., biograph. Künstler-Lexikon d. Gegenwart. Leipz. 1882. Lwd. (6 M.) 3 —
304 — u. O. **Mothes,** Illustr. archäolog. Wörterbuch der Kunst d. german. Alterthums, d. Mittelalters u. d. Renaissance. 2 Bde. M. 1 Chromolith. u. 750 Holzschn. Leips. 1877. Hfrz. (30 M.) 22 —
305 **Müller,** K. O., Handb. d. Archäologie der Kunst. 3. Aufl. mit Zusätzen v. F. G. Welcker. Breslau 1848. Hfrz. 5 —
306 **Murphy,** J., Grundregeln der goth. Bauart. Deutsch v. Engelhard. M. 13 Taf. 4. Lpz. (1828) cart. (18 M.) 7 —
307 **Real Museo Borbonico** (pubbl. da A. e F. Niccolini.) 16 voll. Con 991 tavole, alcune color. 4. Napoli 1824—57. Schönes Exemplar auf stark. Papier mit breitem Rande, in 16 Hfzbdn.; Bd. 14—16 weichen im Einbande ab. 300 —
Der Text wurde von den bedeutendsten Archäologen verfasst; zu jeder Tafel gehört eine ausführl. Erklärung in monograph. Form u. mit dem Namen des Autors. Dem 15. Bande ist ausserdem ein Theil des 16. Bandes angebunden.
308 **Nagler,** G. K., neues allgem. Künstlerlexikon. 22 Bde. (A.-Z.) München 1835—52. In 21 Hfrzbdn. m. Titel. Sehr gut erhaltenes uniformes Ex. Acusserst selten. 590 —

22   Geschichte der Baukunst etc.

M. Pf.

809 **Nash**, J. Architecture of the middle ages, drawn from nature. Engraved title, dedication, and 25 tinted plates. gr.-fol. London 1838.
(84 sh) 48 —
Seltenes und wichtiges Werk, mit Abbildgn. der schönsten Bauwerke zu Rouen, Dieppe, Louviers, Beauvais, Abbeville, Brügge, Antwerpen, Senlis, Oxford, Winchester etc.

310 **Neufforge**, de, recueil élémentaire d'architecture cont. des distributions de bâtimens bourgois: modèles de bâtimens, de portes, croisées, niches, menuiseries, ornemens. Vol. 3 et 4 ou planches 145—288. fol. Paris 1757. Pp. 25 —
8 Thlr. od. 430 Tafeln bilden das complete Werk.

311 **New-York Sketch Book of Architecture**. Vols I—III. 4. Each volume contains 48 plates in heliotype. Boston 1874—76. 95 —
Enthält die Ansichten, Skizzen und Details amerikanischer öffentl. u. Privatbauten, wie Kirchen, Bibliotheken, Bauken, Landhäuser.

312 **Nicolino** de'Conti di Calepio, elementi d'architettura civile. C. 9 tav. 4. Bergamo 1784. cart. 5 50

313 **Normand**, C., vergl. Darstellung d. archit. Ordnungen d. Griech. u. Röm. u. d. neuer. Baumeister. Fortges. v. Mauch. M. 16 Kupf. fol. Potsd. 1832. (14 M.) 6 —

314 **Oppenort**, (1672—1742, directeur général des Batimens de S. A. R. Monseigneur le Duc d'Orléans). Livre de fragments d'architectures (et d'ornements) recueilis et dessinés à Rome d'après les plus beaux monuments. 14 séries ou suittes de 12 pièces ou 6 planches (gravures) chacune = formant 168 pièces sur 84 planches (c'est la série tout à fait complète). fol. Paris chez Huquier rue S. Jacque (18e siècle). cart.
— Exempl. très grand de marges et bien conditionné. 400 —

315 **Orlandi**, P. A., Abcedario pittorico: descritte le patrie, i maestri, ed i tempi — — circa 4000 professori di pittura, di scultura ed' architettura. C. frontisp. 4. Bologna 1704. Pgt. 9 —

316 — l'Abcedario pittorico, ristamp. corr. et accresciuto di molti professori. Bologna 1719. — Bartolozzi, vita di J. Vignali. Firenze 1753. 2 Thlc. 1 Bd. 4. Hpgt. 8 —
Mit 5 Blatt Monogrammen. Dieser Vorläufer des Füssli, Seubert etc. wird immer einen Werth behalten.

317 **Otte**, H. Gesch. der roman. Baukunst in Deutschland. M. 4 Taf. u. 309 Holzschn. Neue Ausg. Lpz. 1885. (18 M.) 10 —

318 **Panseron**, élémens d'architecture. 8 pties. (1 vol.) Avec 46 planches. gr.-4. Paris 1772—76. Frzbd. 30 —
I: Principes de l'Architecture. 16 pl. II. Figures ornemens, trophées et bas-reliefs. 15 pl. III. Application des 5 ordres d'archit. Der 2. u. 3. Theil sind in ornam. Beziehung interessant.

319 **Passeri**, J. B., Leben d. Maler, Bildh., Baumeister, welche in Rom gearbeitet haben und 1641—73 gestorben sind. Aus d. Ital. Dresden 1786. — Beigeb.: Nicolai, F., Nachricht v. d. Baumeist., Bildh., Kupferstechern, Malern etc., welche v. 13. Jahrh. bis jetzt in Berlin sich aufgeh. Berl. 1786. 2 Thlc. in 1 Bd. Hfrz. 6 —

320 **Paton**, J., Scottish National Memorials a record of the hist. and archaeol. collection in the Bishops Castle, Glasgow. W. 30 full-page plates on Japan paper and 287 illustr. in the text. fol. Glasgow 1890 cloth, gilt edges. Large paper edition only 115 copies for sale. Out of print. 80 —
Ein prächtiges, alle Gebiete der Kunst und des Kunstgewerbes, der in dieser reichen Sammlung vorhandenen Gegenstände, umfassendes Werk. Prähistor., roman. u. christl. Archäologie, Manuscripte, Gold u. Silber, Textil, Münzen etc.

321 **Pattison**, M., the renaissance of art in France. 2 vols. W. 19 steel-engrav. London 1879. cloth. (42 sh.) 22 —

322 **Paulin**, A., traité d'architecture théorique et pratique. Av. 60 pl. tirées de Vignole, de Palladio, Scamozzi, Michel-Ange, Serlio, et autres maîtres. fol. Paris 1824. 20 —
Auch die Garten-Architektur ist mit mehreren Taf. vertreten.

Karl W. Hiersemann in Leipzig, Königsstrasse 2. Catalog 108.

Geschichte der Baukunst etc. 23

M. Pf.

323 Perrault, Cl, treatise .. of the five orders of columns in architecture. Transl. into English by John James. To which is annexed a discourse concerning pilasters. W. 6 plates, 24 borders, 24 initial letters and 24 tail-pieces by J. Stuart. fol. Lond. 1708. — Roland Freart, parallel of anc. and modern architecture. Engl. by J. Evelyn. 3d ed. w. additions by H. Wotton. W. 40 plates. fol. 1723. Halbkalbldr. 22 —
324 Perruzzi, B., u. s. Werke. Text m. 20 fein gest. Tafeln. Roy. fol. Karlsruhe. 1875. In Mappe. (20 M.) 6 —
Mittheilungen aus d. Sammlg. architect. Handschgn. d. Gallerie d. Uffizien zu Florenz. I.
325 Persius, architecton. Entwürfe für d. Umbau vorhand. Gebäude. 1.—3. Lfg. M. 18 Taf. fol. Potsdam 1842—45. cart. (21 M.) 3 —
Kgl. Civil-Kabinethaus b. Sanssouci. — Hofgärtner-Dienst-Wohnung in Sanssouci. — Villa Schöningen b. Potsdam. Es ist nur noch ein 4. Heft erschienen.
326 Peyre, M. J., (architecte, ancien pensionnaire du Roi à Rome) oeuvres d'architecture. Avec 19 planches. fol. Paris 1765. In Mappe. 32 —
327 — fils, projets de reconstruction de la Salle de l'Odéon. Av. 7 pl. fol. Paris 1819. 8 —
328 — neveu, projets d'architecture. Av. 14 pl. Paris 1812. 12 —
329 Reber, F. v., Kunstgeschichte des Mittelalters. M. 422 Abbild. Leipzig 1886. Hfrz. (18 M.) 13 —
330 Palladio, A., le fabbriche e i disegni raccolti ed illustrati da O. B. Scamozzi. (Les batiments et dessins et A. Palladio.) 4 voll. Mit 210 schönen Taf. fol. Vicenza 1776—83. Hfabde. 100 —
Die bekannte stattliche Ausgabe des Palladio. Text ital. u. französ. Mit Portrait.
331 — — 4 vols. Mit 210 Tafeln. 4. Vicenza 1796. — Le terme dei Romani, ripubbl. da Scamozzi. 1 vol. m. 26 Taf. 4. Vicenza 1797. 5 Bde. Hfrz. Stellenweise fleckig. 25 —
Verkleinerte Nachstiche der Ausgabe in fol. 1785—86. Einige Blätter sind fleckig.
332 — le fabbriche e i disegni e le terme, nuova ed. ital. di B. Scamozzi ampliata da C. Foppiani. 4 vols. Con 209 tav. fol. Genova 1843—46. 120 —
333 — fabriche antiche disegnato da A. P. e data in luce da Rice. conte de Burlington. frontisp. et 24 pl. gravé p. Fourdeinier. fol. Londra 1730. cart. Erste Ausgabe. 32 —
334 — four books of architecture. Transl. by J. Ware. 4 pts. 1 vol. W. 212 plates. fol. Lond. 1738. Franzbd. 30 —
Mit prächtig ornament. Frontisp., 1 schönem Kopf- u. Schluss-Stück. — Auch diese Ausgabe ist durch ihre grosse Anzahl v. Tafeln in grösserer Ausführung der italien. vorzuziehen.
335 — les quatre livres de l'architecture. Mis en français (par De Chambray). Rempli de jolies fig. en bois. fol. Paris 1650. Hfz. Wasserfleckig, sonst schönes Ex. mit breiten Rändern, auf einigen Seiten französ. Randnoten in zierlicher Schrift. 20 —
336 — les cinq ordres d'architecture. Av. frontisp. et 75 pl. 4. Paris 1764. Frz. 7 —
337 — architecture en ital. et en franç. Tome III. 5 pties. Av. 93 planches. gr. in-4. Venise 1741. 10 —
338 — Magrini, A., memorie intorno la vita e le opere di Andrea Palladio. Con 1 ritr., quadro genealog., 2 tav. rappres. il suo monumento e 2 tavole di facsim. 4. Padova 1845. Hfz. (348, 66 u. 88 pp.) Schöner Druck auf starkem Velinpapier. 18 —
339 Post, P., (architecte des princes d'Orange) ouvrages d'architecture: répresentations de plus. édifices considérables et plans et élévations avec leurs descriptions. 7 parties. Avec 53 planches. Leide 1715. — Post, P., modèles de diverses et belles cheminées construites etc. Avec 23 planches. fol. Leide 1715. Kalbldrbd. m. Wappen. 60 —
Besonders das Werk über Kamine ist in ornamentaler Beziehung sehr interessant. Ein Plan fehlt.
340 Quarenghi, G., fabbriche e disegni. Con ritr. e 59 tav. gr.-fol. Milano 1821. Hlwd. Schönes Ex. der ersten Ausg., selten. 25 —

Karl W. Hiersemann in Leipzig, Königsstrasse 2. Catalog 108.

24　Geschichte der Baukunst etc.

M. Pf.

341 **Raguenet**, Matériaux et documents d'architecture classés par ordre alphab.: Autels, chéminées, fontaines, grilles, portes etc. de tous les styles et de toutes les époques. Année 1—19 ou livr. 1—228. 4. Paris 1872—90. Iu Mappe. (285 fr.)　210 —
342 **Raschdorff**, J. C., Baukunst der Renaissance. Entwürfe v. Studirenden d. Kgl. Techn. Hochschule zu Berlin. I.—III. Jahrg. 195 Taf. Lichtdruck. fol. Berlin 1880—82. In Mappen. (120 M.)　90 —
343 **Redtenbacher**, R., die Architektonik d. modern. Baukunst. M. 895 Holzschn. Berlin 1883. (10 M.)　7 —
344 **Reusch**, F. E., der Spitzbogen u. die Grundlinien seines Masswerks. Beitrag z. Ornamentistik des Mittelalters. Mit Atlas v. 25 Taf. 4. Stuttg. 1854. br., Atlas Hlwd. (10 M.)　6 —
345 **Richardson**, H. H., and his works by Sch. van Rensselaer. W. a portr. 36 photolith. plates and many illustr. in the text of the architects designs. fol. Boston 1888. hf. bd., top gilt. Only 500 copies printed. (No. 447.)　95 —
346 **Rieth**, Otto, Architectur-Skizzen. 120 Handzeichnungen in Autotypie. fol. Berlin 1891. Lwdbd.　20 —
347 **Romano**. — d'Arco, Conte, istoria della vita e delle opese di Ginlio Pippi Romano. C. 63 tav. gr.-fol. Mantova 1838. Ppbd. (100 fr.) 52 —
348 **Romberg**, J. A. u. F. Steger, Gesch. d. Baukunst bei den Assyrern, Medern, Babyloniern, Persern, Phöniciern, Israeliten u. Indern. Mit 12 Kupf. fol. Lpzg. 1844. (12 —)　4 —
349 **Rondelet**, J., traité théor. et prat. de l'art de bâtir. 5 vols en 6 pts. Av. 78 pl. 4. Paris 1802—16. cart. Origin.-Ausg.　32 —
350 — — Nouv éd. 5 vols avec un supplément par G. A. Blouet. (2 tomes 1 vol.) en tout 6 vols. de texte et 2 vols. d'atlas de 312 planches in fol. Paris 1868—71. Halbleinwandbde. (185 fr.)　72 —
351 **Rosengarten**, A., die architekton. Stylarten. M. 426 Holzschn. Brschwg. 1857. Hldr. (10¹/₂ M.)　3 —
352 **Rosenkranz**, K., Aesthetik des Hässlichen. Königsb. 1853. (7¹/₂ M.) 5 50
353 **Rouaix** (Paul). Les Styles, 700 gravures classées par époques, Notices. par P. Rouaix. Paris 1886, petit in-fol., br.　24 —
354 **Ruscone**, G. A., della architettura con 160 fig. secondo i precetti di Vitruvio, libri dieci. fol. Venetia 1590. Hfrz. Selten.　30 —
Wegen der schönen Holzschnitte geschätzte Ausgabe.
355 — i dieci libri d'architettura sec. i preceti di Vitruvio, accresc. della prattice degl' horologi solari. Mit sehr vielen Holzschn. 4. Venetia 1660. Hpgt.　18 —
356 **Salon**. — Explication des ouvrages de peinture, sculpture, architecture, grav. et lithogr. des art. vivants, exp. au palais des Champs. Elysées 1873. P. 1873.　2 —
357 **Sammelband** von 53 Tafeln aus verschiedenen Werken, moderne architekton. u. ornamental. Entwürfe darstell.　10 —
358 **Sammelmappe** hervorragender Concurrenz-Entwürfe. In-fol. Facsimiledruck.
 1. Heft: Concerthaus zu Leipzig. 25 Tafeln in-fol. (M. 12 50)　8 —
 2. Heft: Empfangsgebäude für den Central-Bahnhof zu Frankfurt a. M. 38 Tafeln in-fol. (M. 20 —)　15 —
 3. Heft: Wilhadi-Brunnen für Bremen. 12 Tafeln in Folio. (M. 6 —) 4 50
 4. Heft: Parlamentsgebäude für den Deutschen Reichstag vom Jahre 1872. 27 Tafeln in-fol. (M. 18 —)　13 —
 5. Heft: Kauf- und Wohnhaus des Freiherrn von Faber zu Berlin. 30 Tafeln in-fol. (M. 18 —)　13 —
 6. Auswahl aus den Entwürfen zum Deutschen Reichstagsgebäude 1882. Mit den 10 angek. Projekt., herausgegeben von K. E. O. Fritsch. 100 Tafeln in-fol. (M. 70 —)　50 —
 7. Heft: Rathhaus zu Wiesbaden. 32 Tafeln in-fol. (M. 20 —)　15 —

Karl W. Hiersemann in Leipzig, Königsstrasse 2. Catalog 108.

Geschichte der Baukunst etc. 25

M. Pf.

8. Heft: Hasselbach-Brunnen für Magdeburg. 10 Tafeln in-fol.
(M. 6 —) 4 50
9. Heft: Stadt-Theater in Halle a. S. 40 Tafeln in-fol. (M. 28 —) 20 —
10. Heft: Kaiser Wilhelm-Strasse zu Berlin. 23 Tafeln in-fol. (M. 16 —) 12 —
11. Heft: Christus-Kirche für Barmen. 27 Tafeln in-fol. (M. 20 —) 15 —
12. Heft: Volksschule für Frankfurt a. M. 24 Tafeln in-fol. (M. 18 —) 13 —
13. Heft: Kestner-Museum für Hannover. 16 Tafeln in-fol. (M. 12 —) 8 —
14. Heft: Brauerei-Restauration mit Garten und Colonnaden. 15 Tafeln
in-fol. (M. 12 —) 8 —
15. Heft: Deutsches Haus für Brünn. 17 Tafeln in-fol (M. 14 —) 10 —
16. Heft: Preisgekrönte Entwürfe zum Reichstagsgebäude. 1882. 64 Taf.
in-fol. (M. 45 —) 32 —
17. Heft: Ständehaus für Rostock i. M. 20 Tafeln in-fol. (M. 16 —) 12 —
18. Heft: Synagoge für Berlin. 19 Tafeln in-fol. 16 —
19. Heft: Katholische Pfarrkirche für Mainz. 32 Tafeln in-fol. 25 —
20. Heft: Fassadenmalerei für das Geschäftshaus der Actien-Ges. für
Möbelfabrikation. 22 Tafeln in-fol. 18 —
21. Heft: Gerichtsgebäude nebst Untersuchungs-Gefängniss für Bremen.
29 Tafeln in-fol. 22 —
22. Heft: Kaiser Wilhelm-Gedächtniss-Kirche für Berlin. 22 Taf. in-fol. 18 —
359 **Sandrart, J. v.**, Teutsche Akademie der edlen Bau-, Bild- u. Mahlerey-
Künste. 2 Bde. in 4 Abthlgn. Mit 272 Kupfertaf. fol. Nürnberg
1675—79. Hfz. Schönes Ex. der seltenen u. hochgeschätzten ersten
Ausgabe. 65 —
Angebunden: Lebens-Lauf u. Kunst-Werke J. v. Sandrart's, Nürnb. 1675.
360 — Teutsche Academie der Bau-, Bildhauer- und Maler-Kunst, worinn
die Regeln u. Lehrsätze dieser Künste gegeben, ... zu mehrerer Er-
läuterung die besten Exempel der alten u. neuen Künstler in Kupfer
beygefüget worden. Neue Ausgabe hrsg. v. J. J. Volkmann. 8 Bde.
mit sehr vielen Kupfertafeln. Nürnberg 1768—75. fol. Hfrz. Pracht-
exemplar dieser jetzt sehr selten gewordenen Ausgabe mit vorzüg-
lichen Abdrücken. 150 —
361 **San Micheli**, cinque ordini dell' architettura civile, rilevat: dalle sue
fabriche e publ. dal C. A. Pompei. fol. Verona 1735. 28 —
Mit verschiedenen Künstler-Portr. u. 87 Kupfertaf., welche viele Ornamentstiche ent-
halten.
362 **Santen.** Porta del inventione de Joan de Santen, Archite Romano.
12 Kupfertaf., Façaden enth. fol. Br. 1620. 8 —
363 **Scamozzi, V.**, l'Idea della architettura universale. 2 parti. Con molte
tavole. fol. Venetia 1615. cart. 20 —
364 — Grundregeln der Baukunst, od. Beschreibung der fünff Säulen-Ord-
nungen u. der gantzen Architectur. Mit 84 (statt 85) Kupfern. fol.
Nürnberg u. Sultzbach 1678. Hldr. Der Kupfertitel aufgezogen ohne
Rand, der Titel in Typendruck theilweise unterlegt. 12 —
365 — de vyf colom-orden, met derzelver deuren en poorten, uitgeg. door
C. Philips. Mit 53 Kupfertaf. fol. Amst. 1684. Hldr. 14 —
366 **Schäpkens, A.**, trésor de l'art ancien: sculptures — architecture —
ciselures — émaux — mosaïques et peintures (du moyen âge), recueillis
en Belgique. Avec 30 planches. fol. Brux. 1846. Hfz. Selten. 80 —
367 **Scheffers, A.**, architekton. Formenschule in 3 Bdn. M. 71 schwarzen
u. 14 farbigen Taf. u. sehr vielen Holzschn. Bd. I u. II. 4. Aufl.;
III. 3. Aufl. Leipz. 1876—80. Hldr. (24 M) 18 —
I. Die Säulenordnung. — II. Darstell. d. äusseren Bauformen. — III. Bauformen u.
Farben o. ornam. u. decor. Ausbild. d. Innern.
368 **Schinkel, C. Fr.**, Sammlung architecton. Entwürfe enth. theils Werke,
welche ausgeführt sind, theils Gegenstände, deren Ausführung beab-
sichtigt wurde. Neue vollst. Ausgabe m. 174 Kupfert. Quer-fol.
Berlin 1858. 4 Hfzbde. (110 M.) 55 —

Karl W. Hiersemann in Leipzig, Königsstrasse 2. Catalog 108.

26   Geschichte der Baukunst etc.

                                                                    M Pf.
369 Aus Schinkel's Nachlass. Reisetagebücher, Briefe u. Aphorismen, mit-
    getheilt u. mit e. Verzeichniss sämmtl. Werke Schinkel's versehen v.
    A. von Wolzogen. Bd. I.—III. Mit Portraits, Tafeln, Facsimiles etc.
    Berlin 1862—63. Lwd.   5 —
370 Schinkel. Grunow, C., Schinkels Bedeutung f. d. Kunstgewerbe.
    Berl. 1871.   80
371 — Neumann, R., Schinkel's Bedeutung. — Tuckermann, Schinkel's
    literarische Thätigkeit = 2 Hefte. Berlin 1876 u. 79. Nicht im
    Handel.   2 —
372 — Wolzogen, A. v.. Schinkel als Architekt, Maler u. Kunstphilosoph.
    M. Portr. Berlin 1864. Lwd.   2 —
373 Schnaase, C., Gesch. der bildenden Künste. 2. verm. Aufl. 8 Bde.
    M. zahlr. Illustr. Düsseld. 1865—79. Halbfrzbde. (120 M.)   70 —
374 — niederländ. Briefe (üb. Kunst u. Kunstwerke in den Niederlanden).
    Stuttg. 1834. Gebd. Vergriffen.   11 —
375 Scholtze's Façaden-Entwürfe neuer Gebäude. (Ansichten, Durchschnitte,
    Details, Innen-Dekorationen.) Ausgeführte u. projektirte Original-Ent-
    würfe. Red. v. Architekt. Hittenkofer. 1.—3. Jahrg. M. 168 Taf.
    u. 36 Detailblättern. (Jahrg. 1 in 4⁰, Jahrg. 2 u. 3 in-fol.) Lpz.
    1874—76. Bd. 1. 2. Hlwd. Bd. 3 in Cartons. (100 M. 80 Pf.)   60 —
376 Schübler, J. J., vollständ. Säulen Ordnung der heut. Civil-Bau-Kunst.
    M. 1 Anhang v. neu faconn. Fenster-Chören, Schräncken u. Stuben-
    Oefen. M. 21 Kupfertaf. fol. Nürnb. 1720. Die 2 letzten Taf.
    etwas fleckig.   28 —
              Reiche Ornamentik.
377 — — Synopsis architecturae civilis eclecticae, od. kurtzer Entwurff
    der gantzen Civil-Bau-Kunst in 5 Theilen. Mit 81 Tafeln u. 1 Titel-
    kupf. fol. Nürnbg. 1732—35. Ppbd.   45 —
378 Schumann, P. Th., d. Dresdner Baumeister Fr. A. Krubsacius. Leipz.
    1885. S.-A. 64 Seiten.   1 20
379 Semper, G., der Stil in d. technischen u. tekton. Künsten od. prakt.
    Aesthetik. 2 Bde. 2. Aufl. M. 20 Farbendr.-Taf. u. 364 Holzschn.
    München 1878—79. Hfrzbde. (46 M.)   39 —
380 — kleine Schriften. Hrsg. v. M. u. H. Semper. M. Holzschn. Berlin
    1884. (12 M.)   7 —
         Inhalt. Kunstgewerbliches (Textile Kunst, Keram., Metallotechn.) Archaeol. der
         Architektur. — Urelemente der Architektur u. Polychromie. — Reisebriefe. Be-
         richte u. dergl.
381 — Lipsius, C., Gottfried Semper in s. Bedeutung als Architekt. Mit
    Portr. u. 33 Abb. u. Risso S.'scher Bauwerke. Berlin 1880.   1 20
382 Sendschreiben d. sächs. Alterth.-Vereins an die Freunde kirchl.
    Alterth. in Sachsen. M. 4 Taf. Dresd. 1840.   2 —
383 Serlio, architettura libri 1—6. Mit sehr vielen Holzschn. 4. Venezia
    1566. Frz. Seltene Ausg. Titel zu libro VI fehlt.   20 —
384 — Architecturae liber septimus, ital. et lat. Ex musaeo J. de Strada.
    Mit 121 Holzschnitttafeln, 1 schönen Holzschnittwappen, 1 prächtigen
    mit Grotesken verzierten Druckerzeichen und mehreren grossen Gro-
    tesken-Initialen. fol. Francofurti. 1575. br.   20 —
385 — de architectura libri V a J. C. Saraceno in lat. linguam translati.
    Acc. S. Serlii extra ordinem liber (libor VI.). Mit sehr vielen hübschen
    Holzschn. fol. Venet. 1568—69. Pgt. Schönes Exemplar.   25 —
386 — architettura libro 1. 2. 3. Mit sehr vielen Holzschnitten. 4. Ve-
    nezia 1566 Prgt. Beigef. sind 29 Bll. aus libro 4 e 5. Sehr seltene
    Ausgabe.   10 —
387 — il terzo libro (d'architettura) nel qual si figurano e descrivono lo
    antiquità di Roma e le altre che sono in Italia e fuori d'Italia. Mit
    sehr vielen schönen Holzschnitten. fol. Venetia 1540. Hpgt.   30 —
          Schönes Exemplar der Original-Ausgabe.

        Karl W. Hiersemann in Leipzig, Königsstrasse 2. Catalog 108.

Geschichte der Baukunst etc.

M. Pf.

388 **Serlio, S.**, die gemaynen Reglen von der Architektur über die fünf Manieren der Gebeu etc. (Architektur-Buch IV). Mit vielen Holzschnitten. fol. Antorf, Peter Con'ck von Alst., 1542. 25 —
Das reich ornamentirte, leider stark beschnittene Titelblatt und die Holzschnitte sind von C. Graphaeus.

389 **Skizzenbuch** architekton. Samml. v. Landhäusern, Villen, ländl. Gebäuden, Wohngebäuden, Dekorationen innerer Räume, Gittern, Erkern, Balkone, Springbrunnen, Candelaber, Grabmonumento etc. Mit ornamentalen Details etc. etc. Heft 1—201 (alles Erschienene) od. Jrhrg. 1851—1886. Mit 1206 Taf. in Stich, Lithogr. u. farb. Druck. fol. Berlin 1851—86. (609 M.) 300 —
Ganz vollständige Reihenfolgen vom Beginn ab sind sehr selten und dürften zu diesem billigen Preise nicht leicht wieder angeboten werden.

390 **Sprawozdania** komisqi do badania historyi sztuki w Polsce. Tom. V. zeszyt 1. 4. Mit 3 Tafeln in Lichtdruck, Photolithographie u. Heliogravure und 36 Holzschnitten im Text. Krakau 1891. 3 50
Beiträge: Wdowiszewski, G. Słoński. — Bostel, Przyczynki do dziejow złotnictwa Lwowskiego XVI i XVII w. —Sokolowski, Hans Dürer. — Sokolowski, nieznany dar królowej Jadwigi. — Lepszy, o mało znanem naczyniu srebrnem roboty Krakowskiej. — Finkel, Inwentarz zamku Żółkiewskiego sr. 1726. — Tomkowicz. sprawozdania.

391 **Stegmann, C.**, Sammlung von Grundplänen v. Gebäuten aller Art. Heft 1 u. 2, 12 Taf. 4. Weimar 1864—65. 1 —
392 **Stevenson, A.**, biographical sketch of the late Robert Stevenson, civil engineer. With portrait and 1 plate. 4. Edinb. 1861. Lwd. 2 —
393 **Sutter, D.**, esthétique générale et appliquée cont. les règles de la composition dans les arts plastiques. Avec 88 planches. gr. 4. Paris 1865. (120 fr.) 32 —
Die Tafeln enth. Reproductionen von Meisterwerken der flämischen, italien., span., franz. u. holländ. Schule.

394 **Sulzer, J. G.**, Allgem. Theorie der schönen Künste. 2 Bde. M. schönem Titelkpfr. v. Chodowiecki, Holzschn. u. Musiknoten im Text u. 1 Kupfertafel. 4. Lpz. 1771—74. Hldr. Erste Ausgabe, von welcher nicht mehr erschien. 4 —
395 **Swiecianowski, J.**, la loi de l'harmonie dans l'art grec et son application à l'architect. moderne. Av. 17 pl. lithogr. fol. Paris 1888. Nicht im Handel. 10 —
396 — essai s. l'échelle musicale comme loi de l'harmonie dans l'univers et dans l'art, suivie d'un append. s. l'architect. class. et de la façade d'un monum. proj. pour la ville de Rome. Av. 7 planch. lithogr. (en partie en couleurs). gr. 4. Varsovie 1881. 7 —
397 **Titz, Ed.**, architecton. Ausführungen: Sammlung v. Façaden, Details u. inneren Decorationen. 36 Taf. fol. Berl. 1856. (27 M.) 10 —
398 **Tritschler, A.**, Umbau eines städtischen Wohnhauses. M. 7 lith. Taf., davon 1 in Chromo. gr. 4. Stuttgart 1866. 2 —
399 **Ulrici, H.**, Abhandlungen zur Kunstgeschichte als angewandter Aesthetik. Lpz. 1876. Hlwd. (6 M.) 3 —
400 **Ungewitter, G. G.**, Lehrbuch der goth. Constructionen. 8, mit Folio-Atlas v. 47 Taf., von denen 1 in Farbendruck. Lpz. 1864. Hfz. Atlas Hlwd. (36 M.) 15 —
401 — — 3. Aufl. neu bearb. v. K. Mohrmann. 2 Bde. m. 1407 Illustr. im Text u. auf 47 Taf. Lex.-8. Leipz. 1890—92. 26 —
402 **Vasari, G.**, vite de' piú eccellenti pittori scultori e architetti, corrette da molti errori ed illustr. con note (du G. Bottari). 3 vols. Con molte rittrati. 4. Roma 1759—60. Frz. 48 —
Mit 156 Portraits u. Cartouchen.

403 — le vite degli eccellenti pittori, scultori, e architetti. 14 vol. (vol. XIV: Indici.) Mit sehr vielen Portraittafeln in Holzschnitt. Firenze 1846—70. Eleg. Halbkalblederbde., schönes uniform gebund. Exemplar. 60 —

Karl W. Hiersemann in Leipzig, Königsstrasse 2. Catalog 108.

28   Geschichte der Baukunst etc.

M. Pf.

404 **Vasari**, vite de' più eccellenti pittori, scultori ed architettori. Con nuove annotazioni e commenti di G. Milanesi. 9 voll. gr.-8. Firenze 1878—85. 2 eleg. Halbfranzbde. Schönes Ex.   95 —
405 — Leben der ausgez. Maler, Bildhauer u. Baumeister von Cimabue bis 1567. Deutsch v. Schorn etc. Bd. 1. 2. 1. Abth. 3 (1. Abth.) u. Bd. 4. zus. 4 Bde. M. Bildn. Stuttg. 1832—46. Hfzbde.   20 —
406 **Verdier**, A., et F. **Cattois**, architecture civile et domestique au moyen-âge et à la Renaissance. 2 vols. Av. 114 planches. 4. Paris 1855—57. Rothe Halbmaroquinbde. Schönes Ex. Vergriffen u. selten.   140 —
407 **Vignola**, J. B. da, regola delli cinque ordini d'architettura con la Aggiunta delle porte d'architettura di Michel Angelo Buonarotti. 45 tavole. Siena (Bern), Oppi, 1635. Hprgt.   18 —
    Sehr schönes Exemplar mit vorzüglichen Abdrücken.
408 — li 5 ordini di architettura, intagl. da C. Gianni. 3. ed. C. ritr. e 31 tav. Milano 1849.   9 —
409 — Grundregeln über die fünf Säulen. Hrsg. u. m. 50 Kupf. erläut. d. J. R. Fäsch. kl.-4. Nürnberg (ca. 1720). cart. Titel aufgezogen. Text mehrf. mit Tinte unterstrichen.   18 —
    Enthält viel Ornamentik.
410 — règles des cinq ordres d'architecture. Av. l'ordre franç. et un petit traité de la coupe des pierres de Charpente, de Menuiserie et Serrurie. 58 pl. 4. Paris ca. 1770.   14 —
411 — Le nouveau Vignole ou regles des 5 ordres d'architecture, enrichi de moulures, cartels et culs de lampe p. Babel. Av. planches. 4. Paris 1792. Hldr.   12 —
412 — Moisy (padre), el Vignolas de los propietarios ó los cinco órdenes de arquitectura segun J. Barrozio de Vignolas. Seguido de la carpinteria, el maderaje y la cerrajeria p. Thiollet (hijo). Av. 48 pl. 4. Paris 1848. d.-veau.   4 —
413 **Villard**. — Album de Villard de Honnecourt, arch. du XIII.e siècle. Mss. publié en facs. Annoté et suivi d'un glossaire p. J. B. A. Lassus. Après la mort de Lassus p. A. Darcel. Av. portr. de Lassus et 72 pl. lith. 4. Paris 1858. d. maroq., tête dorée, tranches n. r.   65 —
414 **Viollet-le-Duc**, dictionnaire raisonné de l'architecture franç. du 11. au 16. siècle. 10 vols. Avec un grand nombre d'illustrations. Paris 1854—68. (Original-Ausgabe.) Hfrz.   240 —
416 **Viollet-le-Duc**, M., et F. **Narjoux**, entretiens sur l'architecture. 2 vols. Av. 200 grav. s. bois qu.-fol. Paris 1863—72. (80 fr.) Atlas fehlt.   26 —
415 — — entretiens sur l'architecture. 2 vols. de texte av. beaucoup de grav. s. bois et 1 vol. d'atlas av. 38 pl. grav. en taille douce dont 3 en (Chromo). Texte in 8° br., atlas in obl.-fol. cart. Paris 1863—72. (130 fr. carton.)   70 —
417 **Viollet-le-Duc**, et F. **Narjoux**, habitations modernes. 2 vols. Avec 200 belles planches gr. s. a. fol. Paris 1875—77. En 2 cartons. (200 fr.)   110 —
418 — Sabine, H., table analytique et synthétique du dictionnaire rais. de l'archit. franç. du XI.e au XVI.e s. p. V.-de-D. Paris 1889.   16 —
419 — Saint-Paul, A., Viollet-le-Duc, ses travaux d'art et son système archéolog. 2. éd. Paris, 1881. (6 fr.)   4 —
420 **Vischer**, Fr. Th., Aesthetik oder Wissenschaft des Schönen. III. Teil. 6 Hfte. (Bildnerkunst, Baukunst, Malerei, Musik, Poesie.) Stuttgart 1852—57. Vergriffen.   30 —
421 **Vitruvio** Pollione de Architectura libri X traducti de latino in Vulgare affigurati, e commentati (da Cesare Cesariano). Con molte fig. in legno. gr.-fol. Como, per Gotardo da Ponte, 1521. Pgt.   140 —
    Anfang wasserfleckig, Titel u. einige Risse im Buche unterlegt, vom letzten Blatte fehlt die untere Ecke ohne Textverlust, die Blätter 50—56 mit einem Wurmgange

Karl W. Hiersemann in Leipzig, Königsstrasse 2.   Catalog 108.

Geschichte der Baukunst etc. 29

M. Pf.

im inneren Rande. Im Ganzen schönes Exemplar. In der Auktion Beckford zu £ 10 verkauft.

422 **Vitruvius**, de architectura libri X, nunc primum in Germania diligenter excusi; una cum Sexti Julii Frontini de aequaeductibus lib. et Nic. Cusani de staticis experimentis fragm., et indice. Cum multis figg. ligno inc. 4. Argentor. 1543. — Plinii liber II. de mundi historia, cum commentariis Jac. Milichii. 4. Halae Sueuor., ex off. P. Brubachii, 1538. In 1 starken Holzschwldrbd., der Anfang des Vitruvius unbedeutend wurmstichig. 35 —
    Seltene, mit vielen interessanten Holzschnitten geschmückte Ausgaben. Vollständig; die Seiten 97—98, die im Vitruvius anscheinend fehlen, sind nur in der Paginirung übersprungen. Die Pressungen des vortrefflich erhaltenen Einbandes zeigen u. A. Trommler u. Pfeifer u. tanzende l'asse.

423 — the architecture in ten books, transl. fr. the Latin by J. Gwilt. W. 10 pl. 4. Lond. 1826. (36 M.) 18 —

424 — **Philander**, G., in decem libros Vitruvii Poll. de architectura annotationes. C. indicib. graeco et lat. lecuplet. Mit zahlr. Holzschn. Parisiis, Jac. Kerner, 1545. Pgt. 25 —
    Sehr schön in schwarz u. roth gedruckte Ausg. meist in Ital. Typen. Prächtiges Exemplar.

425 **Vredemann de Vries**, J., variae architecturae formae: a Joanne Vredemanno Vriesio magno artis hujus studiosorum commodo, inventae. 50 Bll. inclus. Titelblatt von Th. Galle gestochen. quer-fol. Antverpiae, excudebat Th. Gallaeus, 1601. Hfz. Vortreffliche Abdrücke. Einige Tafeln unrein, Tafel 17 fehlt, sonst sehr gutes Ex. Guilmard kennt nur 20 Tafeln, das Exemplar der Brüsseler Bibliothek hat nur 40 Tafeln. 40 —

426 — Variae Architecturae formae, a Joanne Vredemanni Vriesio ... inventae. Recueil de façades, pignons, lucarnes, cheminées et détails d'architecture. (Antverp. 1601.) Reprod. photolithogr. 41 planches. 4. obl. Brux. 1877. Vergriffen. 30 —

427 **Wagner**, F., u. G. Kachel, die Grundformen der antiken class. Baukunst. M. 4 Taf. 4. Heidelb. 1869. (3½ M.) 2 —

428 **Wagner**, G., Aesthetik der Baukunst. M. 13 Taf. Dresden 1838. Hfrz. (13½ M.) 6 —

429 **Wagner**, Otto, Einige Skizzen, Projecte und ausgeführte Bauwerke von Otto Wagner, Architekt und k. k. Baurath in Wien. 2 Bände fol. — 63 Blatt Heliogravuren auf starkem Kupferdruckpapier in 2 Mappen. Stuttg. 60 —

430 **Walton**, G., new treatise and pract. guide to staircasing and handrailing, with designs for staircases and handrails. fol. Manchester, printed for the author, no d. (ca. 1870.) Lwd. 15 —

431 **Ware**, J., a compl. body of architecture, adorned w. plans a. elevations from orig. designs, with some designs of In. Jones. 1 vol. in 2. W. 122 plates a. frontisp. fol. London 1756. Hkbldrbde. 42 —
    M. zahlr. z. Th. sehr schönen Ornamenten.

432 **Warton, Bentham, Grose and Milner**, Essays on Architecture. With 12 plates of ornaments from ancient buildings. 2. ed. London 1802. cart. 5 —

433 (**Watelet et Levesque**, agrégé à l'Academie Imp. des Beaux-Arts de St.-Pétersbourg.) Dictionnaire des beaux-arts. 2 vols. de texte (A—Z) et 1 atlas de 116 planches. 4. Paris 1788—1805. Schönes Ex. in 3 Halbmaroquinbdn. 1580 S. 25 —
    Aus Diderot's Encyclopédie.

434 **Weale**, J., quarterly papers on architecture. 4 vols. W. about. 245 plates, of which upw. 110 highly colour. 4. Lond. 1844—45. (126 sh.) Halbmaroquin. 85 —
    Die Tafeln vertheilen sich wie folgt: Pläne, Ansichten etc. 80 Taf., Glasmalerei 55 (color.) Taf., archit. Details 60 Taf., Deckenmalerei 20 (color.) Taf., Grabsteine 15 Taf., (von denen 8 mit color. Wappen umgeben), Silber- u. Goldgcr. 6 Taf., Initialen 10 color. Taf.

Karl W. Hiersemann in Leipzig, Königsstrasse 2. Catalog 108.

435 **Weinbrenner, F.**, Sammlung von Grundplänen. Entwürfe (zu Privatbauten). Lfg. I. Mit 15 Taf. fol. Frankf. 1847. Hlwd. 2 —
436 **Weyermann**, J. C., levensbeschryvingen der Nederlandsche konstschilders en konstschilderessen. 4 Bde. 4. s'Gravenh. en Dordrecht 1729—1769. Halbfranzbde. Schönes, vollständiges Ex. der Pracht-Ausgabe in gross-4 mit sehr breitem Rande, unbeschnitten. 60 —
  Mit Weyermann's Portrait u. 102 Künstler-Portraits (auf 40 Tafeln) von J. Houbraken.
437 **Wiebeking**, C. F. v., Von d. Einfluss den die Untersuchg. u. beurtheil. Beschreibg. d. Baudenkmale d. Alterthums, d. Mittelalters u. d. neuern Zeit auf d. Erforschgn. im Gebiet d. Gesch. haben. Mit 22 Kupf. 4. München 1834. Ppbd. (19¼ M.) 6 —
438 **Winckelmann**, J., Werke. 2 Bde. m. Portr. u. 68 Kupf. Lex.-8. Stuttg. 1847. Hfz. Wenig papierfleckig. (80 M.) 16 —
439 — Alte Denkmäler der Kunst, aus dem Ital. von Brunn. 2 Bde. mit 208 Kpfrtfln. u. 18 eingedr. Vignetten. Berl. 1791—96. folio. (89½ M.) 36 —
440 — Geschichte der Kunst des Alterthums. 2 Bde. u. 2 Theile Anmerkungen. Mit Vignetten. 4. Dresden 1764—67. Гр. u. Hfz. Seltene erste Ausgabe. 15 —
441 — hist. de l'art chez les anciens. Trad. de l'allem. p. M. Huber. Nouv. éd. 3. vols. Av. 27 pl. s. cuivre. Paris 1789. d.-veau. 12 —
442 **Woltmann**, A., die Baugeschichte Berlins bis auf die Gegenwart. Mit vielen Holzschn. Berlin 1872. (7 M.) 4 —
443 **Wright**, Th., essays on archaeological subjects and on various questions connected with the hist. of art, science and litterature in the middle-ages. 2 vols. W. woodcuts. Lond. 1861. cloth. (16 sh.) 9 —
444 **Zanini**, G. V., (Paduano pittore e architt.) della architettura libri ne quali con nuova simmetria e facoltà — i cinque ord. di detta architettura etc. 2 Thle. 1 Bd. 4. M. Holzschn., darunter manches Ornamentale. 4. Padova 1629. Pgt. 16 —
445 **Zannoni**, A., gli scavi d. Certosa di Bologna. Testo (1 vol.) fol. c. 150 tav. gr.-fol. (2 voll.) 1876. Halbpergamentbde. 185 —
446 **Zenetti**, A., architect. Details nach Gattungen zusammengest. 3 Hefte. M. 20 Taf. fol. München 1846. Nicht im Handel. 4 —

Baudenkmäler alter und neuer Zeit.

Griechen und Römer.

447 **Alterthümer** von Attika, die architektonischen Überreste v. Eleusis, Rhamnus, Sunion u. Thorikos enthaltend. Hrsg. v. d. Gesellschaft der Dilletanti zu London. Atlas von 78 Tafeln. gr.-fol. Darmstadt (1829). cart. Vergriffen. 15 —
448 — v. Jonien. Hrsg. v. d. Gesellsch. d. Dilettanti zu London. Uebers. v. Wagner. 2 Thle. in 1. M. 1 Atlas von 110 Taf. in-fol. Text 8. Pp. Atlas brosch. Lpz. (1830). (32½ M.) 20 —
  Leicht wurmstichig, jedoch sind die Tafeln nur unbedeutend beschädigt. Die letzten 3 durch Stock defect. — Säulen u. ornam. Details.
449 **Antiquities** of Jonia, publish. by the Society of Dilettanti. Vols 2 to 3. W. 187 plates. fol. London 1797—1840. cart. 90 —
  In Band III ist der obere Rand der Tafeln leicht wasserfleckig.

Karl W. Hiersemann in Leipzig, Königsstrasse 2. Catalog 108.

Baudenkmäler: Griechen und Römer. 31

M. Pf.
450 **Barbault.** Les plus beaux monuments de Rome ancienne, qui existent
encore, en 128 planches avec explications. Rome 1761. gr.-fol.
Ausgez. Abdr. Frzbd., fast unbeschn. Einige leichte Wasserflecken. 40 —
451 — recueil de divers monumens anciens, répandus en plus. endroits
de l'Italie. 104 planches, cont. 149 illustr. et 17 planches dans le
texte, av. explication hist. p. servir de suite aux Monumens de Rome
anc. fol. Rome 1770. Frzbd. 45 —
452 **Baumeister, A.**, Denkmäler des klassischen Alterthums z. Erläut. des
Lebens der Griechen u. Römer in Religion, Kunst u. Sitte. Lexikal.
bearb. unter Mitwirk. v. B. Arnold, H. Blümner u. a. 3 Bde. M. 7
Karten. 94 Taf. und über 2000 Textillustr. 4. München 1885—88.
Hfrz. (84 M.) 60 —
453 **Baumgärtner, A. H.**, Ruinen von Pästum od. Posidonia in Gross-
Griechenland. Aus d. Engl. Mit 30 Kupf. fol. Wirzburg 1781.
Ppbd. 20 —
454 **Baureste**, röm., in Baden. 4 lithogr. Taf. darst. die Baureste um das
Kloster z. heil. Grabe in Baden. fol. Karlsruhe 1850. (5 M.) 2 —
455 **Beschreibung** der Stadt Rom, v. Platner, Bunsen, Gerhard u. Roestel.
Erläutert durch Pläne u. Ansichten v. Knapp u. Stier etc. 3 Thle. in
6 Bdn. gr.-8. Mit Bilder-Atlas in qu.-fol. Stuttg. 1829—42. (M. 110.) 45 —
456 **Betham, W.**, Etruria-Celtica. — Etruscan literature and antiquit. in-
vestig. 2 vols. W. 63 plates and woodc. Dublin 1842. cloth. (42 sh.) 24 —
457 **Blouet, A.**, expédition scientifique de Morée. Architecture sculptures,
inscriptions et vues du Peloponèse, des Cyclades et de l'Attique.
3 vols. Paris, Didot 1831—38. fol. Avec 265 planch. (500 fr.) cart. 290 —
*Tadelloses Ex. dieses schönen u. für die Archäologie u. Kunst Griechenlands überaus
wichtigen Werkes.*
458 **Boissardus, J. J.**, Romanae Urbis topographia et antiquitates. 6 voll.
c. 535 tabb. aen., a Theod. de Bry in aere incisis. fol. Francof.
1597—1602. Pgt. Schönes Exemplar der ersten Ausgabe dieses wegen
der schönen de Bry'schen Kupfer geschätzten Werkes, welche wegen
des besseren Drucks, des besseren Papiers, und der ersten Abdrücke
der Tafeln der zweiten Ausgabe bei weitem vorzuziehen ist. 110 —
459 **Boetticher, A.**, die Akropolis von Athen. M. 36 Taf. u. 132 Textfig.
Imp.-8. Berlin 1888. Lwd. (20 M.) 10 —
460 — Olympia; das Fest u. s. Stätte. Nach d. Berichten der Alten und
den Ergebnissen der deutschen Ausgrabungen. Mit vielen Holzschn.
u. 15 Taf. in Kupferrad. etc. 4. Berlin 1883. Lwd. (20 M.) 10 —
461 **Boetticher, C.**, Altas z. Tektonik der Hellenen. 45 Taf. fol. Potsd.
1852. Hldr. (26 M.) 12 —
462 **Boetticher, E.**, la Troie de Schliemann une nécropole à incinération
à la manière Assyro-Babylonienne. Av. préface de C. de Harlez. Av.
12 planches. Louvain 1889. Extr. 6 —
463 **Bres, O.**, Malta antica illustrata co'monumenti, e coll'istoria. M.
3 Taf. u. 1 Karte. 4. Roma 1816. Hfrz. 30 —
Selten. Wichtig für griech.-röm., phöniz. u. christl. Kunst und Gesch.
464 **Buckman, J.**, and C. H. Newmarch, remains of Roman art in Ciren-
cester, the site of antient Corinium. W. 14 plates (8 of which are
col.) and many woodc. 4. London 1850. cloth. (25 sh.) 15 —
465 **Bunsen, C.**, le forum de Rome. 3 pties. Rome 1835—37. Extr.
Mit Plan in grösstem Folio auf Leinwand aufgezogen u. 5 Taf. 10 —
466 **Burgess, R.**, topography and antiquities of Rome including the recent
discoveries made about the Forum and the Via Sacra. 2 vols. W.
illustr. Lond. 1831. cloth. (63 sh.) 15 —
467 **Burn, R.**, Rome and the Campagna hist. and topogr. description of
the site, buildings, and neighbourhood of anc. Rome. W. 85 illustr.
and 25 maps and plans. 4. Cambridge 1876. Lwd. (63 sh.) 32 —

Karl W. Hiersemann in Leipzig, Königsstrasse 2. Catalog 108.

468 **Canina**, L., l'architettura antica, descritta e dimostrata coi monumenti. 9 vols. de texte et 3 vols. d'atlas cont. env. 700 pl. Roma 1832—44. Texte 8., atl. in gr.-fol. Ppbde. 380 —
„Cet ouvrage magnifique est divisé en 3 sections, dans lesquelles est exposée l'histoire, la theorie et la pratique de l'architecture egyptienne, grecque et romaine. Les planches sont gravées avec la plus grande finesse par les meilleurs artistes de Rome."

469 — l'ant. Etruria marittima descr. ed. illustr. c. i monumenti. Vol. I e II delle tavole. Con 136 tav. fol. Roma 1851—61. Vol. I in rothem Hmaroq., vol II br. Einige Taf. d. 2. Bds. leicht wasserfleck. 80 . .

470 **Caristie**, A., plan et coupe d'une partie du Forum romain et de ses monuments sur la Voie Sacrée (fouilles de 1809 à 19). Avec 7 pl. Imp.-fol. Paris 1821. 20 —

471 **Caumont**, A. de, cours d'antiquités monumentales. Hist. de l'art dans l'Ouest de la France dep. les temps les plus reculés jusqu'au XVIIe siécle. 6 vols de texte in-8, et 6 atlas de 121 pl. gr. in-4. obl. Paris 1830—41. 7 Tafeln fehlen. 40 —
Ere celtique, Ere gallo-romaine, Architecture relig., civile et milit., et sculptures du moyen-âge.

472 **Caylus**, recueil d'antiquités égypt., étrusques, grecques et rom. 7 vols. Av. portr., beaucoup de culs-de-lampe et 828 pl. 4. Paris 1756—67. Frzbde. m. Goldschn. Tadelloses Ex. 70 —

473 **Cesnola**, A. P. di, Salaminia (Cyprus): hist., treasures and antiquities of Salamis in Cyprus. With introduct. by S. Birch. With a map of Cyprus and upwards of 700 illustr. 2. ed. 4. Lond. 1884. cloth (21 sh.) 10 .

474 **Chenavard**, A., voyage en Grèce et dans le Levant, fait en 1843. Av. 81 gr. planches gr. p. Dubouchet, Séon, Penet etc. gr.-fol. Lyon 1858. (100 fr.) Epuisé. 64 —

475 **Convolut** von 39 Photographien in Quart, nicht aufgezogen, darstellend Ansichten der Ausgrabungen in Pompeji u. Antiken in den Museen zu Neapel u. Rom, fast ausschliesslich Architektur-Ornamente. 15 —

476 **Conze**, A., A. Hauser u. G. Niemann, Archaeologische [und Neue Archaeologische] Untersuchungen auf Samothrake. 2 Bde. mit 148 Tafeln u. 79 Holzschn. gr.-4. Wien. (230 M.) cart. 160 —

477 **Cooke**, T. V., 6 views of Pompeji, executed in the first style of tinted lith. Imp.-fol. Lond. 1851. (21 sh.) 10 —

478 **Daremberg**, Ch., et E. Saglio, Dictionnaire des antiquités grecques et romaines. 1.—13. fasc. (A—Don) Paris 1873—89. roy.-4. With many woodcuts. (65 fr.) fasc. 1—10 in 2 Hfzbdn. 40 —

479 **Desgodetz**, O., les édifices antiques de Rome. Av. 137 pl. fol. Paris 1682. Frz. Erste, schönste Ausg. 45 —

480 **Dodwell**, A., a classical and topograph. tour through Greece. 2 vols. with numerous plates and woodcuts. 4. London 1819. Hjuchtenbde. (£ 10. 10 sh.) 20 —

481 **Dodwell**, E., views and descriptions of Cyclopian, or, Pelasgic remains in Greece and Italy, with constructions of a later period. W. 131 lith. pl. by Hullmandel. fol. Lond. 1834. (136 1/2 sh.) 60 —
Der Einband zerbrochen. — Einige Papierflecke.

482 **Dyer**, Th. H., ancient Athens: its hist., topography and remains. W. 24 illustr. Lex.-8. Lond. 1873. cloth. (25 sh.) 15 —

483 **Falkener**, E., Ephesus, and the temple of Diana. With 24 plates and several woodcuts. Lond. 1862. cloth, gilt edges. Fine copy. (42 sh.) 21 —
Die Taf. enthalten e. grossen Plan von Ephesus, sowie Ansichten u. Grundr. v. altgriech. u. mohamed. Bauwerken d. Stadt.

484 — Daedalus; or, the causes and principles of the excellence of Greek sculpture. W. 15 pl. and many woodc. Lond. 1860. cloth. (42 sh.) 25 —

485 — description of some important theatres and other remains in Crete, from a ms. hist. of Candia by O. Belli 1586. W. 8 pl. and woodcuts. Lond. 1854. (5 sh.) 3 50

Karl W. Hiersemann in Leipzig, Königsstrasse 2. Catalog 108.

Baudenkmäler: Griechen und Römer. 33

M. Pf.
486 **Fergusson**, J., the Mausoleum at Halicarnassus restored in conformity with recently discov. remains. W. 9 illustr. 4. London 1862. Lwd. 7 50
487 — the Parthenon: essay on the mode by which light was introduced into Greek and Rom. temples. W. 60 woodcuts. 4. London 1883. cloth. (21 sh.) 16 —
488 **Fischer von Erlach**, J. B., Entwurff e. histor. Architectur in Abbildungen unterschiedener berühmten Gebäude des Alterthums und fremder Völcker. 5 Bücher. I. Bauarten d. Juden, Egypter, Syrer, Perser u. Griechen. II. Römische. III. Der Araber, Türcken, Perser, Siamesen, Chinesen u. Japanesen. IV. Gebäude von des Antoris Erfindung. V. Divers vases ant. et mod. Mit 89 Kupf. fol.-obl. Wien 1721. Hbldr. Einige Taf. unterlegt. 95 —

Das seltene Werk wird gesucht wegen der Reconstruction berühmter Bauwerke des Alterthums, sowie wegen der im 4. Buch enthaltenen grossen, von Delsenbach gestoch. Wiener u. a. Prospecte. (Schönbrunn, Paläste des Prinzen Eugen von Savoyen, des Fürsten Trautson, der Grafen Gallas, kais. Reitschule, Kirche S. Caroli Borromaei (zu Wien), Kirche Unserer Lieben Frauen, die Favorite zu Salzburg.

Der 3. Theil enthält Ansichten der Moscheen zu Bursa, Pest u. Constantinopel (7), der Sophienkirche von Mecca und Moschee in Medina, der Residenz des Königs von Siam, Brücke in Futscha u. s. w.

Die Kupfer vertheilen sich wie folgt: I: 25. II: 15; III: 15. IV: 21. V: 18.
489 — einige alte unbekannte römische Gebäude. M. 15 Kupf. quer-fol. (Leipz. 1725). 15 —

2. Buch s. hist Architectur.
490 **Frontin**, S. J., commentaire s. les aqueducs de Rome. Trad. avec le texte en regard, des notes etc. etc. p. Rondelet. Texte 4. et atlas de 31 planches in-fol. Paris 1820. 2 rothe Halbmaroquinbde. 30 —
491 **Heuzey**, L., et H. Daumet, mission archéolog. de Macédonie. Texte. Avec atlas de 36 pl. et 8 cartes. 2 vols. gr.-4. Paris 1876. Hfz. (168 fr.) 100 —
492 **Hittorff**, J. J., les antiquités inédites de l'Attique, conten. les restes d'architecture d'Eleusis, de Rhamnus, de Sunium et de Thoricus, par la Société des Dilettanti. Trad. de l'angl. (de W. Wilkins). Avec 60 planches, gr. p. E. Olivier. gr.-fol. Paris, Didot, 1832. Pp. (84 fr.) Ex. auf Velinpapier. 25 .
493 **Inghirami**. Monumenti Etruschi o di etrusco nome disegnati, incisi, illustr. e publ. dal Caval. Franc. Inghirami. 6 tomi e indice in 10 voll. gr.-4. Poligrafia Fiesolana (Firenze) 1821—26. Mit 466 schwarzen u. color. Kpfrtfln. (650 fr.) Complet. Hfzbde. Schönes Ex. 200 —
494 **Jordan**, H., forma urbis Romae regionum XIV. M. 37 Lithogr. Berl. 1875. cart. (60 M.) 40 —
495 — Topographie der Stadt Rom im Mittelalter. 1. Bd. 1. Abth. u. 2. Bd. M. 2 Taf. Berl. 1871—78. (11½ M.) 7 —
496 **Lange**, W., das ant. griech.-röm. Wohnhaus. M. 43 Taf. Lpz. 1878. (6 M.) 3 50
497 **Lauri**, J., antiquae urbis splendor; h. e. praecipua ejusdem templa, amphitheatra, arcus triumphales, mausolea etc. imaginum explicatio. 90 Kupf. quer-4. Romae 1612. Frz. Einige Taf. etwas wasserfleckig. 10 —
498 **Leake**, Topographie v. Athen, dtsch. hrsg. v. Rienäcker. M. 9 Kupf. u. Karten. Halle 1829. Pbd. 3 —
499 **Le Bas**, Ph., voyage archéolog. en Grèce et en Asie mineure. 1842 —1844. Planches de topographie, de sculpture et d'architecture. Publ. p. S. Reinach. Av. un grand nombre de pl. Lex.-8. Paris 1888. 24 —
500 **Lumisden**, A., remarks on the antiquities of Rome and its environs. 2. ed. W. 12 plates. 4. Lond. 1812. Hkbldr. 7 50
501 **Mazois**, F., et Gau, les ruines de Pompéi. 4 vols. Avec 202 superbes planches en partie coloriées. fol. Paris 1824—38. (700 fr. broché.) In 4 Hmaroqbdn. Vollständiges Expl. eines prachtvollen Werkes. 350 —

Karl W. Hiersemann in Leipzig, Königsstrasse 2. Catalog 108.

Baudenkmäler: Griechen und Römer.

M. Pf.

502 **Montfaucon**, B. de, l'Antiquité expliquée et représentée en figures (texte latin et français). 10 vols. Avec près de 1100 planches. fol. Paris 1722. Franzbde. 160 —
Einige Bände unbedeutend fleckig u. wurmstichig.

503 **Müller**, C. O., u. F. Wieseler, Denkmäler der alten Kunst. 2 Bde. M. 150 Kupfertaf. quer-fol. Göttingen 1835-56. Roth Hmaroq. 42 —
Sehr schönes, fleckenloses Exemplar der, der besseren Abdrücke wegen sehr geschätzten ersten Ausgabe. Der 1. Thl. mit französ. Text.

504 **Nardini**, F., Roma antica, ed. III. rom. con note ed osserv. stor. crit. 4 vols. c. ritr. e 17 tav. Roma 1771. 9 —

505 — — Mit Anhg.: Falconieri, O., intorno alla piramide di C. Cestio, ed alle pitture, che sono in essa. M. 5 Taf. — Vacca, Fl., memorie di varie antichità della città di Roma. 4. Roma 1771. 14 —

506 **Newton** and R. P. Pullan, hist. of discoveries at Halicarnassus, Cnidus and Branchidae. 2 vols. text in 8., and atlas of 97 plates imp.-fol. London 1862—63. cloth. 280 —

507 **Niccolini**, Fausto o Felice, le case ed i monumenti di Pompei disegnati e descritti. Fasc. 1—108 (soweit erschienen). Mit sehr vielen Tafeln, fast ausnahmslos in prachtvollem Farbendruck ausgeführt. Imp.-fol. Napoli 1854—91. (1550 fr.) Bd. I. (fasc. 1—32) in rothem Halbmaroquin, Rest in Heften. 960 —

508 **Penrose**, F. C., Investigation of the principles of Athenian architecture, or the results of a recent survey conducted chiefly with reference to the optical refinements exhibited in the construction of the ancient buildings of Athens. With 41 plates (some colour.). Lond. 1851. gr.-fol. Hfrz. 150 —

509 — the temple of Jupiter Olympius (Athens). With a plate and woodcuts. 4. London 1888. Extr. 3 —

510 **Petersen**, Chr., d. Gymnasium d. Griech. nach s. baul. Einrichtung. M. 1 Grundr. Hamb. 1858. 3 —

511 **Petrie**, W. M. F., Tanis. Part I (1883—1884). W. 19 plates (monuments and inscript.) 4. London 1885. Hlwd. (Second Memoir, Egypt. Explor. Fund). 22 —

512 **Piranesi**, F., différentes vues de quelques restes de trois grands édifices qui subsistent encore dans le milieu de l'anc. ville de Pesto (Posidonia) 21 très belles planches (y compris le titre) gravées p. Piranesi. gr.-fol. (S. l. et d.) Très rare. (Rome 1750—1800). Qq. taches. 120 —

513 — raccolta de' tempj antichi. 2 ptes. (I: Tempj di Vesta Madre, ossia della Terra, e della Sibilla, ambedue in Tivoli, e dell' Onore, e della Virtu, fuori di Porta Capena. Con 21 tav. II: Panteon di Marco Agrippa detto la Rotonda. C. 29 tav. fol. Roma 1790—1790. Hpgt. Schönes Ex. der Original-Ausgaben. 140 —
Die zwei seltensten Piranesi'schen Publikationen. Zum ersten Theile ist noch ein gestochener Titel: Sciographia quatuor templorum vet., vorhanden, welcher reich ornamentirt ist u. in der Mitte des Portr. Pio VI. enthält. — Zum Tempio dell' Onore fehlt die achte Tafel, zum Panteon Tafel 7, 9 und 14. — Der 1. Theil enthält den sehr seltenen Text; zum 2. Theil ist keiner erschienen.

514 — antichità romane de' Tempi della Repubblica e de' primi imperatori disegnate ed. inc. 30 tav. quer-fol. Roma 1748. Pp. Sehr breite Ränder, unbeschnitten. Einige Wasserflecken. 90 —
Mit Parte prima bezeichnet: das Werk ist jedoch, wie oben angeführt, vollständig.

515 — le antichità romane. Tomo quarto. Cont. i ponti antichi, gli avanzi de' teatri, de' portici e di altri monumenti di Roma. C. 58 tav. dis. e inc. da Piranesi. fol. Roma (ca. 1750). Schönes Ex. in Halbprgt. 40 —

516 — Invenzioni capric. di carceri all acqua forte datte in luce da G. Bouchard in Roma. 14 meisterhafte Radirungen (im Style des Rembrandt). fol. (ca. 1750.) 110 —
Aeusserst seltene Folge, welche verschieden ist von derjenigen von 16 Blatt, welche die Bibliographen anführen. — Mit sehr breiten Rändern. Sehr gut erhalten.

Karl W. Hiersemann in Leipzig, Königsstrasse 2, Catalog 108.

Baudenkmäler: Griechen und Römer.   35

| | M. Pf. |

517 **Piranesi, F.**, Della Magnificenza e d'Architettura de' Romani. 38 Tafeln grossentheils in Doppelformat, mit dem schönen Portrait v. Papst Clemens XIII. u. 2 Kupfertiteln, nebst dem Supplement: Osservazioni di G. B. Piranesi sopra la „Lettra de M. Mariette" mit 10 Tafeln = zusammen 51 Tafeln mit latein. u. italien. Text. gr.-fol. Roma 1761. Pp. Tadelloses Exemplar. 48 —
518 — ausgewählte Werke. Hrsg. v. P. Lange. 4 Bde. m. 320 T. fol. Wien 1886—87. (200 M.) 150 —
Wie neu.
Inhalt: 190 Taf. Alterthümer, 100 Taf. Ansichten Roms etc., 75 Taf. Vasen, Candelaber, Altäre, Urnen etc., 34 Taf. Entwürfe u. 1 Taf. m. d. Med.-Portr. Piranesi's.
519 **Piranesi**, Franc., Laoconte. Kupferstich in Imp.-fol., B. Nocchi disegno, F. Piranesi incise 1790. Wasserfl., kleine Einrisse im Papierrande. 3 —
520 **Pistolesi, E.**, antiquities of Herculaneum and Pompeji: selection of the most interesting ornaments and relics which have been excavated. 2 vols. in-1. With 120 fine plates. fol. Naples 1842. Rother Halbjuchtenband mit Goldschn. Schönes Ex. 60 —
Text franz., englisch u. italienisch.
521 **Politi, R.**, antichi monumenti per servire all' opera intitolata „il Viaggiatore in Girgenti. 40. tav. S. 1. 1826. Hfz. 6 —
522 **Poulle, A.**, les bains de Pompéianus. Av. 2 pl. Constantine 1879. Extr. 3 50
523 **Presuhn, E.**, Pompeji. Die neuesten Ausgrabungen von 1874—1881. 2. Aufl. 10 Abthlgn. in 1 Bde. m. 80 Taf. in Chromolith. 4. Lpz. 1882. Eleg. Hfz. (100 M.) 40 —
524 **Rayet, O.**, monuments de l'art antique. 2 vols. (6 livr.) Avec 90 planches. fol. Paris 1879—83. (150 fr.) 100 —
525 **Reber, F.**, die Ruinen Roms. 2. Aufl. M. 37 Taf. in Farbendr., 7 Plänen, 1 Stadtpl. u. 72 Holzschn. i. Text. 4. Leipz. 1879. Hsaffian (80 M.) 40 —
526 **Recueil** d'antiquités romaines ou voyage d'Italie. 60 pl. grav. sur cuivre. Dans lequel on trouve divers Vases, Autels, Trepieds, Arabesques et autres Sujets gravés d'après les Desains que differens Artistes ont fait pendant leur séjour en Italie, les quels jusqu'à présent n'ont point encore été gravés. fol. Paris, Basan (1770?) 25 —
Auf Taf. 51 befindet sich die berühmte Figur aus dem Palais Farnese.
527 **Restauration** des monuments antiques, par les architectes pensionaires de l'Académie de France à Rome depuis 1789 jusqu'à nos jours, publiées avec les mémoires explicatifs des auteurs sous les auspices du gouvernement français. 6 vols. Paris 1877. gr.-fol. (715 fr.) cart. 420 —
Enthält Percier, La Colonne Trajane (140 fr.). — Lesueur, La Basilique Ulpienne (70 fr.) — Labrouste, Temple de Paestum (160 fr.) — Dubut, Temple de la Pudicité & Cousins, Temple de Vesta (70 fr.) — Garnier, le Temple de Jupiter Panhellenien (200 fr.) — Villain, le Temple de Marc Aurèle (75 fr.)
Ich liefere auch die einzelnen Theile zu entsprechenden Preisen.
528 **Ross**, d. Theseion u. d. Tempel d. Ares in Athen. M. Taf. Halle 1852. 1 50
529 **Ross, L.**, E. Schaubert, u. C. Hansen, die Akropolis von Athen nach den neuesten Ausgrabungen. 1. (einz.) Theil: Tempel der Nike Apteros. Mit 13 Taf. gr.-fol. Berlin (1888). (15 M.) 10 —
530 **Schliemann, H.**, Ilios, ville et pays des Troyens. Resultats des fouilles sur l'emplacement de Troie et des explorations faites en Troade 1871 à 1882. Trad. p. E. Egger. Av. 2 cartes, 8 plans et 2000 gravures s. bois. Paris 1886. (30 fr.) 16 —
531 **Smith**, Ch. Roach. Collectanea antiqua. Etchings and notices of ancient remains, illustr. of the habits, customs, and history of past ages. Vols. I—VI complete and vol. VII part 3rd. With about 300 archaeolog. plates and etchings, partly coloured, and many woodcuts. London, printed for subscribers only, 1848—68 and 1880. In Nummern unbeschnitten. 210 —
Alterthumsfunde aus England, Frankreich, den Niederlanden, Deutschland, der Schweiz etc., darunter viele römische Alterthümer. Die Bände I u. II sind vergriffen.

Karl W. Hiersemann in Leipzig, Königsstrasse 2. Catalog 108.

3*

Baudenkmäler: Aegypten.

M. Pf.

532 **Spratt, T. A. B.**, travels and researches in Creto. 2 vols. w. map and numerous plates. Lond. 1865. cloth. (42 sh.) 20 —
533 **Stackelberg, O. de**, La Grèce. Vues pittoresques et topogr. dessinées par lui et lithogr. par les meilleurs artistes. 2 vols. avec 129 planches. Paris 1829—38. gr.-fol. (324 fr.) 60 —
534 **Stackelberg, O. M. v, der**, Apollotempel zu Bassae in Arcadien u. die daselbst ausgegrabenen Bildwerke. M. 31 Kupfertafln. gr.-fol. 1826. (160 M.) Hpgt. Vergriffen. 98 —
535 **Stanhope, J. Sp.**, Olympia, or, topography illustrative of the actual state of the plain of Olympia, and of the ruins of the city of Elis. W. 17 pl. Lond. 1824. Imp.-fol. (£ 4. 4 sh. = 84 M.) Hldr. 30 —
536 **Stark, K. B.**, Forschungen zur Gesch. u. Alterthumskunde des hellenist. Orients: Gaza u. d. philist. Küste. M. Karte u. Taf. (Münzabb.) Jena 1852. (9 M.) 5 —
537 **Vetusta Monumenta.** (Ed. by the Society of Antiquaries.) Vols. 1—5. W. 290 plates. fol. London 1747—1835. Hfzbde. 260 —

Aegypten.

M. Pf.

538 **Aegyptische Baudenkmale.** — 47 Blatt Photographien, Ansichten von Tempeln, Moscheen etc. Aufgezogen auf Cartons. Photogr.-Grösse 24×32 cm. 60 —
Tempel von Luxor, Edfou, Dendera, Karnak, — Sphinx, — Memnonsäulen.
539 **Champollion le Jeune**, monuments de l'Egypte et de la Nubie, renfermant environ 500 planches en partie coloriées. 4 vols. Av. le texte: Notices descriptives conformes aux manuscrits autographes Livr. 1 à 19 (tout publié). Paris 1835—45. gr.-fol. cart. (737 ½ fr.) 300 —
Ganz vollständiges Ex. dieses grossen und wichtigen Werkes.
540 **Description de l'Egypte** ou recueil des observations et des recherches qui ont été faites en Egypte pendant l'expédition de l'armée française (publ. sous la direct. de M. Jomard par les ordres de S. M. l'Empereur Napoléon). 9 vols. de texte in-fol. avec 31 planches, portr., et cartes, et 14 vols. de planches (bu nombre de 844 dont 11 gr. in-fol. et 3 formats grandaigle. Paris, impr. impér. et impr. roy. 1809—1828. In der Original-Cartonage wie von der Regierung herausgegeben. 800 —
Les planches sont au nombre de 894, non compris 31 contenues dans les vols. de texte. En voici la répartition: Antiquité 5 vols. 436 pl. — Atlas 58 pl. — Etat moderne 2 vols. 171 pl. — Histoire naturelle. 2 vols. en 3. 244 pl.
541 **Dümichen, J.**, Resultate der 1868 nach Aegypten entsendeten archaeolog.-photogr. Expedition. 1. (archaeolog.) Theil. M. 57 Taf. fol. Lpz. 1869. (75 M.) 54 —
542 **Ebers, G.**, l'Egypte: Alexandrie et Le Caire. Traduction de G. Maspéro. Avec un grand nombre de belles gravures s. bois. fol. Paris 1880. Roth. Halbmaroquin. (65 fr.) Wie neu. 40 —
543 **Fischer von Erlach, J. B.**, Entwurff e. histor. Architectur in Abbildung unterschiedener berühmten Gebäude des Alterthums u. fremder Völcker. 5 Bücher. I. Bauarten der Juden, Aegypter, Syrer, Perser u. Griech. II. Römische. III. Der Araber, Türcken, Chinesen, Japanesen, Siamesen etc. IV. Gebäude von des Autoris Erfindung. V. Divers vasos ant. et mod. mit 89 Kupf. fol. Leipz. 1725. Ldr. 95 —
Der 5. Theil enthält Ansichten der Moscheen zu Bursa, Fest und Constantinopel (2), der Sophien-Kirche, von Mecca u. Moschee in Medina, der Residenz des Königs von Siam, Brücke in Futschu etc.
Die Kupfer vertheilen sich wie folgt: I: 25. II: 15. III: 15. IV: 21. V: 13.
544 — einige Gebäude der alten Juden, Egypter, Syrer, Perser u. Grie-

Karl W. Hiersemann in Leipzig, Königsstrasse 2. Catalog 108.

Baudenkmäler: Aegypten. 37

	M. Pf.

chen. M. gest. Frontisp. 1 Karte u. 19 (anstatt 20) Kupf. quer-fol. (Leipzig 1725). — 15 —
545 Henre-Bilder aus dem Oriente (Aegypten) gesammelt auf d. Reise d. Herzogs Maxim. in Bayern. 48 Lithogr. gez. v. H. v. Mayr m. Text v. S. Fischer. fol. Stuttg. 1846—50. (80 M.) Selten. 60 —
   Architekton. und costüml. interessant. Mehrere Taf. enth. Waffenabbild., Zierrath, Geräthschaften etc.
546 Jones, Owen, and J. Geury, views on the Nile from Cairo to the Second Cataract, from sketches in 1832—33. 32 drawings on stone by G. Moore, the plates mounted on cardboard, carefully and brillantly coloured to imitate drawings with descript. by S. Birch. Imp.-fol. London 1843. In Portfolio. 160 —
547 Lane-Poole, St., the art of the Saracens in Egypt. W. 108 woodcuts. Lex.-8. London 1886. cloth. (31½ sh.) 25 —
548 Lepic, L., la dernière Égypte (description d'un voyage en Egypte 1882). Avec un grand nombre d'illustrations. gr.-8. Paris 1884. (10 fr.) 6 —
549 Lepsius, C. R., Denkmäler aus Aegypten und Aethiopien nach den Zeichnungen der von S. M. Friedrich Wilhelm IV. nach diesen Ländern gesendeten u. in d. J. 1842—45 ausgeführten wissenschaftl. Expedition. 6 Abthlgn. in 12 Bdn. mit 900 Tafeln in Farben- u. Tondruck. Berlin, 1849—59. fol. max. (M. 2025.) Vollständ. Ex. dieses Monumentalwerkes. 660 —
   Einige Tafeln fleckflockig, wie bei allen Exemplaren.
550 L'Hôte, N., Lettres écrites d'Egypte en 1838 et 1839, cont. des observ. s. divers monuments égypt. nouvell. explorés et dess. Avec des remarques de Letronne. Paris 1840. M. 63 Holzschn. (9 fr.) 6 —
551 Mariette-Bey, monuments divers recueillis en Egypte et en Nubie. 28 livraisons. fol. Paris 1872—82. (172 fr.) 90 —
552 Mariette, A., Deir-el-Bahari. Documents topograph., hist. et ethnograph. recueillis dans ce temple pendant les fouilles. Avec 16 planches en partie color. fol. Lpz. 1877. (80 M.) 48 —
553 — Dendérah. Description générale du grand temple de cette ville. 4 vols. et supplément cont. 347 planches in-fol., accomp. d'un texte in-4. Paris 1870—75. Hlwd. (390 fr.) 160 —
554 — Karnak. Etude topogr. et archéolog., avec append.: textes hiéroglyph. gr.-4. Avec 57 planches (en partie color.) in-fol. Leipz. 1875. (150 M.) 105 —
555 Mayer, L., vues en Égypte d'après les dessins originaux en la possession de Sir Rob. Ainslie. Av. 48 planches color. gr. par Th. Milton. fol. Londres 1802. cart. (325 fr.) 90 —
   Schönausgestattetes Werk, das namentlich als Costümwerk sehr interessant ist.
556 Olin, St., travels in Egypt, Arabia Petraea and the Holy Land. 2 vols. w. 2 maps and 12 steelengr. New York 1843. Hmaroq. (16 sh.) 8 —
557 Osburn, W., monumental history of Egypt, as recorded on the ruins of her Temples, Palaces and Tombs. 2 vols. with a great number of plain and colour. plates and woodcuts. London 1854. Lwd. Fehlt im Buchh. 45 —
558 Perrot, G., and Ch. Chipiez, hist. of art in Anc. Egypt. Transl. by Armstrong. 2 vols. W. 598 engravings and 14 colour. and steel engr. Lond. 1883. cloth. (105 sh.) 60 —
559 Pococke, R., description of the East, and some other countries. 2 vols. in 3 parts. With 177 copperplates. fol. London 1743—45. Ldr., schönes Ex. 33 —
   Bd. I enthält Aegypten, Bd. II das Heil. Land, Kleinasien, Cypern u. Candia.
560 Prisse d'Avesnes, E., Monuments égyptiens, bas-reliefs, peintures, inscriptions etc., av. des notes explicatives. Paris, Didot, 1847. gr.-fol. Av. 52 planch. en partie color. Roth. Hmaroqbd. (75 fr.) 42 —
   Bildet das Supplement zu Champollion le Jeune, Monuments de l'Egypte. — Neues Ex.

Karl W. Hiersemann in Leipzig, Königsstrasse 2. Catalog 108.

Baudenkmäler: Aegypten.

M Pf.

561 **Rhind, A. H.**, Thebes, its tombs and their tenants ancient and present, including a record of excavations in the necropolis. W. 8 pl. and 9 illustr. Lond. 1862. cloth. — 18

562 **Roberts**, Views in the Holy Land, Syria, Idumea, Arabia, Egypt and Nubia, from drawings made on the spot by Dav. Roberts, with descriptions by G. Croly and M. Brockedon, lithographed by Louis Haghe, 6 vols. with 250 large, beautifully tinted plates (some col.). London 1842—49. Imp.-fol. (Ladenpreis ohne Einband 43 £ = 860 M.) In 4 Hmaroqbdn., Schnitt vergoldet (etwas wasserfleckig, wie alle Exemplare). — 400

563 **Transactions** of the Society of Biblical Archaeology. Vols. 1—8. W. many plates. London 1872—85. Vergriffen. — 180
  <small>Behandelt vorwiegend assyrische and egypt. Alterthümer.</small>

564 **Valeriani, D.**, atlante monumentale del Basso e dell' Alto Egitto, compilato dal G. Segato. 2 vols. 158 tavole (40 colorate). fol. Firenze 1835—37. Hfrz. Fleckig, die Abbildungen aber meist unversehrt lassend. Text fehlt. — 30
  <small>Ansichten, Pläne, Costüme, Antiquitäten etc. darstellend.</small>

565 **Walsh, Th.**, journal of the late campaign in Egypt incl. descr. of that country and of Gibraltar, Minorca, Malta, Marmorice and Macri. W. 50 engr. pl. of antiquit. views, costumes, plans etc. some of which colour. 4. Lond. 1803. cart. (63 sh.) — 20

566 **Werner, Carl**, Nilbilder. Grosse Ausg. 16 Aquarelle (von 24) während zweier Reisen durch Egypten nach d. Natur aufgenommen. M. beschr. Text v. A. E. Brehm u. J. Dümichen. Imp.-fol. Wandsbeck 1871—75. In hochelegantem Albumkasten aus Nussbaumholz, reich profil. in. stylvoller Deckelverzierung. (ca. 200 M.) — 135
  <small>Verzeichn. d. vorhandenen Aquarelle: 1. Chalifengräber. 4. Strassenleben in Kairo. 7. Bandweber i. Esneh. 8. Mirjam. 11. Geldwechsler in Esneh. 12. Grabmal des Schech Ababde. 13. Memnonen. 14. Kaffeehaus in Kairo. 15. Barbierladen in Achmim. 16. Lüstempel auf Philae. 17. Tempelhof v. Luqsor. 19. Pyramiden v. Gizeh. 21. Grabkammer in El Kab. 22. Assuan. 23. Nubisches Kind. 24. Nilufer bei Achmim.</small>

567 **Wharncliffe, Lord**, Sketches in Egypt and in the Holy Land, taken during the year 1855. 17 splendid plates in chromolithography with an engr. and col. titlepage and a list of plates. gr.-fol. Printed for private circulation by P. & D. Colnaghi & Co., London. Hlwd. — 85

568 **Wilkinson, J. G.**, manners and customs of the ancient Egyptians, including their private life, governement, laws, arts, manufactures, religion, agriculture, and early history; derived from a comparison of the paintings, sculptures and monuments still existing, with the accounts of ancient authors. Both series, and Supplement: 6 vols. With 600 plates (some coloured) and woodc. London 1837—41. cloth. Beste Ausg. — 130
  <small>Tafel 54a. fehlt.</small>

569 **Wilkinson, Gardner**, architecture of ancient Egypt, in which the columns are arranged in orders etc. 8. W. an atlas of 18 plates partly colour. Imp.-fol. London 1850. Hmaroq. — 55

570 **York, C.** and **W. M. Leake**, remarks on some Egyptian monuments in England. W. 21 plates. (London about 1820.) cart. — 10

Kleinasien und Syrien.

M. Pf.

571 **Buckingham, J. S.**, travels in Palestine. W. portr., map and 34 illustr. 4. Lond. 1821. half calf. (31½ sh.) — 12

572 **Burckhardt, J. L.**, travels in Syria and the Holy Land. W. portr. and 6 maps. 4. Lond. 1822. Hldr. (50 sh.) Beste und seltene Ausgabe. Die Tafeln leicht stockfleckig. — 36

Karl W. Hiersemann in Leipzig, Königsstrasse 2. Catalog 105.

Baudenkmäler: Kleinasien und Syrien. 39

M. Pf.

573 **Fellows, Ch.**, ein Ausflug nach Kleinasien und Entdeckungen in Lycien. bers. von J. Th. Zenker. Mit 63 Taf. u. 3 Karten. Lpz. 1853. Hlwd. (30 M.) 16 —
Die Taf. stellen meist antike Bauwerke, Sculpturen, Münzen, Inschriften etc. dar. Ausserdem enthält der Text ca. 200 griech. Inschriften mit Übersetzg.
574 **Fergusson, J.**, essay on the ancient topography of Jerusalem, w. plans of the Temple etc. W. 17 illustr. 4. London 1847. cloth. (16 sh.) 12 —
575 — the temples of the Jews and the other buildings in the Haram Area at Jerusalem. W. 8 plates and 76 woodcuts. 4. London 1878. cloth. (42 sh.) 28 —
575a **J'Anson, E.**, and S. **Vacher**, mediaeval and other buildings in the island of Cyprus. W. 20 plates. 4. London 1883. Extr. 10 —
576 **Laborde, L.**, voyage en Orient. (I. Asie Mineure. II. Syrie.) Publié avec le concours d'Alex. de Laborde, Becker et Hall. 2 vol. Paris 1838—62. roy-fol. cart. (400 fr.) 230 —
Prachtwerk mit 260 schönen Tafeln. — Neues tadelloses Ex.
577 **Pierotti, E.**, Jerusalem explored, being a description of the ancient and modern city. Transl. by Th. G. Bonney. 2 vols. W. 63 plates (views ground plans and sections etc.) fol. London 1874. Halbkalbldrbde. (105 sh.) 50 —
Resultate 8jähr. Ausgrabungen etc.
578 **Pococke, R.**, description of the East and some other countries (Asia Minor, Greece etc.). 2 vols. (in 3 vols.) W. about 200 copper plates. fol. Lond. 1743—45. Franzbde. Einband lädirt. 33 —
579 **Ramboux, J. A.**, Jerusalem. Erinnerungen an die heil. Städten des gelobten Landes, aus dem Skizzenbuche eines Theilnehmers an der Pilgerfahrt d. J. 1854. (J. A. Ramboux) 4 Abth. mit 280 mit Tonpl. bei J. C. Baum gedr. lith. Blättern. (Ansichten, Details, Interieurs, Kirchen, Bildnisse, Costümfiguren, Scenen des öffentl. Lebens, deutsch. Text auf 33 Seiten, theils mit kurzen Erkl. d. Tafeln in franz. Sprache.) Mit Titeln u. Umschlägen. gr.-4. Köln ca. 1860. 110 —
Roberts, views in the Holy Land etc. siehe No. 562.
580 **Sauley, F. de**, Voyage autour de la Mer Morte et dans les terres bibliques, exécuté de décembre 1850 à avril 1851. 2 vols. de texte. gr. in-8. et Atlas de 76 pl. et cartes in-4. Paris 1853—54. Neuer Ex. br. 160 —
Complete Exemplare, wie das unsrige, sind nicht häufig.
581 **Texier, Ch.**, description de l'Asie Mineure, faite p. ordre du gouvernement franç. de 1833 à 1837. Beaux-arts, monuments historiques, plans et topographie des cités antiques. 3 vols. Paris 1839—1849. gr.-fol. M. Tfln. theils in Kupferstich, theils in Lithographie. Hlwdbde. (500 fr.) 300 —
Neues Exemplar dieses monumentalen Werkes.
582 **Texier, Ch.**, and R. P. **Pullan**, the principal ruins of Asia Minor illustr. and descr. W. 51 plates. fol. London 1865. Lwd. m. Goldschn. (84 sh.) 30 —
583 **Vaux, W. S. M.**, Greek cities and islands of Asia Minor. W. woodc. Lond. 1877. cloth. 2 —

Persien, Afghanistan, Mesopotamien.

M. Pf.

584 **van der Aa, P.**, description des royaumes de Perse et du Grand Mogol. 2 vols. with 104 pictures on 56 plates of double size. fol. Leide, P. van der Aa, no d. (about 1730). Excellent copy. 200 —
A splendid series of very fine plates representing views of towns, costumes, manners and customs, scenes from the every day life, maps, etc. This work is a section (parts 52 and 53) of the „Galérie agréable du Monde", a large and magnificent collection of views of the principal towns, maps and pictures of the most remarkable things in all world, published 1730 by P. van der Aa in Leiden in 66 vols., and now exceedingly rare.

Karl W. Hiersemann in Leipzig, Königsstrasse 2. Catalog 109.

40   Baudenkmäler: Persien, Afghanistan, Mesopotamien.

M. Pf.
585 **Atkinson**, J., sketches in Afghaunistan. 26 fine tinted plates, (title-page included), lithogr. by L. and Ch. Haghe, with 1 leaf of descriptions in letterpress. roy.-fol. London 1842. Hfz., Einband lose. (84 M.) 30 —
Malerische Ansichten, Gefechte, Lager- und Marschscenen, Costümbilder, Leben in den Städten etc., während des Feldzugs der Engländer gegen Dost Mohammed Khan 1889—40.
586 **Botta**, P. E., monument de Ninivé, découvert et décrit p. B., mesuré et dessiné p. E. Flandin. Ouvrage publ. p. ordre du Gouvernement. 5 vols avec 874 planches concernant l'architecture, la sculpture et les inscriptions. Imp.-fol. Paris 1849—50. Hmaroq. (1800 fr.) 850 —
587 **Buckingham**, J. S., travels in Mesopotamia etc. w. researches in the ruins of Babylon. W. map and 29 illustr. 4. Lond. 1827. half calf (31½ sh.) 16 —
588 **Kiash**, K. D., ancient Persian sculptures or the monuments, buildings, bas reliefs, rock inscriptions etc. belong. to the Kings of the Achaemenian and Sarranian dynast. of Persia. Cont about 100 plates arrang. w. descript. and hist. matter and itinerary notes in Engl., Gujurati and Persian. Bombay 1889. Lwd. Einbd. beschädigt. 16 —
589 **Layard**, A. H., Niniveh u. s. Ueberreste. Deutsch v. Meissner. M. 94 Illustr., 6 Plänen u. Kte. Lpz. 1850. Hfz. (18 M.) 3 —
Plan 4 u. 5 a. Illustr. 13 fehlt.
590 **Mignan**, R., travels in Chaldaea, including a journey from Bussorah to Bagdad, Hillah, and Babylon 1827 w. observations on the sites and remains of Babel, Seleucia and Ctesiphon. W. 9 pl. and 16 woodcuts. Lond. 1829. Boards. (14 M.) 7 —
591 **Oppert**, J., Expédition scientifique en Mésopotamie de 1851 à 54 par M. Fresnel, Thomas et Oppert. 2 vols. in-4. et Atlas de 21 planches in-fol. Paris 1863. br. Fehlt im Buchh. 120 —
592 **Place**, V., Ninive et l'Assyrie. 2 vols. de texte et 1 vol. renfermant 88 superbes planches gravées sur acier et sur cuivre par les meilleurs artistes et en partie coloriées. fol. Paris 1867—70. (850 fr.) 190 —
Tadelloses Ex. dieses auf Kosten des franzö. Gouvernements hergestellten Prachtwerkes. Nur 100 Ex. wurden davon in den Buchhandel gebracht.
593 **Vaux**, W. S. W., Niniveh and Persepolis: hist. sketch of anc. Assyria and Persia. W. map and 12 plates. Lond. 1850. cloth. (8 sh.) 5 —

Indien.

M. Pf.
594 **van der Aa**, P., description des Indes orientales. 2 vols. with 101 figures on 55 plates of double size. fol. Leide, P. van der Aa, no d. (about 1730). Very fine copy. 280 —
A highly interesting series of finely engraved plates representing views of towns, costumes, manners and customs, scenes from the life of the natives, maps, etc. This work is a section (parts 54 and 55) of the „Galerie agréable du Monde", an extensive and magnificent series of views of the principal towns, maps, and pictures of the most remarkable things in all countries, published about 1730 by P. van der Aa in Leiden in 66 vols., and now exceedingly rare.
595 **Architecture** of Dharwar and Mysore. 79 magnif. photographs of the architect. monuments by the late Dr. Pijou, being the illustr. to: Histor., descr., and archit. account by Taylor and Fergusson. Publish-for the Committee of architect. antiqu. of Western India. Imp.-fol. (ca. 1866.) Hmaroq. 160 —
596 **Burgess**, J., report of the first seasons operations (of the archaeol. survey of Western India) in the Belgâm and Kaladgi districts, Jan. to May 1874. W. 56 plates and photos of temples, inscript. and sculptures. 4. Lond. 1874. Hmaroq. 65 —
Dem Exemplar sind noch 30 Photogr. indischer Tempel beigefügt, die zwar dem Bande beigegeben werden sollten, jedoch bis zur Ausgabe desselben nicht fertig gestellt waren, mithin den meisten im Handel vorkommenden Exemplaren fehlen dürften.

Karl W. Hiersemann in Leipzig, Königsstrasse 2. Catalog 109.

Baudenkmäler: Indien. 41

M. Pf.

597 **Chisholm, R. F.**, new college for the Gaekwar of Baroda, w. notes on style a. domical construction in India. W. 4 plates. 4. London 1883. Extr. 6 pp. 2 50
598 **Cole, H. H.**, illustrat. of ancient buildings in Kashmir, from photogr., plans, and drawings, cont. a map 48 photos. and 14 lithogr. 4. London 1869. Hfrz. m. Goldschn. (70½ sh.) 50 —
599 **Cunningham, A.**, archaeological survey of India. Vols 1—22. With about 600 plates. Simla 1871—85. cloth. Schönes Ex. 450 —
Bd. 13—16 sind selten.
☞ Einzelne Bände zu entsprechenden Preisen mehrfach vorhanden.
600 — the Stûpa of Bharhut; a Buddhist monument ornamented w. numerous sculptures illustr. of Buddhist legend and hist. in the 3d cent. B. C. W. 57 plates. 4. Lond. 1879. cloth. 55 —
601 **Delaporte, L.**, voyage au Cambodge: L'architecture Khmer. Av. 175 gravures dont 50 hors texte et 1 carte. Paris 1880. Hmaroq. m. Goldschn. 18 —
602 **Fournereau, L.**, les ruines Khmères, Cambodge et Siam, documents complém. d'archit., de sculpture et de céramique. 110 planches en phototypie. fol. Paris 1890. En portefeuille. 40 —
603 **Führer, A.**, the Sharqi architecture of Jaunpur; with notes on Zafarabad, Sahet-Mahet and other places in the North-Western provinces and Oudh. W. draw. and archit. descr. by E. W. Smith. Ed. by J. Burgess. W. 74 photolith. plates. 4. Calcutta 1889. cloth. 36 —
604 **Jacquemont, V.**, Voyage dans l'Inde. 4 vols. Paris, Didot, 1841—44. gr.-4. Av. atlas en 2 vols., renfermant 295 belles pl. en partie color. Hlwdbde. (500 fr.) 280 —
605 **Indische Architektur.** 23 Original-Aquarelle des Taje Mahel mit der Moschee, den Grabmalern u. deren Ornam. u. Sculptur darstellend. Sehr fein und prächtig in Farben ausgeführte Handzeichnungen. ca. 1830. Mit kurzem erläuternd. handschriftl. Text. 4. 60 —
606 — Palast eines Europäers (des engl. Generalgouverneurs?) in Indien von der Gartenseite aus mit grosser Freitreppe. Handzeichnung, schönes grosses Aquarellbild, dem Costüme nach zu schliessen circa 1750 entstanden, belebt durch Soldaten, Diener, Kutschen u. e. Reitelephanten, auf der Terrasse die europ. Herrschaften zur Ausfahrt bereit. Bildgrösse 50✕71 cm. Auf Carton. 20 —
607 — — Handzeichnung, schöne grosse Aquarellskizze, den mit Farben angedeuteten Costümen nach von ca. 1750, belebt durch Soldaten, Diener, Kutschen u. e. Reitelephanten, auf der Terrasse die europ. Herrschaften zur Ausfahrt bereit. Bildgrösse 48✕68 cm. 12 —
608 — Sommerpalast eines Europäers (des engl. Generalgouverneurs?) in Indien. Frontansicht in Landschaft. Handzeichnung, schönes Aquarellbild von ca. 1750. 38✕55 cm. Auf Carton. Als Zimmerschmuck geeignet. 12 —
609 **Indische Innen-Architektur.** Zwei prachtvoll ornamentirte Prunksäle mit Gallerien, in der architekton. Anlage ganz gleich und nur in der Ausschmückung wesentlich verschieden. Zwei grosse Handzeichnungen, Pendants, beide nur in rothbrauner Farbe ausgeführt, Bildgrösse gleichmässig 66✕72 cm., entstanden wahrscheinlich um 1800 in Indien. Ornamentblätter von seltener Schönheit. 48 —
610 **Indische Architekturdekoration.** 3 Blätter aquarellirte Handzeichnungen, reichverzierte Frontansichten indischer Bauten darstellend. Bildgrösse circa 8✕15 cm. 8 —
611 **Khakhar, D. P.**, report on the architect. and archaeolog. remains in the Prov. of Kachh. With 5 papers on Kachh antiqu. by A. Burness and with 15 plates. Bombay 1879. 10 —
Archaeolog. survey of W. India I.

Karl W. Hiersemann in Leipzig. Königsstrasse 2. Catalog 108.

Baudenkmäler: China und Japan.

M. Pf.

612 **Original-Aquarelle** eines unbekannten, aber hervorragenden, englischen Künstlers aus den Jahren 1860—64. Eine Serie von 53 sehr fein ausgeführten Aquarellzeichnungen, Landschaften aus brit. Ostindien: Sangor, Bellary, Merkara, Nandi, Santiwarry, Murree, Hassan Banawaram, Bangolor u. a. Orten. Die Aquarelle sind aufgesetzt auf farbige Cartons und in einen Folioband in blau Maroquin mit Goldschnitt vereinigt. Die Bildgrösse schwankt zwischen 12 bis 30 cm Höhe zu 35 bis 47 cm Breite. 800 —
613 **d'Oyly, Ch.**, Account of the ancient city of Dacca, Bengal, and its architectural remains. With 9 beautiful plates, India proofs, drawn by Ch. D'Oyly, engr. by J. Landseer (1814—17), and a fine portrait of Col. Mark Wilks. gr.-fol. Hldr. Titel fehlt. 9 —
614 **Rájendralála Mitra**, Buddha Gaya, the hermitage of Sákya Muni. W. 51 plates in autotype a. colours. 4. Calcutta 1878. Lwd. (105 sh.) 66 —
Für ind. Kunstgesch. v. hohem Interesse.
615 **Ram Raz**, essay on the architecture of the Hindus. W. 48 plates. 4. London 1834. (31 ½ M.) Vergriffen. 20 —
616 **Schlagintweit, H. A. u. R.** de, results of a scientific mission to India and High-Asia 1854—58 by order of the East India Company. Text 4 vols. (all published). Roy.-4 and an atlas to each of them: geograph., phys. and meteorolog. plates most of them coloured, besides an atlas in imp. folio of 29 magnificent coloured views, executed after and equal in appearance and finish to watercolour drawings. Lpz. 1861 bis 66. (320 M.) In Mappen. Text Lwd. Vollständig nicht häufig. 160 —
Die Illustrationen sind die prachtvollsten die je in einem Reisewerke erschienen sind.
617 **Scott, W. L. L.**, views in the Himalaya. 13 (instead of 15) very large and beautiful tinted drawings on stone, with descript. Imp.-fol. London 1852. Hmaroqu. (84 sh.) 36 —
Eine Serie der prachtvollsten Scenerien aus dem Himalaya in schönster Ausführung.
618 **Simpson, W.**, Buddhist architecture in the Jellalabad valley. W. 7 plates. 4. London 1880. Extr. 64 pp. 5 —

China und Japan.

M. Pf.

619 **van der Aa, P.**, description de la Chine et grande Tartarie. 3 vols. with 255 pictures on 125 plates of double size. fol. Leide, P. v. d. Aa, no d. (about 1730.) Very fine copy. 200 —
A highly interesting collection of finely engraved plates, representing views of towns, costumes, the life of the inhabitants, natural curiosities, maps, etc. This work is a section (parts 56—58) of the „Galérie agréable du Monde", an extensive and magnificent collection of views of the principal towns and other curiosities of all countries, published about 1730 by P. v. d. Aa in Leiden in 66 vols., and now very scarce.
620 — description du Japon et du païs d'Eso. With 102 pictures on 48 plates of double size. fol. Leide, P. v. d. Aa, no d. (about 1730.) Very fine copy. 200 —
A highly interesting series of finely engraved plates, representing views of towns, costumes, scenes from the life of the Japanese, idols, etc. This work is a section (vol 58) of the „Galérie agréable du Monde " . . etc.
621 **Ansichten aus Japan**, China und Siam. (Preussische Expedition nach Ost-Asien.) 10 Hefte. Imp.-fol. 60 lithogr. Tafeln, davon 20 in Farbendruck ausgeführt. 60 Blatt Text in deutscher, französischer u. englischer Sprache. Nur noch wenig Exemplare vorhanden. (300 M.) 120 —
622 **Chinesische Architectur.** 8 Blatt chines. Orig.-Aquarelle in sorgfältigster Ausführung, bürgerliche Wohnhäuser darstellend, 6 Aussenu. 2 Innen-Ansichten. Entstehungszeit circa 1800. fol. Sehr schöne Blätter. 45 —
623 **Duhalde**, description of China, Chinese, Tartary, Korea and Tibet. 2 vols. W. 65 maps and plates. fol. London 1738—41. calf. 45 —

Karl W. Hiersemann in Leipzig, Königsstrasse 2. Catalog 108.

Baudenkmäler: Türkei und Arabien. 43

M. Pf.
624 **Du Halde**, J. B., ausführl. Beschreibung des Chines. Reichs u. der grossen Tartarey. Aus dem Französischen. M. 48 Kupfern. — Nebst Kämpfer's Beschreibg. d. Japanischen Reiches. 4 Bde. 4. Rostock 1747—49. Pgtbde. 18 —
625 **Gonse**, L., l'art japonais. 2 vols. Avec 1000 grav. s. bois dans le texte et 6 illustr. hors texte (planches en couleur etc.) fol. Paris 1883. In japan. Seide gebunden, unbeschn. (Subskriptionspreis 250 fr., jetzt erhöht.) Schönes, tadelloses Ex. 120 —
Peinture. Architecture. Sculpture. Ciselure et le travail des métaux. Laeques. Tissus. Céramique. Estampes.
626 **Thomson**, J., illustrations of China and its people, a series of 222 photographs with letterpress descript. of the places and people repres. 4 vols. fol. Lond. 1873. Lwd. mit Goldschn. (£ 12. 12 sh = 252 M.) 126 —

Türkei und Arabien.

M. Pf
627 **Andreossy**, Constantinople et le Bosphore de Thrace, pendant 1812 à 18 14 et 1826. 1 vol. de texte in-8 et atlas de 10 pl. lithogr. 4. Paris 1828 (1841). 16 —
628 **Andrews**, Moltram, a series of views in Turkey and the Crimea, from the embarcation at Gallipoli to the fall of Sebastopol. 17 tinted lithogr. by J. Sutcliffe. W. descript. text. fol. Lond. 1856. Hf. morocco. 45 —
629 **Architecture** ottomane, ouvrage publié sous le patronage d'Edhem Pascha. Texte franç. p. M. de Launay, dessins p. Montani Eff. etc. 190 planches dont 13 en chromo. fol. Constant. 1873. Nicht im Handel. 115 —
Text deutsch, französisch und türkisch. Nach dem (ungenauen) Inhaltsverzeichnisse sollte das Werk nur 181 Tafeln enthalten. Das Werk beginnt mit einem histor. Ueberblicke, dann folgen Monographien der Jeschil-Djami in Brussa (42 Taf.), der Suleimanie in Const. (5 Taf.), der Selimie in Adrianopel (2 Taf.), der Yeni-Djami v. Const. (2 Taf.), der Tuerbe des Sultan Suleiman des Gesetzgebers, der Tuerbe v. Schehzade, d. Brunnens v. Sultan Ahmed III., d. Brunnens v. Asab Kapy, hierauf die ottoman. Ornamentation mit 86 Tafeln (borduren sculpturées et peintes, ferrures, vitraux peintes anc. et mod.), Bois sculptés, peintures murales, marbres sculpté, faïences murales.
630 **Constantinopel** — Collection de 12 vues de. — Grav. s. cuivre. qu. fol. 1809—20. carton. (Très belles vues.) 60 . —
Cont: Aquéduc de l'empereur Justinien. — Vue d'Afnali-Kavak. — Palais de Beschik-Tasch. — Vue de Constantinople, prise de la tour de Léandre. — Vue d'une partie de la ville de Constantinople, av. la pointe du Sarail, prise du Faubourg de Péra. — Vue de la partie Occidentale du village de Bayuk-Déré. — Kiosque de Bébek. — Vue générale du port du Constantinople, prise des hauteurs d'Eyoub. — Prairie du Bayuk-Déré. — Vue des anciens châteaux d'Europe et d'Asie. — Vue des isles des princes. — Vue de l'entrée du Bosphore d'une partie de la ville du Scutary, prise sur la tour de Leandre. — Gravé par Schroeder, Duparc, Gouaz et Colny, Née, Levé, Dequevauviller etc. etc.
631 **Franz-Pascha**, die Baukunst des Islam. M. 4 Taf. (3 in Farbendr.) u. 216 Holzschn. Lex.-8. Darmst. 1887. Hldr. (11 M.) 8 50
632 **Hobhouse**, J. C., journey through Albania and other provinces of Turkey in Europe and Asia to Constantinople 1809 and 1810. 2 vols. 2. ed W. 2 maps and 22 plates (10 coloured). 4. London 1813. Hmaroq. (63 sh.) 36 —
633 **Hommaire de Hell**, J. X. M., voyage en Turquie et en Perse exécuté par ordre du gouvern. français 1846—48. 4 vols. in-8. avec cartes, inscriptions etc. et Album de 100 pl. gr. in-fol. dess. par J. Laurens. Paris 1854—60. (428 fr.) 150 —
634 **Laborde**, L. de, et **Linant**, voyage de l'Arabie Pétrée. Avec 69 planches. fol. Paris 1830. Halbmaroquin m. Goldschn. (220 fr. brosch.) 90 —
Tafel 89 (Carte génér. de l'Arabie Petrée) fehlt.
635 **Laborde**, L. de, journey through Arabia Petraea to Mount Sinai and the excavated city of Petra. W. illustr. 2. ed. Lond. 1838. cloth. (18 sh.) 7 —

Karl W. Hiersemann in Leipzig, Königsstrasse 2. Catalog 108.

Baudenkmäler: Deutschland.

M. Pf.

636 **Méry**, Constantinople et la mer noire. Av. 21 gravures de Rouargue frères. 4. Paris 1855. Hmaroq. m. G. (20 fr. brosch.) 14 —
  Costümlich u. architect. gleich interessant die 30 Costüme darst. Taf. sind in Farben.
637 **Niebuhr**, C., voyages en Arabie et en d'autres pays circonvoisins. Trad. de l'allem. 2 vols., av. 124 pl. et cartes. 4. Amsterd. 1776 — 80. Hldr. 16 —
638 **Pardoe**, the beauties of the Bosphorus illustr. in a series of views of Constantinople and its environs fr. orig. drawings by W. H. Bartlett. W. 1 portr., a map and 78 engrav. 4. Lond. 1838. hf.-morocco. (50 sh.) 30 —
639 **Paspate**, A. G, Βυζαντίναι μελέται τοπογραφικαί και ιστορικαί. Μετά πλείστων εικόνων. Mit 38 Taf. in Tondr. 4. Constant. 1877. Lwd. 12 u. 416 pp. 32 —
  Behandelt die Bauten vom 4.—15. Jahrh.
640 **Ussher**, J., journey from London to Persepolis; includ. wanderings in Daghestan, Georgia, Armenia, Kurdistan, Mesopotamia and Persia. W. 18 colour. plates. Imp.-8. Lond. 1865. (42 sh.) Wasserfleckig. 8 —
  Architekt. u. costüml. interessant.

Deutschland.

M. Pf.

642 **Archiv für Niedersachsens Kunstgeschichte.** Herausg. v. H. W. Mithoff. 3 Abtheilungen. fol. Hannover 1849—62. (72 M.) 28 —
  I. Mittelalt. Kunstw. in Hannover, mit 24 Taf. II. Kloster Wienhausen bei Celle, mit 10 Taf. III. Mittelalt. Kunstwerke in Goslar, mit 42 Taf. — Die Tafeln sind theilweise colorirt (Glasgemälde, Teppiche).
643 **Arendt**, K., das monumentale Trier, von d. Römerzeit bis auf unsere Tage. fol. Trier 1892. cart. Nur in 300 Ex. gedruckt u. nicht im Handel erschienen. 25 —
644 **Aretin**, C M. von, Alterthümer u. Kunstdenkmale des bayer. Herrscher-Hauses. 9 Liefergn. (vollständig) mit 45 Taf. in prachtvollem, künstlerisch ausgef. Farbendruck, 10 schwarzen Taf., 5 genealog. Taf. u. 14 Holzschn. im Text. fol. München 1854—71. In 9 Cartons. (432 M.) Tadelloses Ex. dieses bis auf 3 Ex. vergriffenen Werkes. Vollst. 120 —
645 **Aufleger**, V., Münchener Architectur d. 18. Jahrhunderts. M. 60 Taf. in Lichtdruck. fol. München 1892. In Mappe. 45 —
  Süddeutsche Architectur u. Ornamentik des 18. Jahrh., III. u. IV. Band.
646 **Aufnahmen** u. Skizzen der Architektur-Schule des Kgl. Polytechnikums (zu Stuttgart) in Rothenburg a. T. 31 doppelseit. autograph. Tafeln. fol. Stuttgart 1869. cart. (9 M.) 6 —
647 **Batty**, R., Hannoverian, Saxon and Danish scenery, 62 full page plates and 60 woodcut vign. w. descript. Proofs on India Paper. fol. London 1829. Ex. auf Gross-Papier (Pracht-Ausg.) Schönes Ex. in rothem Maroq. m. Goldschnitt. (378 M.) 60 —
  172 Ansichten enthaltend.
648 **Bauer**, L., Münchener Renaissance. Von Ende des 16. bis Ende des 18. Jahrh. M. 70 Taf. fol. München 1878. (70 M.) 48 —
  3 Tafeln nicht ganz sauber.
649 **Die Bauten**, technischen u. industriellen Anlagen von Dresden. Hrsg. v. sächs. Ingenieur- u. Architekten-Verein u. dem Dresdener Arch.-Verein. Mit 358 Holzschn. u. 10 lithogr. Beilagen. Lex.-8. Dresd. 1878. Lwd. (30 M.) 13 —
650 **Bauten u. Entwürfe**, hrsgbn. v. Dresdener Architecten-Verein. M. 95 (anstatt 126) Lichtdrucktaf. fol. Dresden (1878). In Mappe. (135 M.) 30 —
  Façaden, Grundrisse. Fast durchgängig Dresdener Ansichten, doch sind auch einige andere deutsche Städte vertreten.
651 **Beck**, F., Rheinland's Baudenkmale des Mittelalters. 3 Serien mit zahlr. Illustr. gr.-8. Köln (1868—78). Lwd. (18 M.) 12 —
652 **Boisserée**, S., monuments d'architecture du 7e au 13e siècle dans les contrées du Rhin inférieur. Av. 72 pl. fol. Munich 1842. Lwd. 44 —

Karl W. Hiersemann in Leipzig, Königsstrasse 2. Catalog 108.

Baudenkmäler: Deutschland.. 45

M. P.

653 Bolwerée, S., Denkmale d. Baukunst v. 7.—13. Jahrh. am Nieder-Rhein. M. 72 Tafeln (Taf. 10, 14 u. 32 fehlen). fol. München 1833. Theilweise wenig wasserfleckig. (90 M.) 30 —
654 Büttger, L., die Bau- u. Kunstdenkmäler des Regbez. Köslin. Heft III: Kreis Schlawe. Mit vielen Holzschn. Stettin 1892. 6 —
655 Braun et Hogenberg, civitates orbis terrarum, in aes incisae et excusae, et descriptione topograph., morali et polit. illustratae. 6 ti. 3 voll. gr.-fol. Colon. 1572—1618. Kalblederbände. Schönes, vollständiges Ex. Vorzüglich erhalten, die Kupfer in guten Abdrücken. 480 —
  Vollständige und schöne Ex. sind fast unauffindbar. Das Werk enthält 362 Kupfer mit rund 500 Städte-Ansichten der Welt.
  Durch die zahlreichen Trachtenbilder auf den einzelnen Ansichten auch für Costümkunde von grossem Interesse.
656 Clemen, Paul, die Kunstdenkmäler der Rheinprovinz. Bd. I, 1.—3. Abthlg.: Die Kreise Kempen, Geldern u. Moers. Mit 18 Taf. u. vielen Holzschn. gr.-8. Düsseldorf 1891—92. 11 70
657 Coignet, Jules, Bade et ses environs, dessinés d'après nature, av. des notices par A. Achard. Avec 27 belles planches lithogr. gr.-fol. Paris 1858. Lwd. 36 —
  Splendid gedrucktes Werk mit 27 prächtigen Tondrucktafeln u. 14 Holzschnittvignetten.
658 Danzig. 17 Bll. Photographien auf Cartons, Ansichten von Strassen u. einzelnen hervorrag. Gebäuden. fol. 8 —
659 Delsenbach, J. A., Nürnberg's Prospecten, gezeichn. u. in Kupf. gebr. v. J. A. D. Eine Folge von 63 schön gest. Kupfern, scharfe Abdrücke. quer-fol. Nürnb. ca. 1720. Das letzte Blatt eingerissen und beschädigt. 120 —
660 Dennis, J., views in Savoy, Switzerland and on the Rhine, from draw. made upon the spot. Mit 30 Kupfern in Sepia-Manier. fol. Lond. (1820). Hfrz. Selten. 60 —
  Enth. u. a.: Ansichten von Ehrenbreitstein, Liebenstein, Oppenheim, Siekingen, Caub, Andernach, Rolandseck etc. etc.
661 Deutschland, das malerische und romantische. 10 Thle. m. 360 Stahlstichen. Leipzig 1836—40. In verschied. Einbänden. 48 —
  Abth. Tyrol u. 1 Tafel aus Rheinland fehlen. Vorhanden sind: Sächs. Schweiz — Schwaben — Franken — Thüringen — Harz — Riesengebirge — Steiermark — Donauländer — Rheinland — Nord- u. Ostsee.
662 Ende, H., Architektonische Studienblätter. Wohn- und Geschäftshäuser, Doppelwohnhäuser, Villen, Palais, Schlösser, Kirchen, Klostergebäude, Synagogen, Bahnhöfe, Postgebäude, Regierungsgebäude, Hochschulen, Rathhäuser. etc. etc. 4 Serien von je 150 Tafeln, Lichtdruck. fol. Jede Serie 150 —
663 Ewerbeck, architekton. Reiseskizzen aus Deutschld., Frankr. u. Spanien. Lfrg. I. Mit 10 Taf. fol. Hannov. 1862. 2 50
  Kirchen mit ornam. Details in Regensburg, Montmajour, St. Romy, Blne, Herford.
664 Förster, E., Denkmale deutscher Baukunst, Bildnerei u. Malerei v. Einführung des Christenthums bis auf die neueste Zeit. 12 Bde. gr.-4. Mit 600 prachtv. Stahlstichen. Leipzig 1855—69. cart. (in Hlbiwd). Pracht-Ausg. (900 M.) 350 —
664a — Denkmale deutscher Baukunst. 6 Bde. Mit 300 Stahlst. 4. Leipz. 1855—69. cart. (300 M.) 175 —
665 Fritsch, K. E. O., Denkmäler deutscher Renaissance. 4 Bde. M. 800 Lichtdruckt. fol. Berlin 1886—91. In Mappen. Neues Expl. 300 —
  Eine hochwichtige Publikation, Façaden und Details von Kirchen, öffentl. u. Privat-Gebäuden.
666 Gardnor, J., views taken on and near the river Rhine at Aix la Chapelle and on the river Maese. W. 32 schönst. plates engravr. in aquatinta by W. and E. Ellis. Imp.-fol. Lond. 1788. Hldr. 50 —
667 Geier, F., u. R. Görz, Denkmale roman. Baukunst am Rhein. 4 Hefte m. 24 Kupfertaf. gr.-fol. Frankf. a. M. 1846. (24 M.) 18 —
  Inhalt: Eberbach, Lauch, Speyer, Limburg, Schwarzach.

Karl W. Hiersemann in Leipzig, Königsstrasse 2. Catalog 108.

46 Baudenkmäler: Deutschland.

M. Pf.

668 v. Gerning, J. J., a picturesque tour along the Rhine from Mentz to Cologne, with illustrations of the scenes of remarkable events, and popular traditions. Transl. from the German by J. Black. With 24 highly finished and finely coloured plates engr. by Schuetz, and a col. map. gr.-4. London 1820. Kalblederbd. m. Goldschn., schönes Ex. mit breitem Rande. 40 —

669 Grimm, S., unterschidlicher Abris der vornemsten Stattgebäu in Augstburg. 3 Thle. Mit 45 Ansichten in Kpfrst. qu.-fol. Augstb. cca. 1682. cart. Der Titel zum 1. Theile fehlt. 22 —
Gut gestochene Abbildungen interessanter Architekturdenkmäler; die 5 letzten Tafeln stellen ornamentale Brunnen dar.

670 Haghe, L., sketches in Belgium and Germany. Complet: 3 vols. 79 beautiful tinted plates in lithography. Lond. 1840—50. Imp.-fol. Hfrzbde. 250 —
Vorzüglich erhaltenes Ex. dieses geschätzten Werkes, enthaltend prächtige Darstellungen des Innern v. Kirchen u. Privathäusern in Belgien u. Deutschland im Mittelalter, ganz besonders interessant für die Geschichte der Costüme. Die 27 Tafeln des 3. Bandes sind vorzüglich colorirt. — Vollständige Ex. sind sehr selten.

671 — monuments anciens recueillis en Allemagne. Avec texte p. Delepierre. Avec 13 lithogr. fol. Brux. 1845. Hlwd. (25 fr.) 13 —
Details meist kirchl. Bauten.

672 Hamburg's Privatbauten, hrsg. v. Architecten- u. Ingenieur-Verein. Mit 72 Lichtdrucktaf. fol. Hamburg 1877. 60 —

673 Hamburg und seine Bauten unter Berücks. d. Nachbarstädte Altona u. Wandsbeck. Herausg. v. Architekten- u. Ingen.-Verein zu H. M. 137 Abbild. Hamb. 1890. 25 —

674 Hamburgs Neubau. Sammlung sämmtl. Façaden d. Gebäude an d. neubebauten Strassen, nebst Détails der Façadon. Mit Suppl. 80 lithogr. Taf. quer-fol. Hamburg 1844—48. (48 M.) 20 —

675 Harding, J. E., sketches at home and abroad. Title, dedication, and 59 beautiful tinted lithographs by Hullmandel. Views of towns and villages, natural scenery, picturesque architecture, etc. gr.-fol. London no d. (cca. 1835.) Hfz. (£ 6. 6 sh.) Theilweise leichte Lagerflecken, einige Tafeln am Rande wasserfleckig und lose. 75 —
Schöne Sammlung von malerischen Städteansichten und Landschaftsbildern aus Deutschland, Tirol, der Schweiz, Italien, England und Frankreich; besonders zahlreich sind die Rhein-Ansichten vertreten. Die Tafeln sind in d. J. 1824—35 nach der Natur gezeichnet.

676 Hartel, A., Cöln. I. Abtheilung: Bauwerke d. Neuzeit. 2 Serien. 60 Lichtdrucktaf. fol. O. O. u. J. In 2 Mappen. (40 M.) 30 —

677 — II. Abtlg: Bauwerke d. Mittelalters. M. 40 Lichtdrucktaf. fol. Lpz. 1888. In Mappe. 27 —
Façaden. Details. Innere Ansichten.

678 Hartel. Die hervorragendsten älteren Bauwerke in Cöln a. Rh., Der Dom, das Rathhaus, die Kirchen: St. Gereon, St. Maria im Capitol, St. Cunibert, Gross St. Martin, St. Andreas, St. Ursula, Jesuitenkirche, Apostelkirche, das Severins-Thor etc. 40 Lichtdruck-Tafeln. fol. 27 —

679 Hellsberg (Rgbz. Königsberg). 6 Ansichten von u. aus H. (Totalansicht 1 Bl., Schloss 4 Bl., Pfarrkirche u. Stadtthor 1 Bl.) in Chromolith., Lith. u. Tondruck. M. 9 Seiten Text. ca. 1850. fol. 10 —

680 Henninger, A., le Rhin et ses bords II.e partie: depuis Mayence jusqu'à Cologne, trad. p. F. L. Bovey. Av. 172 planches gr. sur acier p. Rohbock et Lange. gr.-8. Paris 1857. Hmaroq. 16 —

681 Heré. Recueil des plans, élévations et coupes, tant géométrales qu'en perspective des châteaux, jardins et dépendances que de Roy de Pologne occupe en Lorraine y compris les batimens qu'il a fait élever ainsi que les changemenens considérables, les décorations et autres enrichissemens qu'il a fait faire à ceux qui étoient déjà construits. Le tout dirigé p. M. Heré, son premier architecte. 2 vols. Avec 64 très belles planches dont qq. unes en double gravées p. J.

Karl W. Hiersemann in Leipzig, Königstrasse 2. Catalog 108.

Baudenkmäler: Deutschland. 47

C François, Lotharing. gr.-fol. Paris, chez François, gravour (s. date, environ 1750.) In der Original-Cartonnage, sehr breite Ränder, unbeschnitten. Abgesehen von unbedeutenden Flecken, sehr gut erhalten. 400 —
Das ganze Werk, auch Titel u. Text ist gestochen; mit theilw. prachtvollen Bordüren u. Cartouchen.

682 **Heuser, G.**, Köln's Renaissance-Denkmäler. Mit 100 Taf. fol. Leipz. 1878. cart. (24 M.) Extr. 18 —

683 **Hitzig, F.**, ausgeführte Bauwerke. 2 Bde. mit 68 Tafeln in Kupferstich und farbigem Druck. fol. Berlin 1852—66. cart. (107 M.) 60 —

684 **Hoffmann, S. E.**, Façaden-Skizzen nach der zeitgemässen Bauart Berlins zur Ideenerregung für Bauherren u. Meister, sowie f. angehende Architekten u. Handwerker. 6 Hefte in 1 Bde. mit 68 (statt 72) Tafeln. quer-fol. Berlin. (1848—54.) Hfz. Einige Tafeln leicht braunfleckig. 6 —

685 **Kleiner, S.**, Vorstellung der vornehmsten Gebäude sowohl innerhalb der Stadt als in den Vorstädten von Wien. Theil I—III mit 84 (statt 110) Kupfertaf. u. 3 Kupfertiteln. quer-fol. Aug. Vind. 1724. In 1 Hpgtbde. Zum Theil mit Fingerspuren, aber sehr schöne Abdrücke. 90 —

686 (**Knaus, L.**), Kölner Thorburgen u. Befestigungen 1180—1882; hrsg. v. Architekten- u. Ingenieur-Verein f. d. Niederrhein u. Westfalen. 59 Taf. m. erläut. Text. quer-fol. Köln 1884. In Mappe. Nicht im Handel. 30 —

687 **Königsberg** in Preussen. 7 Photographien, malerische Ansichten von einzelnen Partien der Stadt. 7 Folioblätter auf Cartons. 4 —

688 **Lambert u. Stahl**, Moderne Architektur. Ausgef. städtische Wohngebäude, Geschäfts- u. Familienhäuser, Villen etc. Details u. Innenansichten, Holz- u. Zierbauten, Grundrisse etc. 100 chromolith. Tafeln. fol. Stuttg. 1891. In Mappe. 150 —

689 **Lambert, A.**, u. E. Stahl, Motive der deutschen Architektur d. 16., 17. u. 18. Jahrh. in histor. Anordnung. Mit Text v. H. E. von Berlepsch. 1. Abth. Früh- u. Hochrenaissance 1500—1650. Lfg. 1—8. M. 48 Taf. fol. Stuttg. 1888. (22 M.) 16 —
Fortsetzung ist durch mich zum Subscriptionspr. v. M. 2.75 die Lfg. zu beziehen.

690 **Lange, Ludwig**, Werke der höhern Baukunst, für die Ausführung entworfen u. dargestellt. 12 Lieff. 87 gestochene Tafeln mit Erklärung. Imp.-quer-fol. Darmst. 1846—60. (72 M.) 36 —
Enthält unter A.: Plan zu dem Museumsgebäude in Leipzig. (14 Bl.) — Entwurf zu e. Rathhause für Hamburg. (6 Bl.) — Königl. Villa in Berchtesgaden (10 Bl.) — Plan zu e. Fruchthalle für München. (3 Bl.) — Entwurf z. Ausbaue der Frauenkirche in M. (2 Bl.) etc. — Erklärung u. Titelblatt zum 2., 10. u. 11. Hefte fehlt.

691 — — Heft 1 (Entw. z. e. fürstl. Hause m. 6 Taf.) u. Heft 2 (Frauenkirche in München, Erlöserkirche zu Athen, Glockenthurm zu Florenz m. 9 Taf.) gr.-quer-fol. Darmst. 856. (12 M.) Etwas stockfleck. 5 —

691a **Leipzig** und seine Bauten. Hrsg. v. d. Vereinigung Leipziger Architekten u. Ingenieure. Mit 372 Ansichten u. Durchschnitten, 441 Grundrissen, 24 z. Theil in Farbendruck ausgef. Beilagen, Karten u. Lichtdrucken, u. 2 grossen color. Plänen. Lex.-8. Lpz. 1892. Eleg. Hmaroq., die 2 Pläne in besond. Mappe. 35 —

692 **Licht, H.**, die Architectur Berlins. Sammlung hervorragender Bauten der letzten 10 Jahre. 100 Lichtdrucktaf., enthalt. Façaden, Details u. Grundrisse, mit Text (v. A. Rosenberg). gr.-fol. Berlin. (1877.) In 2 Mappen. (100 M.) 70 —

693 — Architectur Deutschlands. Übersicht der hervorragendsten Bauausführungen der Neuzeit. 2 Bde. mit 200 Lichtdrucktafeln, enthalt. Façaden, Grundrisse u. Details, nebst Text v. A. Rosenberg. gr.-fol. Berlin 1879—82. In 6 Mappen. (200 M.) 136 —

Karl W. Hiersemann in Leipzig, Königsstrasse 2. Catalog 108.

48 Baudenkmäler: Deutschland.

M. Pf.

694 **Licht**, Hugo, Stadt-Baudirektor, Architektur der Gegenwart. Mit Text von Dr. A. Rosenberg. 2 Bände. 200 Tafeln in Lichtdruck, Lithographie und Farbendruck. fol. In 2 Mappen. 200 —
695 **Lübke**, W., die mittelalterl. Kunst in Westfalen. 8. Mit Atlas v. 29 Taf. in fol. Lpz. 1853. (30 M.) 10 —
696 **Maunfeld**, B., Durch's deutsche Land. Malerische Stätten aus Deutschland u. Oesterreich in 60 Orig.-Radirungen. 2 Bde. mit 60 Tafeln u. 60 Textblättern. fol. Berlin 1877--78. Hlwd. (48 M.) 36 —
Sehr schöne, malerisch wirksame Blätter.
697 **Menard**, R., l'art en Alsace Lorraine. Av. 17 eaux-fortes hors texte et 317 gravures dans le texte. gr.-4. Paris 1876. (50 fr.) 24 —
698 **Minutoli**, A. v., Denkmaeler mittelalt. Kunst in d. Brandenburg. Marken. 1. (einz.?) Liefg. M. 5 Taf. fol. Berlin 1836. 3 —
699 **Monumente** des Mittelalters u. der Renaissance aus dem sächs. Erzgebirge, der Klosterkirche Zschillen u. der Rochlitzer Kunigundenkirche. 50 Blatt in Lichtdruck. Dresden 1876. fol. (75 M.) 30 —
700 **Ortwein**, A., Deutsche Renaissance. Sammlung von Gegenständen der Architektur, Decoration und des Kunstgewerbes. Fortges. von A. Scheffers. 9 Bde. mit 2490 Tafeln, Text und Sach- u. Ortsregistern. Leipzig 1871—88. fol. (600 M.) br. 330 —
— — Dasselbe. Schönes Ex. in 9 eleg. Orig.-Lwdbn. (709 M.) 400 —
Hieraus apart:
701 — Augsburg u. Kreis Schwaben. Hft. 1—4. M. 40 Taf. fol. Lpz. 1871—73. (9½ M.) 6 —
702 — Berlin. Hft. 1. M. 10 Taf. fol. Lpz. 1875. 1 50
703 — Brieg. Hft. 1 u. 2. M. 20 Taf. fol. Lpz. 1873/74. 3 —
704 — Dresden. Hft. 1 u. 2. M. 20 Taf. fol. Lpz. 1874. 3 —
705 — Heidelberg. Hft. 1. M. 10 Taf. fol. Lpz. 1873. 1 50
706 — Mainz. Hft. 1 u. 2. M. 20 Taf. fol. Lpz. 1872/73. 3 —
707 — München. Hft. 1. M. 10 Taf. fol. Lpz. 1874. 1 50
708 — Nürnberg. Hft. 1—7. M. 70 Taf. fol. Lpz. 1871—74. 10 —
709 — Rothenburg a. T. 4 Hfte. M. 40 Taf. fol. Lpz. 1872/73. 7 —
710 — Tübingen. Hft. 1. M. 10 Taf. fol. Lpz. 1874. 1 50
711 — Ulm. Hft. 1: Ebingerhof. M. 10 Taf. fol. Lpz. 1875. 1 50
712 — Wertheim. 2 Hfte. M. 20 Taf. fol. Lpz. 1874. 2 50
713 **Otzen**, Geh. Reg.-Rath u. Prof., Baukunst des Mittelalters. Entwürfe von Studirenden der Königl. Technischen Hochschule zu Berlin. 3 Jahrgg. m. 121 Taf. in-fol. (98 M.) 70 —
714 **Primavesi**, G., der Rheinlauf von s. Quellen bis zu s. Ausflusse. 2 Hefte. Mit 4 Karten u. 24 Radirungen von G. Primavesi. quer-fol. Frkf. Einige Blatt wenig bestäubt. 10 —
715 **Prout**, S., illustrations (picturesque views) of the Rhine, drawn from nature. 25 fine plates on India paper, drawn on stone by S. Prout, printed by C. Hullmandel. gr.-fol. London 1822—24. Hfz. 60 —
716 — Illustrations of the Rhine, drawn from nature and on stone by S. Prout, printed by Hullmandel & Walton. 29 plates (instead of 30), with title and list of plates. gr.-fol. London 1853. 36 —
717 **Publications** de la société pour la recherche et la conservation des monuments hist. dans le Grand-Duché de Luxembourg. Vols. 3—10, 12, 14, 16. Avec un grand nombre de planches dont quelques unes color. 4. Luxembourg 1845—54, 56, 58, 60. 11 vols. br. Einzelne Bände leicht stockfleckig. 40 —
718 **Puttrich**, L., Denkmale der Baukunst des Mittelalters in Sachsen. 5 Bde. Mit 398 lithogr. u. Kupfertaf. fol. Lpzg. 1836—52. (558 M.) In 24 Hfzbde. gebd. Jede Monographie apart. Etwas papierfleckig wie alle Ex. 160 —
Vollständiges Ex.; es sind Ex. mit nur 387 Taf. im Markt. — I. Abth. 2 Bde. —
II. Abth. 2 Bde. u. Nachtrag (als 5. Bd. d. Werkes); Systemat. Darstellung der Entwickelung der Baukunst in den Obersächs. Ländern v. 5.—15. Jahrh.

Karl W. Hiersemann in Leipzig, Königsstrasse 2. Catalog 108.

Baudenkmäler: Deutschland.

M. Pf.

719 **Ritter, L.**, malerische Ansichten aus Nürnberg. Mit Text v. R. Dohme. Mit Holzschn. im Text u. 25 Radirungen. fol. Berlin 1876. Lwd. m. Goldschn., wie neu. (33 M.) 24 —
720 **Rückwardt, H.**, Architectur der Neuzeit. Eine ausgewählte Sammlung moderner Façaden und Details. I. Serie. Mit 100 Lichtdrucktafeln. fol. Berlin 1890. In Mappe. 125 —
720a — — II. Serie Lfg. 1—3. Mit 60 Lichtdrucktaf. fol. Berlin 1891—92. 75 —
721 — Berliner Neubauten. Photogr. Aufn. in Lichtdr. im Anschluss an die Architecton. Studienblätter. 40 Taf. fol. Berlin. (1892.) In Mappe. 48 —
722 — Cölner Neubauten. Eine Sammlung der schönsten Façaden der in der Neuzeit in Cöln a/Rh. ausgeführten Bauten. Photographische Originalaufnahmen. 3 Serien. 90 Tafeln, Lichtdruck, fol. 108 —
723 **Sauerwein. Fr.**, Neubauten zu Frankfurt a. M. 3 Serien. 110 Lichtdrucktaf. u. 22 Lithogr. gr.-fol. Frankf. In Mappen. 112 —
Die Serien werden auch einzeln geliefert.
724 **Schaden, A. v.**, Wegweiser durch München u. Umgebungen. Mit 21 Ansichten auf 10 lith. Taf. u. 1 grossen Stadtplan. München 1835. Pp. 3 —
725 **Schaepkens, A.**, anc. monuments d'architecture du 11.ᵉ au 13.ᵉ siècle dans le Luxembourg. Av. frontisp. et 8 pl. lith. color. fol. Brux. 1855. cart. Wenig fleckig. 15 —
726 **Schinkel, K. F.**, Sammlung architectonischer Entwürfe, enthaltend theils Werke, welche ausgeführt sind, theils Gegenstände, deren Ausführung beabsichtigt wurde. Neue Ausg. 148 Kpfrtfln. mit Text. Berlin 1841—43. quer-fol. (110 M.) Hrz. Etwas fleckig u. nicht ganz sauber. 46 —
727 **Schlittenhelm, Fr.**, Privat- und Gemeindebauten. Eine Sammlung ausgeführter ländl. und städt. Wohngebäude, in Verbindung und mit Einrichtung für Läden, Restaurationen, gewerbliche und ökonomische Zwecke, Schul-, Rath- und Pfarrhäuser etc. 72 Blatt in Mappe. Stuttgart. 36 —
728 **Schlichten, J. F. de**, et frères Klauber, vues de Mannheim. 26 planches, dessinées d'après nature par J. F. de Schlichten et gr. par les frères Klauber à Augsbourg, av. texte. qu.-fol. Mannheim 1782. Hfz. 45 —
Schönes Exemplar mit breiten Bändern, nur die grosse Tafel 5 (le Chateau Electoral) ist fast bis zum Bildrande beschnitten und aufgezogen. Die erste Tafel ist der Grundriss der Stadt mit Bezeichnung der bedeutendsten Gebäude.
729 **Schmidt, C. W.**, Römische, Byzantinische und Germanische Baudenkmale in Trier und seiner Umgebung. 5 Lieferungen mit 44 Kupfertafeln und Stahlstichen (wovon 6 colorirt) in-fol. und Text in-4. Trier 1836—1845. (60 M.) 45 —
730 **Schoepflin, A.**, Alsatia illustrata, Celtica, Romana, Francica, Germanica et Gallica. 2 vols. C. 51 tab. aen. fol. Colmar 1751—61. Schöne Frzbde. Sehr schönes Exemplar auf starkem Papier mit breitem Rand. 70 —
Die Tafeln enthalten neben 26 Städteansichten, archäolog., numismat. etc. Abbildungen — Auch genealog. von grossem Werth.
731 **Semmler, C. G.**, d. Elbstrom, malerisch, topogr. u. histor. dargest. M. 156 lithogr. Taf. von C. W. Arldt u. R. Bürger. Text von C. H. W. Münich. 2. Aufl. qu.-fol. Dresd. (1845.) (58,50 M.) Ganz vollständiges Ex. 40 —
Einige Blätter gebräunt u. etwas fleckig.
732 **Simon, E.**, vues de Strasbourg et de ses principaux monuments. Plan de la ville et 6 vues gr. s. acier. 8. Strasb. cca. 1840. 2 —
733 **Statz, V.**, mittelalterl. Bauwerke nach Merian. Mit Einltg. v. A. Reichensperger. 3 Lieff. Mit 36 Taf. Lpz. 1857. (12 M.) 5 50
734 **Tombleson**, views of the Rhine. W. a panorama and 71 fine views. 4. London 1832. Franzbd. Mit Goldschn. (30 M.) 12 —
Schöne Ansichten v. Neuwied bis Mainz. Obiges ist die schöne Quart-Ausgabe.

Karl W. Hiersemann in Leipzig, Königsstrasse 2. Catalog 108.

                                                    M. Pf.
735 **(Vivie, J. du)** Beschryving van de ryks-en kroon.-stad Aken, mitsgaders van alle fonteinen en minerale wateren en baden, als ook van alle heerlyke gebouwen etc. M. gest. Titel u. 18 Kupfertaf. 4. Leiden. 1727. Hpergt. unbeschn. 10 —
   Die Kupf. enth.: Ansicht u. Plan von Aachen, Abbildgn. d. Badehäuser u. Bade-Einrichtungen, 1 Strassenscene mit v. Trachtenbildern, 1 Ansicht von Burscheid.
736 **Vizetelly, H.,** Berlin under the new empire, its institutions, inhabitants, industry, monuments, museums, social life, manners and amusements. 2 vols. With upwards of 400 woodengrav. (by German artists.) Lond. 1879. cloth. (30 sh.) 12 —
737 **Weiss, F.,** die malerische u. romant. Pfalz. Mit 24 Stahlstichtafeln. Lex.-8. Neustadt a. H. 1840. cart. (8 M.) 4 50
   Supplement zum Maler. u. romant. Deutschland.
738 **Wild, Ch.,** examples of architectural grandeur in Belgium, Germany and France. 24 plates. fol. Lond. 1843. cloth. (38 sh.) 18 —

England.
                                                    M. Pf.
739 **van der Aa, P.,** les royaumes de la Grande Bretagne et d'Irlande, représentés en cartes géographiques et en tailles-douces. Où on voit leurs principales villes, à plein ou de profil, leurs situations, et ce qu'elles ont de plus remarquable; les estampes ayant été dessinées sur les lieux. 3 tomes en 1 vol. Avec 301 vues, cartes, costumes, bâtiments, monuments etc. sur 124 planches doubles très bien gravées. fol. Leide s. a. (1729.) half bound. excellent copy. 300 —
   An extraordinary rich and interesting collection of very fine views of towns a-d remarkable buildings, as they existed in the United Kingdom about the beginning of the 18th. century, drawn after nature and carefully engraved by Luyken, Mulder, Gorte, Stoopendaal, Allard and other masters, and accompanied by maps and representations of costumes, manners and customs. This work froms a part (vols. 10—12) of the „Galérie agréable du Monde," a large and magnificent series of views taken from the principal towns of all countries and published about 1780 by Pieter van der Aa in 66 volumes, printed in a limited number, now and very seldom offered for sale.
740 **Adam, W.,** Vitruvius Scotius; plans elevations and sections of public buildings noblemen's and gentlemen's houses in Scotland. 179 plates. gr.-fol. Edinb. (1809—10) Hlfz. Sehr selten. 260 —
   Laut „list of the plans" gehören zu e. vollst. Ex. 180 Tafeln, an m. Ex. fehlt Taf. 51 bis, da dieselbe jedoch in keinem der mir bekannten Ex. vorhanden war, ist wohl anzunehmen, dass dieselbe nie erschienen ist.
741 **Adams, M. B.,** examples of old English houses and furniture, with some modern works desig. by the author. 36 plates. fol. Lond. 1888. cloth. 25 —
742 **Anderson, J. C.,** the Roman city of Uriconium at Wroxter, Salop. W. 12 plates and numerous woodc. Lond. 1867. cloth. (12½ sh.) 10 —
743 **Beeverell, J.,** les délices de la Grand Bretagne et de l'Irlande. 8 vols. Avec un grand nombre de planches gr. en t. d. (vues etc.) Leide 1707. Frzbde. 35 —
744 **Brayley, E. W.,** delineations, histor. and topogr. of the Isle of Thanet and the Cinque Ports. W. 67 engrav. by W. Deeble. 2 vols. Lond. 1817. Frzbde. (60 M.) 20 —
   Auch für Kunsthist. und Architecten von Interesse.
745 **Brewer, J. N.,** descript. and hist. account of various palaces and public buildings (English and foreign). With additions by B. R. Gill. W. 25 pl. 4. Lond. 1821. Franzbd. 10 —
746 **Britton, John,** architectural antiquities of Great Britain, represented and illustrated in a series of views, elevations, plans, sections, and details of ancient English edifices. W. hist. and descript. accounts of

Karl W. Hiersemann in Leipzig, Königsstrasse 2. Catalog 108.

Baudenkmäler: England.

cach. 5 vols. W. nearly 400 plates. 4. London 1835. Grün Halb-
maroq. Band. 5 blau Hfz. m. Goldschn. (315 M.) 160 —
*Ansichten, Pläne, Durchschnitte und Details hervorragender engl. Bauten; alle Style
und Zeiten berücksichtigend.*

748 **Camden, W.**, Britannia: chronographical description of England, Scot-
land and Ireland from the earliest antiquity. Transl. and enlarged by
R. Gough. 3 vols. W. many maps and plates (Roman, Keltic etc.
antiquities and inscriptions). fol. London 1789. Franzbde. Schönes
Ex. der besten Ausgabe. 110 —

749 **Carter, J.**, ancient architecture of England including the Orders during
the British, Roman, Saxon, and Norman eras; also under the reigns
of Henry III, and Eduard III. New ed. by Britton. With 109 engr.
gr.-fol. London 1845. Halbmaroquin mit Goldschn. (12 ℳ 12 sh.) 54 —

750 **Caveler, W.**, select specimens of Gothic architecture in England,
compr. examples fr. the earliest date. 2. ed. w. 80 pl. 4. Lond. 1839.
cloth. (63 sh.) 33 —

751 **Colling, J. K.**, Gothic ornaments, being a series of examples of enrich.
details of the architect of Great Britain. 2 vols. W. 207 plates, many
in gold and colours. 4. Lond. 1848—50. cloth. (7 ℳ 10 sh.) Ver-
griffen. 120 —.

752 **Details of Gothic architecture** (in England) 2 vols. w. 190
plates from measured drawings. 4. Lond. 1846. cloth, gilt edges.
Vergriffen. 100 —

753 **Cotman, J. S.**, etchings of architectural and picturesque remains in
various counties of England but chiefly in Norfolk, with letterpress
descript. by Th. Rickman. 5 series in 2 vols., cont. 240 etchings.
Imper.-fol. London 1838. Half morocco, gilt top. (24 ℳ 3 sh. =
483 M.) Very fine copy. 100 —

754 **Cuitt, G.**, wanderings and pencillings amongst ruins of the olden time.
A series of 73 etchings (of buildings, ruins, picturesque views, etc.,
chiefly in Yorkshire, Cheshire and Wales, with descriptive letterpress).
gr.-fol. London 1848. Roth Hmaroquin m. Goldschn. 90 —
*Die prächtigen Cuitt'schen Radirungen wurden schon in den Jahren 1809—1829 aus-
geführt und erscheinen hier zum ersten Male gesammelt.*

755 **Dollman and Jobbins**, analysis of ancient domestic architecture, exhib.
the best exist. examples in Great Britain. 2 vols. w. 161 plates of
elevations, plans, sections and details. 4. Lond. 1890. Hmaroq. ob.
Schnitt verg. (5 ℳ 5 sh. = 105 M.) 65 —

756 **Gotch, J. A.**, and W. T. Brown, architecture of the renaissance in
England: illustrated by a series of views and details from buildings
erect. between the y. 1560—1630, with hist. and crit. text. 6 parts.
132 plates. fol. London 1891—92. In Mappen. 150 —

757 **Grose, F.** (architect.) antiquities of the County of Surrey. W. 19 pl.
4. Lond. 1849. S.-A. 50 pp. 8 —

758 **Hunt, T. F.**, exemplars of Tudor architecture adapted to modern ha-
bitations, with illustrative details and observ. on the furniture of the
Tudor period. With 37 plates. 4. London 1841. Hfz. (42 sh.) 21 —

759 **Irish Antiquities.** 36 etchings after drawings of Gurney, Hooker, and
J. Woods, engraved by various artists. 4. 1830. Hfz. Papier fleckig. 110 —
*„Unpublished, only 15 copies privately printed." Presentation copy from Dawson
Turner to his daughter Hannah.*

760 **King, E.**, Munimenta antiqua; or, observations on ancient castles, in-
cluding remarks on the whole progress of architecture, ecclesiastical
as well as military, in Great Britain, and on the corresponding changes
in manners, laws and customs. 4 vols. With many plates of old
English architecture. gr.-fol. London 1799—1805. 90 —

761 **(Kip, J.)** Nouveau Theatre de la Grande Bretagne: ou descript. exacte
des palais de la Reine et des maisons les plus consid. des Seigneurs
et des gentilhommes de la Grande Bretagne. Vol. I et II. Cont. 81

Karl W. Hiersemann in Leipzig, Königsstrasse 2. Catalog 106.

Baudenkmäler: England.

	M. Pf.

et 67 pl. gr. p. J. Kip. fol. Lond. 1708 et 1713. Frz. m. Goldschn., sehr gute Abdrücke. **220 —**

762 **Nash, Jos.**, mansions of England in the olden time. 4 vols. With 100 lithogr. plates. fol. London 1839—49. Halbmaroquinbde. Vollständiges Exemplar der Originalausgabe. **360 —**

763 — characteristics of British palaces in the olden time. 13 beautiful coloured plates, with descriptions by Mrs. S. C. Hall. fol. London 1838. Lwd. m. G. Selten. **30 —**

764 **Neubauten** in Grossbritannien. 1. Lfg. 25 Taf. in Lichtdr. fol. Berlin 1892. In eleg. Hlwdmappe. **25 —**
<small>Wird in ca. 4 Liefgn. complet werden.</small>

765 **Nevill, R.**, old Cottage and Domestic Architecture in South West Surrey, and notes on the early history of the division. 2. edition. With 2 maps, 42 plates, each representing 2 cottages, and many woodcuts in the text. 4. Guildford 1891. Lwd. Not in the trade. **30 —**

766 **Pain, W**, and J., British Palladio: principal rules of architecture and ornamental design. W. 42 plates. fol. Lond. 1788. Ldr. **18 —**

769 **Price, J. E.**, on a bastion of London Wall, or, escavations (of Roman antiqu. found) in Camomile Street, Bishopsgate. W. 8 plates and many woodc. 4. Lond. 1880. Lwd. 95 pp. Not in the trade. **20 —**

770 — and F. G. **Hilton Price**, description of the remains of Roman buildings at Morton, Isle of Wight. W. 4 partly colour. plates 1 map, 1 plan and woodcuts. 4. Lond. 1881. cloth. 36 pp. S.-A. **24 —**
<small>Nicht im Handel. Wurde nur an Subscribenten für 2 £ 2 sh. geliefert.</small>

771 **Pugin, A. W.**, types d'architecture gothique empruntés aux édifices les plus remarquables constr. en Angleterre. Trad. de l'anglais par L. Delobel. 3 vols. Av. portr. et 225 pl. gr. 4. Paris et Liége 1851. En portefeuilles. **60 —**

772 — examples of Gothic architecture selected from ancient edifices in England consisting of plans, elevations, sections, and parts at large. 2e ed. 3 vols. W. 223 plates. 4. London 1838—40. Hmaroquinbde., ob. Schn. verg. **120 —**

773 — motifs et détails choisis d'architecture gothique, empruntés aux anciens édifices de l'Angleterre. Texte hist. et descript. p. E. J. Wilson. Trad. de l'angl. p. A. Leroy. 2 vols. av. 120 pl. 4. Paris (et Liége) 1863—67. En portef. **50 —**

774 **Richardson, G.**, new designs in architecture, consist. of plans, elevations, and sections for various buildings W. 44 pl. fol. Lond. 1792. Franz. Mit einigen sehr interessanten Ornament-Taf. **28 —**

775 **Robinson, P. F.**, domestic architecture in the Tudor style. 17 plates. 4. London 1837. cloth. Nicht im Handel. **15 —**

776 — and **Britten**, Woburn Abbey, Hatfield House, Hardwicke Hall, and Cassiobury Park. 44 engrav. plates, elevations, plans and internal views. Imp.-fol. Lond. 1847. Hmaroq. (73½ sh.) **55 —**

777 (**Stafford**, Elizabeth, Marchioness of, afterwards Duchess of Sutherland), Views in Orkney and on the nord-eastern coast of Scotland, taken in 1805 and etched in 1807. 28 plates and 12 vignettes = in all 40 etchings, with text and an engraved title. fol. O. O. cart, unbeschn., schönes Ex. **65 —**

778 **Stothard, C. A.**, the monumental effigies of Great Britain, selected from our cathedrals a. churches, for the purpose of bringing together a. preserving correct representations of the best historical illustrations extant, from the Norman conquest to the reign of Henry VIII. W. 145 plates a. histor. descript. a. notes. Imp.-fol. London 1876. Lwd. (168 M.) Gross-Papier-Ausg. **50 —**

779 **Sussex** archaeological collections, relating to the history and antiquities of the county publ. by the Sussex Archeolog. Society. Vols. 1—35 (or series I in 12 vols. — series II in 13 vols. and series III in 10 vols.)

Karl W. Hiersemann in Leipzig, Königsstrasse 2. Catalog 108.

Baudenkmäler: England. 53

M. Pf.

with index to the vols. 1—25 or 36 vols. all together. With plates
and woodcuts. London, Sussex and Lewes 1848—85. cloth.   600 —
780 **Swarbreck**, S. D., (architectural) sketches in Scotland. With 26 beautiful tinted plates (titlepage included). gr.-fol. London 1845. Hfz.
(84 sh.)   45 —
<small>Malerische Architekturdenkmäler, Ruinen, das Innere gothischer Kapellen, alterthüml.
Zimmerausstattungen, Strassen, Plätze, Ansichten etc. Die schönen Tafeln sind
werthvoll für die Kenntniss der altengl. Baukunst u. werden durch lebendige
Staffage auch costümlich interessant.</small>
781 **Transactions** and Proceedings of the Kilkenny and South-East of
Ireland archaeological Society (1st Series) from the beginning 1849—55
3 vols. Dublin 1853—56. — New (= second) series: Journal of the
Kilkenny and S.-E. of Ireland archaeol. Soc. 1856—67. in 6 vols.
Dublin 1858—71. — Third series: 1868—69. 1 vol. Dublin 1873.
under the title: Journal of the hist. and archaeol. Assoc. of Ireland.
— Fourth series: Journal of the Royal hist. and archaeol. Association
of Ireland. 1870—89 (Oct.) = 9 vols. Dublin 1870—89. 14 vols.
nicely bound in half calf, remainder in parts. Rare.   580 —
<small>Complete set from the beginning in 1849—89. W. a large number of maps,
plates and woodcuts.</small>
782 **Turner**, J. M. W., antiquarian and picturesque tour round the southern
coast of England, illustr. with 84 plates from drawings of J. M. W.
Turner, W. Collins, W. Westall, S. Prout, P. Dewint, etc., engr. by
Finden, Cooke, Goodall a. others. 4. London 1849. Lwd. (210 M.) 30 —
783 **Uhde**, C., Baudenkmäler aus Grossbritannien u. Irland. 1. und 2. Lfg.
25 Taf. Lichtdr. fol. Berlin 1890. In Mappe.   50 —
784 **White**, T. P., archaeological sketches in Scotland, District of Kintyre.
With map and 53 photolith. plates of antiquities, ruins, chapels sculptured crosses tomb-stones, monumental slabs, views etc., some tinted.
fol. Edinb. and Lond. 1873. cloth uncut.   45 —
<small>Die Taf. enthalten Abbildgn. von Ruinen der ältesten Baudenkmäler der Halbinsel;
besonders zahlreich sind heidn. u. christl. Grabmäler mit Steinsculpturen vertreten.</small>

Frankreich.

M. Pf.

785 **Aufauvre**, A. et Ch. **Fichot**, les monuments de Seine-et-Marne. Description hist. et archéolog. Avec plan et 99 planches, dont plusieurs
en chromo. fol. Paris, 1858. Hmaroq. Ob. Schnitt vergoldet, Seiten
unbeschn. (br. 180 fr.)   120 —
<small>Mit vielen Ansichten alter Kirchen und Schlösser, sowie Abbildgn. von Grabmälern
u. Sculpturen. Die color. Taf. stellen ausschliesslich Gegenstände der christl.
Kunst dar.</small>
786 **Barqui**, F., l'architecture moderne en France. Maisons les plus remarquables des principales villes des départements: Plans, coupes, élévations, détails de construction etc. Livraisons 1 à 15 av. 60 planches.
fol. Paris 1864. In Hlwdmappe. (50 fr.) Es erschienen 30 Lieferungen
mit 120 Tafeln.   12 —
787 **Berty**, A., la renaissance monumentale en France. Spécimens de composition et d'ornementation architect. empruntés aux édifices construits
depuis le règne de Charles VIII jusqu'à colui de Louis XIV. 2 vols.
en 1. avec 100 planches. Imp.-4. Paris 1864. (90 fr.)   60 —
788 **Borrel**, E. L., les monuments anc. de la Tarentaise (Savoie). Av.
atlas de 97 planches dont 3 color. 4. Paris 1884. br., atlas en portef.
(50 fr.)   32 —
789 **Cayon**, J., monuments anciens et modernes de la ville de Nancy. Une
suite de 42 planches av. texte hist. et descr. Nancy 1847. cart.   8 —

Karl W. Hiersemann in Leipzig, Königsstrasse 2. Catalog 108.

Baudenkmäler: Frankreich.

M. Pf.

790 **Davie, W. G.**, architectural studies in France. W. 16 plates in colours and 73 outline plates. Imp.-folio. London 1877. (63 sh.) Halbmaroquin. Schönes Ex. 45 —
Fast nur kirchliche Architectur. Ausschliesslich ornamentale Details.

791 **Delamare, A. H.**, Archéologie de l'Algérie. (Architecture, sculptures, mosaiques, sites archéol. &c.) Avec 197 planches (dont plusieurs color.) gr.-4. Paris 1850. (320 fr.) In Carton. 100 —

792 **Dibdin, T. F.**, voyage bibliograph. archéol. et pitt. en France, trad. de l'angl. p. Th. Licquet et Crapelet. 4 vols. Av. figures et facsim. Paris 1825. unbeschn. Einige Bll. etwas fleckig. 36 —

793 — a bibliographical antiquarian and picturesque tour in France and Germany. II. ed. 3 vols. W. portr. of Dibdin and 11 plates. Lond. 1829. Hlwd. unbeschn. Selten. 60 —

794 **(Du Sommerard.)** Vues de Provins, dessinées par plusieurs artistes. 30 planches lithogr. av. texte. fol. Paris, 1822. Hblwd. unbeschn. 30 —
Architektonische Ansichten.

795 **Fichot, Ch.**, statistique monument. du Départ. de l'Aube. Arrond. de Troyes, 1er à 3me cantons avec les cantons d'Aix-en-Othe et de Bouilly. Tome Ier (seul publié). Avec 19 planches à l'eau-forte et en chromo et beauc. de grav. s. b. dans le texte. Troyes, 1884. Hfz. unbeschn. (60 Frs.) 40 —
Nicht mehr erschienen! Die Rad. sowie ein Teil der Holzschn. enthalten Ansichten von Kirchen und Schlössern, während die 6 color. Taf. alte Glasmalereien darstellen. Ausserdem bieten d. Holzschn. zahlreiche architecton. u. sculptur. Details, sowie Abbildgn. von Grabmälern u. Wappen.

796 **Fillon, B. et O. de Rochebrune**, Poitou et Vendée, études histor. et artist. 2 vols., av. 2 titres grav., environ 120 planches et beaucoup de grav. s. b. dans le texte. 4. Niort, 1887. Épuisé et rare. 110 —
Die Taf. enthalten zahlr. Ansichten von Städten, Kirchen, Klöstern, ferner Porträts, Abbildgn. v. Altertümern u. s. w.

797 **Fleury, Ed.**, antiquités et monuments du départements de l'Aisne. Pties 1 et 2. Avec 400 grav. s. bois. 4. Paris 1877—78. Épuisé. (60 fr.) 40 —
Ages du pierre, du bronce, époque gauloise, époque gallo-rom., francomeroving., carloving., roman primitif.

798 **Garnier, Ch.**, constructions élevées au Champ de Mars p. s. à l'histoire de l'habitation humaine. Texte explicatif et descriptif par Fr. Jourdain. Av. 23 héliogr. fol. Paris 1890. In Mappe. 40 —

799 **Gauthier, P.**, les plus beaux édifices de la ville de Gênes et de ses environs. 2 vols. av. 180 planches. gr.-fol. Paris 1830—32. Pp., schönes Ex. 120 —

800 **Glasworthy Davie, W.**, architectural Studies in France. 90 lithographic plates, of which 16 are printed in colours. Imp.-fol. London 1887. Half morocco gilt (63 sh.) 35 —

801 **Grivaud de la Vincelle**, recueil de monumens ant., la plupart inéd., et découverts dans l'anc. Gaule. 2 vols. de texte et 1 vols. d'atlas avec 40 planches. 4. Paris 1817. Hlwd. 42 —

802 **Harding, J. D.**, 26 illustrations to the Landscape Annual for 1834, or Tourist in France. 26 plates, India proofs before letters. gr.-fol. London 1834. In Carton. (84 sh.) 25 —
Die prächtigen Stahlstiche sind grösstentheils Drucke vor aller Schrift, 12 davon tragen die Namen der Stecher: Allen, Armytage, Cousen, Freebairn, Kernot, Radclyffe und Varrall. Leider sind eine Anzahl der Blätter mehr oder weniger stockfleckig, bei einigen ist das Papier stellenweise mürbe, doch sind die Bilder selbst sämmtlich unversehrt.

803 **Krafft, J. Ch.**, Choix de maisons et d'édifices publics de Paris et de ses environs. (2d recueil, exploitant le Paris de 1820 à 1835.) 2. éd. Av. 96 planches. qu.-fol. Paris 1838. Pp., unbeschn. 13 —

804 **Lalaisse et Benoist**, galerie armoricaine. Costumes et vues pittoresques de la Bretagne. 5 parties en 2 vols. Av. 5 frontisp. et 125

Baudenkmäler: Frankreich. 55

                     M. Pf.
planches lithogr., dont les 100 représentents des costumes en couleurs. fol. Nantes, s. d. (ca. 1860.) Hmaroq.   85 —

Einige Tafeln fleckig.
805 **Lenoir, A.**, Statistique Monumentale de Paris. Cartes, plans et dessins par A. Lenoir. Publié par les soins du Ministre de l'Instruction Publique. Paris. Atlas de 270 planches en partie coloriées. gr. in-fol. Bel ex. relié en 2 vol. dem. mar. rouge tête dor. et un vol. de texte in-4. cart. Paris 1862.   170 —
806 — musée impérial des monumens français. Hist. des arts en France et description chronolog. des statues en marbre et en bronze, bas-reliefs et tombeaux des hommes et des femmes célèbres, qui sont réunis dans le Musée. Paris 1810. Pp.   3 —
807 **de Lubersac**, discours sur les monumens publics de tous les âges et de tous les peuples connus, suivi d'une description de monument projeté à la gloire de Louis XVI terminé p. qqs. observations sur les principaux monuments de Paris. Av. frontisp. et 2 pl. gravées p. Masquellier. fol. Paris 1775.   12 —
808 **Maquet, A.**, Paris sous Louis XIV. Monuments et vues. Avec 150 planches et figures dans le texte d'après des gravures anciennes: portraits, vues, plans, bâtiments, scènes histor. etc. 4. Paris 1883.   16 —
809 **Michel, Ad.**, l'ancienne Auvergne et le Velay: histoire — archéologie — moeurs — topographie. 3 vols. avec atlas de 144 planches lithogr. fol. Paris 1843—47. En cartons.   180 —
810 **Michel, Edm.**, monuments religieux, civils et militaires du Gatinas (Dep. du Loiret et de Seine et Marne) depuis le 11.e au 17.e siècle. 1 vol. de texte et 1 atlas de 107 planches. 4. Lyon 1879. (100 fr.) 48 —
811 **Müller, W.**, (picturesque) sketches of the age of Francis I. 26 beautif. plates of architecture, interiors, furniture, and costume. London (1841). Hmaroq. (84 sh.)   48 —
812 **Palustre, L.**, la renaissance en France. Vol. 1 à 3 (tout paru): Le Nord (2 vols.) La Brétagne (1 vol.) Av. un grand nombre d'eaux-fortes et beauc. de grav. sur bois. fol. Paris 1879—88. (375 fr.)   240 —
813 **Paris archéologique. —** Collection des anciennes descriptions de Paris. — Introductions, Notes et Commentaires p. l'abbé Val. Dufour; Préf. gén. du Biblioph. Jacob. 10 vols. ill. Paris 1878—83. (99 fr.)   35 —
  I. J. de Bourges, Monuments de Paris au XVII. siècle. — II. Ant. de Mont-Royal, Les Glorieuses Antiquités de Paris, 1878. — III. M. de Marolles, Paris ou Description succinte de cette ville, 1677. — IV. M. de la Rochemaillet, Théâtre, XVI. siècle. — V. A. Thevet, La grande et excell. Cité de P., 1574. — VI. E. Cholet, Remarques singulières de P., 1614, av. le plan de Vassalieu en héliogr. — VII F. de Belleforest, L'anc. et grande Cité de P., av. plan, 1575, en hél. — VIII. Münster, Du Pinet et Braun, Plant et Pourtrait de la Villa, Cité et Université de P., av. 3 plans. — IX. J. P. Marana, Lettres d'un Sicilien à un de ses amis — X. Davity, Rauchin, Recoles La Prévosté de P. et l'Isle-de-France.
814 **Paris à travers les âges:** aspects successifs des monuments et quartiers hist. de Paris depuis le XIIIe siècle jusqu'à nos jours fidèlem. restitués d'après les documents authent. p. F. Hoffbauer. Texte p. E. Fournier, P. Lacroix, A. de Montaiglon, A. Bonnardot, J. Cousin, Franklin, V. Dufour etc. 2 vols ou 14 livr. Av. 102 Chromolith. et béliogr. et nombr. grav. dans le texte. fol. Paris 1875—82. In 14 Hlwdmppn. (300 fr.) Vergriffen.   240 —
815 **Petit, V.**, châteaux de la vallée de la Loire des 15e, 16e, et 17e siècles. Dessinés d'après nature et lithogr. 2 vols. avec 100 pl. à 2 teintes. fol. Paris 1861. En portefeuille. Bel exempl.   180 —
816 **Ravoisié, A.**, exploration scientifique de l'Algérie, 1840 à 1842. Beaux-arts, architecture, sculpture. Tout ce qui a paru: Livr. 1 à 22. Paris, Didot, 1846—53. gr. in-fol. Av. 192 planches. (fr. 512.)   300 —
  Neues Ex. dieses wichtigen Werkes. Künstlerisch ausgeführte Tafeln.
817 **Rever, F.**, mémoire s. les ruines de Lillebonne près Havre. Av. append. et 4 pl. Evreux 1821. Hlwd.   5 —

Karl W. Hiersemann in Leipzig, Königsstrasse 2. Catalog 108.

Baudenkmäler: Frankreich.

818 **Revoil, H.**, architecture romane du midi de la France. 5 vols., avec
221 planches. fol. Paris 1873. In 3 Mappen. (260 fcs.) 160 —
819 **Robuchon,** paysages et monuments du Poitou, photogr. p. J. Robuchon,
impr. en héliogr. p. Dujardin. Avec notices publ. sous les auspices
de la Soc. des Antiquaires de l'Ouest. Livrais. 1—155. Av. 119 photogr.,
159 héliograv. et un très grand nombre de gravures dans le texte.
Paris 1887—90. (465 fr.) 320 —
<small>Das Werk wird in etwa 200 Lieferungen vollständig werden.</small>
820 **Rouyer, F.**, L'art architectural en France depuis François I jusqu'à
Louis XVI. Motifs de décoration intérieure et extérieure, comprenant
lambris, plafonds, grilles, vases, glaces, etc. Texte par A. Darcel.
2 parties, 2 vols. avec 200 planches sur acier. fol. Paris 1866—67.
In 2 Mappen. (200 fr.) 100 —
821 — — 1e partie, 2 vols. avec 100 planches sur acier. fol. Paris
1863. Hfrz. (100 fr.) 50 —
822 **Sauvageot, Cl.**, Palais, châteaux, hôtels et maisons de France du XV.
au XVIII. siècle. 4 vols. comprenant 300 planches avec un texte explicatif et historique. fol. Paris 1867. (260 fr.) In Cartons. 175 —
823 **Schoy, A.**, L'art architectural, décoratif, industriel et somptuaire de
l'époque Louis XVI. Recueil de 300 planches inédites d'après les
estampes originales. 2 vols. fol. Paris 1868. (150 fr.) 85 —
824 **Stanfield, C.**, picturesque views from the coasts of France. 21 illustrations to the Picturesque Annual for 1834. 21 beautiful steelengravings by Allen, Brandard, Cousen, Fisher, Floyd, Jeavons, Lewis,
Müller, Varrall, Willis, Willmore. India Proofs before letters. gr.-fol.
London 1834. In Carton. (84 sh.) Einige Tafeln stockfleckig ohne
Schaden für die Festigkeit des Papiers. 36 —
825 **Tarbé, P.**, Reims. Essais hist. sur ses rues et ses monuments. Av. 2
plans et 30 planches dess. et lith. p. J. J. Maquart. 4. Reims 1844.
Hldr. Theilw. etwas wasserfleckig. 20 —
<small>Architect. Ansichten aus der durch seine Altertümer bekannten Krönungsstadt.</small>
826 **Taylor, J., Nodier, Ch. et A. de Cailleux,** Voyages pittoresques et
romant. de l'ancienne France: Auvergne, 2 vols., av. 255 planches
lithogr. et plusieurs charmantes vignettes. fol. Paris 1829/33. demi-veau.
(br. 687½ fr.) 280 —
<small>Exempl. avec les planches sur papier de Chine.</small>
827 — — Franche-Comté, av. 166 planches lithogr. et plusieurs charmantes vignettes. fol. Paris 1825. demi-veau. (br. 350 fr.) 150 —
<small>Exempl. avec les planches sur papier de Chine.</small>
828 — — Languedoc, 2 vols en 4 parties, rel. en 5 vols., av. 547 planches
lithogr., plusieurs charmantes vignettes et très belles bordures. fol.
Paris 1833—37. demi-veau. (br. 1825 fr.) 750 —
<small>Exempl. avec les planches sur papier de Chine.</small>
829 — — l'ancienne Normandie, 2 vols., rel. en 3, av. 235 planches
lithogr. et plusieurs charmantes vignettes. fol. Paris 1820—25.
(487½ fr.) 160 —
<small>Exempl. avec les planches sur papier de Chine.</small>
830 **Vacquer, Th.**, maisons les plus remarquables de Paris, construites pendant les 3 dernières années. Avec 80 planches. fol. Paris (1862.)
Extr. du „Moniteur des Architectes". (50 fr.) Tafel 42 fehlt, Tafel
41 ist doppelt vorhanden. 15 —
<small>Schöne Tafeln in Kupferstich, mit vielen ornamentalen Details.</small>
831 **Verneilh, F. de,** l'architecture byzant. en France: St. Front de Périgueux et les églises à coupoles de Aquitaine. Av. 20 pl. 4. Paris
1851. d.-moroq. Rare. 40 —
832 **Willemin, N. X.**, Monuments français inédits pour servir à l'histoire
des arts depuis le VIe siècle jusqu'au commencement du XVIIe.
Choix de costumes civils et milit., d'armes, armures, instruments de
musique, meubles, et de décorations intér. et extér. des maisons.
Texte hist. et descr. par A. Pottier. 2 vols. Paris 1839. in-fol.

Karl W. Hiersemann in Leipzig, Königsstrasse 2. Catalog 108.

Baudenkmäler: Holland und Belgien. 57

	M. Pf.

avec 302 planches dont 181 en couleur. Roth Hmaroquin., oberer Schnitt verg. **300 —**

833 **Wismes, J. B.**, le Maine et l'Anjou histor., archéolog. et pittoresques. Recueil des sites et des monuments les plus intéress. sous le rapport de l'art, de l'histoire et des traditions des départ. de la Sarthe, de la Mayenne et de Maine et Loire. 2 vols. Av. 108 belles planches lithogr. fol. Nantes 1854—62. **150 —**
<small>Hervorrag. Architekturwerk, namentl. Kirchen und Schlösser in goth. u. roman. Stil enthaltend.</small>

834 **Woillez, E. J.**, archéol. des monum. relig. de l'ancien Beauvoisis pend. le métamorphose romane. Av. 1 carte archéol. et 129 planches, (dont qqs. en chromo). fol. Paris 1839—49. cart. Vergriffen. **60 —**

Holland und Belgien.

	M. Pf.

835 **Afbeelding**, van de Zaal en t Praalbed des Willem, Prince van Oranje etc. M. Portrait, 1 Plan 3 Kupf. v. J. Punt. — Lykstatie van Willem, Prince v. Oranje. Mit 41 grossen Doppel-Kupfern v. J. Punt. 2 Thle. in 1 Bde. fol. Amst. u. 's Gravenhage 1752—55. Hldr. Text holländisch u. französisch. **60 —**
<small>Beschreibung der Feierlichkeiten beim Tode u. dem Leichenbegängnisse des Prinzen Wilhelm IV.
15 der grossen Kupfer stellen die am Zuge theilnehmenden holländ. Garde-Soldaten u. Officiere dar, die übrigen sind für Civil-Costümkunde interessant.</small>

836 **Amsterdam** und seine Bauten. 4 Blatt Pläne (A. in d. J. 1342—1612 darst.) u. 8 Blatt kirchl. u. öffentl. Bauten. P. H. Schut fec. N. Visscher exc. quer-fol. (Amsterd. ca. 1650.) Schöne Stiche. **14 —**
<small>Ausserordentliche figurenreiche Blätter und dadurch für Costümkunde der damal. Zeit sehr werthvoll.</small>

837 **Auswahl** von ausgeführten alten und neuen Bauwerken von niederländischen Baumeistern, ges. von d. Redaction d. Zeitschrift: „Vademecum der Bowvakken." 1 Jahrg. 1. u. 2. Heft 1889. M. 7 Taf. Amsterd. 1889. **5 60**

838 **Baerle, Kasper van** (Barlaeus), blyde Inkomst der allerdoorluchtighste Koninginne, Maria de Medicis, t'Amsterdam. Vertaeld uit het latijn. Mit den 16 schönen Radirungen v. S. Savry u. dem Portrait der Königin. fol. Amsterd. 1639. Hldr. **68 —**
<small>Der Text enthält nur die 7 grössten Tafeln mit Ansichten v. Amsterdam u. Abbildg. festlicher Aufzüge etc., diese Tafeln haben kurze Ränder. — In einem zweiten Bande vereinigt sind beigefügt die sämmtlichen Radirungen der lateinischen Original-Ausgabe (Barlaeus, Medicea hoepes, Amsterd. 1638) in vorzüglichen Abdrücken, mit vollem Raude u. in tadelloser Erhaltung.</small>

839 **La Belgique** monumentale, histor. et pittoresque. 2 vols. Avec un grand nombre d'illustrations noires et color. (vues, costumes etc. etc.) Lex.-8. Brux. 1844. Halbkalblbrbde. **18 —**

840 **Beyaert, H.**, travaux d'Architecture executés en Belgique. Livr. 1 à 12 avec 120 planches gr. p. J. u. F. Neiryck. fol. Bruxelles 1890—91. **144 —**
<small>Das Werk wird in 20—25 Liefer. vollständig sein und verpflichtet Abnahme der ersten Lief. zur Abnahme des ganzen Werkes</small>

841 **Cambrelin, A. L.**, port de Nieuw-Antwerpen près de Heyst et son raccordement, par canaux et railways, avec Bruges, Gand, Bruxelles, Louvain etc., ainsi qu'avec l'Allemagne. Av. 4 planches. — Réplique aux object. qui ont été faites. 2 cahiers. Brux 1876—77. **3 —**

842 **Castermans, A.**, parallèle des maisons de Bruxelles et de ses principales villes de la Belgique constr. 1830 à 1858. 1. sér. Avec 120 planches. fol. Paris 1858. En carton. (75 fr.) **22 —**
<small>Plans. Élévations. Coupes. Détails int. et extérieurs.</small>

843 — parallèle des maisons de Bruxelles et des principales villes de la Belgique constr. depuis 1830 jusqu'à nos jours. 2 séries av. 240 planches

Karl W. Hiersemann in Leipzig, Königsstrasse 2. Catalog 108.

Baudenkmäler: Holland und Belgien.

gr.-fol. Paris 1858—69. In 2 Hlwd.-Mappen. (120 fr.) Die 1. Serie ist complet, in der 2. Serie fehlen der Index u. 26 Tafeln. 30 —
<small>Plans, élévations, coupes, détails intérieurs et extérieurs.</small>
844 Colinet, recueil des restes de l'art national (en Belgique). I° & III° vol. (années 1872—77). Av. 214 pl. (dont plusieures en couleur). fol. Bruxelles 1873—77. In Mappen. 60 —
845 Collection historique des principales vues des Pays-Bas. 12 livraisons en 1 vol., conten. 92 (au lieu de 96) planches lithogr. avec texte en français et hollandais. fol. Tournay s. d. (ca. 1825). Hfz. 30 —
<small>Malerische Ansichten von Städten, Bauwerken, Ruinen, Landschaften, Seebildern etc., nach Zeichnungen v. Hallart, Vermote, Roloff, de la Barrière, L. Haghe, Goethals, de Pollaert etc. aus d. Jahren 1778—1884 auf Stein gravirt meistens von J. B. de Jonghe, de la Barrière u. L. Haghe, gedruckt v. Dewasme & Co. in Tournay</small>
846 Description (en franç. et en holland.) des tous les principaux édifices de la fameuse ville d'Amsterdam représentées en 71 taille-douces quer-4. Amst. 1713. Pap. Selten. 22 —
847 Génard, P., Anvers à travers les ages. 2 vols. av. beaucoup de planches et d'illustrations dans le texte. fol. Brux. (1892.) (80 fr.) 54 —
848 Goetghebuer, P. J., choix des monuments, édifices et maisons les plus remarquables des Pays-Bas. Av. 121 planches à l'aquatinta. gr.-fol. Gand 1827. Hfz. (100 fr.) 40 —
<small>Schön ausgestattetes Werk, mit den Grund- u. Aufrissen der bedeutendsten öffentl. u. privaten Gebäude der Niederlande: Regierungsbauten, Kirchen, Paläste, Theater, schlossartige Villen etc</small>
849 Havard, H., Amsterdam et Venise. Avec 7 eaux-fortes et 180 grav. s. bois. 4. Paris 1876. Rother Halbmaroquin. 14 —
850 Linnig, J., Album hist. de la ville d'Anvers. Collect. de vues et de monum. des temps passés, 60 planches, dessins d'après nature et gr. s. cuivre. Av. not. hist. p. F. H. Mertens. fol. Anvers 1868. d.-maroq. 48 —
<small>Mit Abdrücken auf chines. Papier. — Keine einfache Sammlung von Ansichten, sondern eine für den Kunsthistoriker und Architekten interessante Publication.</small>
851 Maisons particulières et hôtels construits en Belgique. Avec 50 pl. fol. Brux. (1889). En portef. 40 —
<small>Plans, Coupes, Façades, Détails.</small>
852 Pest, P., de Sael van Orange, ghebouwt by haere Hooch¹ Amalie Princesse Dovarie van Orange etc. Mit gest. Titel u. 21 meist doppelblattgrossen Kupf.-Tafeln. fol. s' Graven-Hage ca. 1655. Perg. 16 —
<small>Die Tafeln stellen Grundrisse, Façaden, Kamine etc. in guten Abdrücken dar, Haupttitel fehlt.</small>
853 Publications de la Soc. histor. et archéol. dans le duché de Limbourg. Tome I—XXVI. Avec beauc. de planches et de grav. s. bois, et Répert. alphab. des vols 1—20 et un Catal. de la biblioth. de la Soc. Ensemble 28 vols. Maestricht et Rurem. 1864—89. Bd. I—IV. Hldr. Rest br. 200 —
<small>Mehrere Bände sind vergriffen, complete Reihen selten. Architektur, Archäologie, Geschichte, Sculptur werden in gleicher Weise berücksichtigt.</small>
854 Putennus, E., Bruxella, incomparabili exemplo septenaria, Gripho Palladio descr. M. 7 schönen Kupfern, die hauptsächl. Bauwerke darst. fol. Brux. 1646. Prgt. 10 —
855 Schmitz, J. H., niederländische Renaissance. 10 Blatt in Autographien mit Text in deutscher u. holländ. Sprache. gr.-fol. (7 M.) 5 —
856 Stroobant, J., monuments d'architecture et de sculpture en Belgique. Le Brabant et les Flandres. Avec 30 belles planches, dessinées d'après nature et lithogr. en plusieurs teintes, accomp. de notices histor. et archéol. p. F. Stappaerts. fol. Brux. (1854). Hldr. 36 —
<small>Alte Baudenkmäler u. Architekturbilder mit Staffage u. Costümen aus alter Zeit.</small>
857 Taurel, C. E., L'Art chrétien en Hollande et en Flandre, depuis les frères Van Eyck jusqu'à Otto Venius et Pourbus, reprs. en 31 gravures sur acier décrit p. W. Moll, D. v. d. Kellen. A. Siret, W. H. J. Weale et a. 2 vols. avec 31 planches. Amsterd. 1882. fol. (90 M.) 60 —
858 Verschelde, Ch., les anciennes maisons de Bruges dessinées d'après les monuments originaux. 40 planches lithogr. av. texte. 4. Bruges 1875. 14 50

Karl W. Hiersemann in Leipzig, Königsstrasse 2. Catalog 108.

Baudenkmäler: Italien. 59

| | M. Pf. |

859 **Wagenaar, J.**, Amsterdam in zyne opkomst, aanwas, geschiedenissen, gebouwen etc. etc. beschr. 3 Thle. in 5 Bänden. M. 156 Kupf., Pläne, architekton. Ansichten etc. fol. Amsterd. 1760—67. Hfrzbde. **100 —**

860 **Ysendyck, J. J.** van, documents classés de l'art dans les Pays-Bas du 10e au 18e siècle, recueillis et reprod. p. Ysendyck 10 années 120 livr. Avec 700 belles planches. fol. Anvers 1880—89. Nicht im Handel und wurde nur in geringer Anzahl an Subscribenten abgegeben. (1000 fr.) **600 —**
Balustrades, Broderies, Chaires, Chasses, Châteaux, Cheminées, Clôtures, Fonts, Halles. Hôtels-de-ville, Jubés, Lucarnes, Luminaires, Maisons, Meubles, Monuments commémoratifs, Orfèvreries, Portails, Portes, Retables, Sculptures, Stalles, Tabernacles, Tombeaux, Ustensiles, etc.

861 — — Edition de luxe sur grand et fort papier. (1500 fr.) Nicht im Handel und wurde nur in geringer Anzahl an Subscribenten abgegeben. **850 —**

Italien.

M.

862 **d'Agincourt, J. B. L. G.**, Sammlung der vorzüglichsten Denkmäler der Architektur, der Sculptur, u. der Malerei, vorzugsweise in Italien, vom 4. bis z. 16. Jahrhundert. Revidirt v. A. F. v. Quast. 3 Thle. in 1 Bde. Atlas von 328 Kupfertaf. in gr.-fol. Frankfurt a. M. o. J. Roth-Hmaroq., ob. Schnitt vergoldet. (100 M.) Mit Textband in-8. **68 —**

863 **D'Agincourt**, history of art by its monuments, from its decline in the 4th to its restoration in the 16.th cent. 3 vols. in-1. roy.-fol. With 328 plates. London 1847. Halbmaroquin. (105 sh.) **60 —**
This celebrated and standard work on the History of art is divided as follows: Architecture 73 plates; Sculpture 51 plates; Painting 204 plates.

864 **Amici, D.**, raccolta di 30 vedute degli obelischi, scelte fontane, e chiostri di Roma, disegnate dal vero ed incise in rame. 30 tavole. Roma 1839. — Lo stesso, raccolta delle principali vedute di Roma, disegnate dal vero ed incise. 42 tavole. Roma 1835. — Lo stesso, racc. d. vedute dei contorni di Roma. 13 tavole. Roma 1847. = 3 voll. in-1. gr.-quer-fol. Roma 1835—47. Hmaroq. m. G. **40 —**

865 **Barbault, J.** Les plus beaux édifices de Rome moderne ou recueil des plus belles vues des principales églises, places, palais, ponts, fontaines etc. en 44 grandes planches et plus. vignettes av. une descript. histor. Rome 1763. gr.-fol. Frzbd. **44 —**

866 **Baur, J. W.**, vnderschidliche Meer Porten und Pallazzia in Italia nach dem Leben gez. 31 Ansichten in Kupf. gest. v. Melchior Küssel. quer-fol. (Augsburg 1681.) **10 —**
Numerirte Bll. aus einer grösseren Serie (2 Abth. à 20 Bl.?) stammend.

868 **Callcott's, A. W.**, Italian and English Landscapes, lithogr. by T. C. Dibdin. 26 fine tinted plates of picturesque landscape and marine studies. gr.-fol. London 1847. Hfz. Lagerfleckig. (84 sh.) **30 —**

869 **Canina, L.**, ricerche sull' architettura più propria dei tempij cristiani basate sulle primitive istituzioni, ecclesiastiche e dimostrate tanto con i più insigni vetusti edifizij sacri quanto con alcuni esempij di applicazione. C. 145 tav. Ed. IIa. fol. Roma 1846. In Mappe. (150 fr.) Sehr selten. **100 —**

870 **Capasso, B.**, la Vicaria vecchia, pagine di storia napolitana. I. Napoli 1889. Extr. 43 pp. **2 50**

871 **Cardon, Ant.** Vier grosse Ansichten von Neapel in 8 Blättern: Veduta di Napoli dalla parte di Ponente. — Veduta di Ponte Nuovo — Veduta di Chiaia dalla parte di Levante — Veduta di Chiaia dalla parte di Ponente. Incise dal quadro originale di G. Ricciardelli da Ant. Cardon. Bildgrösse der 4 Ansichten: 42×89, 42×88, 51×103, 51×104. Prächtige Abdrücke, tadellose unbeschnittene Exemplare im ursprüngl. Zustande. **30**

Karl W. Hiersemann in Leipzig, Königsstrasse 2. Catalog 108.

Baudenkmäler: Italien.

M. Pf.
872 **Carlevariis,** Luca, genannt Casanobrio oder Lucca di Ca Zenobrio. Le fabriche maestose, e vedute piu singulari di Venezia, disegnate, poste in prospettiva, et intagliate da Luca Carlevariis. Dedication u. 103 Bll. malerische Ansichten aus Venedig, mit Staffage. qu.-fol. Venezia 1703. Schöne Abdrücke. Es fehlen leider der Titel u. die Blätter 3, 102 u. 103, auf den unteren Rändern einer Anzahl Tafeln handschriftl. Bemerkgn. 20 —
_{Das Werk ist nicht nur als Sammlung von Ansichten der wichtigsten Bauwerke von Venedig architektonisch werthvoll, sondern durch die reiche u. lebhafte Staffage auch für den Costümsammler u. Culturhistoriker von Interesse. Viele Tafeln veranschaulichen Processionen, Volksbelustigungen, Gaukler, Verkäufer, Ausrufer, Quacksalber, u. andere volksthüml. Figuren aller Art.}
873 **Cassini,** G. Nuova raccolta delle migliori vedute antiche e moderne di Roma. Con 80 tavole in rame. quer-fol. Roma 1775. Pgt. 80 Ansichten mit Kupfertitel, Dedikation u. gestoch. Register. 10 —
874 **Cattaneo,** R., l'architecture en Italie du VI.e à l' XI.o siècle. Recherches hist. et critiques trad. p. Le Monnier. Av. un grand nombre de fig. sur bois. 4. Venise 1891. 12 —
875 **Cechetelli,** Roma e suoi monumenti antichi e moderni descr. ed. illustr. con 200 tavole incise in rame. 2. ed. obl.-fol. Roma 1889. (200 Lire.) 100 —
_{Titel-Auflage eines in den 50r Jahren erschienenen Werkes.}
876 **Chapuy,** l'Italie monumental et pittoresque ou ses vues et ses monumens. 44 belles lithogr. à deux crayons des. p. Chapuy. Imp.-fol. Paris s. d. (ca. 1840.) Roth-Hmaroq., ob. Schnitt verg. 60 —
877 **Chevaller,** P. Di alcuni principali edificj e situazioni delle provincie Venete. 40 hübsche Kupfertaf. in Aquatinta nebst je 1 Blatt italien. Text. qu.-fol. Padova 1828. Hldr. 10 —
_{Ansichten aus Padua (12); 8 aus Venedig; 6 aus Vicenza; 10 aus Verona; etc.}
878 **Cicognara,** L., A. Diedo e G. A. Selva. Le fabbriche e i monumenti cospicui di Venezia. Edizione con copiose note ed aggiunte di F. Zanotto. 2 voll. con 263 tavole. gr.-fol. Venezia 1858. Hfz. Schönes unbeschnitt. Exemplar. Vollständigste Ausgabe, mit italien. u. französ. Text. 180 —
_{Die Namen der Herausgeber bürgen für ein vorzügliches Werk. Dasselbe enthält viel Ornamentik u. ist für Architekten u. Kunsthistoriker gleich wichtig.}
879 **Convolut** von 39 italien. Photographien in Quart, nicht aufgezogen, darstellend Architektur-Ornamente aus italien. Palästen und Kirchen. 15 —
880 **D'Arco.** C., delle arti e degli artefeci di Mantova. Notizie raccolte ed illustrate con disegni e con documenti. 2 voll. C. 59 tav. lithogr. e 2 tav. facs. 4. Mant. 1857—59. 36 —
881 **Diedo,** A., fabbriche e disegni. 1 vol. de 108 pp. de texte en ital. av. la trad. franç. de L. Crilanovich et 108 pl. gr. s. cuivre. gr. in-fol. Venezia 1852. (108 fr.) 30 —
882 **Dohme,** R., norditalien. Centralbauten des 17. u. 18. Jahrh. M. 4 Holzschn. (Berlin 1883.) Ausschn. 18 pp. 1 50
883 **Ferrario,** G., monumenti sacri e profani dell'imperiale e reale basilica di Sant 'Ambrogio in Milano. C. 32 tav. gr.-4. Milano 1824. Selten. 60 —
884 **Ferrerio,** P., palazzi die Roma de piu celebri architetti. 44 plates. oblong.-fol. Romae (ca. 1650). Ldrbd. 23 —
885 **Fontana,** Giunjac., e Leopold Crilanovich. Venezia monumentale pittoresca. Parte I (un.): J. Palazzi. Con 82 tavole color., M. Moro dis., lit. G. Kier. gr.-qu.-fol. Venezia (1837). Hpgt. Tadelloses, fast unbeschnittenes Exemplar. 120 —
_{Prachtwerk auf starkem Vellnpapler. Jede Tafel giebt die Ansicht eines Palastes, in den 4 Ecken der Umrahmung die color. Wappen der betreff. Geschlechter.}
886 **Geymüller,** H. v., u. A. Widmann, Architektur der Renaissance in Toscana, nach d. Meistern geordnet, dargest. in d. hauptsächl. Kirchen, Palästen, Villen u. Monumenten von der Gesellschaft San Giorgio in

Karl W. Hiersemann in Leipzig, Königsstrasse 2. Catalog 103.

Baudenkmäler: Italien. 61

M. Pf.

Florenz. I. Lieferg.: Einführg., Allgemeines, Filippo di Ser Brunellesco. Mit 10 Tafeln. Imp.-fol. München 1885. In Hlwd.-Carton. (50 M.) Erschienen sind bisher 18 Lfgn., soll in 30 Lfgn. cplt. werden
887 (Gigault de la Salle, A. E.) Voyage pittoresque en Sicile. 2 vols. Avec 92 planches et 2 cartes. Imp.-fol. Paris, Didot, 1822—26. (560 fr.) 120 —
 Die 92 Kupfertafeln stellen Städte- u. Landschaftsansichten, architecton. Moumente etc. dar und sind vielfach auch costümlich sehr interessant.
888 Gozzadini, G. Di un antica necropoli a Marzabotto nel Bolognese. Con 20 tavole (2 color.) fol. Bologna 1865. Die Tafeln theilweise leicht wasserfleckig. 30 —
889 Grandjean de Montigny et Famin, Architecture Toscane, ou palais, maisons et autres édifices de la Toscane. 109 planches gravées, avec texte explicatif. Paris 1837. fol. Hfrz. 40 —
890 — renaissance italienne; architecture Toscane: palais, maisons, églises etc. des 15. 16. et 17. siècles. Nouv. éd. avec 133 planches. fol. Paris 1875. (75 fr). 45 —
891 Harding, J. D., 75 views of Italy and France adapted to illustrate Byron, Rogers, Eustace, and all works on Italy and France. 75 beautiful plates drawn by J. D. H., engr. on steel by the best artists. fol. London 1834. Hfz. m. G. 28 —
892 Harding, Stanfield and Prout, picturesque views from Italy. 29 beautiful plates selected from the Landscape Annual, engr. on steel by the best artists from drawings of Harding, Stanfield and Prout. India Proofs before letters. gr.-fol. London cca. 1832. Sehr schöne Blätter in tadelloser Erhaltung, ohne die gewöhnlichen Papierflecken. 36 —
893 Hittorff, J. J., et L. Zanth, architecture moderne de la Sicile, ou recueil des plus beaux monuments religieux et des édifices publ. et particul. les plus remarquables etc. Av. 76 planches. fol. Paris 1835. Hfrz. Vergriffen. 60 —
 Ansichten, Grundrisse, Details, innere u. äussere Decoration.
894 Hoffweiler, G. T. v., Sicilien. Schilderungen aus Gegenwart u. Vergangenheit. Mit 36 Originalzeichnungen v. A. Metzener in Holzschn. ausgef. v. Brend'amour. 4. Lpz. 1870. Lwd. (21 M.) Tadellos. 7 —
895 Jorio, A. de, guida per le Catacombe di S. Gennaro de'Poveri. Con 5 tav. Napoli 1839. 4 50
896 — tempio di Serapide in Pozzuoli. 3 tav. 4. Nap. 1820. 3 —
897 Italian scenes: a series of interesting delineations of remarkable. views etc. W. 27 engrav. 4. Lond. 1825. half calf. (42 sh.) 14 —
898 Köhler, H. Polychrome Meisterwerke der monumentalen Kunst in Ital., dargestellt durch 12 perspective Ansichten in Farbendr. m. erläut. Text. 6 Liefrgn. v. je 2 Bl. Chromolithogr. Compl. in Halbfr. geb. m. Goldschn. 260 —
 Einzelne Blätter und Lieferungen zu entsprech. Preisen.
899 Kraus, F. X., Roma sotterranea. Die röm. Katakomben. 2. verm. Aufl. M. vielen Holzschn. u. Chromotaf. Freib. 1879. Hlwd. (15 M.) 11 —
900 Letarouilly, P., édifices de Rome moderne, ou recueil des palais, maisons églises, convents et autres monuments publics et particul. les plus remarquables de la ville de Rome, dessines, mesurés et publiés par P. L. 3 vols. d'atlas av. 354 belles planches. frontisp., plan de Rome et le portrait de l'auteur en t. d. fol. 3 vols. et texte explicatif in-4. Paris 1860–1867. (390 fr.) 280 —
 Gutes Expl. der besten (Original-)Ausgabe mit vorzügl. Stichen.
901 — — Atlas de 231 pl. gr.-fol. et un plan de Rome, moderne et texte 4. Liége 1849. D. maroq. 175
902 Lindemann-Frommel, K., Ansichten v. Rom u. Umgebung. 10 Stahlstichtafeln. 4. Darmstadt 1866.
903 Lützow, C. v., d. Kunstschätze Italiens in geogr.-hist. Uebersicht. M. vielen Radirungen von Böttcher, Krauskopf, Raab, Unger etc. und

Karl W. Hiersemann in Leipzig, Königsstrasse 2. Catalog 108.

62 Baudenkmäler: Italien.

M. Pf.

zahlr. Textillustr. fol. Stuttgart 1882—85. Elgt. Lwd. m. Goldschn. (100 M.) Neu. 55 —
Ein stattlicher Folioband in prächtiger Ausstattung.
903a **Maccari**, E., il Palazzo di Caprarola. (Saggi di architettura e decorazione italiana del secolo XVI.) Mit 60 Kupfertaf. gr.-fol. Roma (ca. 1880.) Hlwd. (50 M.) 35 —
904 **Milanesi**, G., documenti per la storia dell'arte Senese (nei secoli XIV—XVI), raccolti ed illustrati. 3 tomi. gr.-8. Siena 1854—56. Eleg. französ. Hmaroquinbde., oberer Schnitt vergoldet, Seiten unbeschnitten. Sehr schönes Ex. (No. 10) der Ausgabe „in carta scelta grave in-8°, von welcher nur 10 Ex. hergestellt wurden. 58 —
905 **Monumenti** artistici e storici delle provincie Venete. C. 5 tav. 4. Milano 1859. 11 —
906 **Monumenti**, i principali, innalzati dal 1814 a tutto il 1823 da sua maestà Maria Luigia duchessa di Parma ora publicati da P. Toschi, A. Isac e N. Bettoli, e descritti da Michele Leoni. C. 15 tav. Imp.-fol. Parma 1824. 15 —
907 **Morrona**, A. de, Pisa illustrata nelle arti del disegno. 2. ed. 3 voll. con 34 tavole. Livorno 1812. cart., unbeschn. In Bd. I die obere Ecke des weissen Innenrandes fleckig. 15 —
Schöne Tafeln mit Darstellungen von Kunstdenkmälern in Pisa u. von Werken aus Pisa stammender Künstler.
908 **Narrazione** delle solenni reali feste fatte celebrare in Napoli dal Rè per la nascita del suo primogenito Filippo, real principe delle due Sicilie. M. 15 gr. Kupfertaf. gez. v. Vinz. Re, gest. v. Vasi, Pollanzani, Gregori, Jardin et De Laurrain. fol. Napoli 1728. Frz. 60 —
908a **Nash**. — Price, L., interiors and exteriors in Venice. 26 fine lithogr. plates by J. Nash. fol. Lond. 1843. Hmaroq. (84 sh.) 48 —
909 **Palast-Architektur** von Oberitalien u. Toskana vom 15.—18. Jahrhdt. Theil I: Genua. Hrsg. v. R. Reinhardt. Mit 100 Tafeln in Lichtdruck, Chromolith. u. Lithogr. gr.-fol. Berlin 1886. In Hlwdmappe (150 M.) 110 —
910 — — Theil II.: „Toscana." Von O. Raschdorff. 100 Taf. in Lichtdruck, Lithographie, Kupferstich und Chromolithographie u. Text. In Mappe. (150 M.) 110 —
911 **Paoli**, P. A., antichità di Pozzuoli. 69 Kupf.-Taf. gest. v. J. Volpato, E. F. Nicole u. a. u. 36 Taf. Text ebenf. gest. Imp.-fol. Napoli 1798. Hpgt. 36 —
912 **Paravicini**, die Renaissance-Architectur der Lombardei. M. 50 Lichtdrucktaf. fol. Dresd. 1878. In Mappe. (65 M.) 35 —
913 **Percier**, Ch., et P. F. L. **Fontaine**, palais, maisons et autres édifices mod. dessinés à Rome. Avec 100 planches. fol. Paris 1798. Pp. 30 —
914 **Perret**, L., Catacombes de Rome. Architecture, peintures murales, pierres précieuses, vases, lampes, instrum., objets divers, inscript., figur. et symboles gravés s. pierre etc. 5 vols. de 321 planch., dont beaucoup. magnifiquement coloriées et rehaussées d'or, et un vol. de texte. Paris 1851—55. gr.-fol. (1300 fr.) 600 —
915 **Peyer**, F., d. Renaissance-Architektur Italiens. 1. Sammlung. M. 135 Taf. Lpz. 1870. (6 M.) 3 —
916 **Pividor**, J. Souvenir de Venise. 15 vues lithogr. Venise 1836. Hldr. 4 —
917 **Prout**, S., picturesque views of Rome. 9 beautiful plates from Jennings's Landscape Annual, 1830 and 1831, engr. on steel by the best artists from drawings by S. Prout, India Proofs before letters. gr.-fol. London 1830—31. (27 sh.) Schöne fleckenlose Blätter. 15 —
918 — and C. **Stanfield**, picturesque views from Venice. 10 beautiful plates from the Landscape Annual, engr. on steel by the best artists from drawings of Prout and Stanfield. India Proofs before letters. gr.-fol. London cca. 1832. Schöne fleckenlose Blätter. (30 sh.) 18 —

Karl W. Hiersemann in Leipzig, Königsstrasse 2. Catalog 108.

Baudenkmäler: Italien.

919 **Renaissance**, italienische. Origin.-Aufnahmen von architekton. Details etc. 16 Hefte m. 158 Taf. fol. Leipzig 1875—82. (40 M.) 20 —
Ser. I: Das Chorgestühl d. Kirche S. Severino in Neapel hrsg. v. Cordes u. Giesenberg. 50 Blatt. — Ser. II: Skizzenbuch a. Architekten d. 16. Jahrh. hrsg. v. Berlepsch. 30 Bll. — Ser. III: Schloss Stern bei Prag, hrsg. v. Baum u. Haas. 40 Bll. — Ser. IV: Das Chorgestühl v. St. Eusebio in Rom, hrsg. v. Bischof & Knochenhauer. 48 Bll.

920 — Hieraus apart: Serie I: Cordes u. Giesenberg, das Chorgestühl der Kirche San Severino in Neapel. 5 Hefte mit 50 Taf. u. Text. fol. Lpz. 1875. (12½ M.) 9 —

921 **Richardson** jun., T. M., sketches in Italy, Switzerland, France etc. 23 instead of 26 plates lithograph. by Ducotes and Hullmandel. large-fol. London 1838. half morocco. (84 M.) 40 —

922 **Ricordi** del Canale Grande di Venezia. 94 lith. Bll., Ansichten v. Pallästen. quer-8. Venezia, o. J. (cca. 1870.) cart. 4 —

923 **Rubens**, Peter Paul, Palazzi di Genova. Tavole 1—72. Anuersa 1622. Pgt. Titel u. Text fehlen. Das complete Werk enthält 139 Tafeln und wird mit 100 M. angeboten. 30 —

924 **Ruhl**, J. E., Denkmäler d. Baukunst in Italien. 1.—4. Lfg. M. 24 Taf. (2 farb.) fol. Darmstadt (ca. 1830). 6 —
Die 2 farb. Taf. enth. Glasmalereien. Tafel 1—4 fehlen.

925 **Sadeler**, M., vestigi delle antichità di Roma, Tivoli Pozzuolo et altri lvoghi. 50 pl. stamp. da G. G. de Rossi. obl.-fol. Roma 1660. 40 —

926 **Salazaro**, D., studi sui monumenti della Italia meridionale dal IV° al XIII° secolo. 2 parte. Nap., 1871—86, in-fol. gr., con 48 tavole (24) in cromolitografia. (450 L.) 180 —
Vorwiegend Malerei, Sculptur, jedoch auch Details v. Bauten, Mosaik etc.

927 — l'arte Romana al Medio Evo, appendice agli studi sui monumenti della Italia Meridionale dal IV. al XIII. secolo. Con 16 tav. (8 cromolit., 8 fotografias). fol. Napoli 1881. (120 L.) 80 —
Dieses Supplement fehlt fast allen im Handel vorkommenden Exemplaren des Hauptwerkes: Studi sui monumenti.

928 **Schütz**, A., die Renaissance in Italien. Eine Sammlg. der werthvollsten erhalt. Monumente in chronolog. Folge. 4 Thle. 331 Lichtdrucktafeln. fol. Hamburg 1888—92. In 4 eleg. roth. Leinwandmappen, neues Ex. (320 M.) 260 —
Theil I: Frührenaissance, 95 Tafeln. — II: Hochrenaissance, 72 Taf. — III: Decoration in Stein u. Terracotta, 104 Taf. — IV: Decoration in Holz, 60 Taf.

929 **Serradifalco**, Dom. di, le antichità della Sicilia, esposte ed illustrate. 5 vol. con 183 tavole. fol. Palermo 1834—42. 330 —

930 **Serradifalco**, Duca di, vedute pittor. degli antichi monumenti della Sicilia (texte ital. et franç.) Av. 24 pl. lithogr. quer-fol. Palermo (1843). Hlwd. 36 —

931 **Strack**, Baudenkmäler Roms des XV. bis XIX. Jahrhunderts. In photographischen Originalaufnahmen als Ergänzung zu Letarouilly, „Edifices de Rome moderne". 100 Tafeln in Lichtdruck. fol. und Text. In Mappe. 100 —

932 **Taylor**, G. L., and E. Cresy, the architect. antiquities of Rome, w. 130 views and measurements taken in 1817—19. New ed., includ. the more recent discoveries. With 130 lith. plates. gr.-fol. London 1874. Hfz. (63 sh.) 45 —

933 **Timler**, C., die Renaissance in Italien. Architektonisches Skizzenbuch. 37 Taf. in Kupferst. u. Lithogr. m. erläut. Texte. fol. Lpz. 1865. (36 M.) 12 —

934 **Waring**, J. B., and T. R. Macquoid's examples of architectural art in Italy and Spain chiefly of the XIIIth and XVIth centuries. W. 63 plates (numb. 1—60). Imp.-fol. London 1850. cloth. Einige Bll. leicht stockfleckig. (105 sh.) 88 —

935 **Willson**, H., fugitive sketches in Rome, Venice etc. 13 fine lithogr. plates. fol. Lond. 1838. Hfrz. (52½ sh.) 80 —
Von architekton., sculptor. u. ornament. Interesse.

Karl W. Hiersemann in Leipzig, Königsstrasse 2. Catalog 108.

936 **Zocchi**, G., vedute delle ville e d'altri luoghi della Toscana. Mit gest. Titel u. 50 Taf. von Piranesi, Morghen, Marieschi, Benedetti u. a. qu.-fol. Firenze 1757. Hpgt. 90 —
937 (**Zucchi, F.**) Teatro delle fabbriche più cospicue in prospettiva, della città di Venezia. 2 voll. Mit 174 Kupfern auf 92 Tafeln, F. Zucchi sculp., u. 1 grossen Ansicht v. Venedig aus der Vogelschau. quer-4. Venezia, ca. 1740. cart. 28 —

Oesterreich.

M. Pf.

938 **Allason**, Th., picturesque views of the antiquities of Pola, in Istria. With 10 plates and 4 vignettes, engr. by Cooke, Moses and Armstrong. roy.-fol. London 1819. Hldr., unbeschn. (75 M.) 25 —
939 **Alt**, R. u. F., Album von Wien. 15 Ansichten in Farbendruck nach Aquarellen. quer-fol. Wien 18 . . In Mappe. (28 M.) 16 —
940 **Barockfaçaden**, moderne Wiener. Eine Sammlung der schönsten in letzten Jahren in Wien ausgeführten Bauten dieser Stilrichtung. 30 Blatt Lichtdruck. fol. Wien 1890. In Mappe. 30 —
941 **Gignoux**, A. C., 100 Mahlerische Ansichten an der Donau, gezeichnet auf seiner Reise von Augsburg nach Wien u. von J. M. Frey in Kupfer radirt. qu.-4. (ca. 1810). Hfz. 28 —
942 **Heider**, G., R. v. Eitelberger u. J. Hieser, mittelalterl. Kunstdenkmale d. oesterr. Kaiserstaates. 2 Bde. M. 71 Tafeln in Stahlstich od. Chromol. u. zahlr. Holzschn. 4. Stuttg. 1858—60. Lwd. 42 —
943 **Henszlmann**, E., die Grabungen des Erzbischofs von Kalocsa, Dr. Ludw. Haynald. Geleitet, gezeichn. u. erkl. von H. M. 2 Taf. u. 114 Holzschn. im Text. fol. Lpzg. 1873. (24 M.) 14 —
Unter diesem Titel verbirgt sich eine interessante Monographie über die Metropole von Kalocsa (im 13. Jahrh.) mit ihren Kirchen und anderen Bauten etc., u. über die Ueberreste des Benedictiner-Klosters zu Bath-Monostor, die Báscer Burg etc. Vorangeschickt ist eine treffliche Einleitung — 57 Seiten umfassend — über mittelalterliche Baukunst u. Archäologie (12—16. Jahrh.) in Ungarn: Kirchliche, Burg- und Civilbauten berücksichtigend. Die zahlreichen Illustrationen bringen Ansichten, Grundrisse, ornamentale Details, Fundobjecte etc.
944 **Laborde**, Alex. de, voyage pittoresque en Autriche. 3 vols. avec 160 estampes coloriées (vues costumes etc.) cartes et plans et plusieurs vignettes etc. gr.-fol. Paris 1821—22. (900 fr.) 400 —
Nur in wenigen Exemplaren gedruckt, colorirte und vollständige Ex. sind sehr selten.
945 **Lützow**, C. v., u. L. Tischler, Wiener Neubauten. 2 Bde. 192 Taf. nebst Text. fol. Wien 1874—81 in Orig.-Mappen. Schönes wie neues Explr. (200 M.) 126 —
946 — — Bd. I: 96 Tafeln nebst Text. gr.-fol. Wien (1876). Hfz. (100 M.) 60 —
947 **Mikowec**, F. B., u. K. M. **Zap**, Alterthümer u. Denkwürdigkeiten Böhmens, beschrieben. Mit 72 schönen Stahlst.: berühmte Burgen, Ruinen, Kunstdenkmäler etc. gr.-4. Prag 1870. (28⅔ M.) 14 —
948 **Myskovszky**, V., Kunstdenkmale des Mittelalters u. d. Renaissance in Ungarn. Mit 100 schönen Lichtdrucktaf. fol. Wien 1885. In Carton. (80 Mk.) 60 —
Das schöne Werk ist für den Kunsthistoriker, Architekten u. für das Kunstgew. von hohem Interesse. Die Tafeln bringen meist ornamentale Details, Ansichten u. kunstgewerbl. Erzeugnisse.
949 **Niemann**, G., Palast-Bauten des Barockstils in Wien. Liefg. 1—4. 19 Kupfertaf. mit erl. Text. Imp.-fol. Wien 1882—85. (48 M.) 35 —
1. Gartenpalast d. Fürsten Schwarzenburg. — 2. Palast des Fürsten Kinsky. — 3. Gartenp. d. Fürsten Liechtenstein. — 4. Palast d. Fürsten Lobkowitz u. Majoratshaus d. Fürsten Liechtenstein.
950 **Rückwardt**, H., architekton. Studienblätter aus Budapest. Eine Sammlung der schönsten Façaden u. architekton. Details der in d. Neuzeit

Karl W. Hiersemann in Leipzig, Königsstrasse 2. Catalog 109.

Baudenkmäler: Oesterreich. Russland. 65

M. Pf.

in Budapest ausgeführten öff. u. priv. Bauten. Photogr. Aufnahmen
nach der Natur. Mit 60 Taf. in Lichtdruck. In Mappe. Berlin 1891. 72 —
951 Sacken, E. v., archaeolog. Wegweiser durch Nieder - Oesterreich.
2 Thle. M. zahlr. Illustr. 4. Wien 1866—78. — Ders., Erläutergn.
zur Karte der mittelalt. Kunstdenkm. in Kr. Unter Wiener-Wald. 11 —
952 Sammlung mittelalt. Kunstwerke aus Oesterreich. Aufgen. u. hrsg.
v. F. u. C. Jobst u. J.'Leimer. M. 49 Taf. in Steindruck, davon 19 mit
Ton. 2. Aufl. Imp.-fol. In Mappe. Wien 1889. Neues Expl. 60 —
953 Seidl, J. G., Wanderungen durch Tyrol und Steiermark. 2 Thle. in
1 Bde. Mit 60 Stahlstichtafeln. gr. 8. Lpz. (ca. 1840.) Hfz. (Das
maler. u. romant. Deutschland, Theil VII.) Unbedeutende Lager-
flecken, wie in allen Ex. 9 50
954 — — Dasselbe in Lieferungen. (20 M.) 9 —
955 Wien. 2 Ansichten, Durchschnitt u. Grundriss der Kirche S. Caroli
Borromaei. 4 Bl. in Kpfst. auf Gross-Papier aus Fischer v. Erlach.
1725. 33 × 42 cm. M. vielen Figuren, daher auch costümlich inte-
ressant. Tadellos erhalten. 10 —
956 — Aeusserliches Ansehen des Pallasts, welchen S. Durchl. Printz
Eugenius v. Savoien zu Wien in d. Himmelport-Gassen erbauet; Samt
dem Einzuge de Ao. 1711 d. 9. Apr. vom Gross-Vezir abgeschickten
und daselbst zur Audienz geführten, Aga. Schöner Kpfst. auf Gr.-
Papier n. Fischer v. Erlach u. Delsenbach. 1725. 30 × 43 cm.
Schön erhalten. 5 —
957 — 2 Ansichten u. 1 Grundriss des Schlosses Schönbrunn. 3 Bl. in
Kpfst. auf Gross-Papier aus Fischer v. Erlach. 1725. 40 × 65 cm.
u. 2 Bl. je 30 × 42 cm. M. vielen Costüm-Figuren. Prächtig erhalten. 8 —
958 — Prospect d. grossen neuen Kaysl. Stalls vor 600 Pferdte. Kpfst.
auf Gross-Papier aus Fischer v. Erlach. 1725. 32 × 42 cm. M. vielen
Costüm-Figuren. Schön erhalten. 4 —

Russland.

M. Pf.

959 Artamof, P., et J. G. D. Armengaud. La Russie historique, monu-
mentale et pittoresque. 2 vols. Avec beaucoup de belles illustr. gr.
s. bois. fol. Paris 1862—65. Hmaroq. m. Goldschn., schönes Ex. 40 —
960 Atkinson, Th. W., Oriental and Western Siberia; a narrative of 7
years' explorations and adventures in Siberia, Mongolia, the Kirghis
Steppes, Chinese Tartary, and part of Central Asia. With a map,
20 fine chromolith. plates (3 of which costumes), and numerous wood-
cuts of the scenery, manners and customs. Imp.-8. London 1858.
Lwd. (42 sh.) 20 —
961 Bossoli, C., the beautifull scenery and chief places of interest through-
out the Crimea. 52 fine coloured plates lith. by W. L. Walton.
Imp.-fol. London 1856. Lwd. (210 M.) 90 —
Prächtiges in Haghe'scher Manier ausgestattetes Werk.
961 Chodzko, L., la Pologne histor., littér. monument. et pittor., publ. p.
J. St. Grabowski. T. 1. Av. 60 gravures. Paris 1835—36. Hfrz. 15 —
962 Damame-Démartrait, F., collection complète des divers jardins et
points de vues de maisons de plaisance impériales de Russie et de
celles des plus grande Seigneurs de cet empire, dessinés d'après nature
et grav. p. Damame-D. Paris 1811. — 16 très belles gravures coloriées
soigneusement. Imp.-fol. Mit Titel u. 3 Bl. Text. 200 —
Die neuesserst seltens Folge umfasst: Vue de la place de Pierre le Grand. — Bains
russes. — Montagnes à glace sur la Néva. — Perspective de Nevsky. — Le Palais
Moderne à Moscou. — Canal de la Fontainha près du Jardin d'été. — Pont de
Séménovskii. — Palais Impérial, du côté de la Néva. — Vue de la Néva. —
Pont d'Anichkoff. — Smolensk. — Tsarsko-Celo (3 vues). — Kremlin. — For-
taresse de S. Péterb. — Mit sehr vielen color. Kostümfiguren.

Karl W. Hiersemann in Leipzig, Königsstrasse 2. Catalog 108.

66   Baudenkmäler: Russland.

                                                                    M. Pf.
964 **Dürrfeld**, Fr., Malerische Ansichten und Kostüme aus Petersburg
    und Moskau. 13 Bll. Ansichten u. 1 Blatt Ordensabbildgn. = 14 Bll.
    sauber color. Kupferstiche. Grösse je 13½ × 17½ cm. fol St.
    Petersb. 1790.   60 —
965 **Gatschin.** Vue du Cornetable de la ville de G. prise du pont de
    pierre. Peint p. S. Chédrin, gravé sur cuivre p. J. Téléguine. ca.
    1800. 32 × 39 cm.   10 —
966 — Vue de la Colonne et d'un Temple dans le Jardin de la ville de
    G. prise du côté opposé à l'étang. Peint p. S. Chédrin gravé sur
    cuivre p. A. Ouctomsky. ca. 1800. 33 × 41 cm.   6 —
967 **Gautier**, Th., Trésors d'art de la Russie ancienne et moderne. Monographie de Saint-Isaac; Monogr. du Palais de Tsarskoé Sélo; Monogr.
    de l'arsenal de Tsarskoé-Sélo. 3 fasc. av. 41 planches photogr. Imp.-
    fol. Paris 1859—62. En cartons. (300 fr.)   150 —
968 **Kasan.** Ansichten n. d. Natur gez. v. Edward P. Turnerelli. 9 Kreidelithographien und in russ. Styl ornam. Titelblatt in 2 Tönen. fol.
    London 1839. Einband schadhaft. Tafeln etwas fleckig.   45 —
969 **Ker Porter**, R., Travels in Georgia, Persia, Armenia, ancient Babylonia, etc., in 1817—20. 2 vols. with 2 portr., 2 maps and 88 plates
    of antiquities, costumes, inscriptions, views etc. 4. London 1821—22.
    cart., unbeschn.   45 —
970 **Krym.** Eine Sammlung v. Ansichten d. Städte u. Alterthümer, d.
    d. Volkslebens u. d. Landschaften in der Krym u. im Kaukasus. 43 Blatt
    (Blattgrösse 28 × 20 cm.) auf weissen Carton aufgezogen, Kupferstiche
    von Künstlerhand in den prächtigsten Farben so colorirt, dass man die
    vollendetsten Aquarelle vor sich zu haben glaubt. Die Annahme liegt
    nahe, dass ein zweites Exemplar dieser Sammlung, die in 52 Blatt
    vollständig ist, in solcher Ausführung nicht existirt. In Leinwand-Mappe
    mit Lederrücken.   430 —
    Eupatoria. — Entrance to Sebastopol, from the Sea. — The River Alma. — Remains
    of ancient Chersonese. — Fort St. Nicholas. — Sebastopol from a Watch Tower
    in Centre of town. — Arsenal Harbour, Sebastopol. — Interior of an early
    Christian Church. — Mouth of the Tschernaja River. — Remains of Genoese
    forts at Inkerman. — Valley of Inkerman. — Monastery of St. George. — Coast
    extending from Cape Fioiente to Sebastopol. — Entrance to the Harbour of Balaklava. — Balaklava seen from the shore. — Tartar House in the village of Alupka.
    — Interior of a Tartar House. — Tartar Children's School-Peaks of Mount St.
    Peter. — Cape and Lighthouse of St. Theodore. — Dance of Tartars. — Grotto
    of Yarvuf-Tchatyr Dagh. — Alushta. — Valley of Temers-Ji. — Tartars travelling
    on the plains. — Waterfall of Giur-Giur. — Valley of Kokos. — Simferopol. —
    Valley of Ussembasch. — Remains of the Genoese forts at Ciafat Kale. — Burial
    Ground of the Karaim Jews. — Ruins of a large Genoese Fortress at Sudak. —
    General view of Karn-eu-Basar. — Cape Tokli on the Gulf of Kertch. — Tomb
    of Mithridates. — Kertch seen from the high-road to Yenikale. — Fort Arabat. —
    Steppes between Perekop and Simferopol. — Kaffa. — The Bosphorus. — Russian
    Burial-ground the Island of Serpents.
971 **Mac Pherson**, D., (Greece and Byzantine) antiquities of Kertsch, and
    researches in the Cimmerian Bosphorus. W. colour. frontisp. and title
    page, woodcuts in the text, 12 (col.) pl. and 2 maps. gr.-4. Lond.
    1857. cloth. Selten.   36 —
972 **Moskau.** 10 Vues de Moscou dessinées par A. Cadolle, lithogr. p.
    Deroy. A. Joly, Lemaitre, Fragonard, Renoux, Jacottet, Dupressoir etc.
    Avec texte. Imp.-fol. Paris 1825.   60 —
973 — 12 Ansichten monumentaler Bauten in M. in wirkungsvollem Toudruck (dessiné par André Durand, figures p. Raffet). 1842—43. fol. 36 —
    Kirchen u. Profanbauten im byzant. Style.
974 **Ouvaroff**, A., recherches sur les antiquités de la Russie Meridionale
    et des côtes de la Mer Noire. 1 vol. de texte in-fol. et 1 atlas de
    40 planches en partie en chromo. Imp.-in-fol. Paris 1855. Hmaroq. 65 —
    Von hohem Interesse für die Archäologie Südrusslands.
975 **Petersburg.** A picture of St. Petersburgh. W. 20 interesting coloured
    views of the City, the sledges, and the people, at the twelve diff.

          Karl W. Hiersemann in Leipzig, Königsstrasse 2. Catalog 108.

Baudenkmäler: Russland. 67

	M. Pf.
months of the year, accomp. w. an histor. und descript. account. fol. Lond. 1815. hf. calf. (Ladenpreis 126 M.)	80 —

Mit sehr vielen Abbildungen von Civil- u. Militär-Costümen.

976 **Petersburg** Grandes vues à St. P. Av. légendes russes et franç. 6 pl. Lithogr. de Beggrov. gr. in-fol. (ca. 1825.) — 20 —
977 — Vue de l'Amirauté et de ses environs en regardant de la porte triomph. vers l'Occident, gravée p. Katschaloff. (St. Petersb. 1753). 41 × 66 cm. — 10 —
978 — Vue de l'ancien Palais d'Hiver de S. M. Imp. et du canal qui joint la Moika avec la Neva, gravée p. Winogradoff. (St. Pet. 1753) 41 × 65 cm. Taché. — 10 —
979 — Vue de Nouveau Palais près de la porte triomph. d'Anitschki vers l'Orient avec une partie de la ville et du chemin d'Alex. Newski du coté de la Fontanka, gravée p. Wassilieff. (St. Pet. 1753.) 41 × 65 cm. 10 —
980 — Vue des batimens des Colleges Imp. et d'une partie du Magasin de marchand. vers l'Orient, gravée p. Wnoukoff (St. Petersb. 1753). 41 × 66 cm. — 10 —
981 — Vue du Palais d'Eté de S. M. Imp. du côté du Nord, gr. p. A. Grékoff. 41 × 67½ cm. (St. Pet. 1753.) — 10 —
982 — 14 Ansichten von Kirchen u. Profanbauten in Petersburg. Gez. v. A. Durand, Figuren v. Raffet. 14 Bl. in Tondruck. fol. 1841—43. In Mappe. — 42 —

Grösstentheils Bauten in byzant. Style.

983 — Vue perspective des bords de la Neva, entre le Palais d'hyver et l'Acad. des Sciences. Color. Ansicht, Kupferst., publ. May 1794 by Laurie & Whittle, London. 23 × 39 cm. — 15 —
984 — A view of the Exchange and the Warehouses at Petersburg in Russia. Ansicht, color. Kupferst. London, R. Sayer, cca. 1790. 23 × 39 cm. — 15 —
985 — Recueil de projets couronnés au concours public pour une église sur l'emplacement ou fut mortellement blessé l'empereur Alexandre II. 4. 19 Blatt in Lichtdruck. Petersburg 1882. — 12 —
986 — Vue prise sur la rivière de Fontancka vers le Midi entre la grotte et le magazin des provisions de la cour, gravée p. Katschaloff. (St. Petersb. 1753.) 41 × 65 cm. — 10 —
987 — Vue de la Bourse et du Magazine de marchandises en remontant le petit Neva, gravée p. Eliakoff (St. Petersb. 1753). 41 × 65 cm. — 10 —
988 — Vue de la Bourse du côté de la grande Neva. fol. dessinée p. Chotochnikoff, gravée p. Tcheski col. Kupferst. — 12 —
989 **Preobraschensky**, M. T., Denkmäler altrussischer Baukunst im Gouvernement Kaluga. Mit 15 Taf. in Heliogravure, Grundrisse, Fassaden, Schnitte, Details etc. besonders kirchlicher Bauten. 4. VIII, 119 Seiten Text in russischer Sprache. Petersburg 1891. In Mappe. — 20 —
990 **Sammlung**, künstlerische, von Arbeiten russ. Architekten, redigirt von A. S. Kaminsky, gesammelt u. herausgegeben von A. A. Netyksa. 4. Erste Lieferung für 1890, 17 Lichtdrucktafeln u. 11 Seiten Text in russ. Sprache, in Mappe. Jahrg. 1891 in 8 Lieferungen in originellen Umschlägen, jeder Umschlag mit einem modernen russ. Monumentalbau in Lichtdruck geziert, über 110 Lichtdrucke und 48 Seiten Text in russ. Sprache. Moskau 1890—91. — 75 —

Die Sammlung weist einen überraschenden Reichthum neuer russischer Kirchen, Prachtwohngebäuden, Villen im Nationalstyl, in Fassaden, Schnitten und Grundrissen auf. Ferner eine Reihe kunstgewerblicher Erzeugnisse, wie Ausstellungskasten, Textilvorlagen, Grabmonumente, Metallwaaren u. s. w., und erheischt unsere Achtung schon durch die sorgsame Wiedergabe der originellen, sehr anregenden Zeichnungen.

991 **Stavenhagen**, W. S., Album baltischer Ansichten 3 Bde.: Livland, Ehstland, Kurland. 91 feine Stahlstiche. 4. Mitau 1866—67. Lwd. 70 —

Der unwesentliche Textband fehlt.

Karl W. Hiersemann in Leipzig, Königsstrasse 2. Catalog 108.

Baudenkmäler: Schweiz.

M. Pf.
992 Susloff, W. W., Skizzen z. Geschichte der altrussischen Baukunst (in russischer Sprache). 4. mit 15 Tafeln in Photolithographie, 1 Vollbild und 21 Holzschnitten auf kirchliche und profane Bauten bezüglich. Petersb. 1889. 14 —
993 — Materialien zur Geschichte d. alten Nowgorod-Pskow'schen Architektur (in russischer Sprache). 8. mit 4 Tafeln: Grundrisse und Ansichten kirchlicher Bauten. Petersb. 1888. 4 —
994 — Architekt. Reisebemerkungen über den Norden Russlands u. Norwegens. Mit 14 Tafeln in Holzschnitt u. Lichtdruck, besonders die alten kirchlichen Holzbauten darstellend, auch Costüme u. verzierte Hausgeräthe. Im Text viele Holzschnitte. 4. Petersburg 1889. In russ. Sprache. 14 —

Schweiz.

M. Pf.
995 l'Architecture en Suisse aux différentes époques. 57 planches (héliogravures). fol. Basel (1884). En Carton. (75 fr.) 32 —
Bauten, Ansichten. Grundrisse. Decorative Details. Monumente.
996 Füssli, W., Zürich u. die wichtigsten Städte am Rhein in Bezug auf Archit., Sculptur u. Malerei. 2 Bde. Lpz. 1846. Lwd. (10½ M.) 5 —
997 Meyer, J. J., et J. G. Ebel, les nouvelles routes par le pays des Grisons jusqu'aux Lacs Majeur et de Como. 36 vues et 1 carte, avec textes. qu.-4. Zürich 1827. Pp., schönes Ex. 20 —
Die 36 schönen Tafeln sind von Bodmer, Falkeisen, Sperli, Meichelt u. A. in Schabmanier gestochen.
998 Ortwein, A., dtsche. Renaissance: Basel. 3 Hefte. M. 30 Taf. autogr., u. hrsg. v. W. Bubeck. fol. Lpz. 1874. (7¹/ M.) 4 —
999 — — Stadt u. Canton Luzern: 3 Hfte. M. 30 Taf., autogr. u. hrsg. v. E. Berlepsch. fol. Lpz. 1873. (7¹/₁ M.) 4 —
1000 — — Zürich. Hft. 1. M. 10 Taf., autogr. u. hrsg. v. E. Berlepsch. Fol. Lpz. 1873. 1 50
1001 Reise-Studien, architectonische, vom Bodensee u. der Schweiz, hrsg. unter Leitung v. R. Reinhardt u. Th. Seubert von Studirenden am Polytechnikum zu Stuttgart. Mit 66 lith. Tafeln. gr.-fol. Stuttg. (1874.) Hlwd. (19¹/₅ M.) 10 —
Façaden, Innendecoration, Kirchengeräthe, Möbel, Holzschnitzereien, ornamentale Architekturtheile, etc.
1002 Richardson jun., T. M., sketches in Italy, Switzerland, France etc. 26 pl. lith. by Ducotes and Hullmandel. Imp.-fol. Lond. 1837. Hf. morocco. green. A little stained. (84 sh.) 50 —
1003 Schmidt de Rosan, F. S., recueil d'antiquités de la Suisse. Tome I (seul publ.) celles d'Avenches et de Culm. Avec 34 planches. 4. Francf. 1771. Hfz. 5 50
1004 Vionnet, P., Les monuments préhistoriques de la Suisse occidentale et de la Savoie. Laus. 1872. fol. Mit 35 Photogr. Tfln. u. Abbild. im Text. Lwd. 60 —
1005 de Zurlauben, Tableaux de la Suisse, ou Voyage pittoresque fait dans le 13 cantons et états alliés du Corps Helvétique. Tableaux topogr., pittoresques, physiques, histor., moraux, politiques, littéraires de la Suisse. Ouvrage exécuté aux frais et par les soins de M. de Laborde. 3 vols. Avec 278 belles planches: vues, cartes, scènes histor., habillements, et portraits. gr.-fol. Paris 1780 – 86. Juchtenbde., die Einbände beschädigt. 90 —

Skandinavien.

M. Pf.
1006 Batty, Hannoverian, Saxon and Danish scenery, 62 full page plates and 60 woodcut vignettes with descriptions. Proofs on India paper. 4. Lond. 1829. Kalblederbd. mit Goldschn. (£. 10. 16 sh. = 216 M.) 45 —

Karl W. Hiersemann in Leipzig, Königsstrasse 2. Catalog 108.

Baudenkmäler: Skandinavien. Spanien u. Portugal. 69

M. Pf.

1006a **Heales, A.**, the churches of Gottland (other than those of Wisby). With 26 photos, 10 lithogr. plates and 18 woodc. 4. Lond. 1888. Hmaroquin. (105 sh.) 60 —
1007 **Worsaae, J. J. A.**, la sépulture de Mammen (près Viborg, Jutland), datant de la fin des temps païens. Trad. p. E. Beauvois. Avec 9 planches, dont 4 col. — J. Kornerup, les églises de bois en Danemarc au m.-âge. Trad. p. L. Morillot. — C. Engelhardt, trouvailles danoises du commencement de l'âge de fer. Trad. p. E. Beauvois. Av. 3 planches et beauc. de fig. s. b. = 3 Extr. Copenh. 1869. 5 —
1008 **Mandelgren, N. M.**, monuments Scandinaves du moyen-âge avec les peintures et autres ornements qui les décorent. Av. 40 planches. Imp.-fol. Paris 1862. In Carton. (160 fr.) 100 —
 <small>Dieses schöne Werk behandelt ausschliesslich die Wandgemälde u. Ornamente von 9 alten schwedischen Kirchen. Von den 40 Taf. sind 15 in feinem Farbendruck (n. Th. v. Kellerhoven) ausgeführt.</small>
1009 **Neckelmann, Skjold**, Denkmäler der Renaissance in Dänemark. Mit beschreibenden Text von F. Meldahl, königl. Etatsrath, Professor und Direktor der königl. Kunstakademie zu Kopenhagen. 47 Lichtdrucktafeln. fol. In Mappe. 50 —
 <small>Ein Sammelwerk, angelegt und durchgeführt wie die allbekannten „Denkmäler deutscher Renaissance" von K. E. O. Fritsch, in welchem die interessantesten nordischen Bauten jener Epoche in meisterhafter Wiedergabe zum ersten Male weiteren Kreisen zugänglich gemacht werden.</small>
1009a **Nyrop, M.**, Bygningerne ved den Nordiske Industrie-Landbrugs og Kunstudstilling i Kjobenhavn 1888. 36 Tafeln. Fol. Kjob. 1891. In Mappe. 19 —
 <small>Die sämmtlichen Bauten dieser Ausstellung, auch die Kuppelbauten sind in Holz in skand. Stil ausgeführt.</small>
1010 **Susslof, W. W.**, Reisebemerkungen über den Norden Russlands u. Norwegens (in russischer Sprache). 4. mit 19 Holzschnitttafeln, besonders die kirchlichen Holzbauten des Nordens darstellend. Petersb. 1889. 14 —

Spanien und Portugal.

M. Pf.

1011 **Amador de los Rios, José, y Juan de Dios de la Rada y Delgado**, historia de la villa y corte de Madrid. Mit mehr als 120 Tafeln, teilweise lithogr. teils in Kupfer gestochen, einige in Farben mit Gold und Silber gehöht. fol. 4 Bde. Madrid 1860—64. Roth Halbmaroquinbde. 240 —
 <small>Sehr schönes an den Selten unbeschn. Exemplar auf starkem Papier, ob. Schnitt vergoldet. Die Tafeln stellen dar: Portraits von span. Fürsten u. hervorragenden Männern, Ansichten von öffentl. Gebäuden, architekton. Details, Mosaiken, Münzen, Wappen, Siegel, Grabmäler, Facsimiles von Urkunden, prachtvoll verzierte Waffen u. Rüstungen, Kämpfe, Belagerungen etc.</small>
1012 **Assas, M. de**, Album artistico de Toledo. Coleccion de vistas y detalles de los princip. monumentos. Con 51 laminas litogr. ejecut. por artistos disting. y publ. p. D. Bachiller. fol. Toledo 1848. Hlwd. 45 —
 <small>Reich ornamentirte Architektur, grossentheils Details.</small>
1013 **Becquer, G. A.**, Espedicion de Veruela. Ein Skizzenbuch des Künstlers mit 93 meisterhaften Handzeichnungen, zum Theil in Farben, darstellend Costüme, Landschaften, Genrebilder, Architekturbilder, Ornamente (color.) und architekton. Details, und Studienblätter aller Art, darunter manche unausgeführte. qu.-4. Pp. Beigelegt ein Brief der Wittwe Becquer's an den engl. Gesandten, das Album betreffend. 40 —
1014 **Burnett's** views of Cintra, 14 pl. lith. by Hullmandel, India proofs. fol. Lond. (1840). (40 sh.) 32 —
1015 **Caramuel, Juan**, architectura civil, recta, y obliqua, considerada y dibuxada en el Templo de Jerusalen, promovida a suma perfeccion

Karl W. Hiersemann in Leipzig, Königsstrasse 2. Catalog 108.

Baudenkmäler: Spanien und Portugal.

M. Pf.

en el Templo y Palacio de S. Lorenco cerca del Escurial. 3 vols.
Mit Portr. u. 161 Kupfern. fol. Vegeven 1678. Pgt. 100 —
1016 **Cardenas, A. A.**, Museo Granadino de antiguedades Arabes. Coleccion de estudios arqueologicos sobre los monumentos Arabes de Granada. Parte I. Mit 19 Photographien der arabischen Baudenkmale und Sculpturen. 4. Granada 1886. In Mappe. 30 —
Interessante Privatpublikation, die nicht in den Handel gekommen ist. Mit dem zweiten Theil gleichen Umfangs, dessen baldiges Erscheinen in Aussicht gestellt ist, wird das Werk abgeschlossen sein.
1017 **Catalonien** in malerischer, architekton. u. antiquar. Beziehung dargest. auf 30 Blättern. Gestoch. v. H. W. Eberhard. fol. Darmst. (1828). cart. 15 —
1018 **España** artística y monumental. Serie I: El arte moderno Espanol. Cuaderno 1—4. 32 laminas en reprod. fototip. p. Laurent y Co. Con illustr. p. P. de Madrazo. Textos 8., laminas 4. Madrid 1889. 24 —
1019 — — Serie III: Monumentos arquitectónicos de España y esculturas. Cuad. 1—4. 24 laminas en reprod. fototip. p. Laurent & Co. Con illustr. p. P. de Madrazo. Textos 8., lamin. 4. Madrid 1889. 24 —
1020 **Gascón de Gotor, A.**, y P., Zaragoza artística, monumental e histórica. Tomo I. Con 60 laminas fototipicas y profusion de intercalados en el texto. 4. Zaragoza 1890. 30 —
Interessante Publikation n. wichtig für die Geschichte u. Kunstgeschichte Spaniens seit den frühesten Zeiten. Die Tafeln sind meistens Darstellungen von Denkmälern der Architektur u. Skulptur und berücksichtigen besonders die ornamentalen Details und die Alterthumsfunde. Der bis jetzt vorliegende 1. Band des Werkes ist in folgende 5 Abschnitte eingetheilt: 1) Tiempos prehistoricos. Iberos. Barros, hierros y bronces. — 2) Cesar Augusto. Murallas romanas, Estatuitas rom., mosaico rom., etc. — 3) Era cristiana. Catacumbas, restos rom.-bizantinos etc. — 4) Era arabe. Arquitectura arabe musulm. occidental, arabe bizantino, de transicion, arabe espanol. Códices arabes, etc. — 5) Mudéjar.
1021 **Gestoso y Perez, J.**, Sevilla monumental y artistica. Historia y descripción de todos los edificos notables religiosos y civiles, que existen actualmente en esta ciudad y noticia de las preciosidades artísticas y arqueológicas que en ellos se conservan. Tomo I. 8. XX u. 711 pp. mit 12 Tafeln in Lichtdruck. Sevilla 1889. Nicht im Handel. 18 —
1022 — — Tomo II. Con 10 laminas y 1 plano de la Catedral. 4. Sevilla 1889. 610 pag. Nicht im Handel. 18 —
1023 — Guia artística de Sevilla. Historia y descripcion de sus principales monumentos religiosos y civiles y noticia de las preciosidades artístico-arqueol. 2. edicion. Sevilla 1886. 4 —
1024 **Haupt, A.**, Die Baukunst der Renaissance in Portugal von d. Zeiten Emanuels d. Glückl. bis zum Schlusse d. spanisch. Herrschaft. Bd. 1. Lissabon und Umgegend. M. 3 Taf. u. Abbild. i. Text. 4. Frankf. a. M. 1890. 18 —
1025 **Junghändel, d.** Baukunst Spaniens. 1 Lfg. 25 Bl. Lichtdr. m. Text. fol. Dresden 1889. In Mappe. 25 —
1026 **Kinsey, W. M.**, Portugal illustrated. With 16 plates of views, costumes etc., on India Paper, a map, 8 pages of music, and 9 coloured plates, each of wich representing. 4 costumes of the inhabitants. Imp.-8. London 1828. Reich vergold. roth. Maroquinbd. m. G. 20 —
1026a **de Laborde, Alex.** Voyage pittoresque et historique de l'Espagne. 2 tomes en 4 vols. Avec 2 cartes et 350 planches. gr.-fol. Paris 1806—20. Hfrz. (1008 fr.) 150 —
Prächtiges Architektur-Werk, seiner schönen Scenerien wegen auch für Theatermaler von Interesse.
1027 **Lewis,** sketches of Spain and Spanish character, made dur. his tour 1833—34. 25 lithogr. plates. Imp.-fol. Lond. 1843. Hmaroq. (84 sh.) 30 —
Der zahlreichen Costümabbildungen wegen von besonderem Interesse.
1028 **Monumentos** arquitectonicos de España publicados a expensas del Estado bajo de la direccion de una comision especial creada por el Ministerio de Fomento. Parti 1—89 (el todo publ.) con 282 laminas (muchas color.). Madrid 1859—79. Imp.-fol. (2225 fr.) 1400 —

Karl W. Hiersemann in Leipzig, Königsstrasse 2. Catalog 108.

Baudenkmäler: Spanien und Portugal. Amerika. 71

M. Pf.

1029 **Museo Espagnol de antiguedados**, bajo la direccion del D. J. de Dios de la Rada y Delgado con la colaboracion de los primos escritores y artistas de España. Vol. I—X. (tout ce qui a paru). Av. 372 pl. coloriées, rehaussées en or et en argent et beaucoup de gravures s. bois. Imp.-fol. Madrid 1872—85. (ca. 2300 fr.) Bd. I—VIII. Roth Hmaroq. m. Goldschn., Bd. IX u. X cart. 1400 —
1030 **Rios**, J. A. De Los, el arte latino-byzantino en España y las Coronas Visigodas de Guarrazar. M. 6 Taf. 4. Madrid 1861. 20 —
1031 **Roberts**, D., Illustrations to Jennings's Landscape Annual 1836: Andalusia. 21 beautiful steelengravings by the best artists after drawings of D. Roberts. India Proofs before letters. gr.-fol. London 1836. In Carton. (63 sh.) Die letzte Tafel stockfleckig. 36 —
1032 — Spain and Morocco. Illustrations to Jennings's Landscape Annual, 1838. 21 beautiful plates engr. on steel by the best artists from drawings of D. Roberts. India Proofs before letters. gr.-fol. London 1838. In Mappe. (63 sh.) Mit wenigen unbedeutenden Lagerflecken, sonst schönes Ex. 32 —
1033 — picturesque sketches in Spain taken dur. 1832—33. 26 tinted plates. fol. London 1837. Hmaroq. (84 sh.) 48 —
1034 — Views in Spain and Morocco: comprising Biscay and the Castiles, Morocco, Tetuan, Tangiers, etc., from drawings by D. Roberts engraved by various artists. 42 plates engr. on steel. fol. London 1838. Hmaroq. m. G. (126 M.) 30 —
1035 — Granada, with the palace of the Alhambra. Illustrations to Jennings's Landscape Annual, 1835. 21 beautiful plates engr. on steel by the best artists from drawings by D. Roberts. India Proofs before letters. gr.-fol. London 1835. In Mappe. (63 sh.) Einige Tafeln haben leichte Papierflecken. — Beigefügt sind noch 2 Tafeln mit 10 feinen Holzschnitten, Ansichten aus der Alhambra, gleichfalls auf chines. Papier. 32 —
1036 — the Castilos and Biscay. Illustrations to Jennings's Landscape Annual, 1837. 21 beautiful plates, engr. on steel by the best artists fr. drawings of D. Roberts India Proofs before letters. gr.-fol. London 1837. In Mappe. Einige Tafeln mit unwesentl. Lagerflecken. 20 —
1037 **Swinburne**, H., picturesque tour through Spain. (1796—1806.) W. 1 map and 20 engrav. (views) by Watts, Medland Angus, Mitan etc. quer-fol. Lond. 1806. cart. (105 M.) 20 —
Fine views of Barcelona, Burgos, Sevilla, Granada, Toledo, Malaga etc.
1038 **Taylor**, J., picturesque tour in Spain, Portugal and along the coast of Africa fr. Tangier to Tetuan. Part. 1—8. W. 40 copperplates. 4. Lond. 1826. Proofs on India paper. (168 sh.) All that has appeared. 20 —
1039 **Uhde**, C., Baudenkmäler in Spanien und Portugal. Lfg. 1—5. Mit vielen photolith. Tafeln. fol. Berlin 1889—92. In Mappe. (100 M.) 80 —
Wird in 8 Lieferungen (à 20 M.) complet werden.

Amerika.

M. Pf.

1040 **Aa**, P. v. d., naaukeurige verzameling der gedenkwaard. reyzen naar Oost en West-Indien, mitsg. andere Gewesten gedaan zedert 1246. 28 tom. en 29 vols. Av. un grand nombre de cartes et de planches. Leiden 1707. d.-veau. 80 —
Collection des voyages les plus import. et les plus curieux dans les deux Indes.
1041 **Album** pintoresco de la Isla de Cuba. 26 lithogr. Tondruck-Blätter u. 2 grosse Karten mit span., engl. u. deutschen Unterschriften, u. 1 Titelblatt in Gold- u. Farbendruck. qu.-fol. Habana, May y Ca., 1853. Lwd. 24 —
Die Tafeln stellen Ansichten der Städte sowie Scenen aus dem Volksleben dar. Darunter sind 4 verschiedene Totalansichten von Habana u. 10 Ansichten einzelner

Karl W. Hiersemann in Leipzig, Königsstrasse 2. Catalog 108

Baudenkmäler: Amerika.

Theile der Stadt, ferner Ansichten von Alameda de Paula, Matanzas, Sagua la Grande, Santiago de Cuba, Baracoa, Trinidad. Der grosse Plan von Habana (in 4facher Grösse des Buches) ist von 14 kleineren Ansichten einzelner Gebäude umrahmt, und die grosse Karte der Insel ist von 15 Randbildern umgeben, welche Ansichten aus Habana aus frühester Zeit, Volksbelustigungen, Naturereignisse etc. vorführen.

1042 **Antiquités Mexicaines.** Relation des trois expeditions du capitaine Dupaix, 1805—1807, pour la recherche des antiquités du pays, notamment celles de Mitla et de Palenque; accomp. des dessins de Castañeda; suivie d'un parallèle de ces monuments avec ceux de l'Egypte, de l'Indostan etc. par A. Lenoir, suivie d'une dissertation s. l'origine de l'anc. popul. des deux Amériques etc. p. Warden etc. 2 vols. avec 167 planches. Paris 1834—36. gr.-fol. (520 fr.) 100 —
La planche 27 de la 2de. expéd. manque.

1043 **Brasseur de Bourbourg,** monuments anciens du Mexique: Palenque et autres ruines de l'anc. civilisat. du Mexique. Avec 56 pl. chromolith. représ. des vues, bas-reliefs, morceaux d'architect., vases, terres cuites, cartes et plans etc. dess. p. M. de Waldeck. Imp.-fol. Paris 1866. Hmaroq., ob. Schnitt verg., Seiten unbeschn. (250 fr. ohne Einband). Vergriffen. 160 —

1044 **Choris, L.,** vues et paysages des régions équinoxiales, recuillies dans un voyage autour du monde. Av. une introd. et une descr. des planches. Av. 24 pl. color. fol. Paris 1826. d.-veau. (90 fr.) 36 —
Cont. 4 vues du Brésil, 3 vues de Chili, 10 vues des îles océaniques etc.

1045 **Debret, J. B.,** voyage pittoresque et hist. au Brésil ou séjour d'un artiste franç. au Brésil 1816—31. 3 vols. av. portr. et 139 planches représ. des costumes et vues. fol. Paris 1839. En portef. (180 fr.) 90 —

1046 **Dumont d'Urville,** viaggio pittoresco intorno al mondo ossia riassunto gen. de viaggi e scoperte. Trad. de franc. da L. L. 2 vols. Con circa 600 tavole color. 4. Venezia 1841. (130 Lire.) 40 —

1047 **Duran, D.,** (del siglo XVI) historia de las Indias de Nueva Espana y Islas de Tierra Firme. La publica c. notas e ilustrac. por. J. F. Ramirez e G. Mendoza. 2 vols. de texte et 1 atlas de 66 planches color. 4. Mexico 1867—80. Roth. Hmaroq. Sehr selten. Exemplar mit vorzügl. Colorit. 150 —
Der höchst wichtige Atlas gewährt einen interessanten Einblick in die Kunst der Mayas. Malerei, Architectur, Bilderschrift, ferner Religion etc. derselben dürften dadurch manche Aufklärung erhalten.

1048 **Humboldt,** Vues des Cordillères, et Monumens des Peuples Indigènes de l'Amériques, Imp. fol., 69 large plates of Mexican, Peruvian, and other Picture-writing, Hieroglyphics, Bas-reliefs, Costumes, Views, etc. many of them finely coloured. Paris 1810. half calf. 36 —
Wants pp. 273 to 350 of the text and plates 45 and 50 to 69.

1049 **Ouseley, W. G.,** Views in South America from orig. drawings made in Brazil, the River Plate, the Parana, etc. 25 beautiful tinted plates, lithogr. by J. Needham, und a sketsch and plan of Obligado. gr.-fol. London no d. (1852). Lwd. (84 sh.) 50 .—
Von Südteansichten enthält das Werk nur Montevideo u. Buenos Ayres, sonst nur malerische Ansichten.

1050 **Palliser's** court houses, village town and city halls, jails and plans of other public buildings. 96 plates. fol. New York 1889. 9 —

1051 **Reiss, W.,** and A. **Stübel,** the Necropolis of Ancon in Peru. Contribution to our knowledge of the culture and industries of the empire of the Incas. Being results of excavations made on the spot. Translat. by A. H. Keane. 141 plates print. in colours w. text. 3 vols. gr.-fol. Berl. 1880—87. In portfol. 385 —

1052 —— das Todtenfeld von Ancou in Perú. E. Beitr. z. Kultur und Industrie d. Inca-Reiches. Nach den Ergebnissen eigener Ausgrabungen. 141 Taf. in Farbendruck mit Text. 3 Bde. gr.-fol. Berl. 1880—87. In Lwdmappen. 385 —

Karl W. Hiersemann in Leipzig, Königsstrasse 2. Catalog 108.

Kirchliche Architektur: Sammelwerke. 73

M. Pf.
1053 **Richardson**, H. H., the Ames Memorial Building, North Easton.
Mass. 23 Heliotype Plates. fol. Boston 1886. In Portfolio. 35 —
Monographs of American Architecture. III
1054 **Rugendas**, M., voyage pittoresque dans le Brésil. Trad. de l'allem.
p. M. de Golbéry. Av. 100 planches lith. p. Engelmann. fol. Paris
1835. d.-veau. 60 —
1055 — maler. Reise in Brasilien. M. 100 schönen Lithographien von
Engelmann & Co. fol. Paris 1835. Hmaroquin. (210 M.) 75 —
1056 **Wied-Neuwied, Max.** zu, Reise nach Brasilien 1815—17. 2 Bde. m.
3 Karten, 22 Taf. (5 in Chromo) u. 19 Vign. 4. Atlas in-fol. Frkft.
1820—21. Hlwd. Ex. d. Prachtausg. auf Velinpap. (144 M.) Schönes Ex. 60 —

Kirchliche Architektur.
Sammelwerke.

M. Pf.
1057 **Allen, H.**, the great cathedrals of the world. 130 pl. in photogravure
w. descript. text. 2 vols. fol. Boston (1886). cloth. (126 sh) 75 —
List of Cathedrals. England: Westminster Abbey, St Paul's, Canterbury, York,
Exeter, Ely, Durham, Wells, Salisbury. — France: Paris (Notre Dame), Amiens,
Chartres. — Germany: Cologne, Strassburg. — Belgium: Antwerp (Notre Dame).
— Italy: Rome (St. Peter's), Venice (St. Mark's), Milan, Florence, Palermo, Pisa,
Siena, Orvieto, Prato, Monreale, Naples. — Russia: St. Petersburg (St. Isaac's).
— Spain: Seville, Granada. — Portugal: Lisabon. — America: New York
(St. Patrick's)
1058 **v. Ankershofen**, G., Kärntens älteste kirchliche Denkmalbauten. Mit
Holzschnitten u. 5 Tafeln. gr.-4. Wien 1860. (A.) 70 S. 6 —
1059 **Archiv** für Niedersachsens Kunstgeschichte. Herausg. v. H. Mithoff.
3 Abtheilungen. fol. Hannover 1849—62. (72 M.) 28 —
I. Mittelalt. Kunstw. in Hannover, mit 24 Tafeln.
II. Kloster Wienhausen bei Celle, mit 10 Tafeln.
III. Mittelalt. Kunstwerke in Goslar, mit 44 Tafeln.
Die Tafeln sind theilweise colorirt (Glasgemälde, Teppiche).
1060 **Auber**, hist. et théorie du symbolisme religieux avant et après le
christian., cont. l'explicat. de tous les moyens symbol. empl. dans l'art
plast., monum. et décor. etc. 4 vols. Paris 1884. (28 fr.) 12 —
1031 **Augin**, Ed., monographie de la cathédrale de Nancy depuis sa fonda-
tion jusqu'à l'époque actuelle. Av. 21 belles planches, dont quelques-
unes en chromo. 4. Nancy, 1882. En portef. (100 fr.) 65 —
Histoire. — Les architectes. — Les monuments. — Le mobilier. — Le trésor.
1062 **Baes**, J., tour et tourelles histor. de la Belgique d'après aquarelles.
50 magnifiques chromolithog. fol. Bruxelles 1890. In schöner
Brocat-Mappe. 80 —
Prächtiges Thurmbuch Belgiens, vorzügliche Chromolith. nach den Original-Aquarellen.
1063 **Blavignac**, J. D., histoire de l'architecture sacrée des 4.—10. siècles
dans les anciens évêchés de Genève, Lausanne et Sion. Paris, Didron
1853. gr.-8. Av. 36 pl. et atlas de 82 planch. in-fol. (65 fr.) 20 —
1064 **Brash, R. R.**, the ecclesiastical architecture of Ireland to the close
of the 12th century and its remains. With 54 plates and frontisp.
e e. 4. Dublin 1875. Hfz. (21 sh.) 16 —
1065 **Britton**, John, Cathedral Antiquities. Historical and descriptive
accounts of the following English Cathedrals, viz. Canterbury, York,
Salisbury, Norwich, Winchester, Lichfield, Oxford, Wells, Exeter,
Peterborough, Gloucester, Bristol, Hereford, and Worcester. 6 vols.
With 305 finely engraved plates. roy.-4. London 1836. Halbmaroquin,
sehr schönes Ex. auf grossem Papier. 500 —
Das prächtigste, ausführlichste u. genaueste Werk über die englischen Cathedralen,
enthaltend Ansichten, Pläne, Risse, Details, Monumente, Sculpturen etc.
1066 **Bruyn**, H. de, archéologie religieuse appliquée à nos monuments
nationaux. 2 vols. Avec un grand nombre de grav. s. bois. Brux.
1869—80. 8 —

Karl W. Hiersemann in Leipzig, Königsstrasse 2. Catalog 108.

Kirchliche Architektur: Sammelwerke.

M. Pf.

1067 **Caumont,** A. de, abécédaire ou rudiment d'archéologie: Architecture religieuse. 5. éd. Avec portrait et un grand nombre d'illustrations. gr.-8. Caen 1886. 8 —

1068 **Churches** of Cambridgeshire and the Isle of Ely. Publ. by the Cambridge Camden Society. With 29 tinted and plain plates and many woodcuts of details. Imp.-8. Cambridge 1845. Hfz. 18 —

1069 **Dollman,** F. F., examples of antient pulpits, existing in England. 30 partly coloured plates of details and sections with descriptive letterpress. 4. Lond. 1849. cloth. 22 —

1070 **Dugdale,** W., Monasticon Anglicanum: a hist. of the abbies and other monasteries, hospitals, friaries and cathedral and collegiate churches with their dependencies in England and Wales; also of such Scotch, Irish and French monasteries connected with them. New ed. w. large additions by J. Caley, H. Ellis, B. Bandinel. 8 vols. W. over 250 fine engravings. fol. London 1817—30. half bound, sides uncut. (publ. 113 £ 5 sh. = 2265 M.) 1050 —

1071 **Du Sommerard,** Adr. et Ed., les Arts au Moyen-Age. 5 vols. de texte gr. in-8 et Atlas (10 séries) et Album de 510 planches dont environ 120 illuminées, en or et en couleurs. gr. in-fol. Paris 1838—46. In neuen, prachtvollen Halbmaroquinbdn. (Ladenpreis für ein broschirtes Ex. mit schwarzen Taf. und ohne Einbände 1500 fr.) 950 —
Vollständiges und tadelloses Exemplar ohne die zahlreichen starken Stockflecken, die viele andere Exemplare haben.

1072 **The Ecclesiologist.** Published by the Ecclesiological (late Cambridge Camden) Society. Vols 1—20. With plates. Cambridge a. London 1843—59. 16. Hmaroqinbde. 90 —

Kirchliche Architectur, Alterthümer, Kirchenschmuck.

1073 **Entwürfe** zu Kirchen, Pfarr- u. Schul-Häusern. Hrsgb. v. d. kgl. preuss. Ober-Bau-Deputation. 72 z. Theil farbige Taf. m. erl. Text. Angeb.: D. Friedenskirche z. Sanssouci, erb. v. Persius, Stieler etc. M. 6 z. Theil farb. Taf. fol. Potsdam 1852—55. 2 Hfzbde. (117 M.) 48 —
Tadelloses Exemplar.

1074 **Essenwein,** A., die Ausgänge der classischen Baukunst (christl. Kirchenbau) u. Fortsetz. d. class. Baukunst im oström. Reiche) byzant. Bauk.). Mit 22 Taf. u. 235 Holzschn. Lex.-8. Darmst. 1886. Hldr. (12½ M.) 9 —

1075 **Filimonoff,** G., Beschreibung von kirchlichen u. profanen Alterthümern a. d. Museum von P. Korobanoff. 82 S. Text und 60 Tafeln mit 366 Abbildungen, zum grossen Theil in Chromolithogr. mit Gold u. Silber erhöht. gr.-fol. Moskau 1849. H.-juchten mit Goldschnitt. Text russisch. 580 —
Das nur in wenigen Exemplaren hergestellte Prachtwerk umfasst eine Auswahl der besten russischen kunstgewerblichen Erzeugnisse a. d. im Jahre 1792 mit grossen Mitteln begonnenen und 50 Jahre hindurch bereicherten Sammlung Korobanoff. Nicht im Handel.

1076 **Garrucci,** R., storia della arte cristiana nei primi otto secoli della chiesa. C. 500 tav. 6 vols. fol. Prato 1873—81. Hlwd. Tadellos. (600 fr. ungebd.) 300 —

1077 **Gosset,** A., les coupoles d'Orient et d'Occident. Etude hist., théor. et prat. Av. 25 pl. gr. s. a. et 110 vign. dans le texte. gr. 4. Par. 1889. In Mappe. (60 fr.) 44 —

1078 **Grau,** O., Beskrifning ofwer Wästmanland med sina Städer, Härader och Socknar. M. 42 Kpfn. u. zahlr. Textillustr. Waesternaes 1754. Hldr. 12 —
14 von den Tafeln enthalten 71 Ansichten von Kirchen u. anderen Gebäuden in Waestmanland, der Rest sowie die Textill. stellen Marksteine mit Runeninschriften dar.

1079 **Guarini, Guarino,** Dissegni d'architettura civile et ecclesiastica. 46 tavole in rame, col ritratto dell' autore. fol. Torino 1686. Braun Halbmaroquin, schönes Ex. 50 —
Die 11 ersten Tafeln behandeln die Säulenordnung u. enthalten grösstentheils reich

Karl W. Hiersemann in Leipzig, Königsstrasse 2. Catalog 106.

Kirchliche Architektur: Sammelwerke.

M. Pf.

ornamentirte Details; die übrigen 28 Tafeln stellen fast ausschliesslich ausgeführte Kuppelbauten dar mit Façaden, Innen-Ansichten u. geometr. Grundrissen.

1080 **Hadfield**, J., the ecclesiastical, castellated, and domestic architecture of England, from the Norman era to the 16. century. Illustrated by the best existing examples in the county of Essex. With 80 pl. fol. London 1848. Hfz. — 32 —

1081 **Hartel**, A., moderne Kirchenbauten. 1—6. Lfg. 60 Lichtdruckt. fol. Berlin (1888—90). In Mappe. — 60 —

1082 — Architektonische Details u. Ornamente der kirchlichen Baukunst in den Stylarten des Mittelalters. 2 Serien, 110 Lichtdruck-Tafeln. fol. Berlin. — 85 —

1083 — Altäre u. Kanzeln. Eine Sammlung von Aufnahmen aus d. berühmt. Kirchen des Mittelalters u. d. Neuzeit. 30 Lichtdruckt. fol. Berlin (1892). In Mappe. — 32 —
Sep.-Ausg. aus „Architect. Details" 2. Serie.

1084 **Healen**, A., the churches of Gottland (other than those of Wisby). With 26 photos, 10 lithogr. plates and 18 woodc. 4. Lond. 1888. Hmaroquin. (105 sh.) — 60 —

1085 **Helfert**, J. A. v. u. K. Lind, Atlas kirchl. Denkmäler des Mittelalters im oesterr. Kaiserstaate u. im ehemal. lombard.-venetian. Königreiche. 18 Hefte. M. 1200 Holzschn.-Illustr. u. 100 Taf. Imp.-fol. Wien 1867—73. — 32 —

1086 **Henszlmann**, E., die Grabungen des Erzbischofs von Kalocsa, Dr. Ludw. Haynald. Geleitet, gezeichn. u. erkl. von H. M. 2 Taf. u. 114 Holzschn. im Text. fol. Lpz. 1873. (24 M.) — 14 —
Unter diesem Titel verbirgt sich eine interessante Monographie über die Metropole von Kalocsa (im 13. Jahrh.) mit ihren Kirchen und anderen Bauten etc. über die Ueberreste des Benedictiner-Klosters zu Bath-Monostor, die Báesar Burg etc. Vorausgeschickt ist eine treffliche Einleitung — 57 Seiten umfassend — über mittelalterliche Baukunst u. Archäologie (12—16. Jahrh.) in Ungarn: Kirchliche, Burg u. Civilbauten berücksichtigend.
Die zahlreichen Illustrationen bringen Ansichten, Grundrisse, ornamentale Details, Fundobjecte etc.

1087 **Hübsch**, die altchristl. Kirchen, nach den Baudenkmalen u. älteren Beschreibungen u. der Einfluss des altchristl. Baustyls auf d. Kirchenbau der späteren Perioden. M. 63 Taf. wovon einige color. fol. Carlsr. 1862. — 160 —

1088 **Englische Kirchen.** — Mackenzie, F., and O. Jewitt, architect. descr. of St. Leonard's Church, Kirkstead. W. 8 plates. — Cranstoun, J., elevations, sections and details of the Chapel of St. Bartholomew, near Oxford. W. 9 pl. — Buckler, J. C., elev., sect., and det. of St. Peter's Church, Wilcote. W. 6 pl. — Butterfield, W., St. John Baptist Church at Shotterbroke. W. 10 pl. — Barr, E., Strixton Church, Northamptonshire. W. 12 pl. — Underwood, H. J., Church of St. Mary the Virgin at Littlemore. W. 14 pl. — Prichard, J., Minster Lovell Church, Oxfordshire. W. 10 pl. — Underwood, H. J., Oxford Parish Burial Ground Chapels. W. 18 pl. 8 Thle. mit zusammen 87 lithogr. Taf., hrsg. für die Architect. Society. 4. Oxford 1844—50. In altem rothem Maroquinband. — 60 —

1089 **Klenze**, L., Versuch u. Wiederherstellung d. toskan. Tempels nach seinem hist. u. techn. Analogien. M. 2 Taf. 4. München (1821). Aussch. — 2 —

1090 **Knight**, H. G., ecclesiast. architecture of Italy from the time of Constantine to the 15. century. 2 vols. W. 81 fine plates some of which coloured. Roy.-fol. Lond. 1842—43. Hlbfrzbd. (210 M.) Vergriffen. — 90 —
Das Hauptwerk üb. mittelalterl. besonders roman. Baukunst in Italien.

1091 — — vol. 2. W. 4 fine plates some of which coloured. Roy.-fol. Lond. 1842. Hlbfrzbd. (105 M.) Vergriffen. — 40 —
Das Hauptwerk üb. mittelalterl. besonders roman. Baukunst in Italien.

Karl W. Hiersemann in Leipzig, Königsstrasse 2. Catalog 108.

Kirchliche Architektur: Sammelwerke.

M. Pf.

1092 **Kreuser, J.**, der christl. Kirchenbau, seine Geschichte, Symbolik, Bildnerei, nebst Andeutungen für Neubauten. 2 Thle. in 1 Bde. Bonn 1851. Lwd. (12 M.)   6 —

1093 **Laspeyres, P.**, die Kirchen der Renaissance in Mittel-Italien, nach älteren Publicationen u. neuen Aufnahmen. Mit 74 Taf.: Grundrisse, Ansichten u. Durchschnitte. fol. Berlin u. Stuttg. 1882. In Hlwdmappe. (30 M.)   16 —

1094 **Leibaltz, H.**, die Organisation der Gewölbe im christl. Kirchenbau. Kunstgeschichtl. Studie. Mit 96 Holzschn. Lpz. 1855. Lagerfleckig. 1 20

1095 **Leins, C. F.**, Beitrag zur Kenntniss der vaterländ. (württemb.) Kirchenbauten. M. 7 lith. Taf. u. 15 Holzschn. gr.-4. Stuttg. 1864. (4¹/₄ M.) 2 50

1096 **Lübke, W.**, ecclesiast. art in Germany during the middle ages. Transl. by Wheatley. 5. ed. W. 184 engrav. Edinb. 1885. cloth. (25 sh.) 8 —

1097 **v. Lützow, C. F. A.**, Die Meisterwerke der Kirchenbaukunst. 2. Aufl. Mit Holzschn. Lpz. 1871. (6³/₄ M.)   4 50

1098 **Mallay, M.**, essai sur les églises romanes et romano-byzantines du département du Puy-de-Dame. avec 51 pl. fol. Moulins 1838—1841. Selten.   40 —

1099 **Markland, J. H.**, remarks on English churches, and on the expediency of rendering sepulchral memorials subservient to pious and christian uses. With woodcuts and 14 plates, one of which (painted window of Chichester Cathedral) in colours. Oxford 1843. Lwd. (6¹/₂ sh.) 4 —

1100 **Marquessac, H. de**, hospitaliers de St. Jean de Jérusalem en Guyenne depuis le XII° siècle jusqu'à 1793. Av. 50 planches à l'eau forte. fol. Bordeaux 1863. (40 fr.)   25 —

1101 **(v. Médem.)** Architectur-Studien. Homburg 1878. Nicht im Handel. 26 pp.   2 50

Marienkirche in Soest. Stiftskirche in Wetzlar. S. Georgskirche zu Limburg Bauten des M.-A.

1102 **Monasticon gallicanum.** Collection de 170 planches (y compris 2 cartes) de vues topograph. et architect. représentant les monastères de l'ordre de S. Benoit (congrégation de S. Maur), publié en facs. d'après des planches gravées au 17° siècle p. M. Germain par Peigne-Delacourt. Obl.-fol. Sans titre (Paris 1877). In Mappe.   120 —

1103 — Collection de 168 planches de vues topographiques (et d'architecture) représentant les monastères de l'ordre de Saint-Benoit, congrégation de St.-Maur, et 2 cartes des établissements bénédictins en France, le tout reproduit (d'après les planches orig. gravées aux 17° et 18° siècles) par Peigné-Delacourt, av. une préface de L. Delisle. 2 vols. av. 169 planches, 2 cartes gr.-in-fol. et 1 vol. de texte, le tout rel. en 3 vols. gr.-in-4. Paris 1871. Lwd.   140 —

1104 **Nagel, A.**, Nachr. üb. d. berühmten Kirchen Europas. 2 Hefte. München 1881.   2 —

1105 **Neale, J. M., et B. Webb**, du symbolisme dans les églises du moyen âge. Trad. de l'angl., av. une introd., des additions et des notes par J. J. Bourassé. Av. 1 frontisp. et des fig. s. bois. Tours 1847. 8. llfz. 404 pp.   4 50

1106 **Niedling, A.**, Architekt, Kirchliche Dekorationsmalereien in romanischen u. gothischen Style. Wand- u. Deckendekorationen. 24 Tafeln Farbendruck. 2. Aufl. fol. Berlin.   48 —

1107 — Kirchliche Tischler- und Holzbildhauer-Arbeiten im romanischen und gothischen Style. Kanzeln, Beichtstühle, Chorstühle, Kirchenstühle, Taufsteine, etc. Mit zahlreichen Detailzeichnungen. 4 Lieferungen mit je 8 Tafeln, theils Lichtdruck, theils Farbendruck. Preis jeder Lieferung   10 —

1108 **Piper, F.**, Einleitung in die monumentale Theologie. Gotha 1867. (13 M.)   6 —

Geschichte d. christl. Kunstarchäol. u. Epigraphik bis zur Gegenwart, mit spec. Berücksicht. d. byzant. Kunst.

Karl W. Hiersemann in Leipzig, Königsstrasse 2. Catalog 108.

Kirchliche Architektur: Sammelwerke. 77

1109 **Poole**, G. A., churches; their structure, arrangement, and decoration. New ed. With woodcuts. London 1845. 152 pp. 3 50
1110 **Portfolio:** Gothic church architecture of the 14. 15. and 16. cent. W. 48 plates. 4. Lond. 1859. cart. (28 M.) 18 —
 St. Marie's Abbey, Beaulieu. — Penton Meusey Church, Hants. — Headborn Worthy Church, Hants. — Bishopstone Church, Wilts. — All Saints Church, Maidstone. — Stoke Golding Church. (Ansichten. Grundr. Pläne. Details.)
1111 **Quast**, F. v., üb. Schlosskapellen als Ausdr. d. Einfl. weltl. Macht auf d. geistl. Berl. 1852. 1 —
1112 — Basilika d. Alten. Berl. 1845. 1 50
1113 **Rahn**, J. R., d. mittelalt. Kirchen d. Cistercienserordens in d. Schweiz. M. 1 Taf. 4. 1872. 1 60
1114 **Richardson's** monastic ruins of Yorkshire. 2 vols. with 84 superb large plates, views, and architect. details, exec. in lithogr. by Hawkins, with descr. text by Churton. Imp.-fol. York 1843. Grün Hmaroq. ob. Schnitt vergold. Einige Taf. am unter. Rand leicht wasserfleck. im übrigen sehr schönes Exemplar. 240 —
 Für den Architekten, Kunsthistoriker und Archäologen von gleichem Interesse.
1115 **The Sacristy.** A quarterly review of sacred archaeology, ecclesiastical art, literature, and antiquities, edited by E. Walford. 3 vols. With plates and music. 4. London 1871—81. Hfz. 30 —
1116 **Sauvageot**, Cl., monographie de Chevreuse. Etude archéol. Avec 27 planches. fol. Paris 1874. En portef. (40 fr.) 25 —
 Hauptsächlich Schlösser u. Kirchen berücksichtigend.
1117 **Schaefer**, C., Die Bauhütte. Entwürfe im Style des Mittelalters. Angefertigt von Studirenden der Kgl. Techn. Hochschule zu Berlin. I. Band: Kirchenbau. 60 Blatt in-fol. Berlin 1883. In Mappe. 40 —
 II. Band, 1. Abtheilung: Kirchenbau, 2. Abtheilung: Profanbau je 30 Blatt in-fol. 1886. 40 —
1118 **Shaw**, H., letter on ecclesiastical architecture as applicable to modern churches. W. 4 plates. London 1839. cloth. 3 —
1119 **Siegel**, C. Chr. F., Handbuch der christlich-kirchlichen Alterthümer in alphabetischer Ordnung, mit steter Beziehung auf das, was davon noch jetzt im christlichen Cultus übrig geblieben ist. 4 Bände. 1835 — 1838. (30 M.) 5 —
1120 **Stokes**, M., early christian architecture in Ireland. W. 52 plates. Lond. 1878. cloth. 21 —
1121 **Sutter**, C., Thurmbuch, Thurmformen aller Stile und Länder. 80 Taf. fol. mit 250 Thurmansichten und Text. Mit einem Vorwort von Dr. Friedrich Schneider. Berlin 1888. cart. 30 —
1122 — — Lfrg. I—IV mit 40 Taf. gr.-fol. Berlin 1888. (16 M.) 10 —
1123 **Tholin**, G., les églises du Haut Languedoc. 4. Toulouse 1876. 29 pp. 2 —
1124 **Ungewitter**, G. G., Land- u. Stadtkirchen. Ausgeführte oder s. Ausführg. bestimmte Entwürfe, mit Details. Lfrg. V. Mit 7 Taf. gr.-fol. Glogau. 4 —
 Die Kirche zu Amöneburg in Hessen. Mit 6 Taf. — Farbige Glasfenster der Kirche zu Hundelshausen. Mit 1 color. Tafel.
1125 **Vogüé**, Melchior de, les églises de la Terre Sainte. Av. 30 planches et beauc. de grav. dans le texte. 4. Paris 1860. Kalbldr. Aeusserst selten. 160 —
1126 **Wagner**, G. J. W., die vormalig geistl. Stifte im Grossh. Hessen. 2. Bd.: Rheinhessen. M. 15 Taf. fol. Darmstadt 1878. Ohne Text. 4 —
 Meistens Grundrisse.
1127 **Weingärtner**, W., System d. christl. Thurmbaues. Gött. 1860. 1 —
1128 **Wickes**, Ch., spires and towers of the mediaeval churches of England, proceded by some observations on the architecture of the middle ages and its spiregrowth. 2 vols. W. 52 pl. fol. Lond. 1853—55. cloth. (94½ sh.) Das englische (Kirchl.) Thurm-Buch des Mittelalters. — Einige Flecke. 70 —

Karl W. Hiersemann in Leipzig, Königsstrasse 2. Catalog 108.

78 Monographien von Kirchen, Klöster etc.

M. Pf.
1129 **Willis, R., J. L. Petit**, and E. **Sharpe**, the architectural history of Chichester Cathedral, of Boxgrove Priory, and of Shoreham Collegiate Church. With woodcuts and 21 partly coloured plates. gr.-4, Chichester 1861. cloth, gilt top. 24 —
1130 **Winkles.** Architectural and picturesque illustrations of the Cathedral churches of England and Wales, with histor. and descriptive accounts. New edition enlarged. 3 vols. with 187 plates. Imper.-8. London 1851—60. Lwd. 54 —
1131 — — Vols. I. und II. W. 121 plates (views, plans, details etc.) from drawings by architect R. Garland. 4. London 1838. cloth. 40 —
Wenig papierfleckig.

Monographien von Kirchen, Klöster etc.

M. Pf.
1132 **Aachen.** — Quix, C., hist. Beschreibung der Münsterkirche u. der Heiligtums-Fahrt in Aachen nebst der Gesch. d. Johannisherren. M. 3 Abb. u. 40 Urkunden. Aachen 1825. 2 —
1133 **Agen.** — Barrère, histoire relig. et monument. du diocèse d'Agen. 2 vols. en 1 av. 19 planches lithogr. 4. Agen 1855—56, demi-mar. 60 —
1134 **Antwerpen.** — Beschryvinge van den toren van de cathedrale kerke binnen Antwerpen. In rijm gestelt door B. G. B. Mit 1 Kupf. 4. Antw. 1723. 4 —
1 Ansicht d. Cathedrale v. Antwerpen u. 26 SS.
1135 — Geudens, E., l'hôpital St. Julien et les asiles de nuit à Anvers depuis le 14e siècle jusqu'à nos jours. Av. 6 planches. 4. Anvers 1887. Pas mis en commerce. 11 —
1136 **Asisi.** — Perilli, Sc., Relazione storica sul risorgimento della Basilica degli Angeli presso Asisi. 2. ed. Con 7 tavole. fol. Roma 1842. 5 —
1137 **Auch.** — Caneto, F., Ste-Marie d'Auch. Atlas monogr. de cette cathédrale. Av. frontisp. et 39 pl. Imp.-fol. Paris 1857. Hfrz. Vergriffen. 55 —
18 Tafeln stellen Glas-Malereien dar.
1138 — Sancet, L., stalles du choeur de la Cathédrale d'Auch. Avec 60 planches. 4. Paris 1862. Hfz. 38 —
1139 **Baden.** — Chorstühle, die geschnitzten, der Hospitalkirche zu Baden. M. 4 Tafeln. fol. Karlsruhe 1852. (8 M.) 5 —
1140 **Barmen.** — Sammelmappe hervorrag. Concurrenz-Entwürfe. Heft 11: Christus-Kirche f. Barmen. 27 Taf. fol. Berlin 1885. (20 M.) 15 —
1141 **Basel.** — Burckhardt, C., u. C. Riggenbach, die Klosterkirche Klingenthal in Basel. M. 3 lith. Taf. (1 in Chromo) u. 4 Holzschn. 4. Basel 1860. (5½ M.) 4 —
• 1142 — Sarasin, A., Barfüsser Klosterkirche in Basel (erbaut zw. 1290—1310). Mit 11 lith. Taf. fol. Basel 1845. 5 —
Ansichten. Details. Grundriss.
1143 **St. Bavon.** — Lokeren, A. van, hist. de l'abbaye de St. Bavon et de la crypte de St. Jean. 2 pties. 1 vol. Av. 35 planches. 4. Gand 1855. 20 —
Plans, coupes, vues, details, fonts baptismaux.
1144 **Bebenhausen.** — Paulus, Ed., die Cisterzienser-Abtei Bebenhausen. Bearb. unter Mitwirkung von H. Leibnitz u. F. A. Tscherning. Hrsg. v. Württemb. Alterth.-Verein. Mit 20 Taf. in Stein-, Licht- u. Farbendr. u. 225 Holzschn. fol. Stuttg. 1886. cart. (18 M.) 12 —
Die trefflich ausgeführten Abbildgn. stellen dar: Architektur, Grund- u. Aufrisse, Sculpturen, Grabmäler, Inschriften, Wand- u. Glasmalereien, Ansichten etc.

Karl W. Hiersemann in Leipzig, Königsstrasse 2. Catalog 109.

Monographien von Kirchen, Klöster etc.

M. Pf.

1145 **Berchtesgaden.** — Klein, J. A., Kirche in Berchtesgaden mit dem Watzmann im Hintergrund. Ausgemalte Bleistiftskizze. Bezeichn. J. A. Klein fc. 1818. 18×36 cm. — 14 —

1146 **Berkswell.** — Cossins, J. A., account of the well, and the church of St. John the Baptist at Berkswell. (Norman period.) W. 6 lithogr. plates. 4. London 1881. Extr. 24 pp. Only 12 copies reprinted. 8 —

1147 **Berlaymont.** — Almain, C., monographie de la chapelle de Berlaymont. Avec 41 planches dont 11 en chromo. fol. Paris 1878. Schönes Ex. eines schönen Werkes. (60 fr.) 33 —
In Mappe. Drei prachtvolle Chromotafeln geben die Glasmalereien wieder.

1148 **Berlin.** — Knoblauch, G., u. F. Hollin, die neue Synagoge in Berlin entworfen u. ausgeführt v. E. Knoblauch u. A. Stüler. M. 6 Taf. in Kupferst. u. 1 Farbendruck. Imp.-fol. Berlin 1867. (24 M.) Hlwd. 18 —

1149 **Beuvrière.** — Linas, Ch. de, (l'église de) la Beuvrière (Pas-de-Calais). Avec 2 pl. 4. P. 1861. 3 50

1150 **Bologna.** — Canuti, G., pitture antiche esistenti nella soppressa Chiesa di Santa Cecilia Rapp. dieci storia della vita di detta Santa dei celebri Franc. e Giacomo Francia. 10 litogr. tav. fol. Bologna 1829. 10 —

1151 — Guizzardi, G., le sculture della porta della Basilica di San Petronio in Bologna, scolpite de eccellenti maestri de' secoli XV e XVI, disegni incise da F. Spagnuoli. M. 101 Taf. (statt 102.) fol. Bologna 1834. Hfrz. Nicht häufig. 70 —

1152 **Bonsecours.** — (Cayon, J.) Notre-Dame de Bonsecours les Nancy, autrefois Notre-Dame de la victoire et des rois. Avec 8 planches. Nancy 1845. cart. 6 —
Zwei der Tafeln stellen die Mausoleen des Königs Stanislaus v. Polen u. d. Königin Catharine Opolinska dar.

1153 **Boston.** — Gambrill and Richardson, Trinity Church Boston, Mass. 23 Heliotype plates. fol. in Portfolio. Boston 1888. 48 —
Monographs of American Architecture.

1154 **Breisach.** — Rosenberg, M., der Hochaltar im Münster zu Alt-Breisach, nebst e. Einleit. üb. d. Baugesch. d. Münsters. M. 5 Taf. Heidelb. 1877. (6 M.) 2 50

1155 **Bremen.** — Denkmale der Geschichte u. Kunst der freien Hansestadt Bremen. Hrsg. v. d. Histor. Gesellschaft des Künstlervereins. III. Abthlg.: Die Bremischen Kirchen (von A. Fitger u. W. v. Bippen). 2 Thle. in 1 Bde. Mit 19 Tafeln, von denen 5 in Farbendruck. 4. Bremen 1876. Eleg. Lwd. m. G. (44 M.) 28 —

1156 — Müller, H. A., der Dom zu Bremen u. s. Kunstdenkmale. M. Holzschn. u. 4 Taf. 4. Br. 1861. Hlwd. (6 M.) 4 —

1158 **Breslau.** — Salzmann, M., die Martinikirche in Breslau. Mit 2 Taf. — Luchs, das v. Rechenberg'sche Altarwerk in Klitschdorf. M. 2 Taf. 4. Breslau 1883. Hfz. Nicht im Handel. 3 50

1159 **Bristol.** — Britton, J., history and antiquities of the Abbey and Cathedral Church of Bristol. W. 12 pl. 4. Lond. 1836. cloth. 20 —

1160 **Brou.** — Dupasquier, L., monographie de Notre-Dame de Brou. Avec 30 planches dont 12 en chromo. Imp.-fol. Lyon 1842. Selten. (150 fr.) 80 —
12 Tafeln behandeln die prächtigen Glasmalereien, wovon 8 in Chromolithogr.

1161 — Deroy & Fichot, album de l'église de Brou, érigée à Bourg »en« Bresse de 1506 à 1536. 6 jolis dess. à 2 teintes, lithogr. p. Lemercier. Av. texte expl. 4. Bourg 1857. 12 —

1162 **Brügge.** — Eglise de Jérusalem (à Bruges) avec ses vitraux gothiques, tels que les firent construire les seigneurs Adormes. 11 prächtige äusserst sauber colorirte Handzeichnungen eines Künstlers ersten Ranges. 6 Blatt stellen die schönen Glasmalereien dieser Kirche dar; ferner finden sich innere u. äussere Ansichten, sowie die Wappen

Karl W. Hiersemann in Leipzig, Königsstrasse 2. Catalog 108.

80 Monographien von Kirchen, Klöster etc.

M. Pf.

d. Adormes u. Braderyck. M. kurzer handschriftl. Beschreibung. fol.
ca. 1830. Hfrz. 60 —

1163 — Verhaegen, A., Monographie de l'église cathédrale de St.-Sauveur à Bruges. Av. titre en chromo, 61 planches, dont 6 en chromo et 5 en autogr. fol. Bruges. s. d. (ca 1850). en portef. 70 —
Les planches représentent des détails architecton., des façades, stalles, clôtures, dalles etc.

1164 Brüssel. — Bruyn, H. de, anc. et nouv. peintures murales de l'église de Notre-Dame, au Sablon, à Bruxelles, avec quelques considération générales sur l'art de la peinture murale en Belgique. Avec 2 pl. (1 chromo). 4. Gand 1868. 4 —

1165 Cambridge. — Storer, J. and H. S., delineations of Trinity College, Cambridge. 9 plates on India paper. fol. Cambridge (ca. 1830). (42 sh.) 15 —

1166 Chartres. — Lassus, J. B. A., et A. Duval, Monographie de la cathédrale de Chartres publ. par les soins du Ministre de l'Instruction. Atlas de 72 planches color. et noires. gr. in-fol. avec un texte explicat. p. P. Durand. in-4. Paris, Impr. Impér., 1867. (Texte 1881). 200 —
34 Tafeln behandeln die schönen Glas-Malereien und sind fast alle prachtvoll in Chromolithogr. ausgeführt.

1167 — Le Secq, fragments d'architecture et de sculpture de la cathédrale de Chartres. 25 belles planches photholitogr. fol. Bruxelles (ca. 1880). En Carton. 25 —

1168 Chur. — Keller. F., Beschreibung der Domkirche von Chur. M. 14 Lith. Zürich. 4. 1857. 4 80

1169 Como. — Quaglio, Simon. Il Duomo di Como. Ansicht der Façade, schöne Lithogr. Simon Quaglio Hof Th. Mahler fecit 1817. 43 × 52 cm. Schönes grosses Blatt, in Nagler's Künstlerlexikon citirt. 12 —

1170 Constantinopel. — Aya Sofia, Constantinople, as recently restored by order of the Sultan Abdul Medjid. 25 chromolith. plates, from the orig. drawings by chevalier Gaspard Fossati, lithogr. by L. Haghe, with titlepage printed in gold and colours, and text in letterpress. gr.-fol London 1852. Hfz. Zum Theil lagerfleckig, einige Tafeln in den weissen Rändern unterlegt. (210 M.) 32 —

1171 — Pulgher, D., les anciennes églises byzant. de Constantinople. 8 livr. fol. Av. 30 planches dont 7 en couleurs. Vienne 1880. Avec texte in-8. 60 —

1172 — Salzenberg, W., Alt-christliche Baudenkmale Constantinopels vom V.—XII. Jahrh. Im Anhange des Silentiarius Paulus Beschreibung der Agia Sophia metr. übers. u. m. Anmerk. v. C. W. Kortüm. M. 40 Taf. in Kupferst. Lithogr. u. prächtigst. Farbendr. Imp.-fol. Berlin 1854. Hlwd. Schönes Ex. d. Pracht-Ausg. d. ersten Ausgabe. Selten. 220 —

1173 Croydon. — Scott, G. G., the parish church of St. John the Baptist at Croydon, as it was rebuilt 1867—69. W. 28 plates (ornamental details). 4. London 1871. cloth. 22 —

1174 Dorchester—(Addington, H.,) some account of the Abbey Church of St. Peter and St. Paul, at Dorchester. With woodcuts and 10 plates. London 1845. Lwd. 6 —

1175 Dublin. — Street, G. E., the cathedral of the Holy Trinity called the Christ Church Cathedral, Dublin. Account of its restoration and a hist. of its foundation etc. W. 70 beautiful illustrations (5 of which coloured). gr.-fol. London 1882. In interessantem Pergamentbande, dessen Seiten und Rücken durch schöne ornamentale Pressungen in Gold und Farben geschmückt sind. (310 M.) 175 —
Eine würdige Monographie eines prachtvollen mittelalterl. Baues. Viel Ornamentik. Die 5 color. Taf. geben die Glasmalerei u. enkaust. Platten wieder.

1176 Ely. — Bentham, J., the hist. and antiquities of the conventual

Karl W. Hiersemann in Leipzig, Königsstrasse 2. Catalog 108.

Monographien von Kirchen, Klöstern etc. 81

	M. Pf.

and cathedral church of Ely. W. 50 plates. 4. Cambridge. 1771. Hfrz. 36 —
<small>Ausser einer Reihe architekt. Details sind besonders zahlr. Grabdenkmale dieser berühmten Cathedrale wiedergegeben.</small>

1177 — Millers, G., descript. of the Cathedral church of Ely with account of the convent. buildings. W. 10 engrav. Lond. 1807. Hf. calf. 5 —
1178 Etampes. — Saint-Paul, A., Notre-Dame d'Étampes. (12. et 13. siècle.) Av. 3 pl. 4. Paris 1884. Extr. 15 pp. 3 —
1179 Exeter. — Carter, J., Plans, elevations, sections and specimens of the architecture and ornaments of Exeter Cathedral and of Bath Abbey. 2 parts. 21 plates engr. by J. Basire, with text. Imp.-fol. London 1797—98. Unbeschnitten. 20 —
1180 Faenza. — Strocchi, A., memorie istoriche del duomo di Faenza e de' personaggi illustri di quel capitolo. Con 14 tavole. 4. Faenza, tipogr. Montanari. 1838. Pp. 12 —
1181 Fanum. — Quicherat, J., la basilique de Fanum constr. p. Vitruve. Av. 1 pl. et fig. s. bois. Paris 1878. Extr. 3 —
1182 Florenz. — Del Moro, L., la facciata di S. Maria del Fiore. Av. 25 belles pl. photolith. et beauc. d'illustr. dans le texte. Imp.-fol. Firenze 1888. (60 M.) 50 —
<small>Façade. Sculpturale u. ornament. Details. Mosaiken.</small>
1183 — Guasti, C., Santa Maria del Fiore. La costruzione della chiesa e del Campanile. Firenze 1887. 7 50
1184 — Runge L., d. Glockenthurm des Doms zu Florenz. Nebst Entwurf z. Westfaçade d. Doms. 4 Taf., davon 3 col. M. dtsch. u. franz. Text. 2. Ausg. fol. Berl. o. J. cart. (16 M.) 10 —
1185 Frauenburg (Rgbz. Königsberg). 6 Ansichten von u. aus F. in Tondruck, Chromolith. u. Kpfst. 6 Taf. m. 12 S. Text in-fol. aus „Quast, Denkmale der Baukunst in Preussen". 10 —
<small>Interessante Monographie des Domes zu Frauenburg.</small>
1186 Freiberg. — Frenzel, J. G. A., die Kanzel im Dome zu Freiberg. M. 1 Taf. fol. Lpzg. 1856. (4½ M.) 3 —
1187 Glastonbury. — Willis, R., architectural history of Glastonbury Abbey. W. 7 plates. Cambr. 1866. cloth. (7½ sh.) 4 50
1188 Gelnhausen. — Massler, Th., Steinmetzarbeiten aus der Marienkirche zu Gelnhausen. Mit 83 Abbildgn. auf 8 Lichtdrucktaf. fol. Hannover 1878. Nicht im Handel. 3 —
1189 Gent. — Busscher, Edm. de, les ruines de l'Abbaye de St. Bavon à Gand. 3. éd. Avec 10 planches. 4. Gand 1854. d. maroq. rouge. 12 —
1190 — Serrure, E., monographie de l'Hospital la Biloque de Gand. 24 planches en noir et en couleurs avec texte franç. et flam. 4. Bruges 1881. cart. 28 —
1191 Heidelberg. — Schleuning, W., d. Michaels Basilika a. d. Heiligenberg b. Heidelberg. M. 9 Taf. u. 29 Textill. 4. Heid. 1887. Hlwd. (6 M.) 5 —
1192 Heilsbronn. — Stillfried-Rattowitz, R. v., Alterthümer u. Baudenkmäler d. Hauses Hohenzollern. 1. Heft: Kloster u. Kirche Heilsbronn. M. 6 z. Theil farb. Taf. gr.-fol. Stuttg. 1840. (20 M.) 8 —
1193 Hexham. — Hodges, C. C., the abbey of St. Andrew, Hexham. W. 63 lith. plats and chromol. title. gr.-fol. Lond. 1888. Roth Hmaroq. ob. Schnitt verg., Seiten unbeschn. In 400 Ex. gedruckt. Nr. 70. Nicht im Handel. 120 —
1194 Jerusalem. — Warren, Ch., the Temple or the Tomb: authenticity of the present site of the Holy Sepulchre. W. 4 plates. Lond. 1880. cloth. (10½ sh.) 4 50
1195 Innsbruck. — (Primisser, G.) Denkmähler der Kunst u. des Alterthums in der Kirche zum heil. Kreuz in Innsbruck. M. 30 Kupf. Innsbr. 1812. Pp. Selten. 11 —

Karl W. Hiersemann in Leipzig, Königsstrasse 2. Catalog 108.

Monographien von Kirchen, Klöstern etc.

M. Pf

1196 **Kappel.** — Bullinger's, Heinr., Beschreibung des Klosters Kappel u. sein heutiger Bestand. Latein. Text mit Übersetzg. u. Excursen v. M. Hottinger, H. Zeder-Werdmüller, u. J. R. Rahn. M. 1 Plan. 1 Farbendrucktafel u. 7 Textholzschn. 4. Lpz. 1892. 41 pag. (Mittheilungen der Antiquar. Gesellschaft in Zürich, Bd. XXIII, Heft 4.) 2 40

1197 — Vögelin. S. u. F. Keller, Geschichte u. Bauart des Klosters Kappel. M. 2 Taf. 4. 1845. Zürich, Antiquar. Gesellsch. 2 —

1199 **Kiederich.** — Hochstetter, J., die St. Michaels-Kirche zu Kiederich im Rheingau. M. 9 Taf. in Farbendr. fol. (6 M.) Wie neu. 3 50
<small>Mittelalt. Bauwerke im südwestl. Deutschland etc. I.</small>

1200 **Kieff.** — Ainaloff u. Rjedin, die Kieffer Sophien-Cathedrale, Untersuchung über alte Mosaik- u. Fresko-Malerei mit 14 Holzschnitten. (In russ. Sprache.) 8. St. Petersburg 1889. 6 —

1201 **Kilpeck.** — Lewis, G. R., illustrations of Kilpeck Church, Herefordshire, in a series of drawings made on the spot, with an essay on ecclesiastical design, and a descriptive interpretation. With 28 plates. gr.-4. London 1842. Hfz. Wenig papierfleckig. (42 sh.) 15 —

1202 **Klosterneuburg.** — Ernst, L., u. L. Oescher, Stift Closter-Neuburg. 19 Taf. m. Text. Imp.-fol. Wien 1846. Prachtausg. Selten, da auf Kosten der Autoren privatim hergestellt. (27 M.) 20 —
<small>Interessante architektonisch-kunstgeschichtl. Monographie über d. berühmte Kloster.</small>

1203 — Wlha, J., Stift Klosterneuburg i. Nieder-Oesterreich. 25 photogr. Tafeln (ornamentale und sculptur. Details). 4. Wien 1887. In Mappe. Nicht im Handel. 25 —
— — Siehe auch u. Abth. Glasmalerei: Camesina — und Decorationsmalerei: Camesina.

1204 **Köln.** — Der Dom zu Köln in s. zukünft. (jetzt erreichten Vollendung nach Zwirner's Bauplan. 1 Stahlstich v. C. Mayer in Nürnberg. Köln 1848. 44×51 cm. Schönes grosses Blatt, leider mit e. Einriss. 3 —

1205 — Essenwein, A. v., die farbige Ausstattung des zehneckigen Schiffes der Pfarrkirche zum heil. Gereon in Köln durch Wand- u. Glasmalereien. Entw., ausgef. u. hrsg. von A. v. Essenwein. 36 Taf. in Photolitogr., von denen 16 prachtvoll in Farben ausgeführt sind. Mit Text. Imp.-fol. Frankfurt 1891. In Mappe. 240 —

1206 — Kallenbach, G. G., d. Kölner Dom in seinen Theilen, nebst vollst. mittelalterl. Entwurf für d. Thurmbau. 5 Taf. Fol. München 1847. 6 —

1207 — Kreuser, J., Kölner Dombriefe od. Beitr. zur altchristl. Kirchenbaukunst. Berl. 1844. (7 M.) 3 —

1208 — Schmitz, F., u. L. Ennen, der Dom zu Cöln, s. Construction u. Ausstattung. M. 150 Taf., wovon 25 in Chromo u. 7 Thontafeln In Imp.-fol. Text in-8. Cöln 1879. (150 M.) Etwas papierfleckig. 115 —
<small>16 Chromotafeln geben die Glasmalereien wieder.</small>

1209 **Königsberg.** — Gebser, A. R., u. E. A. Hagen, der Dom zu Königsberg in Preussen. Eine kirchen- u. kunstgeschichtl. Schilderung. 2 Thle. in 1 Bde. Königsb. 1833—35. (7½ M.) Ausgabe ohne Tafeln. 3 50
<small>I: Geschichte der Domkirche zu Königsberg u. des Bisthums Samland, mit e. ausführl. Darstellg. der Reformation im Herzogth. Preussen. — II: Beschreibg. der Domkirche u. der in ihr enthalt. Kunstwerke, mit e. Einleitg. üb. d. Kunst des deutschen Ordens in Preussen, vornehml. üb. d. ältesten Kirchenbau im Samlande.</small>

1210 **Königsfelden.** — Denkmäler des Hauses Habsburg in d. Schweiz: Die Glasgemälde im Chor d. Kirche zu Königsfelden. M. 41 Taf., wovon 26 color. quer-4. Text 4. 1867. Zürich, Antiquar. Gesellschaft Leipzig, Verlag von Karl W. Hiersemann. 28 80

1211 **Kurtea.** — Reissenberger, L., die Bischöfliche Klosterkirche bei Kurtea d'Argyisch in der Walachei. M. 4 Taf. u. 25 Holzschn. 4. Wien 1860. S.-A. (9 M.) 6 —

Karl W. Hiersemann in Leipzig, Königsstrasse 2. Catalog 108.

Monographien von Kirchen, Klöstern etc.

M. Pf.

1212 **Landsberg.** — Stapel, A., Doppelkapelle im Schlosse zu Landsberg bei Halle a. d. S. (erb. im 12. Jahrh.) 10 lith. Taf. quer-fol. Halle 1844. Text fehlt. — 2 50

1213 **Limburg.** Ansichten, Pläne u. Details aus dem Dome zu L. 13 Taf. in Kupferst. aus Moller, Denkmale deutscher Baukunst. Darmstadt 1819. fol. — 10 —

1214 **Lincoln.** — Wild, Ch., illustration of the architect. and sculpture of the cathedral church of Lincoln. W. 16 plates. gr.-4. Lond. 1819. Hlwd. (63 sh.) — 25 —

1215 **London.** — Billings, R. W., architectural illustrations and account of the Temple Church, London. W. 31 plates. 4. Lond. 1838. half bound. (42 sh.) — 24 —

1216 — The Choir of St. George's Chapel. Drawn and etched by F. Nash, aquatinted by Ellis and Roffe. London 1804. 50 × 37 cm. Schönes Blatt; im weissen Rande 2 kleine Einrisse. — 3 —

1217 — Clarke, Ch., architectura ecclesiastica Londini, graphical survey of the cathedral, collegiate and parochial churches in London, Southwork, Westminster etc. W. 120 beautiful plates by J. C. G. Shepherd. fol. London 1820. (Ladenpreis 190 M. ohne Einband.) Pracht-Ex. des seltenen Werkes in dunkelblauem Ganz-Maroquinbd. — 75 —

1218 — Essex, W. R. H., illustrations of the architec. ornaments and embellishements and painted glass of the Temple Church, London. W. an account of the restoration of the church by S. Smirke. W. 30 plates (of which 23 colour.) 4. Lond. 1845. Hfrz. (42 sh.) — 36 —
10 Tafeln enthalten Glasmalerei.

1219 — Niven, W., London City Churches destroyed since 1800 or now threatened. W. 18 etchings and 7 photolith. fol. London 1887. Ex. auf Grosspapier, cart. unbeschn. ob. Schnitt vergoldet. Nur in 75 Ex. gedruckt. (73½ sh.) — 60 —

1220 **Luton.** — Shaw, H., history and antiquities of the Chapel at Luton Park, a seat of the Marquess of Bute. With 20 plates on India paper (details). Roy.-fol. London (1830). Hfz., unbeschn. (5 £ 5 sh.) — 32 —
Ausführliche Monographie dieses Bauwerkes der Gothik.

1222 **Lüttich.** — Delsaux, J. C., l'église St. Jacques à Liége. Plans, coupes, ensembles, détails intérieurs et extérieurs. Avec 15 planches. gr.-fol. Liége 1845. Hlwd. Nur mit dem Titel des Orig.-Cartonbandes, der weisse Haupttitel fehlt. — 12 —

1223 **Lyon.** — Bégule, L., monographie de la Cathédrale de Lyon. Avec un grand nombre de belles planches (dont quelques unes color.) et un grand nombre de grav. dans le texte. fol. Lyon 1880. Hlwdmappe. Neues Ex. (150 fr.) — 110 —
Bégule ist Glas-Maler und deshalb sind auch die schönen Glas-Malereien mit 4 color. u. 5 schwarzen Taf. u. 64 Holzschnitten im Text vertreten, jedoch ganz nach Gebühr auch die Architectur, Sculptur etc. berücksichtigend.
Nur in 335 Ex. hergestellt.

1224 **Magdeburg.** — Clemens, Mallin u. Rosenthal, der Dom zu Magdeburg. M. 30 Taf. gr. quer-fol. Magdeb. 1852. Hlwd. (32 M.) — 22 —

1225 **Mailand.** — Allegranza, G., spiegazione e riflessioni sopra alcuni sacri monumenti antichi di Milano. M. 7 Kupf. Milano 1757. (Beitr. zur christl. Archäol.) — 6 —

1226 — Artaria, F., description de la Cathédrale de Milan. Accompagnée d'observations hist. et crit. sur sa construction, et sur les monumens d'art dont elle est enrichie, ornée de 65 gravures. fol. Milano 1823. Pp. unbeschn. — 22 —

1227 — Franchetti, G., storia e descrizione del Duomo di Milano. Con 80 tavole. gr.-4. Milano 1821. cart., unbeschn. — 11 —

1228 **Mainz.** — Emden, H.. der Dom zu Mainz u. s. bedeutendsten Denkmäler. 36 Original-Photogr. m. hist. u. erläut. Texte. 4. Mainz 1858. Lwd. (36 M.) — 20 —
Berücksichtigt vorwiegend die prächtigen mittelalterl. Sculptur-Werke.

Karl W. Hiersemann in Leipzig, Königsstrasse 2. Catalog 108.

84   Monographien von Kirchen, Klöstern etc.

                                                                    M. Pf.
1229 **Mainz.** — Schneider, F., die Krypta des Mainzer Domes u. d. Frage
     ihrer Wiederherstellung. fol. Mainz 1871.   — 80
1230 **Mans.** — Hucher, E., le jubé du cardinal Philippe de Luxembourg
     à la cathédrale du Mans. (16. siècle.) Avec 8 planches. gr.-fol.
     Paris 1875. (30 fr.)   20 —
1231 **Hucher, E.**, vitraux peints de la cathédrale du Mans: vitraux des 12.,
     13. et 14. siècles. Texte avec 100 planches coloriées très soigneusement
     à la main. Imp.-fol. Le Mans 1864. (450 fr.) Tadelloss.   290 —
     Von Künstler-Hand coloriert, vorzüglich ausgeführt.
1232 **Marienhafe.** — (Suur u. Martens), die alte Kirche zu Marienhafe
     in Ostfriesland. Mit Titelbild u. 16 lithogr. Taf. (Plan, Grundr.,
     Details). 4. Emden 1845.   12 —
     Die Kirche, eines der ältesten und bemerkenswerthesten Baudenkmale Ostfrieslands
     ist im Jahre 1829 abgerissen worden.
1233 **Maulbronn.** — Paulus, Ed., die Cisterzienser-Abtei Maulbronn. Hrsg.
     vom Württemb. Alterth.-Verein. 3. Aufl. Mit 6 Taf. in Steindr. u.
     235 Holzschn. fol. Stuttg. 1889. cart. (8 M.)   6 —
     Wegen der zahlr. Abbildungen von architekton. Details, Grund- u. Aufrissen, Sculp-
     turen, Grabmälern u. s. w. bildet diese treffliche Monographie einen wichtigen
     Beitrag zur Kunstgeschichte des Mittelalters.
1234 **Mecheln.** — Siré, P., Hanswyck ende het wonderdadigh beeldt
     van Maria, eertydts buyten, nu binnen Mechelen. Mit 13 Kupf.
     Dendermonde 1738. Frz.   4 —
     Die Kupfer stellen z. T. architekton. Grund- u. Aufrisse der Kirche zu Hanwyck dar,
     ferner das Muttergottesbild in verschied. Aufnahmen, Wappen u. Ansichten.
1235 **Melrose.** — Pinches, F., the Abbey Church of Melrose, Scotland.
     With 9 lith. plates and a vignette. roy.-fol. London, printed for
     the author, 1879. In Carton.   30 —
1236 **Monreale.** — Gravina.Dom. B., Duomo di Monreale illustrato e
     riportato in tavole cromolitograf. per D. B. Gravina. 2 vols. (40
     livr.) Avec 90 planches dont 65 in chromos. fol. Palermo 1850—
     65. (800 fr.) Vergriffen u. selten.   620 —
     Vollständiges Ex. dieses schönen Werkes.
1237 — — Fasc. 1—20. Avec 44 planches dont 32 en chromo. fol. Palermo
     1859—63. Halbprgt., unbeschn. (400 fr.)   150 —
1238 **München.** — Gaertner, F. v., Sammlung der Entwürfe ausgeführter
     Gebäude. III. Lfrg.: Die Ludwigs-Kirche in München. Mit 15 Tafeln.
     Imp.-quer-fol. München (ca. 1850.)   10 —
1238a — Hess. Die Fresco-Gemälde d. kgl. Allerheil. Hofkapelle zu München
     von Heinr. Hess unter Mitwirk. v. J. Schraudolph, C. Koch u. J. B.
     Schreiner. 14 Hefte enth. 43 lithogr. Tafeln. Imp.-fol. München
     1837. In Mappe. Nicht im Handel. Selten. (Ladenpr. ca. 200 M.) 60 —
1239 **Murthy.** — Graham, J. G., and A. Christie, the Chapel of St.
     Anthony the Eremite at Murthy, Perthshire. From the designs of
     Graham and Christie lithogr. by Schenck and Ghemar. 16 beautiful
     plates, most of them printed in gold and colours, showing the
     splendid paintings, ornaments and carvings in the church; with a
     titlepage, list of plates, and preface, all printed in colours. roy.-fol.
     Edinburgh 1850. Hldr. Nicht im Handel.   55 —
     „In the decoration of this structure, the aid of art has been very largely resorted to".
     Preface. Die Tafeln sind von hervorragender Schönheit.
1240 **Nancy.** — Auguin, E., Monographie de la cathédrale de Nancy
     depuis sa fondation jusqu'à l'époque actuelle. Av. 21 belles pl. dont
     quelquesuncs en chromolithogr. et beauc. de lettres initiales ornées.
     Nancy 1882. 4. (100 fr.) Neues Ex. In Carton.   65 —
     Histoire. — Les architectes. — Le monument. — Le mobilier. — Le trésor.
1241 — Cayon, J., Église des Cordeliers, la Chapelle-Ronde, sépultures
     de la maison de Lorraine, à Nancy. Av. frontisp. et 10 figg. Nancy,
     1842. cart., unbeschn.   15 —

            Karl W. Hiersemann in Leipzig, Königstrasse 2. Catalog 108.

Monographien von Kirchen, Klöstern etc. 85

M. Pf.

1242 **Nürnberg's** Merkwürdigk. u. Kunstschätze. Heft 1 u. 2. M. 8 Kupf.
4. N. 1831. (6 M.) Nicht mehr ersch. 3 —
Heft 1: Sebaldus-Kirche beschr. v. M. Mayer. Heft 2: Laurentius-Kirche beschr. v. J. W. Hilpert.

1243 **Nürnberg.** — Roth, Chr. M., 30 sowohl innere als äussere Abbild. aller Kirchen, Klöster u. Kapellen in Nürnberg. 30 Kupfertaf. m. Text u. Titelvign. (Ansicht v. Nürnberg darst.) quer-fol. Nürnb. 1786. 12 —

1244 **Oberwinterthur.** — Rahn, J. R., d. Kirche von Oberwinterthur u. ihre Wandgemälde. M. 3 Taf. 4. 1883. 2 80

1245 **Oppenheim.** — Müller, F. H., Die St. Katharinenkirche zu Oppenheim. Ein Denkmal teutscher Kirchenbaukunst a. d. 13. Jahrh. 2. Abdruck. 24 Kupfert. (2 in Farbendruck.) Imp.-fol. nebst Text in-4. Darmstadt 1836. (90 M.) 30 —

1246 **Ottobeuren.** — Aufleger, O., die Klosterkirche in Ottobeuren. I. Serie. 25 Lichtdrucktafeln. 2. Aufl. fol. München 1891. In Mappe. 25 —
Ein Baudenkmal des 18. Jahrh. in künstler. vollendetem Rococcostil.!

1247 — — II. Serie. Mit 25 Lichtdrucktafeln. fol. München 1891. In Mappe. 25 —

1248 **Ourscamp.** — Peigné-Delacourt, histoire de l'abbaye de Notre-Dame d'Ourscamp. Av. carte et 74 planches et un grand nombre de grav. s. bois. 4. Amiens 1876. Nicht im Handel. 30 —
Ein für Archäologie, Geschichte und Kunstgeschichte gleich werthvolles Werk; 46 Taf. stellen Grabmäler dar, weitere 19 Taf. enthalten 200 Siegelabbildungen.

1249 **Oxford.** — Britton, J., history and antiquities of the Cathedral Church of Oxford. W. 11 pl. 4. Lond. 1836. cloth. 20 —

1250 — Underwood, H. J., Oxford Parish Burial Ground Chapels. With 18 tinted plates. gr.-fol. Oxford no d. (ca. 1850.) 13 —

1251 **Padua.** — Giotto. — Innenansicht der Kap. Scrovegni in der Arena zu Padua. Gemalt v. Giotto um 1306. Gez. v. H. Burr, Chromolith. v. V. Brooks. Imp.-fol. London, Arundel Soc. 1856. Sehr seltenes Blatt. 40 —

1252 — Gonzati, B., la Basilica di S. Antonio di Padova descritta ed illustrata. 2 voll. Con 51 tavole. fol. Padova 1852—53. Hmaroq., unbeschn., wie neu. 50 —
Enthält auch den Silberschatz des Domes.

1253 **Palermo.** — Becker, H., u. H. v. Förster, die Cathedrale zu Palermo. 9 Blatt Lithogr. nach Zeichn. v. B. u. v. F. quer Imp.-fol. Wien 1886. (15 M.) 10 —
Architektur. Ornamentik.

1254 **Paris.** — Ballu, Th., monographie de l'église de la Sainte Trinité constr. par la ville de Paris. Av. 20 pl. gravées. fol. Paris 1868. Hmaroq. 30 —

1255 — Calliat, V., la Sainte-Chapelle de Paris après les restaurations commencées par Duban, terminées par Lassus. 77 planches dont 12 impr. en couleurs, av. un texte histor. par M. de Guilhermy. gr.-fol. Paris 1857. Hlwd. Selten. 40 —

1256 — Chapuy, vues de l'Eglise Ste. Geneviève de Paris, av. des détails, coupes, élévations et plans. 6 planches sans titre et texte. gr.-fol. Paris 1826. 5 —

1257 — Chereau, François. Façade du Portail de Nostre Dame. 22 × 32 1/2 cm. Schön erhalten. 4 —

1258 — Decloux et Doury, histoire archéolog., descriptive et graphique de la Sainte-Chapelle du Palais (à Paris). Avec 25 belles planches dont 20 impr. en or en couleurs. gr.-fol. Paris 1875. Roth Hmaroquin. (70 fr. broschirt.) 40 —
4 Blätter stellen Glasgemälde dar. Die 20 chromolith. Taf. stellen Details der malerischen Ausschmückung dar.

1259 — Hittorf, considérat. s. l'eglise de la Madeleine. P. 1834. Extr. 1 —

1260 — Pascal, les églises de Paris. Avec 20 belles gravures s. acier. Paris ca. 1860. Lwd. 6 —

Karl W. Hiersemann in Leipzig, Königsstrasse 2. Catalog 108.

Monographien von Kirchen, Klöstern etc.

1261 **Paris.** — Sudre, P., la chapelle de Saint Ferdinand, vitraux exécutés d'après les cartons de M. Ingres. Avec 20 planches dont 1 color. fol. Paris 1846. Hfrz. 60 —

1261a — Viollet-le Duc, peintures murales des chapelles de Notre-Dame de Paris. Avec 62 planches en chromo. fol. Paris 1870. Hmaroq. Tadelloses Ex. d. vergriffenen Werkes. 160 —

1262 **Petersburg.** — Montferraud, Ric. de, Église Cathédrale de Saint-Isaac (à St. Pétersbourg). Description architect., pittoresque et hist. Av. 61 planches lith., portrait et dédicace ornée en chromolith. fol. St. Petersb. 1845. Hfz. Einige Papierflecke. 120 —

1263 — Kirche d. Heil. Alexander Newski (in den vier Ecken Ansichten russ. Landhäuser). fol. Lithogr. v. Motz. Schönes Blatt. 5 —

1264 — Sammlung von Concurrenz-Entwürfen für die Kirche auf der Stelle, wo das Attentat auf Kaiser Alexander II. stattgefunden; herausgegeben v. d. Gesellschaft d. Architekten. 60 Blatt in Lichtdruck. 4. Petersburg 1884. 48 —

1265 **Pisa.** — Lejeal, E., les grands édifices de Pise: Dome, Baptistère, Campo Santo, Tour Penchée. Avec 40 grav. tirées du Theatrum Basil. Pis. de Martini. fol. Paris 1878. En carton. (60 fr.) 35 —

1266 **Poitiers.** — De la Croix, Père C., Hypogée „Martyrium de Poitiers". Av. atlas de 27 pl. en noir et couleurs. fol. Paris 1883. Texte br., altas en portef. (80 fr.) 45 —

1267 **Pontoise.** — Lefevre-Pontalis, E., monographie de l'église de Saint-Maclou de Pontoise. Av. 11 planches. 4. Pontoise 1888. 12 —

1268 **Prato.** — Guasti, C., il pergamo di Donatello pel duomo di Prato. Con 1 fotolit. 4. Firenze 1887. 4 —

1269 **Rabas.** — Cazin, la chapelle et le pélerinage de Notre-Dame de Rabas. Notice hist. av. 3 pl. gr. s. bois. Vigy s. d. (1884). Nicht im Handel. 88 pp. 7 —

1270 **Reims.** — Cerf, Ch., hist. et description de Notre-Dame de Reims. 2 vols. Avec beaucoup d'illustr. Reims 1861. (13½ fr.) 8 —

1271 — Tarbé, Saint-Remi de Reims. Dalles du XIIIe. siècle. 6 planches avec texte explic. fol. Reims 1842. Hmaroq. Etwas stockfleckig. 18 —

1272 **Ringsted.** — Worsaae, J. J. A., og Herbst, kongegraveno i Ringsted Kirke. M. 17 Kpfrtaf. gr.-4. Kjobenh. 1858. Halbkalbldr. Selten. 28 —
Diese interessante roman. Kirche wird auf Taf. 1—7 dargestellt (Ansichten, Grundrisse, Details) Taf. 8—17 enth. Abbildgn. v. Gräbern, Grabplatte, Inschriften etc.

1273 **Roeskilde.** Prospectus aedis cathedralis Roesk. Kpfrst. v. Schule. ca. 1790. 44 × 53 cm. 3 —

1274 **Rom.** — Bartolini, D., come Costantino Augusto innalzasse in Roma i primi sacri edifizi del culto cristiano. 4. Rom 1852. 17 pp. 2 —

1275 — Boromino, F., Opera cavata da suoi originali, cioè la Chiesa e Fabrica della Sapienza di Roma, con le vedute in Prospettiva, le proporzioni etc. Mit 46 grossen Kpfrtaf. gr.-fol. Rom 1720. Hldr. 80 —

1276 — (Bottari, C. C.), sculture e pitture sugre estratte dai ciniterj di Roma; pubblicate gia dagli autori della Roma Sotterranea, ed ora nuovamente date in luce colle spiegazioni, per ordine di N. S. Clemente XII. Tome I, con 48 tavole in rame. fol. Roma 1737. Hfz. Die letzten Taf. wasserfl. 30 —
Die Tafel 48 fehlt.

1277 — Bunsen, C. Chr. J., die Basiliken des christlichen Roms, aufgen. von den Architekten Gutensohn u. Knapp, nach der Zeitfolge geordnet u. erklärt u. in ihrem Zusammenhange mit Idee u. Gesch. der Kirchenbaukunst dargestellt. 50 Kupfert. fol. Text 4. München. cart. 24 —

1278 — les basiliques chrét. de Rome, relevées et dessinées p. Gutensohn et Knapp, texte explic. et descr. p. Chr. C. J. Bunsen, trad. p. D. Ramée. Av. 50 planches. gr.-fol. Paris 1872. Hlwd. 32 —

1279 — Falda, G. B., le chiese di Roma nuovam. disegn in prospettiva et intagliate. 38 tav. quer-fol. Roma, Rossi (ca. 1680). Hlwd. 20 —

Karl W. Hiersemann in Leipzig, Königsstrasse 2. Catalog 108.

Monographien von Kirchen, Klöstern etc.

M. Pf.

1280 **Rom.** — Geymüller, H. v., Notizen über die Entwürfe zu St. Peter in Rom. Carlsruhe 1868. 34 pp. — 1 50
1281 — Jovanovits, C. A., Forschungen üb. d. Bau d. Peterskirche zu Rom. M. 30 Holzschn. 4. Wien 1877. (10 M.) — 6 —
1282 — Knapp, G. M., monumenti dell' antico culto cristiano o sia raccolta di tavole rappresent. le sacre basiliche e chiese di Roma dal 4. sino al 13 secolo. 49 Kupfertafeln. fol. Romo 1840. Hfz. — 30 —
Vorzügliche erste Abdrücke dieses bedeutenden kirchenarchitekton. Werkes.
1283 — Letarouilly, P., le Vatican et le Basilique do St. Pierre de Rome. 3 vols. Avec 264 planches dont 24 en chromo. fol. Paris 1882. (500 fr.) Nahezu vergriffen, steigt im Preise. — 320 —
Schönes Ex. dieses hervorragenden Werkes.
1284 — Marchi, G. Monumenti delle arti christiane primitive nella metropole del christianesimo disegnati ed. ill. per cura di G. M. D. C. D. G. Architettura della Roma sotterranea christiana. Av. 68 planches. Roma 1844. d.-veau — 25 —
„Cet ouvrage de R. P. Marchi du Collège romain, s'est publié par livraisons, et tout ce qui concerne l'Architecture des Catacombes se trouve conferme dans le dix sept premières, les seules qui eussent encore paru." (Brunet.)
1285 — Nicolai, N. M., della basilica di S. Paolo, Roma. M. 1 Ans. auf d. Tit., 2 desgl. i. Text u. 18 Taf. fol. Rom, 1815. Hfz. — 20 —
Die Taf enth. vorzugsweise architekt. Pläne.
1286 — Rohault de Fleury, C., le Latran au Moyen Age. Av. un atlas de 64 planches in-fol. Paris 1877. Text br. Atlas in Mappe. (100 fr.) — 65 —
1287 — Suys, Descript. hist. de Panthéon de Rome. 25 planches. Imp.- fol. Bruxelles 1838. — 15 —
Enthält viel Ornamentik.
1288 **Rouen.** St. Ouen Abtei zu Rouen in d. Normandie, n. D. Quaglio. ca. 1825. 51×64 cm. Hübsche Lith. v. Gustav Kraus. Auf chines. Papier m. br. Rande. — 4 —
1289 **Saint Dié.** — Fontaine, Ch., recueil de différents monuments du diocèse de Saint-Dié (Vosges). I.e partie (seule parue). Av. 60 planches. fol. Saint-Dié 1875. — 15 —
22 der Tafeln enthalten Grabsteine.
1290 **St. Gallen.** — Keller, F., Bauriss des Klosters St. Gallen v. Jahre 820. M. 1 Taf. in Facs.-Reprod. in-fol. 4. Zürich 1844. — 3 20
1291 **Saint-Yved.** — Prioux, St., monographie de l'anc. abbaye royale Saint-Yved de Braine avec la descr. des tombes roy. et seigneur. dans cette église. Av. 27 planches dont 6 en chromo. fol. Paris 1859. Blau-Hmaroq. Vergriffen. — 60 —
1292 **Salisbury.** — Britton, J., history and antiquities of the Cathedral Church of Salisbury. W. 32 pl. and 3 woodc. 4. Lond. 1814. cart. Pracht-Ausg. (105 sh.) — 45 —
1293 **Sanssouci.** — Persius, Stüler, Hesse u. von Arnim, die Friedenskirche zu Sanssouci. M. 6 Taf. (2 col.) fol. Berlin 1855. In Mappe. (9 M.) — 5 —
Sep.-Ausg. aus „Sanssouci in seinen Architecturen".
1294 **Shobdon.** — Lewis, G. R., the ancient church of Shobdon, Here- fordshire. W. 20 lithogr. plates. fol. Lond. 1856. Lwd. Einige Tafeln am Rande wasserfl. — 24 —
1295 **Shottesbroke.** — Butterfield, W., elevations, sections and details of St. John Baptist Church at Shottesbroke, Berksh. (14. cent.) W. 10 plates. fol. Oxford 1844. (21 sh.) — 8 —
1296 **Sonneberg.** — Die neue Stadt-Pfarrkirche in Sonneberg, erbaut v. Heideloff. M. 7 Tafeln. Nürnberg 1845. Lwd. — 2 —
1297 **Skelton.** — Christian, E., architectural illustration of Skelton Church, Yorkshire. With 17 plates. fol. London 1846. Hfz. — 15 —
1298 **Southwark.** — Dollman, F. T., the priory of St. Mary Overie, Southwark; comprising the history, the description, the illustrations

Karl W. Hiersemann in Leipzig, Königsstrasse 2. Catalog 108.

88   Monographien von Kirchen, Klöstern etc.

                                                                                                 M. Pf.

of the church and conventual buildings. With 56 plates. fol. London 1881. Lwd. Nicht im Handel.   60 —

1299 **Strassburg.** — Bayer, A. de, la cathédrale de Strasbourg. 11 planches lithogr. fol. Paris s. d. (ca. 1845).   12 —

1300 — Pitou, Fr., la cathédrale de Strasbourg. Illustr. de 3 photogr. et de 7 lithogr. Strasb. 1861. Extr. 121 pp. (6 fr.)   4 —

1301 — Schneegans, l'église de St.-Thomas à Str. et ses monuments. Av. 5 grav. Str. 1842. Pp.   3 —

1302 — Strobel, A. W., das Münster in Strassburg, geschichtl. u, nach seinen Theilen geschildert. M. 2 Taf. 7. Aufl. Strassb. 1866. 36 pp.   1 —

1303 — Cathédrale de Str. Projet de couronnement à établir sur la coupole du choeur. Av. 6 pl. photogr. Str. 1875.   3 —

1304 — Description de la cathédrale de Strasbourg. Nouv. éd. av. 6 pl. Strasbourg 1817. Ppbd.   3 —

1305 **Thann** i/Els., Ansicht der Stiftskirche zu Thann, gem. v. D. Quaglio, auf Stein gez. v. S. Quaglio. ca. 1825. 52 × 67 cm. Prächtiges Einzelkunstblatt m. zahlreichen Figuren. Abzug auf chin. Papier in selten schöner Erhaltung.   10 —

1306 **Tongres.** — Thys, Ch. M. T., monographie de l'église de Notre-Dame à Tongres. Av. 30 grav. Brux. 1866. d.-maroq. Extr. 207 pp.   10 —

1307 **Tuln.** — Ernst, L., u. L. Oescher, Heil. Drei-König.Capelle in Tuln. 7 Taf. m. Text. Imp.-fol. Wien 1846. Prachtausg. In Carton. Ansicht. Grundrisse etc. Details.   8 —

1308 **Turin.** — Paroletti, M., description hist. de la Basilique de Superga située sur la colline près Turin ornée de vignettes et de 9 pl. en taille-douce. fol. Turin 1808. d-veau. Qq. taches. Rare.   30 —

1309 **Ulm.** — Pressel, F., Münster-Blätter. 1. Heft. M. Holzschn. u. 1 Farbendr. Nebst Anh.: D. Ulmer Münster, s. Baumeister u. s. Jubelfest. A. d. Span. d. J. Fastenrath v. G. Veesenmeyer. 4. Ulm 1878. Hlwd.   1 50

1310 **Val de Grace.** — Ruprich-Robert, S., l'église et le monastère du Val-de-Grace. 1645—65. Avec 15 pl. 4. Paris 1875. Rother Halbmaroquin.   22 —

1311 **Venedig.** — Basilique, La, De Saint-Marc à Venise. Étudiée au double point de vue de l'art et de l'histoire par une réunion d'écrivains Vénitiens. Venise, 1878—1888. 16 vol. gr. in-4to et 2 vol. gr. in-fol. En Portefeuilles. Au lieu de 2333 fr.   850 —

    Cette publication gigantesque se compose de:
    Port. No. I. Coupes géométriques et détails du pavé. 27 planches gravées. grand in-fol.
    Port. No. II. Vues mosaïques. 45 planches chromos. gr. in-fol. (21 de ces planches réunies forment la façade mesurant 2,41 × 1,73).
    Port. No. III. Détails des mosaïques secondaires, non comprises dans le Portefeuille No. I. 68 planches grand in-4.
    Port. No. IV. Détails du pavé et ornements en mosaïque. 68 planches gravées en couleur. grand in-4.
    Port. No. V. Autels, monuments, sculptures etc. c'est-à-dire toutes les décorations intérieures et extérieures minutieusement détaillées. 425 planches, phototypies d'après nature. grand in-4.
    La Procession du Doge le dimanche des Rameaux, gravée à Venise (1556—1569). 8 planches grand in-fol. (Appendice du Portefeuille No. I).
    Texte de l'ouvrage par plusieurs écrivains vénitiens sous la direction de Mr. le professeur Camille Boito. Vol. I—II. Avec gravures intercalées dans le texte et plusieurs fac-similés. grand in-4. Ajouté une traduction française.
    Documents pour l'histoire de l'auguste basilique ducale de Saint Marc à Venise, depuis le XIe siècle jusqu'à la fin du XVIIIe tirées des Archives royales d'État, de la Bibliothèque Marciana etc. Avec gravures, 1 chromo et 123 fac-similés. grand in-4.
    Le Trésor de Saint Marc à Venise par l'Abbé A. Passini, chanoine de la Marciana. Avec figures intercalées et Portefeuille contenant 21 chromos et 79 phototypies en couleurs. Ajouté une traduct. franc. p. Monier.

1312 — Martens, W. J., Inneres der St. Markuskirche in Venedig. Vorzüglich ausgeführte farbenreiche Aquarelle, im Vordergrund Dame einem Bischof die Hand küssend. Bildgrösse 54×37 cm., mit breitem Passepartout, unter Glas in Goldrahmen.   600 —
    Das Bild erzielte im Jahre 1875: 380 Thaler = 1140 M. plus 10% Auctionscommission.

Karl W. Hiersemann in Leipzig, Königsstrasse 2. Catalog 108.

Monographien von Kirchen, Klöstern etc.

1313 **Vilvorde.** — Sillier, P. L. C., notice histor. sur l'église de Vilvorde, monuments, statues, confréries etc. M. Frontisp. Malines 1856. Hbkldr. 104 pp. — 10 —
1315 **Warmington.** — Caveler, W., architectural illustrations of Warmington Church, Northamptonsh., consisting of elevations, sections, and details. With 19 plates. gr.-fol. Oxford 1850. — 12 —
1316 **Wassy.** — Simonnet, J., église (romane) Notre-Dame de Wassy. Avec 4 pl. 4. Paris 1864. Extr. — 3 —
1317 **Westminster Abbey:** The history of the Abbey Church of St. Peter's Westminster, its antiquities and monuments (by W. Combe). 2 vols. with 82 beautif. coloured plates. 4. London, Ackermann, 1812. 2 Juchtenbde. (332 M.) — 90 —
1318 — Mackenzie, F., architectural antiquities of the Collegiate Chapel of St. Stephen, Westminster. W. 18 fine large plates. Imp.-fol. London 1844. half morocco. (84 sh.) — 50 —
Erbaut im 13. u. 14. Jahrh. — Pläne, Aufrisse, ornamentale Details etc.
1319 — Neale, J. P., and E. W. Brayley, hist. and antiquities of the Abbey Church of St. Peter, Westminster; includ. notices and biograph. memoirs of the abbots and deans of that foundation. 2 vols. W. 62 engrav. plates by Le Keux etc.; exter. and inter. views, monuments etc. gr.-4. Lond. 1818—23. Hldr. (£ 10.10 sh. = 210 M.) 90 —
1320 — Topham, J., some account of the Collegiate Chapel of St. Stephen Westminster. W. 14 plates 1795. — (Littelton) account of the Cathedral Church of Exeter; illustr. of the plans, elevat. and sections of that building. With 11 plates by J Carter, engr. by Basire. 1797. — (Carter). Plan, elevat., sections and specimens of the archit. of the Abbey Church of Bath, with acc. of the church. With 10 plates by Carter, engr. by Basire. 1798. — (Carter) account of the Cathedral Church of Durham, illustr. of the plans, elevat, and sect. of that edifice. W. 11 plates by Carter, engr. by Basire. 1801. 4 pts. publ. by the Soc. of Antiquaries. fol. Lond. 1795—1801. hf. bd. (ca. 200 M.) — 60 —
1321 **Wien.** — Briefe, gothische (vorw. über die zu errichtende Votivkirche goth. Styls in Wien.) 3 Hefte. 1854. — 4 —
1322 — Feldegg, F. v., moderne Kirchen-Decorationen. Vorlagewerk für ornamentale Kirchenmalerei, nach Orig.-Aufnahmen aus d. Kirchen Wiens. Heft I u. II. Mit 16 schönen Farbendrucktaf. — 28 —
1323 — Kleiner, S., delineatio omnium templorum et coenobium — — wahrhaffte Abbildung aller Kirchen u. Clöster in Wien u. Vorstätten — — u. anderer schönen Gebäude. 1. u. 2. Thl. M. 66 Kupfern (Ansichten). quer-fol. Wien 1724. Halbprgtbde. Schönes Ex. 100 —
1324 — Thausing, M., ¡die Votivkirche in Wien. M. 4 Radirungen, 1 Chromoxylogr. u. vielen Textill., Bordüren, Initialen, Vignetten etc. fol. Wien 1879. Hlwd. (30 M.) — 24 —
1325 **Wisby.** — Herboldt, J. D., og N. Höyen, Hellig-Aands Kirken i Wisby paa Gulland. 4 schöne lith. Taf. in Tondruck mit Text. gr.-fol. Kiöbenh. 1852. — 15 —
1326 **Worcester.** — Aldis, E., carvings and sculptures of Worcester cathedral. With 69 photos mounted on 27 boards. 4. London 1873. cloth, gilt edges. (42 sh.) — 20 —
1327 — Wild, Ch., illustration of the architecture and sculpture of the cathedral church of Worcester. W. 12 plates. gr.-4. Lond. 1823. Hlwd. (63 sh.) — 25 —
1328 **Wormditt** (Rgbz. Königsberg), 2 Totalansichten u. mehrere Details der Kirche zu W. 2 Bl. in Tondruck u. Chromolith. m. 4 S. Text. ca. 1850. fol. — 3 —
1329 **Xanten.** — Beissel, St., soc. J., die Bauführung des Mittelalters. Studie üb. die Kirche des hl. Victor zu Xanten. Bau, Geldwerth u.

Karl W. Hiersemann in Leipzig. Königsstrasse 2. Catalog 108.

Profanbauten. Allgemeines.

		M. Pf.
	Arbeitslohn, Ausstattung. 2. Aufl. Mit Holzschnitten u. 2 Plänen. Freiburg 1889. (7½ M.)	5 50
1330	York. — Browne, J., history of the metropolitan church of St. Peter's, York, illustrated by extracts from authentic records, by plans, sections, and architectural details. With an atlas of 150 plates, 13 of which, representing stained glass, are coloured. = 2 vols. gr.-4. London 1847. Schönes Ex. in eleg. Kalblederbdn. (Ladenpreis ca. 400 M.)	160 —
1331	— Halfpenny, J., Gothic ornaments in the Cathedral Church of York. Plates 1—21, with text. gr.-4. London 1795. Hfz. — Angebunden: A collection of plans to Grose's Antiquities of England and Wales. 35 plates.	10 —
1332	— Poole G. G., and Hugall, hist. and descript. guide to York Cathedral and its antiquities. W. 40 plates (some coloured). 4. York 1850. Pp.	28 —

Von hohem architect. u. kunstgew. Interesse. (Glasmalereien, Möbel, Sculpturen etc.)

1333	Zillis. — Rahn, J. R., d. bibl. Deckengemälde i. d. Kirche v. Zillis. M. 4 Taf. 4. 1872.	4 —
1334	Zürich. — Keller, F. Bauart des Grossmünsters in Zürich. — Vögelin, Notizen üb. d. Stift z. Grossmünster. M. 6 Taf. 4. 1844.	4 80
1335	— — Architektur des Grossmünsters in Zürich. M. 2 Taf. 4. 1841.	2 —
1336	— Vögelin, S., Gesch. d. Grossmünster in Zürich. M. 2 Kpfrtaf. 4. Zürich 1840. S.-A. 12 pp.	1 50
1337	— — der Kreuzgang beim Grossmünster in Zürich. M. 16 Taf. 4. 1845.	8 70
1338	Zwettl. — Propsect (sic!) des Kirchen Thurn in den Anno 1138 durch die Herren v. Künnenring gestüfften Closter zwettl oder Clara Vall in vndter Oessterreich, ord-Cist, vollendet a. 1728. Math. Steinl invenit, Jos. Mungenast aedific. et delin., J. M. Götz delin., A. et J. Schmuzer sc. Viennae Austr. Sehr schöner grosser Kupferst. v. J. 1728, aus 3 Bll. zusammengesetzt. Vorderansicht des Thurmes mit geometr. Grundriss. Höhe des Blattes 99 cm., Breite 38 cm.	7 —

Profanbauten.

Allgemeines. — Wohn- und Geschäftshäuser.

		M. Pf.
1339	Architektur der Neuzeit. E. ausgewählte Sammlung moderner Facaden u. Details. Photogr. Origin.-Aufn. in Lichtdruck. I. Serie. 100 Taf. fol. Berlin 1890.	125 —
1339a	— — II. Serie. (100 Taf.) Liefg. 1—3. fol. Berlin 1890—91.	75 —

Die Abnahme der ersten Lfgn. verpflichtet zur Abnahme des ganzen aus 5 Lfgn. à 25 M. bestehenden Serie.

1340	Berliner Bauten, neue, 1890—91. Villen, Wohn- u. Geschäftshäuser. 40 Tafeln Fassaden, 6 Tafeln Grundrisse. Mit Unterst. namhaft. Architecten zusammengest. v. W. Klee. Berlin 1891.	6 —
1341	Berlin. — 23 Kupferstiche, enth. 1 Generalansicht v. B., die königl. Schlösser in und um B., Kirchen, Opernhaus, Arsenal etc. J. D. Schleuen exc. quer-4. ca. 1750. Pp.	25 —
1342	— Das v. Krosaecks'sche Palais (Wagner's Observatorium), Ansicht u. Grundriss. Kupferst. v. Wolff. ca. 1750. 27×37 cm.	2 —
1343	— Das Commandanten-Haus (vordere Faciata u. Grundrisse) v. Gerlach erbaut. Kupferst. v. J. Wolff. ca. 1750. 26×37 cm.	2 —
1344	Bethke, H., städtische Geschäfts- und Wohnhäuser. Deutsche Renaissance-Façaden mit entsprech. Grundrissen für prakt. Ausführung. 60 meist farbige Tafeln. gr.-fol. Stuttg. (1887). In Hlwdmappe. Neues Ex.	60 —

Karl W. Hiersemann in Leipzig, Königsstrasse 2. Catalog 108.

Profanbauten. Allgemeines. 91

M. Pf.

1345 **Bethke, H.**, Privat- u. Gemeinde-Bauten. III. Serie. Eine Sammlg. leicht ausführb. Häuser f. Handwerker u. Geschäftsleute, sowie Communalbauten aller Art. 100 z. Th. farb. Taf. fol. Stuttg. 1890. In Mappe. 60 —
Grundrisse. Details.
1346 **Bosse u. E. Gladbach.** Das Zeughaus, das Schauspielhaus und die Jesuitenkirche zu Mannheim. Bezeichnet. $8^{1}/_{2}\times13$ cm. 30 —
Hübsche Blättchen von sorgfältiger Ausführung in Sepia.
1347 **Burn, R.** Scott, modern building and architecture, working drawings and practical designs includ. numerous examples fr. the Paris and Havre International exhibitions, w. papers on technical subjects. W. 52 pl. and numer. woodc. fol. Lond. (63 sh.) cloth. 30 —
1348 **Ewerbeck, F.**, Architektonische Entwürfe und Bauausführungen. Gesellschaftshaus für den Verein christlicher Kaufleute in Breslau, Rathhaus zu Aachen, Atrium des Domes zu Aachen, Chemisches Laboratorium zu Aachen, Zimmeransichten, Gebäude der Kunstu. Gewerbe-Ausstellung in Düsseldorf, Kölner Volksgarten etc. 2. Aufl. 36 Taf., theils Lichtdruck, theils Farbendruck. fol. In Mappe. 30 —
1350 **Klasen, L.**, Grundriss-Vorbilder von Wohn- u. Geschäftshäusern. M. 32 Taf. in Photolith. u. 109 Abb. im Text. 4. Leipzig 1884. Lwd. (24 M.) 18 —
1351 **Lewis, J.**, designs in architecture consist. of plans, elevations and sections for villas, mansions, town-houses, and a new design for a theatre. W. descr. and explan. 2 vols. in 1. W. 63 plates. fol. Lond. 1780—97. Hfrz. Schönes Ex. d. 1. Ausgabe m. scharfen Abdrücken. 35 —
1352 — — 2. ed. 2 vols in 1. W. 63 plates. fol. Lond. 1797. half bound. 25 —
1353 **Normand, Ch.**, l'hôtel de Cluny. Avec 22 pl. héliograph. et 38 fig. dans le texte. fol. Paris 1888. En portefeuille. 40 —
Façades. Plans. Coupes. Détails intér. et extér. etc.
1354 **Sammelmappe** hervorrag. Concurrenz Entwürfe. Heft 5: Kauf- u. Wohnhaus d. Freih. v. Faber zu Berlin. 30 Taf. fol. Berlin 1882. (18 M.) 13 50
1355 **Schinkel, K. F.**, Sammlung architectonischer Entwürfe, enthaltend theils Werke, welche ausgeführt sind, theils Gegenstände, deren Ausführung beabsichtigt wurde. Neue vollständige Ausg. 174 Kpfrtfln. mit Text. Berlin 1852. gr.-fol. (110 M.) Halbmaroquin. 55 —
1356 **Schmidt, F. C.**, der bürgerliche Baumeister. Bd. I mit 75 Kupfertaf. meist in Doppelformat. fol. Gotha 1790. In 2 Hfzbdn. Schönes Ex. auf Schreibpapier. 4 —
1357 **Soane, J.**, designs for public and private buildings. With 55 plates. roy.-fol. London 1828. Hlwd. 20 —
Schlösser, Regierungsgebäude, Triumphbogen, Kirchen, Mausoleen grossen Stils.
1358 — designs for public improvements in London and Westminster. W. 33 pl. fol. Lond. 1827. Hfrz. 25 —
1359 **Suckow, L. J. D.**, Erste Gründe der bürgerl. Baukunst. 3. Aufl. Mit 35 Kupfertaf. 4. Jena 1781. 4 —
1360 **Ungewitter, G. G.**, Entwürfe zu Stadt- u. Landhäusern. 2. Aufl. 2 Bde. (12 Liefrgn.) M. 96 Taf. fol. Glogau ca. 1860—70. (48 M.) 30 —
1361 **Weichardt, C.**, das Stadthaus u. die Villa. Entwürfe v. Miethhäusern, städtischen Wohngeb., Häusern m. Ladeneinricht., vorstädt. Wohngeb. etc. 2. Aufl. 50 lith. Taf. m. erläut. Text. 4. Weimar 1884. 6 —
1362 **Wright, F. A.**, Architectural Studies. vol. I. Low Cost Houses, Store Fronts and interior Details, Stables, Sea Side and Southern Houses. Out-Buildings. 60 lithogr. plates and letterpress. 4. New York 1886. cloth. 25 —
1363 — — vol. II. $ 500 to $ 2500 Houses, interior Woodwork of Houses of moderate cost, Store Fittings, City Houses Chapels and Churches. 72 lithogr. plates and letterpress. 4. New York (1890). cloth. 30 —

Karl W. Hiersemann in Leipzig, Königsstrasse 2. Catalog 108.

Verwaltungsgebäude. — Schulen. — Universitäten. — Theater. — Museen u. s. öffentl. Bauten.

M. Pf.

1364 **Baltard, V.**, et F. **Callet**, monographie des Halles centrales de Paris, construites sous le règne de Napoléon III. Avec 35 planches. gr.-fol. Paris 1863. Hmaroq. (60 fr.) 25 —
1365 **Berlin.** Das Neue Börsen-Gebäude in Berlin. Entworfen v. F. Hitzig. Farbendrucktafel. 23×34 cm. Ein Bruch in der Mitte. 1 50
1366 — Übersichtsskizze zum Referat über den Platz des künftigen Reichstagshauses. Grosser lithogr. Situationsplan mit den für den Reichstagspalast vorgeschlagenen Standorten in farbiger Bezeichnung. 76×102 cm. 3 —
1367 **Berliner Museum.** 5 Photographien in gr.-fol. auf Cartons, von denen 1 das Treppenhaus u. 4 die Skulpturensäle des Antiquarium darstellen. Beigelegt 3 Folio-Photogr. auf Cartons: Diskuswerfer, Augustus, Adam (Statuen). 10 —
1368 **Beschreibung** d. Einweihung des neuen Gebäudes d. k. Polytechn. Schule. M. 2 Taf. gr.-4. Stuttg. 1864. 2 —
1369 **Bicknell's** Public Buildings. Containing 21 plates wooden and brick buildings with details. Showing Libraries, Town Hall, Masonic Hall, Hotels, Opera House, Court Kouse and Railway Stations. Including a variety of Details for same, descriptive letter press etc. 4. New York 1877. cloth. 20 —
1370 **Burgess. R.**, description of the circus on the Via Appia near Rome. W. 3 plates. Lond. 1828. Hlwd. 3 50
1371 **Burmester, A.**, die grossen Speicherbauten Hamburg's und Altona's. Eine Sammlung von (194) Ansichten, Grundrissen und Schnitten auf 176 Tafeln. fol. Hamburg 1890. Nicht im Handel. 600 —
Nur in 60 Exemplaren hergestellt, die bis auf ganz wenige Exemplare zur Privatvertheilung an Assecuranzgesellschaften verbraucht wurden. Eine neue Auflage wird nicht hergestellt werden.
1372 **Calliat, V.**, Hôtel de ville de Paris mésuré, dessiné, gravé et publié p. V. C. Frontisp. et 13 (au lieu de 27) planches, le texte de Le Roux de Lincy manque. — Avec le supplément (ou 2e ptie): Décorations intérieures. Av. 16 pl. dont 2 en chromo et 3 grav. dans le texte. fol. Paris 1844—59. I. ptie. en Carton. II. ptie. Hfrz. Die Tafeln d. I. Thls. am unteren Rande wasserfleckig. 50 —
1373 **Cambridge** Portfolio ed. by J. J. Smith. 2 vols. (14 parts) with 77 portr. and plates of the architecture of the University, its treasures etc., and numerous woodc. 4. Lond. 1840. (70 sh.) Unbedeutend fleckig. 45 —
1374 **Cavos, A.**, traité de la construction des théatres. 8., av. atlas de 25 planches in-fol. Paris et St.-Pétersb. 1847. Pp. u. Hlwd. (30 fr.) 6 —
1375 **Contant, C.**, (architecte) et **Filippi**, parallèle des principaux théatres modernes de l'Europe et des machines théatrales. 2 pties. Avec 134 planches. gr.-fol. Paris 1860. (160 fr.) En cartons. 85 —
1376 **Dardel, R.**, Monographie du Palais du Commerce élevé à Lyon. Accomp. d'un texte histor. et descriptif. Av. 48 pl. (dont 3 pl. en chromolith.) gr.-fol. Paris 1868. en porte-feuille. (100 fr.) 60 —
1377 **Desjardins, T.**, monographie de l'hotel de ville de Lyon. Avec 76 belles planches noires et color. fol. Paris 1867. (160 fr.) 60 —
1378 **Entwürfe**, die preisgekrönten, zu dem neuen Reichstagsgebäude. 64 Lichtdrucktafeln. gr.-fol. Berlin 1882. In Hlwdmappe. Nicht im Handel. 40 —
1379 — preisgekrönte, der Kaiser Wilhelms-Universität zu Strassburg im Elsass. P. Warth zu Karlsruhe — Mylius und Bluntschli zu Frankfurt a. M. — Eggert zu Strassburg — Hossfeld und Hinkeldeyn zu

Karl W. Hiersemann in Leipzig, Königsstrasse 2. Catalog 108.

Profanbauten. Verwaltungsgebäude etc.

M. Pf.

Berlin — P. Sommer zu Frankfurt a. M. 25 Tafeln in Lichtdruck. fol. 1880. In Mappe. 20 —
1380 **Eberhard**, G., das neue herzogliche Marstall-Gebäude in Gotha. M. 6 Taf. fol. Potsd. 1856. cart. (11 M.) 4 —
1381 **Evervaerts**, A., monographie de l'Hotel de ville de Louvain (constr. 1448 et reconstr. 1872). Avec 51 planches représ. 700 sujets. fol. Louv. 1872. Lwd. (75 fr.) 45 —
  Die zahlreichen Tafeln stellen die Details dieses interessanten gothischen Baues dar. Die Basreliefs enthalten Darstellungen aus d. bibl. Gesch.
1383 **Falkener**, E., a description of some important theatres and other remains in Crete fr. a Ms. hist. of Candia by O. Belli in 1856 being a supplem. to the Museum of classical antiquities. W. a map, 8 plates and woodc. (illustr. of coins.) Lond. 1854. Lwd. (5 sh.) 4 —
1384 **Féta**, N., Monographie du Palais de justice de Dijon. Histor., descript., illustrat. Av. 1 planche. 4. Dijon 1872. Pas mis en commerce. 18 —
1385 **Fumière**, Th., l'exposition d'Amsterdam et la Belgique aux Pays-Bas. 3 fasc. Avec 45 illustr. fol. Brux. 1883. (35 fr.) 15 —
1386 **Fuesslin**, J., das neue Männerzuchthaus zu Bruchsal in s. baulichen Einrichtungen. M. 13 Taf. fol. Carlsruhe 1854. In Mappe. Nicht im Handel. 12 —
1387 **Garnier**, Ch., le Nouvel Opéra de Paris. 2 parties comprenant 2 vols de texte gr.-8 et 6 vols d'atlas in-fol. cont. 215 planches en partie en chromolith. Paris 1875—81. Les atlas en 6 portefeuilles, le texte br. (685 fr.) 430 —
  Ie. partie: La partie architecturale: élévations, plans, coupes décorations extér. et inter., 2 vols de texte et 2 vols d'atlas. de 100 pl.
  IIe. partie. I.: Sculpture ornamentale 45 pl. II.: Statues décoratives 85 pl. III.: Peintures décoratives 90 pl. IV.: Bronzes 15 pl.
1388 — — Ie partie. 2 vols. de texte in-4. et Atlas de 100 planches gr.-in-fol. (dont 17 en couleurs): Élévations, plans, coupes, décorations extér. et intér. etc. Paris 1878—81. (350 fr.) Text Hlwdbde., Atlas in Mappe. 220 —
1389 **Gropius** u. **Schmieden**, d. städt. Allgem. Krankenhaus im Friedrichshain zu Berlin. M. 27 Kupfert. u. vielen Holzschn. fol. Berlin 1876. cart. (30 M.) Wie neu. 20 —
  Façaden, Grundrisse etc.
1390 — d. zweite Garnison-Lazareth für Berlin bei Tempelhof. Hrsgbn. von V. v. Weltzien. M. 7 Kupfert. u. Holzschn. im Text. fol. Berlin 1879. cart. (12 M.) Wie neu. 7 50
1391 **Grosvenor**, E. A., the Hippodrome of Constantinople and its still existing monuments. W. plan. Const. 1889. 62 pp. 3 —
1392 **Hamburg**. — Die prämiirten Entwürfe der Hamburger Rathhaus-Concurrenz 1876. Nach den Originalplänen (v. Mylius u. Bluntschli, Grotjan u. Robertson, O. Wagner, Joh. Otzen, D. Avanzo etc.) in Lichtdruck. 56 schöne Taf. fol. Hamburg 1877. In Carton. 30 —
1393 **Das Hamburgische Museum** für Kunst u. Gewerbe. Bericht über 1877—82. M. 2 Taf. Hamb. 1882. 4 50
1394 **Handbuch** d. Architektur. Hrsg. von J. Durm u. a. Theil IV. Halbbd. 6. Gebäude f. Erzieh., Wissenschaft und Kunst. Heft 1. Niedere und Höhere Schulen. Mit 2 Taf. u. 350 Textillustr. Darmst. 1889. (16 M.) 12 —
1395 **Hauberrisser**, G., das neue Rathhaus in München. 20 photogr. Tafeln mit Aufriss, 5 Grundrissen u. Text. gr.-fol. München 1883. In Hlwdmappe. (69 M.) 50 —
1396 **History** of the university of Cambridge, its colleges, halls and public buildings. 2 vols., with 96 fine coloured plates. 4. Lond. 1815. Hfz. (400 M.) 160 —
  Mit einigen Flecken, zuweilen heben sich die Umrisse der Figuren auf den gegenüberliegenden Textseiten schwach ab, sonst vorzüglich erhaltenes Expl. des seltenen Werkes. Die prachtvoll color. Taf. enthalten die Porträts der Begründer und

Karl W. Hiersemann in Leipzig, Königsstrasse 2. Catalog 108.

Profanbauten. Verwaltungsgebäude etc.

M. Pf.

1397 **Hofburgtheater**, d. k. k. in Wien. Erbaut v. Carl Freiherrn v. Hasenauer. M. 60 Lichtdr.-Taf. quer-4. Wien (1891). cart.
Gönner der Hochschule, zahlr. innere u. äussere Ansichten der Universitätsgebäude, sowie ihrer Umgebungen. Ferner sind durch 23 Figuren die verschiedenen akademischen Grade in ihrer eigenartigen Tracht dargestellt, wodurch das Werk auch für Costümkunde von hohem Interesse ist. Der Ladenpreis betrug ca. 400 M. 62 —
Prachtvolle Decorationen.

1398 **Hofoperntheater**, das, in Wien. Erbaut von C. v. d. Null u. A. v. Siccardsburg. 1.—4. Lfg. M. 20 Tonlichtdruckt. Quer-fol. Wien 1891. 20 —
Vollst. in 12 Lfgn. à 5 M.

1399 (**Höyen**, N.,) det Kongelige Theater. — Grosserer Peschiers Gaard. Mit 7 architekton. Taf. nach Harsdorff's u. W. Klein's Zeichn. radirt v. E. Sonne. roy.-4. Kjöbenh. 1860. 4 —

1400 **Industrie-Ausstellung** (Paris) 1834. Nach Flachat deutsch v. Fr. Pohls. M. 43 Taf. 4. Lpz. 1834. (10³/₄ M.) 6 —

1401 **Kaemmerling**, H., das Wallner-Theater in Berlin. Mit 12 Taf. fol. Berlin 1868. (15 M.) 10 —

1402 **Klenze**, L. v., Sammlung architectonischer Entwürfe. 2. Ausg. Heft II: Die Pinakothek in München. Mit 11 Taf. gr. qu.-fol. München 1847. (10 M.) 5 —

1403 — — 20 Tafeln, enthalt. die Glyptothek in München in 10 Tafeln vollständig, u. 10 Tafeln aus Heft IV u. V: Athen u. A. Mit Titel u. 4 Textblättern. Imp.-fol. München 1830. In 1 Hfzbde. 8 —

1404 **Levi**, C. A., l'antico palazzo dell' archivio ridotto ora a Museo dell' Estuario in Torcello. C. 2 tav. Venezia 1889. 42 pp. 3 50

1405 **Leybold**, L., das Rathhaus der Stadt Augsburg erb. 1615—1620 v. E. Holl. 93 Taf. M. kurzem histor. Text v. A. Buff. fol. Berl. 1886 bis 88. In Mappen. (90 M.) Wie neu. 70 —

1406 **March**, O., das städtische Spiel- u. Festhaus zu Worms. Mit 2 Taf. Berlin 1890. S.-A. 1 —

1407 **Monographie** des palais de l'Exposition universelle de 1878 à Paris: Palais du Champ de Mars, Palais du Trocadéro, Constructions diverses. élevées par l'Administr. 2 vols. de 94 planches dont 34 en couleurs avec texte hist. descript. et explic. gr. in-fol. Paris 1878—82. In 2 Mappen. (400 fr.) 200 —

1408 **Monumentalbauten**, Wiener. Band I: Hof-Opernhaus und Justizpalast. Mit 113 (statt 120) Kupfertaf. gr.-fol. Wien 1885. In Carton. (300 M.) 150 —
Inhalt: Van der Nüll u. Siccardsburg, das k. k. Hof-Opernhaus in Wien. 76 (statt 80) Tafeln, mit Text v. H. Auer. — A. von Wielemans, der k. k. Justiz-Palast in Wien. 37 (statt 40) Tafeln mit Text v. H. Auer.

1409 **Nüll**, van d., u. von Siccardsburg, d. K. K. Hof-Opernhaus zu Wien. M. 80 Kupfert. gez. v. P. Lange etc., gest. v. H. Bültemeyer, Ed. Obermayer etc. Text v. H. Auer. fol. Wien 1885. In Mappe. (200 M.) Tadelloses Exemplar. 145 —
Façaden, Schnitte, Grundrisse. Ornamentale Details (Sculpturen — Malereien etc.) Eines d. bedeutendsten Architecturwerke d. Gegenwart für Architecten u. Decorationsmaler von gleichem Interesse. Bildet d. 1. Abthlg. d. 1. Bds. d.: Wiener Monumentalbauten.

1410 — — Kleine Lichtdruck-Ausg. Lfrg. 1—4. Mit 20 Lichtdrucktaf. quer-fol. Wien 1891—92. 20 —
Erscheint in 12 Lfrgn. zu je 5 Taf., pro Lfrg. 5 M.

1411 **Parlamentsgebäude** für den Deutschen Reichstag in Berlin vom Jahre 1872. Hervorragende Concurrens-Entwürfe (darunter der von L. v. Bohnstedt). Mit 27 Lichtdrucktaf. fol. Berlin 1882. (18 M.) 10 —

1412 **Salvisberg**, P. v., Chronik der deutsch-nation. Kunstgewerbe-Ausstellung in München 1888. Mit sehr vielen Illustr. fol. München 1888—90. (15 M.) 11 —

1413 **Sammelmappe** hervorrag. Concurrens-Entwürfe. Heft 9: Stadt-Theater in Halle a/S. 40 Taf. fol. Berlin 1885. (28 M.) 21 —

Karl W. Hiersemann in Leipzig, Königsstrasse 2. Catalog 108.

Profanbauten. Verwaltungsgebäude etc. 95

1414 **Sammelmappe.** — Heft 12: Volkschule f. Frankfurt a. M. 24 Taf. fol. Berlin 1885. (18 M.) Die letzten 6 Taf. sind durch einen Nagel beschädigt. 12 —
1415 — — Heft 13: Städtisches Museum (Kestner Museum) für Hannover. 16 Taf. fol. Berlin 1886. (12 M.) 9 —
1416 — — Heft 15: Deutsches Haus für Brünn. 17 Taf. fol. Berlin 1888. (14 M.) 11 —
1417 — — Heft 17: Ständehaus für Rostock i. M. 20 Taf. fol. Berlin 1889. (16 M.) 12 —
1418 **Schneider, L.**,Gesch. des Oper u. des k. Opernhauses in Berlin. Mit d. architecton. Plänen des 1740 v. Knobelsdorf u. des 1844 v. Langhans neuerbauten Berl. Opernhauses. Prachtausg. mit eingedr. Holzschn. u. 11 schw. u. color. Taf. fol. Berlin 1852. Hfz. (60 M.) 44 —
Zwei der color. Litbogr. enth. zahlreiche Theatercostüme.
1419 **Semper, G.**, das königl. (jetzt abgebrannte) Hoftheater zu Dresden. M. 12 Kupfertaf. fol. Braunschweig 1849. In Hlbldr.-Mappe. (20 M.) 12 —
1420 **Stein, Th.**, das Krankenhaus der Diakonissen-Anstalt Bethanien zu Berlin. Mit 16 Tafeln. fol. Berlin 1850. cart. (12 M.) 5 —
1421 **Strack, J. H.**, Altgriech. Theatergebäude. Mit 9 Tafeln. fol. Potsdam 1843. cart. (Erhöhter Ladenpr. 16 M.) 12 —
1422 **Stüler.A.**, das Neue Museum in Berlin. M. 24 z. Th. color. Taf. gr.-fol. Berlin 1862. In Mappe. (66 M.) Die Taf. sind am Rande theilw. eingerissen und beschnitten. 24 —
1423 **Theater.** 13 Kupfertaf. in gr.-fol., die Architektur u. den decorativen Schmuck der „Nouvelle Salle de Comédie" in Paris darstellend. Davon sind 4 Taf. in Doppelformat (de Wailly inv., Desprez sc.) Abbildungen des prächtigen Foyers mit seiner reichen Ornamentik u. s. Deckengemälde, dann folgen 1 Situationsplan des Theaters mit den Nebenstrassen, u. 8 Tafeln (Bernard sc.) Grundrisse, Details, Durchschnitte, Façaden etc. Ausschnitt aus e. grösseren Werke, circa 1750. 12 —
1424 **Théatre libre**, le. (histoire et descript.) av. 4 planches. (plans architect. et élévations.) Paris 1890. Pas mis en commerce. 6 —
1425 **Upjohn, R. M.**, the State Capitol, Hartford, Conn. 22 Heliotype plates. fol. Boston 1886. In Portfolio. 35 —
Monographs of American Architecture. II.
1426 **Vachon, M.**, l'ancien Hotel de Ville de Paris, 1533 à 1871. Avec 23 planches et 101 gravures dans le texte. fol. Paris 1882. Orig.-Lwd., unbeschnitten. (60 fr.) 27 —
Die Ornamentik u. Sculptur ist besonders berücksichtigt.
1427 **Ware and van Brunt**, the Memorial Hall, Harvard University, Cambridge. Mass. 14 Heliotype plates. fol. Boston 1887. In Portfol. 35 —
Monographs of American Architecture. IV.
1428 **Warth, O.**, das Kollegien-Gebäude der Kaiser Wilhelm-Universität zu Strassburg. 18 Taf. in Lichtdruck. fol. (Karlsruhe 1885.) In Mappe. (24 M.) 15 —
1429 **Wielemans, A. v.**, d. K. K. Justiz-Palast zu Wien. Mit 40 Kupfert. ges. v. P. Lange etc., gest. v. E. Obermeyer etc. Text v. H. Auer. fol. Wien 1885. In Mappe. (100 M.) Wie neu. 70 —
Ansicht. Façaden. Grundrisse. Schnitte. Ornamentale Details. Bildet d. 2. Abthlg. d. 1. Bds. der: Wiener Monumentalbauten.
1430 **Wieseler, F.**, Theatergebäude u. Denkmäler des Bühnenwesens bei den Griechen u. Römern. Mit 14 z. Th. color. Taf. fol. Göttingen 1851. Vergriffen u. selten geworden. 19 50
1431 **Wulff, E.**, das Eisenbahn-Empfangs-Gebäude nach s. prakt. Anforderrgn. u. s. künstler. Bedeutg. 4., mit 8 Foliotafeln. Lpz. 1881. 6 —
1432 **Zech, P.**, urkundl. Geschichte der Entwicklung der kgl. techn. Hochschule. (Festschrift.) M. 2 Taf. gr.-4. Stuttg. 1879. 3 —
1433 **Zur Geschichte der Königl.** Museen in Berlin. Festschrift zum 50j. Jubilaeum. 4. Berlin 1880. 176 S. Nicht im Handel. 6 —

Schlösser, Paläste, Burgen.

M. Pf.

1434 **Adam, R.**, ruins of the palace of Diocletian at Spalatro. With 61 beautiful plates engr. by Bartolozzi, Zucchi, Cunego etc. Imp.-fol. Lond. 1764. Hleder. unbeschn. In England werden Ex. bis zu 175 M. bezahlt. 90 —

1435 **Alhambra.** — Girault de Prangey, Souvenirs de Grenade et de l'Alhambra (Monuments arabes et mauresques). Lithograph. d'après ses tableaux, plans et dessins faits en 1832 et 1833 p. Richebois, Chapuy, Coigrett etc. 80 planches. gr.-fol. Paris 1837. Hfrz. 50 —

1436 — **Löwenhof** d. Alhambra in Granada, n. d. Nat. gez. u. auf Stahl rad. v. Wilhelm Gail. Münchner Kunstvereinsbl. f. 1838. 42 × 54 cm. Schöner Abdr. auf chines. Papier. 2 Risse im Rande sauber ausgebessert. 4 —

1437 **Arnold, Fr.**, der herzogl. Palast von Urbino (erbaut im 15. Jahrh.) 50 Taf. wovon 6 in Farbendruck. Mit Text. Imp.-fol. Leipz. 1857. (120 M.) Tadelloses Ex. 25 —
Würdige Monographie dieses seiner Grösse, Schönheit u. Mannigfaltigkeit wegen berühmten Palastes.

1438 **Barry, Ch.**, illustrations of the New Palace of Westminster, from drawings by J. Johnson, G. S. Clarke, and J. Thomson; with a history of the Palace of Westminster by H. T. Ryde. I. Series with 17 plates. 4. London 1849. Lwd. 10 —

1439 **Baum, Ph.**, Schloss Stern bei Prag. Nach Originalaufnahmen (von architekt. Details, Flächendecor., plast. Ornamenten etc.) M. 40 Taf. fol. Leipz. 1877. In Mappe. (14 M.) 10 —
Im 16. Jahrh. nach eigenh. Zeichnungen d. Erzherzogs Ferdinand in italien. Renaissance Stile erbaut.

1440 **Brayley, E. W.**, and W. Herbert, concise account, hist. and descriptive of Lambeth Palace. W. 18 plates (6 coloured). 4. London 1806. Hfz. Selten. 38 —
Meist Details. Eine der color. Taf. enth. Glas-Malereien, die anderen Portraits v. Bischöfen etc. Einige Taf. stellen die interess. Holzschnitzereien dar etc. In einem Londoner Cat. ist 1 Ex. auf gr. Papier mit 126 M. angesetzt.

1441 **Buckler, J.** and J. C., (architectural) views of Eaton Hall in Cheshire. W. 20 plates on India paper. fol. Lond. 1826. cart. Selten. 50 —

1442 **Burckhardt, A.**, d. Schloss Vuffleus. M. 4 Taf. 4. 1882. Zürich, Antiquar. Gesellsch., Leipzig, Verlag von Karl W. Hiersemann. 2 80

1443 **Champollion-Figeac, J. J.**, le palais de Fontainebleau: ses origines, s. hist., artist. et polit., son état actuel. 1 gros vol. de texte et 1 vol. d'atlas de 82 planches. fol. Paris 1866. d.-maroquin. (150 fr. broché.) 80 —

1444 **Decker, P.** Fürstlicher Baumeister. 2 Thle. mit Anhang z. l. Theil in 2 Bdn. Augsp. 1711—16. gr.-quer-fol. Mit 131 Kpfrn. Ldr. 400 —
Th. I: Titelblatt, 4 Bl. Widmung u. Text. 59 Kupfer. — Anhang zu Th. I: Titelbl. u. 40 Kupfer. (Kpfr. 42—59 sind hinter den Anhang gebunden.) Th. II: Titelbl. u. 22 Kupfer. — Sehr schönes Exemplar mit prächtigen Abdrücken in ungebrochenem Zustande. Angebunden ist: Goldmann, Nic. Prodromus architecturae Goldmannianae, ed. Oetreus u. gründl. Anweisung zur Civil-Baukunst, aus Nic. Goldmanni hinterlass. Manuscr. ausgefertigt. Mit 25 Kupfern. gr.-qu.-fol. Augspurg 1714.

1445 — In 57 Taf. (Lichtdr.) Neu hrsg. v. R. Dohme. Imp.-fol. Berl. 1885. lllwd. 50 —

1446 **Delsaux, Ch.**, l'architecture et les monuments du moyen-âge à Liége: Le Palais des Princes-Evêques. Av. 1 grande planche: le palais restauré. Lége 1847. Hlwd. Nicht im Handel. 5 —

1447 **Eckartsau**, Kaiserl. Jagdschloss im Marchfelde, Nieder-Oesterr. 25 Blatt Photogr., enth. die innere u. äussere Architektur, Wanddecorationen, Möbel etc. 4. Wien 1885. 40 —

Karl W. Hiersemann in Leipzig, Königsstrasse 2. Catalog 108.

Profanbauten. Schlösser, Paläste, Burgen.

1448 **Fürstenried.** Prospect dess churfürstl. Schlosses zu Fürstenried, von seiten des Gartens. Color. Kpfrst., Math. Disel delin., J. A. Corvinus sc. Aug. V. (ca. 1730.) 21 × 34 cm. Guckkastenbild. 3 —
1450 **Hatfield Palace.** Schloss des Lord Salisbury. 16 Blatt Photographien, architekton. Ansichten und Innendekoration. fol. Leipz. o. J. (ca. 1880.) In Lwdmappe. 32 —
1451 **Heidelberg.** — Frommel, C., vue de la ville et du château de Heidelberg. 13 Stahlst. nach Frommel v. Lindemann u. Würthle, u. 3 Pläne, mit erklär. Text. qu.-8. Heidelb. o. J. cart. m. G. 3 —
1452 — Graimberg, K. v., u. Th. A. Leger, Antiquitäten des Heidelberger Schlosses. 46 Taf. gest. v. Texier. Imp.-fol. Heidelb. 1830. Eine Tfl. fleckig und ausgebessert. (Theil-Ansichten, meist ornamentale Details u. Sculpturen.) 28 —
1453 — Koch, J., u. F. Seitz, das Heidelberger Schloss. M. 60 Lichtdrucktaf. gr.-fol. Darmstadt 1887—91. Text br. Taf. in Mappen. (120 M.) 90 —
1454 — Metzger, J., Beschreibg. des Heidelberger Schlosses u. Gartens. Mit 24 in Aquatinta v. C. Rordorf gestoch. Kupfertaf. qu.-fol. Heidelb. 1829. Hlwd. 12 —
1455 — Pfnor, R., monographie du château de Heidelberg. 24 belles planches dess. et gr. p. R. Pfnor, accomp. d'un texte histor. et descr. p. D. Ramée. gr.-fol. Paris 1859. Hfz. Hübsches Ex. der ersten Ausgabe. 38 —
1456 — Primavesi, 12 Ansichten des Heidelberger Schlosses mit deutschem u. französ. Text. 12 Radirungen. gr.-qu.-fol. Mannheim 1806. Hlwd. 24 —
  Diese schönen Radirungen Primavesi's werden stets künstlerischem u. hist. Werth behalten. Wenig papierfl.
1457 — Rosenberg, M. Quellen zur Geschichte des Heidelb. Schlosses. Mit Einleitg. v. K. B. Stark: Das Heidelberger Schloss in s. kunstu. culturgeschichtl. Bedeutg. Mit vielen Holzschn. u. 8 Tafeln. fol. Heidelb. 1882. (40 M.) 18 —
1458 **Herrgott, M.,** Genealogia diplomatica augustae gentis Habsburgicae. 3 voll. Cum tabb. aen. et mappis geogr. gr.-fol. Viennae 1737. Ldr., schönes breitrandiges Exemplar. Die schönen Kupfer stellen Siegel, Wappen u. Ansichten v. Burgen u. Landschaften dar. 30 —
1459 **Hildebrandt, E.** Palazzo Vecchio in Florenz. Nach der Orig.-Aquarelle chromofacsimilirt v. R. Steinbock. 25 × 37 cm. Auf starkem Carton. (12 M.) 6 —
1460 **Jamin, E.,** Fontainebleau, ou notice hist. et descr. s. cette résidence royale. Av. 1 carte. Fontainebleau 1834. Feiner Pariser Einband in roth Maroquin m. Goldschn. u. Goldprägung; auf d. Decke „Au Roi". Ex. auf Velinpapier. 8 —
1461 **Keller, F.,** Beschreibung d. Burgen Alt- u. Neu-Rapperswil. M. 6 Lith. 4. 1849. Zürich. 2 40
1462 **Kleiner, Sal.,** accurate Vorstellung d. Bamberg. Jagd-Schlosses Marquardsburg oder Seehoff samt dazugehörigen Rüst-Garten. 6 Kupf. quer-fol. Augsp. 1731. Prächtige Abdrücke. 60 —
1463 — wahrhaffte Vorstellung d. Schlösser Weissenstein ob Pommersfeld und Geibach sambt darzugeh. Gärten. 25 Kupf. (statt 27) gest. v. Corvinus, Steidlin u. a. quer-fol. Augsp. 1728. 90 —
  Meist vorzügliche Abdrücke. Architectonisch u. ornamental gleich interessant.
1464 **Knonau, G. M. von,** Burg Mammertshofen (Thurgau) u. 2 and. schweizer. megalith. Thürme. M. 3 Taf. 4. Zürich 1871. 2 —
1465 **Koplsch, A.,** d. königl. Schlösser u. Gärten zu Potsdam, gesch. dargestellt. fol. Berlin 1854. (9 M.) 5 —
1466 **Le Nail, E.,** le château de Blois (extérieur et intérieur). Sculpture ornementale, décorations, peintes, cheminées, tentures, plafonds, carre-

Karl W. Hiersemann in Leipzig, Königsstrasse 2. Catalog 103.

Profanbauten. Schlösser, Paläste, Burgen.

M. Pf.

lages. Av. 60 pl. dont 15 en chromolith. fol. Paris 1875. In Carton. (180 fr.) 110 —
1467 **Le Bey**, J., l'erection de toutes les terres, seigneuries et familles titrées du Brabant. Av. 7 grav. p. Erlinger et Bruyn dans le texte. fol. Leide 1699. Hbldr. 30 —
<small>Die Abbildgn. stellen Ansichten von Schlössern dar.</small>
1468 **Leth**, H. de, de zegepraalende Vecht. — la triomphante riviere de Vecht remonstr. diverses veues des lieux de plaisances et maisons seignorales et villages commenç. de Uitrecht et finiss. av. Muyden. Av. frontisp., 1 carte et 102 gravures. fol. Amsteld. 1719. Perg. auf der Rückseite abgerissen. 36 —
<small>Schlösser, Villen. Gartenprospecte etc. Text französ. u. holländ.</small>
1469 **Marienburg**. 8 Photographien in qu.-fol. u. 4., auf Cartons, Ansichten der Stadt u. des Schlosses. 1. Ansicht der Stadt. — 2. Rathhaus (in-8.). — 3. Schloss mit Umgebung von Norden. — 4. Schloss, Nordseite. — 5. Schloss, Ostseite. — 6—8. Säle: Grosse Remter, kleine Remter, Convent-Remter. 6 —
1470 Schloss **Marienburg** in Westpreussen. Ansichten von der Nogatseite u. v. der Süd-Ost-Seite. 2 Bll. gr.-fol. und gr.-quer-fol., J. C. Schulz pinx., W. Witthoeft sc. Auf chines. Papier. 6 —
1471 **Menzel**, A., die Koenigsphantasien. Wanderung zu den Schlössern König Ludwigs II. v. Bayern. 1. Theil: Herrenchiemsee. 3. Aufl. M. 8 Taf. u. vielen Textill. 4. Lpzg. 1888. (10 M.) 7 —
1472 **Meyer**, J., u. **Schultz**, vues pittoresques des palais et jardins impériaux aux environs de St. Pétersbourg. 25 planches lithogr. gr.-fol. obl. St. Pét. ca. 1865. In Mappe. 40 —
1473 **Morison**, D., views of the Ducal Palaces and Hunting Seats of Saxe-Coburg and Gotha. With 20 tinted plates, lithogr. by Hullmandel & Walton. Imp.-fol. London 1846. Hfz. (£ 4. 4.—) 30 —
1474 **Nagel**, A., Wartburg u. Hohenschwangau. Münden 1881. Nicht im Handel. 1 —
1475 **Nacher**, J., die deutsche Burg, ihre Entstehung u. ihr Wesen insbes. in Süddtschl. M. 73 Holzschn. Berl. 1885. 1 —
1476 — die Burgen, Schlösser u. Städte des oberen Kraichgaues. M. 7 Taf. 4. Karlsr. 1885. 3 —
1477 — die Burg Zwingenberg im Neckarthal. Mit 1 Taf. Karlsruhe 1885. 1 —
1478 — die Burgen in Elsass-Lothringen. Ein Beitrag zur Militär-Architectur des Mittelalters. 2 Hefte in 1. 2. Aufl. m. 17 Taf. 4. Strassb. 1886. 7 20
1479 — château de la Sarra, hist. de son architecture. Avec un supplém.: les châteaux au Valais. Avec 5 planches. 4. Lausanne 1886. 3 50
1480 — château et la ville de Gruyères. l'anc. Chartreuse la Part-Dieu et la Tour-de-Trême. Etude sur l'architect. militaire du moyen-âge. Avec planche. Lausanne 1886. 2 —
1481 — die Burgen der rheinischen Pfalz. M. 14 Taf. 4. Strassb. 1887. 6 —
1482 — die Burgen und Schlösser in der Umgebung der Stadt Baden-Baden. M. 6 Blatt Lithogr. mit 40 Originalaufnahmen. 4. Baden 1891. 2 —
<small>Hohenbaden. — D. neue Schloss Baden. — Alt- u. Neu-Eberstein. — Yburg. — Die Burgen Windeck.</small>
1483 **Nash**, J., illustrations of the palace at Brighton, formerly the pavilion, with a hist. of the palace by E. W. Brayley. W. 31 pl. (some chromolith.). fol. Lond. 1838. cloth. Selten. 48 —
1484 — views of the interior and exterior of Windsor Castle, forming a supplem. vol. to the mansions of England. 26 plates, beautifully coloured, and mounted on cardboard equal to highly finished drawings. gr.-fol. Lond. 1852. in-portfol. 140 —
1485 — the interior and exterior of Windsor Castle. Imp.-fol. W. 25 tinted lith. pl. (some colour.). Lond. 1852. half-morocco. (84 sh.) 40 —
<small>Ohne Titelblatt. Für innere Ausstattung sehr wichtig.</small>

Karl W. Hiersemann in Leipzig, Königsstrasse 2. Catalog 108.

Profanbauten. Schlösser, Paläste, Burgen. 99

M. Pf.

1485a **Nash, J.**, mansions of England in the olden time. 4 vols. With 100 lithogr. plates. fol. London 1839—49. Halbmaroquinbde. Vollständiges Exemplar der Originalausgabe 360 —
1485b — characteristics of British places in the olden time. 13 beautiful coloured plates, with descriptions by Mrs. S. C. Hall. fol. London 1838. Lwd. m. G. Selten. 30 —
1486 **Paravicini, T. V.**, der Palazzo Marino (erbaut v. Alessi, 16. Jahrh.) M. 14 Lichtdrucktaf. (Plan, Ansichten, Details). M. deutschen u. ital. Texte. fol. Dresd. 1880. In Mappe. (20 M.) 11 —
1487 **Percier, C.**, et P. F. L. **Fontaine**. Résidences des Souverains. Parallèle entre plusieurs résidences de souverains de France, d'Allemagne, de Suède, de Russie, d'Espagne, et d'Italie. 4. avec atlas de 38 planches gr.-in-fol. Paris 1833. Hfz., Atlas in Hfz.-Mappe. Geringe Lagerflecken. 20 —
1488 **Petit, V.**, châteaux de la vallée de la Loire des 15e, 16e et 17e siècles. Dessinés d'après nature et lithogr. 2 vols. Avec 100 pl. à 2 teintes. gr.-fol. Paris 1861. In Hlwdmappe. 180 —
1489 **Pfnor, R.**, architecture, décoration et ameublement de l'époque Louis XVI d'après les motifs choisis dans les palais imperiaux, le mobilier de la couronne, les monuments publics et les habitations privées. Avec 50 planches et fig. dans le texte. fol. Paris 1865. Hmaroquin. (125 fr.) Schönes Exempl. 80 —
1490 — monographie du château d'Anet construit p. Philib. de l'Orme. 1548. Dess., gravée et accomp. d'un texte hist. et descr. Av. 58 planches et 25 fig. dans le texte. Paris 1867. (150 fr.) 75 —
1491 — monographie du palais de Fontainebleau. Avec texte p. Champollion-Figeac. 2 vols. Avec 150 planches. fol. Paris 1863. (400 fr.) 160 —
Exemplar der ersten und zugleich besten Ausgabe.
1492 **Pfnor, R.**, et A. **France**, le château de Vaux-le-Vicomte. Avec illustr. dans le texte et 30 planches. fol. Paris 1880. In Carton. Wie neu. 115 —
1493 **Rahn, J. R.**, Beschreibung des Schlosses Chillon. 2 Thle. M. 8 Holzschn. u. 6 Taf. 4. Zürich 1888—89. 5 60
1494 — Geschichte des Schlosses Chillon. M. 5 Taf. 4. 1887. 2 80
1495 **Rochebrune, O. de**, architecture de la rennaissance. Cartouches et caissons de plafonds provenant du château de Coulonges-les-Royaux. Av. 24 pl. fol. Paris 1876. En carton. 18 —
1496 **Rooker u. Watts**. A collection of (32) landscapes (i. e. seats of English noblemen) drawn by P. Landby, and engraved by Rooker and Watts. 32 copperplate-engravings with descriptions. Oblong 4. London 1787. boards, uncut. Complete, clean copy. Sehr selten. 40 —
1497 **Rouargue frères**, album pittoresque des chateaux et ruins hist. de la vallée et des bords de la Loire. 22 belles gravures. obl.-fol. Paris ca. 1850. Hlwd. 14 —
1498 **Schwerin**. Schloss von der Seeseite. Schöne Photographie in Oval, 29 cm. breit. Auf Carton. 2 —
1499 **Seidel, C. F.**, die königl. Residenz in München. Atlas m. 3½ Kupferstichen v. E. Obermayer u. 3 Farbentaf. Imp.-fol. In Mappe. Mit Text: Gesch. d. Residenz in München von ihren frühesten Zeiten bis 1877, v. C. Haeutle. in-4. Leipz. 1883. (204 M.) 50 —
1500 **Seidel, G. F.**, d. kgl. Lustschloss Schleissheim. 12 Taf. in Kupferst. v. E. Obermayer. Imp.-fol. Nebst hist. Text v. J. Mayerhofer m. 3 Lichtdrucktaf. 4. Leipzig 1885. Taf. in Mappe. Text br. (45 M.) 35 —
Façaden. Pläne. Details(architect. u. ornamentale).
1501 **Smith, J. E.**, a tour to Hafod in Cardiganshire, the seat of Th. Johnes. 15 fine engr. views. Imp.-fol. Lond. 1810. cloth. (£ 2. 12. 6. = 52½ M.) 15 —

Karl W. Hiersemann in Leipzig, Königstrasse 2. Catalog 108.

Festungsbauten.

M. Pf.

1502 **Soane, J.**, plans, elevations and sections of buildings executed in Norfolk, Suffolk, Yorkshire, etc. With 47 plates. roy.-fol. Lond. 1788. Cart., unbeschn. 20 —
1503 **Soultrait et Thiollier**, le château de la Bastie d'Urfé et ses Seigneurs. Av. 74 planches superbes. gr.-fol. St. Etienne 1886. In Carton. (50 fr.) 34 —
1504 **Stockholm, Palast.** 4. Kupferstich in zwei Tönen. R. K. Porter del. J. G. Stadler sc. London 1809. 2 —
1505 **Storelli, A.**, notice hist. et chronol. s. les châteaux du Blaisois. Av. 32 grav. à l'eau-forte et une carte et beauc. de blasons, plans etc. 4. Paris 1884. (50 fr.) 34 —
1506 **Stüler, A., E. Prosch** u. **H. Willebrand**, das Schloss zu Schwerin. M. 41 Holzschn., Frontisp. u. 40 Tafeln (von denen 14 in prächtigem Farbendr., und 26 in Kupferst.) 3 Abth. Imp.-fol. Berlin 1866—69. Hlwd. (300 M.) Sehr schönes Exempl. der ersten Ausgabe. 170 —
1507 **Vanvitelli**, Luigi (van Wittel), dichiarazioni dei disegni del Reale Palazzo di Caserta. Con 14 tav. Imp.-fol. Napoli 1756. Hlwd. Etwas wasserfleckig. 40 —
Grundrisse, Façaden, Details etc. des berühmtesten Bauwerkes des Meisters.
1508 **Views**, picturesque, of the principal seats of the nobility and gentry in England and Wales. 100 fine engravings by Heath etc., with text. kl. quer-fol. London (1788). Halbmaroqu. 45 —
1509 **Wyatville, J.**, illustrations of Windsor Castle. Ed. by H. Ashton. 2 vols. W. 40 plates, 5 pl. with the letter-press and 8 woodc. Imp.-fol. London 1841. Hlbmqu. (168 sh.) 90 —
Fast ausschliesslich äussere Architectur.
1510 **Zanotto, Fr.**, Il Palazzo Ducale di Venezia. 2. ed. 4 voll. con 203 tavole. Venezia 1853—61. gr.-4. (245 fr.) Hfrz. 110 —
1511 **Zanth, L. de.** La Wilhelma, ville mauresque de S. M. le roi Guillaume de Wurtemberg. Avec 10 superbes planches en chromo. Imp.-fol. Paris 1855. Grün-Halbmaroquin, schönes Exemplar. Selten. 280 —
Prächtiges und sehr gesuchtes Werk. Das vorliegende Examplar stammt aus dem Besitze des Archaeologen Baron Jules de Witte in Paris, und erhält besonderes Interesse durch 8 beigefügte lange Originalbriefe des Verfassers L. v. Zanth, datirt Stuttgart, Rom u. Parma aus d. J. 1857—57.

Festungsbauten.

M. Pf.

1512 **Clark, G. T.**, mediaeval military architecture in England. 2 vols. W. many illustr. London 1884. Lwdbde. (36 sh.) 24 —
Das schätzenswerthe Buch ist im Handel fast unbekannt.
1513 **Dürer, A.**, etliche vnderricht zu befestigung der Stett, Schloss vnd Flecken. Mit vielen Holzschn. fol. Arnhem 1603. Hprgt. Titel fehlt. 10 —
1514 — De urbibus, arcibus, castellisque condendis ac muniendis rationes, nunc e lingua german. in latinam traductae (per J. Camerarium.) Paris., Wechel, 1535. fol. C. multis figg. 16 —
1515 **Essenwein, A. v.**, die romanische u. gothische Baukunst. 1. Heft: Die Kriegsbaukunst. M. 14 Taf. u. 199 Holzschn. Lex.-8. Darmst. 1889. Hldr. (16 M.) 12 —
1516 **Faesch, J. R.**, kurtze jedoch grund- und deutliche Anfangsgrunde zu der Fortification. Geät. Titel, 1 Blatt Vorrede und 32 Kupfertaf. quer-fol. Nürnberg o. J. (1725). 10 —
1517 **Floriani, P. P.**, della difesa, et offesa della piazza. M. 51 Kupf. fol. (Macerata 1630). Prgt. Titel fehlt, sonst vollständig u. gut erhalten. 10 —
1518 **Heer. Chr.** (sächs. Hauptmann), Fortifications-Spiegel, in welchem der Ursprung des Festungs-Baues zu sehen und durch unterschiedl. Festungs-Abrisse bekräfftiget wird. Mit 31 Kpfrn. 4. Lps. 1694.

Karl W. Hiersemann in Leipzig, Königsstrasse 2. Catalog 106.

Triumphbögen. — Festbauten. 101

M. Pf.

— **Schumacher, F. W.**, gründl. Erklärg. aller terminorum bellicorum, auch off- u. defensiven Krieges-Wercker (Schanzen etc.). Mit 1 grossen Tafel. 4. Jena o. J. (cca. 1700.) — v. Goulon, Bericht v. Belagerung u. Vertheidigung einer Vestung. Aus d. Frz. Mit 4 Kpfrn. 4. Nürnb. 1737. Ldr. 15 —
Das Heer'sche Buch ist interessant durch 19 Grundrissen von belagerten Städten, darunter Hamburg, Bremen, Ulm, Danzig, Strassburg, Breisach, Magdeburg, Wien, Lützelburg, Ofen, Philippsburg, Mainz.
1519 **Krieg v. Hochfelden**, G. H., die Veste Habsburg im Aargau. M. 10 Stahlst. u. 2 Lith. 4. Zürich 1857. 4 —
1520 **Parker**, J. H., archaeology of Rome. Vol. I.: primitive fortifications. Walls and gates. Hist. constructions of walls. W. 85 plates. In 2 vols. Oxford 1874. cloth. 20 —
1521 **Rahn**, J. R. u. Th. v. Liebenau, die Casa di ferro (Vignaccia) bei Locarno. Eine Werbcaserne aus d. XVI. Jahrh. u. ihre Erbauer. M. 3 Taf. u. 6 Holzschn. 4. Leipzig. Verlag v. Karl W. Hiersemann. 1891. (Mitth. d. antiquar. Gesellschaft in Zürich.) 2 40

Triumphbögen. — Festbauten.

M. Pf.

1522 **Afbeelding** en ampele Beschryving der Eere-Porten, opgerecht by de blyde te rug komst van wyle den Heere Willem Karel Hendrik Friso van Oranje en Nassau, en desselfs Intreede in 's Gravenhage op d. 6. Juny 1747. 10 Kupftaf. m. Abbildung von 37 Triumphbögen, m. Text. gr.-fol. Gravenhage 1766. Pgt. unbeschn. Schönes, tadelloses Expl. 35 —
1523 **Andriessen**, A., plegtige inhuldiging van zyne Hoogh. Willem Karel Henrik Friso, Prinse van Oranje etc. 1. Juny 1751. M. 12 Kupfern. Amsterd. 1751. — Vorgebd. Huet, D. Th., inhuldiging van W. K. H. F. M. 11 Kupfern. Amst. 1753. 2 Bde. in 1 Frzbd. 18 —
2 sich ergänzende Werke. Die Tafeln stellen Ehrenpforten etc. dar und enthalten viel Ornamentik.
1524 **Backer**, G. de, Histoire vénérable du très-saint sacrement de miracle. Ameliorée et augm. en cette nouv. éd. de plus. preuves, témoignages et circonstances cur., de 6 nouv. peintures, des cartels postés aux 16 chapelles et de descript. des arcs de triomphe. 2 parties et 3 suites. Comp. par P. Cafmeyer, G. de Doncker u. G. de Backer. Mit Frontisp., 50 Kupf., nach J. B. Thibaut gest. von Harrewyn u. J. L. Krafft, u. 2 Holzschn. fol. Brux. 1735. Frz. 80 —
Einige Taf. ausgebessert. 22 Kupf. stellen Triumphbögen dar.
1525 **Becanus**, G., Ferdinandi Hispaniarum Infantis S. R. E. Cardinalis triumphalis introitus in Flandriae metropolim Gandavum. M. 42 Kupftaf. gr.-fol Antverpiae 1636. Pgtbd. m. Goldpressg. 50 —
Die 42 schönen Kupfer stellen zum grossen Teil Triumphbögen dar. Schöne Portraits.
1526 **Bochius**, J., descriptio publicae gratulationis spectaculorum et ludorum in adventu Ernesti archiducis Austriae an. 1594. Antverpiae editorum. Mit 2 reich verzierten Kupfertiteln u. 33 Kupfertaf. (von denen 4 in doppelter Blattgrösse) gestochen v. P. van der Borcht. fol. Antverp., ex. off. Plantin., 1595. 100 —
Erste sehr seltene Ausgabe. Schönes Exemplar mit prächtigen Abdrücken der Kupfer. Dieselben stellen Triumphpforten u. andere Festbauten, Lustbarkeiten etc. dar; besonders hervorzuheben sind 4 grosse Doppelkupfer: Ansicht von Antwerpen mit den einziehenden Truppen, das Festtheater, das grosse Feuerwerk, und das Turnier. Dem Berichte über ein Festspiel sind die Melodien der Gesänge in 2 Seiten Musiknoten beigefügt. Die abgebildeten Triumphbögen sind sehr reich ornamentirt
1527 — historica narratio profectionis et inaugurationis seren. Belgii principum Alberti et Isabellae, Austriae Archiducum, et eorum in Belgium adventus rerumque memorabilium, gratulationum apparatuum

Karl W. Hiersemann in Leipzig, Königsstrasse 2. Catalog 108.

Triumphbögen. — Festbauten.

M. Pf.

et spectaculorum in ipsorum susceptione editorum acc. descriptio. 4 Thle. in 1 Bl. jeder Thl. mit einem schönen, gest. Titel, ausserdem 28 schöne Kupfer, von denen 15 in Doppelformat. fol. Antverp., Plantin, 1602. Pgt. 40 —
Sehr schönes Exemplar, die Kupfer stellen dar den Einzug, die Ceremonien, Triumphbögen, Säulen u. Statuen, Feuerwerk etc. Mit einem „Hymenäum" sehr interessant mit 3 Seiten Musik.

1528 **Cafmeyer, P.** de, venerable histoire du très Sacrament de Miracle. Trad. de. flam. p. G. de Backer. Avec un grand nombre de grav. en t. d. dont la plupart reprcs. des arcs de triomphes. fol. Brux. 1720. veau. 30 —

1529 **Descripcion** de los ornatos publicos con que la corte de Madrid ha solemnizado la feliz exaltacion al trono de los reyes Don Carlos IV y Doña Luisa de Borbon y la jura del Sr. Don Fernando, principe de Asturias. Mit 11 (architekton.) Tafeln. fol. Madrid 1789. Frz. 20 —

1530 **Diarium** v. d. merckwürdigsten Begebenheiten, die sich vor, in u. nach d. Höchst-beglückten Wahl u. Crönung Ihro Kayserl. Majestät Carls VII., als auch von d. Crönung Ihro Maj. d. Kayserin Maria Amalia, wie solche mit ausserordentlichem Pracht in Franckfurt am Mayn vollzogen worden. 10 Thle. in 1 Bde. Franckf. 1742—43. fol. M. Frontisp., 19 Porträts u. 18 grossen Kupf., d. Aufzüge, Banquets etc. darstellend, gest. v. J. H. Müller, M. Rössler, A. Reinhardt a. J. J. Eberspach. Prgtbd. Pracht-Ex., wie es selten vorkommt. 30 —
Unter den grossen, sehr schönen Kupfern befindet sich auch eine prächtige Ansicht vom Römerberg etc.

1531 **Dupuys, R.**, la triomphante et solennelle entrée de Charles-Quint en sa ville de Bruges 18. avr. 1515. Av. 33 grav. s. bois. fol. (Paris, Giller de Gourmont 1515.) Facsim.-Reprod. Bruges 1850. cart. Nicht im Handel. 40 —

1532 **Entrée,** la joyeuse et magnifique de Monseigneur Françoys, fils de France et frère unicque du Roy, Duc de Brabant, d'Anjou, Alençon, Berri etc. en sa trés-renommée ville d'Anvers. Av. frontisp. et 21 pl. s. cuivre. fol. Anvers Chr. Plantin. 1582. Pgmt. m. Goldpress. 100 —
Einige Bll. etwas wasserfleckig.

1533 **Even, E.** v., l'omgang de Louvain. Dissert. hist. et archéol. sur ce célèbre cortège communal. Av. 36 pl. lithogr. d'après les dessins orig. de 1594. 4. Louvain 1863. d.-maroq. 20 —

1534 **(Fabert, A.,)** Combat d'honneur concerté par les quatre élémens sur l'heureuse entrée de madame la duchesse de La Vallette en la ville Metz, ensemble la resiouyssance publ. concertée par les habitans de la ville et du pays sur le même sujet (par le P. Jean Motet de Briancon). Av. 22 gravures s. cuivre. fol. S. l. n. d. (Metz 1624.) d.-veau. 4 fl. et 130 pp. 120 —
Sehr selten. Die 22 Kupfer vertheilen sich wie folgt: 1 Frontispice, 8 Taf. Wappenabbildungen, 11 grosse Tafeln u. 7 kleinere Kupfer im Text, Aufzüge, Triumphbögen etc. darstellend.

1535 **Fargès-Méricourt, P. J.**, Relation du voyage de Sa Majesté Charles X en Alsace. Av. 1 carte et 12 planches lithogr. reprcs. des cortéges, arcs de triomphe, fêtes etc. 4. Strasb. 1829. Pp. 13 —

1536 **Feste** Ravennati nel luglio 1857 per la venuta e soggiorno in Ravenna del S. P. Pio IX. felic. regnante. Av. 7 pl. 4. Ravenna 1857. 10 —

1537 **Festiva** ad capita annulumque decursio a Rege Ludovico XIV principibus, summisque aulae proceribus, edita a. 1662. 42 Kupfer gez. u. gest. v. F. Chauveau. fol. Paris 1670. Franzbd. mit d. Wappen der Bourbonen. 130 —

1538 **Francine, A.,** a new book of architecture, wherein is represented 40 figures of gates and arches triumphant, composed of different inventions, accord. to the 5 orders of columns. 40 plates, engr. by R. Pricke, title, and list of plates. fol. London 1669. Ldr. 45 —
40 reich ornamentierte Entwürfe zu Portalen, sämmtlich mit Cartouchen, der 1. umschliesst das Portrait Francini's.

Karl W. Hiersemann in Leipzig, Königsstrasse 2. Catalog 108.

Triumphbögen. — Festbauten. 103

M. Pf.

1539 **Francine, A.**, Dasselbe. Der Titel u. das Tafelverzeichniss und Tafel 15 u. 16 fehlen, nur die 40 Tafeln sind vorhanden, die letzten an der rechten unteren Ecke ohne Schaden für die Abbildungen stockfleckig. 35 —

1540 **Grapheus, Corn.**, de zeer wonderlijcke, schoone, triumphelijcke Incompst, van den hogh mogenden Principe Philips van Spaignen. In de stadt van Antwerpen 1549. M. 29 Holzschn. u. schönem, blattgrossen Titel u. Schlussstück. fol. Geprint T'antwerpen voer Peter Coecke van Oelst. 1550. Hlbldr. 185 —

Auf den 29 meist blattgrossen, teils sogar doppelseitigen, sehr schön ornamentirten Holzschnitten werden die zu Ehren Philipps II. bei dessen Einzug in Antwerpen errichteten Triumphbogen dargestellt. Einige Blätter sind sauber restaurirt, andere unbedeutend fleckig, im ganzen gutes Exemplar des seltenen Werkes.

1541 — spectaculorum in susceptione Philippi Hisp. Prin. An. 1549. Antverpiae aeditorum, mirificus apparatus. Mit 29 Holzschnitten. fol. (Am Schluss:) Antv., pro Petro Alosten., typis Aeg. Disthemii 1550. Frzbd. 150 —

Sehr schönes Ex., auf den 29 meist blattgrossen theils doppelseitigen Holzschnitten werden die zu Ehren Philipp's II. bei dessen Einzug in Antwerpen errichteten Triumphbogen dargestellt und sind dieselben von grösstem Werth für die decorative Kunst des 16. Jahrhunderts.

1542 **Hooghe, R. de.** — Bidloo, G., Komste van syne Maj. Wilhelm III. Koning v. Gr. Brit. in Holland; beschrij. van alles, het in 's Graavenhaage en elders, ten teeken van vreugde en eere, is opger. en voorgevallen. M. 15 Kupfert. v. R. de Hooghe. fol. 's Graavenh. 1691. Schweinsl. 40 —

Kunstgesch., kunstgewerbl., costüml. architekt. von Interesse.

1543 — (Tronchin du Breuil.) Relation du voyage de Sa Majesté brittanique en Hollande et de la réception qui luy a été faite. Enrichie de 15 planches très-curieuses par R. de Hooghe. fol. Haye, 1692. veau. 50 —

Le texte est attribué par M. Vinet à Tronchin du Breuil.
Les planches représentent des arcs triomphals et des détails de l'entrée solennelle.

1544 **Hovwaert, J. B.**, sommare beschryuinghe vā de triumphelijcke Incomst van den Aerts-hertoge Matthias / binnen die Princelyke stadt van Brussele in t' iaer 1578 d. 18. dach Jan. Midtsgaders die tanneelen, poincten, figuren ende spectaculen, die inde voorseyde incompste zijn verthoont ghevveest, mit meer ander saken, die doen tet tijt gheschiet zijn. 4. t'Antwerpen, C. Platin. 1579. Hldr. Schönes, tadelloses Expl. 150 —

Das äusserst seltene Werk stellt auf 33 blattgrossen Holzschnitten die Allegorien u. dergl. dar, die zu Ehren des Erzherzogs Matthias bei dessen Einzug in Brüssel dargestellt wurden; diese Allegorien sind in Triumphbögen dargestellt, und ist die einer jeden beigegebene Erklärung von je einer hübschen Cartouche eingefasst. Ferner ist das Werk auch als typograph. Curiosum von Interesse, da ein grosser Teil desselben (die Texte der aufgeführten Gesänge etc.) in einer ganz eigenthümlichen Fracturschrift gedruckt ist.

1545 **Klauber, Gebrüder** (Augsburger Kupferstecher des 18 Jahrh.) Train triomphal orné de cavalcades, chars de triomphe, symboles et autres ornemens à l'occasion du jubilé de 1000 ans de St. Rombaut martyr et patron de Malines. Av. 17 pl. d'après G. Herreyns gravées p. frères Klauber. 4. Malines 1775. Hlwd. 68 —

Die 17 Kupferstiche (meist in qu.-fol.) stellen Triumphwagen u. andere Allegorien des Festzuges dar, die meisten derselben sind von den Gebr. Klauber gest., nur einer ist „Campenheridt" und wenige gar nicht bezeichnet. In dieser Vollständigkeit ist das Werk eine grosse Seltenheit, da z. B. die Sammlungen in Wien u. Paris nur je ein Blatt von den Klauberschen Triumphwagen besitzen.

1546 **Nürnberg.** Tempel des Friedens und gegenübergesetztes Castel des Unfriedens, wie solche bey Ihrer Fürstl. Gnad. Duca de Amalfi zu Nürnberg gehaltenen Friedensmahle beim hellen Tage anzusehen gewesen. Kpfst. 1650. 27×37 cm. 3 —

1547 **Pfeffel, J. A.**, Triumphus novem saeculorum Imperii Rom.-Germanici, Carolo Magno (l. e. Carolo VI.) Imperatori, Germaniae, Hung., Bohemiae regi etc., seculum decimum laetiss. auspiciis prosequenti et vic-

Villen, Land- und Arbeiterhäuser.

toriis denumeranti, a Ant. Börner e soc. J. anno 1700 decantatus, nunc autem anno jubilaeo 1725 recusus a J. A. Pfeffel, chalcographo aulico. fol. Aug. Vindel. 1725.
Huldigungschrift an Kaiser Karl VI. gerichtet, geschmückt mit 11 prächtigen Kupfern, nach Zeichnungen v. P. Schubart v. Ehrenberg gestochen v. J. A. Pfeffel u. J. U. Kraus. Die erste Tafel zeigt den Kaiser Karl VI. zu Pferde, geleitet von Mars und umschwebt von symbol. Verkörperungen der Herrschertugenden, die übrigen 10 Blätter sind prächtige Darstellungen von aussererdentlich reich ornamentirten Triumphbogen. — 48 —

1548 **Piranesi**, G. B., alcune vedute di archi trionfali ed altri monumenti inalzati da Romani parte de quali si veggono in Roma e parte per l'Italia. 32 planches (y compris le titre et 3 fll. de texte gr.) obl.-fol. Roma 1748. — 35 —

1549 **Ragguaglio** delle nozze delle maestà di Filippo V, e di Elisabetta Farnese, nata princ. di Parma, re cattolici delle Spagne, solenn, celebr. in Parma. l'a 1714 ed ivi benedette dal card. U. G. Gizzadini. legato a latere di Clemente XI. Av. frontisp. et 5 grandes planches, F. M. Francis et T. Vercruysse sc. fol. Parma 1717. Hfz. Die Tafeln theilweise unterlegt. — 25 —
Die erste Tafel stellt den festl. Umzug, Taf. 2 u. 3 Festbanten, Taf. 4 die Fest-Versammlung im Dom, Taf. 5 Plan des Domes dar.

1550 **Stockholm.** — Triumphbogen, aufgerichtet zu Ehren der Königin Ulrica Eleonora von Schweden, am 24. Nov. 1680. M. einem grossen Theile des Hafens u. der Stadt. Kupferstich von P. Schenk. 19 × 25 cm. — 5 —

1551 **Wagenaar**, J., 't verheugd Amsterdam, ter gelegenheid van het plegtig bezoek van Willem, Prinse van Oranje en Nassau, Erfstadhouder der vereen. Nederlanden, en zyne gemaalinne Frederica Sophia Wilhelma, Prinsease van Pruissen, d. 30. May 1768. (Afbeelding en beschr. der vreugdebedryven en plegtigheden, die by de aankomst en gedurende het verblyf hunner doorlucht. en koningl. boogheden zyn voorgevallen te Amsteldam d. 30. mey en volgende dagen.) Mit 14 schönen Kupfertaf. in doppelter Blattgrösse, die Festlichkeiten darstellend, u. 1 allegor. Kupfertitel mit den Portraits des Fürstenpaares. Die auch costümlich interessanten Kupfer sind von S. Fokke (9 Blatt) und R. Vinkeles (5 Blatt u. Titel) nach dem Leben gezeichnet u. gestochen. fol. Amsterd. 1768. Hldr., schönes unbeschnittenes Exemplar. — 110 —

1552 **Weismann**, H., das allgem. deutsche Schützenfest zu Frankfurt a. M. Juli 1862. Mit 3 grossen architekton. Tafeln u. 20 color. Tafeln, den histor. Festzug u. s. Festepisoden darstellend. fol. Frankf. 1863. Hfz. — 15 —

Villen, Land- und Arbeiterhäuser.
(Siehe auch Gartenarchitektur.)

M. Pf.

1553 **American** mansions and villas cont. exemples of America's noblest mansions, villas and cottages with hist. not by Downing, Davis, Black etc., with 55 beautif. heliotyp. plates. Publish. by J. R. Osgood & Co. obl.-fol. Boston ca. 1870. Hmaroq. (126 sh.) — 65 —

1554 **Atchley** & Co's original designs for English cottages, with elevations, views, plans and estimates. 2 series. With 36 plates, designed by P. Thompson, F. Rogers and S. Brooks. fol. London 1866—68. Lwd. (42 sh.) — 30 —

1555 **Audsley**, W. and G., cottage lodge and villa architecture. W. 149 plates. 4. Lond. 1872. Hfz. (45 M.) — 32 —

1556 **Bethke**, H., prakt. Wohnhäuser und Villen, theils in Ziegelbau ohne Mörtelputz, theils solchen mit Gliederungen in Natur- oder imit.

Karl W. Hiersemann in Leipzig, Königsstrasse 2. Catalog 108.

Villen, Land- und Arbeiterhäuser.

M. Pf.

Stein. Grösstenth. in Formen der Renaiss. 50 Taf. in Farbendruck. fol. Stuttg. 1884. In Mappe. (60 M.) 45 —
1557 Birch, J., examples of stables, hunting boxes, kennels, racing establishments etc. W. 29 plates. Lond. 1892. cloth. 7 —
1558 Brooks, S. H., designs for cottage and villa architecture; cont. plans, elevations, sections, perspective views, and details, for the erection of cottages and villas. W. 111 pl. 4. Lond. 1840. cloth. (89 M.) 28 —
1559 Castell, R., the villas of the Ancients illustrated. W. 13 plates. fol. Lond. 1728. Hldr 20 —
1560 Chateauneuf, A. de, Architectura domestica. 19 Taf. m. engl. u. deutsch. Text. fol. Lond. 1839. Lwd. (35 M.) Projectirte Villen für Hamburg u. Bremen. 12 —
1561 Hine, T. C., detailed drawings and specification, explanatory of the design for a labourer's cottage. W. 7 pl. 4. Lond. 1848. cloth. 8 —
1562 Hinz, Moderne Häuser. Illustr. architekt. Zeitschrift. Bd. I. No. 1 u. 2. Mit vielen Abbildungen u. Grundr. 4. Berlin 1890. 10 —
1563 Leybold, L., Entwürfe zu städtischen Wohngebäuden, Land- und Gartenhäusern. In Grundrissen, Ansichten und Durchschnitten nebst Details in grösserem Maasstab. 72 Blatt in Mappe. Stuttg. 72 -
1564 Loudon, J. C., cottage, farm, and villa architecture and furniture. With more than 2000 engr. Lond. 1846. Hldr. XXIV, 1317 pp. (42 sh.) 25 —
1565 Lugar, R., plans and views of ornamental domestic buildings exec. in the castellated and other styles. 2. ed. W. 32 plates. fol. Lond. 1836. cart. (52½ sh.) 30 —
1566 Malton, J., die engl. ländliche Baukunst. M. 21 Taf. architect. Grund- u. Aufrisse. quer-4. Lpzg. o. J. (ca. 1810). cart. (12 M.) 6 —
1567 Morris, R., architecture improv. in a collect. of designs from recesses, lodges and other decorations in parks, gardens, woods or forests. W. 50 plates. Lond. 1755. 28 —
1 Bogen Text fehlt.
Von den 50 Taf. Text enth. 16 reich ornamentirte Kamine.
1568 Moule, The, the Roman villas of the Augustean age: their architect. disposition and enrichments. W. 2 plates. London 1833. Lwd. (14 sh.) 10 —
1569 Newsom, S. u. J., Picturesque Californian Homes. Vol. 2, 40 lithogr. plates with estimates. 4. San Francisco (1889). cloth. 22 —
Americanische Wohnhäuser (Villen etc.)
1570 Nicholson, C., Roman villa near Brading. W. 2 plates. 4. Lond. 1880. cart. 3 —
1571 (Overbeck) röm. Villa bei Weingarten. M. Taf. 4. Bonn 1851. 50
1572 Palliser's American architecture or every man a complete builder. 43 plates with many illustr. of villas, cottage homes etc. New York 1888. cloth. 9 —
1573 — new cottage homes and details contain. nearly 250 designs in all the mod. popular styles showing plans, elevat., perspect. views and details of cottages, villas, farm houses etc. 78 plates with descr. text. fol. New York (1888). 17 —
1574 Paris moderne. 159 Tafeln: Ansichten, Grundrisse u. Durchschnitte modernen Pariser Privathäuser, besonders Villen u. herrschaftl. Wohnhäuser. Mit Frontispice. fol. Paris cca. 1835. Hfrz. 20 —
1575 Pfeiffer, C., American mansions and cottages. 5 parts cont. 102 plates of elevations, plans, sections and details. fol. Boston 1889. In Mappe. 44 —
1576 Price, Bruce, a large Country House. 24 highly finished lithogr. plates and letterpress. fol. New York (1886). In originellem (american.) Einbande. 20 —
1577 Richardson, C. J., picturesque designs for mansions, villas, lodges, etc., with decorations, internal and external, suitable to each style. With about 500 woodcuts. Lex-8. London 1870. Ldw. (42 sh.) 24 —

Karl W. Hiersemann in Leipzig, Königsstrasse 2. Catalog 108.

Villen, Land- und Arbeiterhäuser.

M. Pf.

1578 **Robinson**, P. F., designs for farm buildings. W. 56 pl. 3. ed. 4.
Lond. 1837. Hf. calf. (31½ M.) 22 —
1579 — designs for gate cottages, lodges, and park entrances, in various
styles, fr. the humblest to the castellated. W. 48 pl. 3. ed. 4.
Lond. 1837. Hf. calf. (31½ M.) 20 —
1580 — designs for ornamental villas. 3. ed. w. 96 pl. 4. Lond. 1830.
cart. Titel stockfleckig. (84 M.) 30 —
1581 — village architecture being a series of picturesque designs for the
inn, the schoolhouse, almhouses, church etc. W. 40 pl. 4. ed. 4.
Lond. 1837. Hf. calf. (24 M.) 16 —
1582 **Rückwardt**, H., Villen-Neubauten d. Umgebung von Berlin. Photogr.
Orig.-Aufn. n. d. Natur. 1. Serie. 30 Lichtdruckt. fol. Berlin
(1892). In Mappe. 36 —
1583 **Sloan**, S., the Model Architect. A series of orig. designs for cottages,
villas, suburban residences, etc., accomp. by explanations, specifica-
tions, estimates, and elaborate details. Prepaired expressly for the
use of projectors and artisans throughout the United States. Vol. II,
with 96 plates, partly tinted or in colours. fol. Philadelphia
1852). Hfz. 24 —
Entwürfe von seltener Schönheit und Originalität, mit reichen Dekorationen.
1584 **Soane**, J., sketches in architecture, containing plans and elevations
of cottages, villas and other useful buildings, with characteristic
scenery. With 43 plates. — Designs for improving and embellishing of
grounds. With 6 plates of sections and plans. gr.-fol. London 1798. 25
Die schönen Kupfertafeln, Grund- und Aufrisse, sind z. Theil in doppelter Blattgrösse.
1585 **Turner**, H., and J. H. **Parker**, Account of domestic architecture in
England, fr. the conquest to the reign of Richard II. 2 vols. W.
201 plates. Oxford 1851—53. Lwd. 40 —
1586 **Vaux**, Calvert (New York), villas and cottages. Series of designs.
New ed. W. 40 pl. a many woodcuts. Lond. 1864. cloth (15 sh.) 10 —
1587 **Villa**, die deutsche. Entwürfe u. Bauausführungen v. C. Schick,
Avanzo & Lange, G. Hauberrisser, Kayser & von Groszheim, H. Griese-
bach, E. Bischoff u. a. 1. Serie 50 Taf. fol. Berl. 1890. In Mappe. 20 —
1588 — — 2. Serie. 50 Taf. fol. Berlin 1891. In Mappe. 20 —
1589 **Villa** and cottage architecture; select. examples of country and subur-
ban residences, with descript. not. of each building. W. 80 plates.
fol. Lond. 1868. Hkalbldr. (70 M. ohne Einband.) 55 —
Das bekannteste u. brauchbarste Werk über engl. Villen- u. Cottage-Architectur.
1590 **Villen** und Landhäuser. Sammlung von kleineren ländlichen Wohn-
häusern, entworfen u. ausgeführt von hervorragenden Architekten.
50 Tafeln mit 50 verschied. Bauten: Grundrisse, Aufrisse, Durch-
schnitte, Details. gr.-fol. Berlin 1885. Hlwd. (20 M.) 15 —
1591 **Wilkinson**, W., English country houses. 46 views and plans of
mansions, private residences, farm-houses, lodges and cottages. 4.
London 1870. Lwd. (36 sh.) 18 —
1592 **Williams**, J., sketches of village buildings. 32 photolith. plates
with text on Dutch paper. kl. qu.-fol. Lond. ca. 1890. cart. 15 —
1593 **Ziegler**, H. B., royal lodges in Windsor Park. 16 lithogr. plates
(8 colour). gr.-fol. London 1839. half morocco. (63 sh.) 26 —

Bauausführungen in Ziegelrohbau, Holzarchitektur, Metallbau.

M. Pf.

1594 **Adler**, F., mittelalterliche Backstein-Bauwerke des Preuss. Staates.
Heft 1—10, soweit erschienen, = 2 Bde. mit 100 Tafeln u. vielen
Holzschn. im Text. gr.-fol. Berlin 1862—69. Bd. I Hfz., II in
Blättern. (Erhöhter Ladenpreis 100 M.) 80 —

Karl W. Hiersemann in Leipzig, Königsstrasse 2. Catalog 108.

Bauausführungen in Ziegelrohbau, Holzarchitektur etc. 107

M Pf.

1595 **Backsteinbauten**, ausgeführte, der Gegenwart. Lief. 1—3. 30 Taf. in Lichtdruck. fol. Berlin. 30 —
<small>Wird in 10 Lief. erscheinen.</small>
1596 **Bethke**, H., decorat. Ziegelbau ohne Mörtelputz. Mauerflächen, Gesimse, Balustraden, Ziergebäude etc. M. 60 Taf. in Farbendr. fol. Stuttg. 1878. In Mappe. Neues Exemplar. 60 —
1597 **Bickell**, L., Hessische Holzbauten Heft 1—3. 80 Lichtdrucktaf. 4. Marburg 1887—91. In Mappe. 53 —
1598 **Breymann's** allgem. Bau-Konstructionslehre m. besonderer Beziehg. auf d. Hochbauwesen. III. Teil: Konstruktionen in Eisen. 5. vollständig neu bearbeitete Auflage v. O. Königer. M. 471 Holzschn. u. 86 lithogr. Tafeln. 4. Lpzg. 1890. 21 —
1599 **Chabat**, P. et F. **Monmory**, la brique et la terre cuite. Etude hist. de l'emploi de ces matériaux; fabrication et usages; motifs de construction et de décoration choisis dans l'architecture des différents peuples. Avec 81 grav. s. bois et 80 planches en chromo. fol. Paris 1881. (150 fr.) 85
1600 **Chabat**, P., la brique et la terre cuite (I Etude histor. II. fabrication et usages). Avec 81 grav. s. bois. Paris 1886. (10 fr.) 6 —
1601 **Cicognara**, L., de' Propilei e della inutilità e dei danni dei perni metallici nella costruzione degli edifizii. C. 2 tav. 4. Venezia 1814. Pp. Nur 50 Ex. gedruckt. 18 —
1602 **Degen**, L., der Ziegel-Rohbau systematisch entwickelt. 12 Hefte in 1 Bde. mit 74 grossentheils color. Tafeln. fol. München (1857.) Hlwd. (36 M.) 18 —
1603 **Fleischinger**, A. F., u. W. A. **Becker**, d. Backstein-Rohbau in s. ganzen Umfange. Nach ausgeführten Musterbauten. 8 Hefte. M. 49 farb. Taf. fol. Berlin 1862—63. (32 M.) 20 —
<small>Aus: System. Darstellg. d. Bauconstructionen.</small>
1604 **Geier**, F. X., statist. Übersicht bemerkenswerther Holzverbindungen Mittel- u. Süddeutschlands. Neue Ausg. Mit 36 Tafeln. fol. Mainz 1859. (9 M.) 3 50
1605 **Gladbach**, E., Charakteristische Holzbauten der Schweiz vom 16. bis 19. Jahrh., n. deren inn. Ausstattung. M. 32 Taf. in Lichtdr. u. zahlr. Ill. im Text. 1.—3. Lief. m. 24 Taf. fol. Berl. in Mappe. 27 —
<small>Vollst. in 4 Lfgn. à 9 M.</small>
1606 **Holzarchitectur**, die, Deutschlands vom 14.—18. Jahrh. Hrsgb. v. C. Schaefer. Liefg. 1—6. M. 50 Taf. (3 col.) fol. Berlin 1886. In Mappe. Neues Expl. 72 —
<small>Die Fortsetzg. des auf 8 Liefrg. berechneten Unternehmens liefere ich nach Erscheinen.</small>
1607 **Huber**, A., kleine Architekturen zur Ausführung in Holz. Lauben, Pavillons, Hallen, Parkbrücken etc. 1. Hlbband. 30 Tafeln. fol. Berlin (1892.) In Mappe. 30 —
1608 — Einzelheiten für Holzarchitectur im Style der deutschen Renaissance. Gesimse, Pilaster, Säulen, Stützen, Füsse, Konsolen, Füllungen, Spitzen, Kartuschen, Flachornamente, Profile und sonstige Motife in natürlicher Grösse zu directer Verwerthung. Entwürfe für Möbeltischler, Bautischler, Architekten u. Baumeister. (Allerlei Schreinwerk, III. Serie.) 48 Tafeln. gr.-fol. 60 —
1609 **Jousse**, M., théâtre de l'art de charpentier, av. enrichi de diverses figures av. l'interprèt. d'icelles. Av. 125 fig. grav. s. bois et un append.: brief traicté des cinq ordres des colomnes. fol. La Fleche, Griveau 1650. d.-maroq. Seltene erste Ausgabe. Die ersten Bll. leicht wasserfleckig. 20
1610 **Klasen**, L., Handbuch der Hochbau-Constructionen in Eisen u. and. Metallen f. Architekten, Ingenieure, Constructeure, Bau-Handwerker u. Techn. Lehranstalten. M. 994 Holzschnitten u. 20 lithograph. Taf. 4. Lpzg. 1876. Hlwd. (37 M.) 25 —

Karl W. Hiersemann in Leipzig, Königsstrasse 2. Catalog 108.

Innendecoration.

 M. Pf.

1612 **Lacroux, J.**, la brique ordinaire, au point de vue decoratif. 2 parties. Avec 155 planches en couleurs. Texte par C. Detain. fol. Paris 1878. In Mappen. (250 fr.) 175 —

1613 **Leybold, L.** Entwürfe zu Land- und Gartenhäusern, Brunnenanlagen etc., mit vorzügl. Rücksicht auf ornamentale Holzarbeiten. 4 Hefte mit 24 Farbendrucktaf. gr.-fol. Uttweil 1860—61. (33²/₅ M.)
— J. Ch. Gramm. Sammlung v. Entwürfen zu Land- u. Gartenhäusern in Holz-Architektur. 2 Hefte mit 12 Farbendrucktaf. gr.-fol. Uttweil 1859—60. (16 M.) In 1 Hlwdbd. Der Titel u. Text des 2. Werkes fehlt. Mit Fingerspuren. 24 —

1615 **Liebold, B.**, mittelalterl. Holzarchitektur im ehem. Niedersachsen. M. Atlas v. 14 Taf. in quer-fol. Text 8. Halle 1874. (20 M.) 14 —

1616 **Nicole, D.**, de l'emploi des briques ordinaires dans la construction et la décoration des édifices publics et privés. Av. 30 pl. en couleurs. fol. Paris 1877. In Mappe. (30 fr.) 20 —

1617 **Runge, L.**, Beiträge zur Kenntniss der Backstein-Architectur Italiens. Mit 48 Taf. (meist Details). u. Neue Folge. 24 lith. Tafeln. fol. Berlin 1847—53. (69 M.) Vergriffen. Wenig papierfleckig, wie alle Expl. 50 —

1618 — — Neue Folge. apart. Mit 24 Taf. gr.-fol. Berlin 1853. In Hlwdmappe. (28 M.) 15 —

1619 **Schütz, A.**, die Renaissance in Italien. E. Sammlung d. werthvollsten erhalt. Monumente in chronol. Folge. 4 Thle. 331 Lichtdrucktaf. fol. Hamb. 1879—82. In Mappen. (320 M.) 260 —
  Auch einzeln:
  Thl. I Frührenaissance 85 Taf. (100 M.) Thl. II Hochrenaissance 72 Taf. (75 M.)
  Thl. III Decoration in Stein u. Terracotta 104 Taf. (110 M.) Thl. IV
  Decoration in Holz 60 Taf.(60 M.)

1620 **Strack**, Ziegelbauwerke des Mittelalters und Renaissance in Italien. Nach Originalaufnahmen. 50 Doppeltafeln. Lichtdruck und illustr. Text. Imp.-fol. Berlin. geb. 100 —

1621 **Twopeny, W.**, specimens of ancient woodwork. With 13 fine plates on India paper, etched by W. S. Wilkinson. gr.-fol. London 1859. Hlwd., wie neu. 36 —
  Schön ausgestattetes Werk, auf Kosten des Verfassers in kleiner Anzahl gedruckt u.
  nur an Freunde verschenkt.

1622 **Ungewitter, G. G.**, Vorlegeblätter für Ziegel- u. Steinarbeiten. 2. Aufl. Mit 48 Taf. 1 Titelkpfr., u. 44 S. Text. fol. Lpz. (1865.) Lwd. Am oberen Rande theilweise braunfleckig. 15 —
  Gothische Portale, Fenster, Erker, Dächer etc. mit Sectionen u. Details.

1623 — Details für Stein und Ziegel-Architectur im Romanisch-Gothischen Style. 3. Aufl. 48 Tafeln i. Lithogr. Berlin 1890. In Mappe. 30 —

1624 — Gothische Holzarchitectur. 48 Tafeln. Berlin 1890. In Mappe. 30 —

1625 **Vorlegeblätter** der Baugewerkschule zu Holzminden. 2 Hefte (I Maurer- II Zimmer-Construct.) 33 Taf. gr.-fol. Holzm. 1855. (15 M.) 7 50

1626 — für Maurer. Nach d. Orig.-Ausg. d. k. techn. Deputat. f. Gewerbe. 42 Taf. m. Erläut. gr.-fol. Berlin 1834. cart. (13¹/₂ M.) 5 —

1627 — für Zimmerleute. Nach d. Origin.-Ausg. d. kgl. techn. Deputat. für Gewerbe. 37 Taf. mit Erläut. fol. Berl. 1834. cart. (13¹/₂ M.) 5 —

1628 **Walkemeyer, Chr.**, das Holzcement-Dach. Mit 13 Holzschn. Hannov. 1885. Nicht im Handel. 2 —

1629 **Wanderley, G.**, die Constructionen in Holz. M. 500 Holzschn. 2. Aufl. Halle 1877. (6 M.) 3 —

Innendecoration.
 M. Pf.

1630 **Adams, L.**, décorations intérieures et meubles des époques Louis XIII et Louis XIV, d'après Crispin de Passe, Vredeman de Vries, Serlius, Berain etc. 100 planches gr. à l'eau-forte. fol. Paris 1865. demi-maroquin. (100 fr. br.) Épuisé. 60 —

Karl W. Hiersemann in Leipzig, Königsstrasse 2. Catalog 108.

Innendecoration.

M. Pf.

1631 **Album** de la instalac. artistico arqueologica de la Real Casa en la expos. univers. de Barcelona 1888. Con un catal. razonado. Con 70 phototyp. Barcelona 1889. toile. — 36 —
<small>Die Taf. vertheilen sich wie folgt: Vistas generales 2, Pintura 5, Miniatura, libros 5, Tapiceria 19, Ropas y panos 4, Escultura 8, Mobiliario 11, Armeria 16.</small>

1632 **Arte italiana** decorativa e industr. Periodico mensile. Anno I. 12 Num. Con tav. photogr. e cromolith. e 18 detaglis in gr. form. fol. Venezia 1891. — 38 —

1633 **Aufleger, O.**, Innendecorationen des kgl. bayer. Lustschlosses Schleissheim. 30 Bl. fol. in Lichtdruck. München 1891. In Mappe. — 30 —

1634 **Bajot, Ed.**, les styles dans la maison française. Ornementation et décoration du XVe au XIXe siècle. 3 livraisons, av. 60 planches. fol. Paris 1888. In Mappen. (48 M.) — 36 —

1635 **Baumgärtner, J. W.**, ein reichausgestattetes Rococozimmer mit Joseph, der sich seinen Brüdern zu erkennen giebt. Das Ganze in reicher Umrahmung. 38 × 61 cm. — 25 —
<small>Schönes Blatt in trefflicher Ausführung in Tusche und weiss gehöht, auf braunem Papier.</small>

1636 **Berain.** 6 Blatt, Trophäen, Moebel, Innendecorationen aus verschiedenen Serien. fol. — 6 —

1637 **Bielefeld, Ch. F.**, ornaments in every style of design, applicable to the decoration of the interior of domestic and public buildings; manufactured in the improved Papier Mâché. With 134 plates containing 868 patterns. fol. London 1840. Hldr. — 25 —
<small>Mit e. Abhdlg.: „On the use of the improved papier mâché in furniture in the interior decoration of buildings".</small>

1638 **Blondel, Jacques Franç.**, 40 Blatt Innendecorationen. Ornamentirte Spiegel, Kamine, Fenster, Wandgetäfel und andere Wanddecor., Betten etc. in gutem Geschmack. Paris, Mariette exc. fol. — 50 —

1639 — 13 Blatt Innendecorationen: Wandgemälde u. Getäfel, Spiegel, Thüren, Fenster, Kamine etc. Schöne Ornamentik. quer-fol. Paris ca. 1740. — 20 —

1640 — (1705—1774). Desseins de cheminée et lambris de menuiserie pour la décorat. des appartem. Vollständige Serie von 6 Blatt. Paris, Mariette exc. fol. — 10 —

1640a **Boucher, J. F. fils.** Chambre à coucher. (No. 2) — Salle de compagnie (No. 1) — Sopha. (No. 2) 3 Blatt. (Will.) — 6 —

1641 **Bourgoin, J.**, les arts arabes: architecture, menuiserie, bronzes, plafonds, revêtements, marbres, pavements, vitraux, etc., avec une table descriptive et explicative, et le trait général de l'art arabe. Avec beauc. de fig. s. bois dans le texte et 92 très belles planches, dont 51 impr. en couleurs, en or et en argent. gr.-fol. Paris 1873. Prachtexemplar in blauem Ganzmaroquinbde., oberer Schnitt vergoldet, auch die Innenseite der Decken mit eleganter Vergoldung. Einband v. H. Wood in London. — 220 —

1642 **Das Schloss zu Bruchsal in Baden.** 21 Blätter Photographien, darst. Innendekorationen ganzer Zimmer u. Details in Rococo. quer-fol. 6 Bll. auf Cartons, die übrigen nicht aufgezogen. — 8 —

1643 **van Campen, Jac.**, Afbeelding van 't Stadt Huys van Amsterdam. Mit Kupfertitel u. 24 Taf. auf 30 Platten. fol. Amst., Danckerts, 1661. Hldr. Etwas wasserfleckig, Titel aufgezogen, eine Tafel scharf beschnitten. — 25 —
<small>Die Tafeln geben zum Theil Abbildungen der reichen Innendekorationen u. der Wand- u. Deckengemälde.</small>

1644 **Chambers,** Designs of Chinese-Buildings, furniture, dresses, machines, and utensils. Engraved from the originals drawn in China. Imp.-fol. Lond. 1757. W. 21 plates. Hldr. — 25 —

1645 **(Champeaux)** l'Art décoratif à l'exposition univers. de 1889. Ameublement, tapisserie, bronzes orfèvrerie, céramique, vitraux etc. etc. 60 belles planches en phototypie. fol. Paris 1890. In Mappe. — 48 —

Karl W. Hiersemann in Leipzig, Königsstrasse 2. Catalog 108.

Innendecoration.

M. Pf.

1646 **Charles, R.**, 300 designs for window-draperies, fringes and mantleboard decorations. 100 plates. fol. Lond. 1874. cloth. Einband lose. (63 M.) — 36 —

1647 Vornehme **Chinesen** im Hause. 8 grosse Aquarelle eines chines. Künstlers aus d. 1. Hälfte des 19. Jahrhdts., jedes mit 1 oder 2 Kostümfiguren: Chinesische Herren u. Damen in reicher Hauskleidung im Gespräch, musizirend, lesend, stickend, rauchend etc. Bildgrösse gleichmässig 50 × 54 cm. Sehr schön ausgeführte Blätter, gleich interessant für die Kostümkunde wie für die Kenntniss der inneren Ausstattung des chines. Hauses. — 80 —

1648 **Chippendale's** ornaments and interior decorations in the old French style consisting of hall, glass, and picture frames, chimney pieces, clock and watch cases, grates, ornamental furniture and various ornaments. W. 33 plates. fol. Lond., J. Weale o. J. Halbkalbldr. 52 —

1649 **Claesen**, C., motifs de décoration extérieure et intérieure appliqués aux édifices publics comme aux habitations de particuliers. Sculpture, marbrerie, peinture, menuiserie. 119 planches, dont quelques-unes impr. en couleurs. gr.-fol. In Mappe. 45 —

1650 **Collections** Van der Straelen-Moons-Van Lerious. Vol. VI: Catalogue raisonné des tableaux, plafonds peints et tapisseries, réd. p. P. Génard et A. Goovaerts. Av. 8 planches. 4. Anvers 1885. 7 —

1651 **Cremer** u. **Wolffenstein**, der innere Ausbau. Sammlung ausgeführter Arbeiten für Maurer, Zimmerer, Tischler, Schlosser, Töpfer u. s. w. Lfrg. 1—6. Mit je 20 Lichtdrucktaf. = 120 Tafeln. gr.-fol. Berlin. In Hlwd.-Mappen. 120 —

1652 **Dedaux**, Chambre de Marie de Médicis au Palais du Luxembourg, ou recueil d'arabesques, peintures, et ornements, qui la décorent. Avec 35 planches. gr.-fol. Paris 1838. Hfz. 1 Tafel lagerfleckig. 36 —

1653 **Delbrel**, E. u. A., der Treppenbau in Holz. Ansichten, Grundrisse u. Details von Treppen für Privatbauten, Hôtels, Geschäftsräume, öffentl. Gebäude etc. Mit 30 Tafeln. fol. Berlin 1891. In Mappe. 13 —

1654 **Destailleur** (H.). Recueil d'estampes relat. à l'ornementation des appartements aux 16e, 17e et 18e siècles, gravées en facsimile par Pfnor, Carresse et Riester, d'après les compositions de Du Cerceau, Lepautre, Délaune, Boyvin, Vriese, Jacquard, Torner, Cotelle, Fordrin, Boulle, Bérain, D. Marot, Oppenord, Meissonnier, etc. etc. 2 vols. Avec 144 planches. fol. Paris 1863—68. In 2 Hlwdmappen. 110 —

1655 **Du Sommerard**, Adr. et Ed., les Arts au Moyen-Age. 5 vols. de texte gr. in-8. et Atlas (10 séries) et Album de 510 planches dont environ 120 illuminées, en or et en couleurs. gr. in-fol. Paris 1838—46. In neuen rothen Halbmaroquinbdn., oberer Schnitt vergoldet, Seiten unbeschnitten. Ladenpreis mit schwarzen Tafeln 1500 fr. 950 —

Vollständiges u. tadelloses, in der That prächtiges Exemplar ohne die zahlreichen starken Stockflecke, die viele andere Exemplare haben. Alle jetzt in Paris verkauften Exemplare haben ausserdem nur ca. 60 Tafeln.

1656 **Falke**, J., die Kunst im Hause. Geschichtliche u. krit.-ästhet. Studien üb. d. Decoration u. Ausstattung der Wohnung. Wien 1871. (7½ M.) 3 —

1657 — d. Kunstindustrie auf d. Wiener Weltausst. 1873. 2 Abth. W. 1873. (8 M.) 3 —

Der Plan d. Weltausstellung fehlt.

1657a **Fehrmann**, E. G., Album f. Baudecoration und Zimmerschmuck. Samml. v. figürl. u. ornam. Baudecorationen sowie Motive f. Ornamente aus d. Pflanzen u. Thierwelt. 2 Thle. 138 Lichtdrtaf. fol. Dresden (ca. 1882). In Lwd.- u. Hlwd.-Mappe. (121 M.) 80 —

1658 **Eye**, A. v., u. P. E. Börner, Katalog der Kunstsammlung von Eugen Felix in Leipzig. gr.-8. Mit Atlas v. 36 Taf. in Lichtdruck in fol. Lpz. 1880. (75 M.) 30 —

Die Eugen Felix'sche Sammlung kunstgewerblicher Gegenstände war eine der werthvollsten aller vorhandenen (jetzt versteigert).

Karl W. Hiersemann in Leipzig, Königsstrasse 2. Catalog 106.

Innendecoration.

Die vorzüglich ausgeführten Tafeln stellen dar:
Silbernes Tafelgeschirr (Pokale, Bestecke etc.) — Eisengeräthe. — Bronce-Arbeiten (Leuchter von Peter Vischer, Altarleuchter, Candelaber, Reliquienbehälter etc.). — Reliefs in Kehlheimer Stein von Hans Dollinger, A. Dürer etc. — Möbel. — Elfenbein-Arbeiten. — Krüge und Gläser etc.

1659 **Feuchère, L.**, l'art industriel 2 parties. 84 planches. gr. s. a. par Varin frères. gr.-fol. Paris ca. 1850. (124 fr.) cart. 40 —
Mehrere Hundert Entwürfe für alle Gebiete des Kunst-Handwerkes.
1660 **Fischbach**, Fr., Album für Wohnungsdecoration. 1. Lief. Spitzengewebe. 11 Taf. fol. Hanau 1872. (9 M.) 5 —
1661 **Fleck, W.**, bürgerliches Wohnzimmer. Mit 31 lith. Tafeln. gr.-4. Berlin 1892. In Hlwdmappe. 12 —
1662 **Francque**. — Catalog d. antiken Zimmer-Einrichtung des Schlosses Commende Ramersdorf der Baronin de F. Mit 5 Taf. Köln 1881. 3 —
1663 **Fumière, H.**, les arts décoratifs à l'exposition du cinquantenaire belge. 2. éd. Avec 26 planches photolithogr. fol. Brux. 1880. (40 fr.) 22 —
Faïence. Ameublements. Bronzes d'art. Vitrail etc.
1664 **Grassalkowits**. — Catalog ausgewählter Kunstsachen, Einrichtungsu. Ausstattungs-Gegenstände aus d. Sammlg. d. Fürstin M. L. von Gr. von Gyavak. M. 14 Lichtdrucktaf. 4. Köln 1887. 9 —
1664a **Gropius** u. **Schmieden**, Dekorationen innerer Räume. 3 Hefte. M. 19 Taf. in reichem Farbendruck. gr.-fol. Berlin 1877—1883. cart. (50 M.) 35 —
Wand- u. Deckendecorationen.
1665 **Guiffrey, J.**, inventaire général du mobilier de la couronne sous Louis XIV (1663—1715) 2 vols. Avec un grand nombre d'illustrations. Imp.-8. Paris 1886. (50 fr.) 34 —
Mobilier im weitesten Sinne gebraucht, da das Werk sämmtl. kunstgewerbl. Erzeugnisse umfasst.
1666 **Habermann, F. X.**, (Augsburger Künstler des 18. Jahrh.), Auswahl ornamentaler Motive (im Rococo-Stil). 35 Blatt Lichdruck. In Fol.-Mappe. Leipzig, Karl W. Hiersemann 1887. 25 —
Bildet die 1. Serie von „Ornamentale u. kunstgewerbl. Sammelmappe".
1666a — — Rococo-Möbel. 35 Blatt. 1888. In Fol. 25 —
1667 **Havard, H.**, dict. de l'ameublement et de la décoration depuis le XIII. siècle jusqu'à nos jours. 4 vols. Avec 256 planches hors texte en chromotypographie et plus de 2500 grav. s. bois. 4. Paris 1888 bis 90. cart. Etat neuf. 140 —
1668 **Hefner-Alteneck, J. H. v.**, Trachten, Kunstwerke u. Geräthschaften vom frühen Mittelalter bis zu Ende des 18. Jahrh. nach gleichzeit. Originalen. 2. verm. Aufl. 10 Bände. M. 720 Taf. in Farbendr. fol. Frankf. a. M. 1880—90. In Cartonmappen. (1200 M.) 950 —
1669 **Hirth, G.**, das deutsche Zimmer der Renaissance. Anregungen zu häusl. Kunstpflege. 2. Aufl. Mit vielen Holzschn. fol. München 1882. 14 40
1670 **Innen-Architectur** und Decorationen des 18. Jahrhunderts. M. erläut. Text von A. Pabst. 20 Taf. in Lichtdr. Imp.-fol. Berlin (1888). In Mappe. Neu. 40 —
Auch bekannt unter dem Titel: „Schloss Brühl".
1671 **Kachel, G.** u. **F. S. Meyer**, kunstgewerbliche Vorbilder aus dem Alterthum. M. 100 Tfln. fol. Karlsruhe 1881. (18 M.) 10 —
1672 **Katalog**, illustr., der Pariser Industrie-Ausstellung v. 1867. 15 Liefrgn. Mit zahlr. Illustr. 4. Lpz. 1868. (30 M.) 9 —
1673 **Kick, W.**, Dekorationen u. Möbel von der deutsch-nationalen Kunstgew.-Ausstellung in München 1888. 20 Taf. in Lichtdr. fol. Stuttg. 1889. In Mappe. 18 —
1674 **Kimbel, M.**, der decorative Ausbau. Zur Benutzung f. Malerei, Holzund Steinhauerei, Decoration, Bau- und Kunsttischlerei, Schmiedekunst etc. 75 Lichtdrucktaf. fol. Dresden 1881. In Mappe. (75 M.) 55 —

Karl W. Hiersemann in Leipzig, Königstrasse 2. Catalog 108.

Innendecoration.

M. Pf.

1675 **Krafft**, J. Ch., Portes cochères et portes d'entrées des maisons et édifices publics de Paris (formant la Ire partie des „Maisons de Paris"). 2e éd. Avec 60 planches. qu.-fol. Paris 1838. Pp., unbeschn. 20 —

1676 **Das Kunsthandwerk**. Sammlung mustergültiger kunstgewerblicher Gegenstände aller Zeiten, hrsg. v. Br. Bucher u. A. Gnauth. Jahrg. I u. II. Mit 156 Tafeln, von denen 24 colorirt sind, nebst kurzem Text auf den Tafeln selbst. fol. Stuttgart 1874—75. (48 M.) In Hlwdmappen. 28 —

1677 — — I. Jahrgang. Mit 85 Tafeln (12 col.) fol. Stuttg. 1874. Lwd. (gebdn. 30 M.) 16 —

1678 **Kunstschätze aus Tyrol**. 1. Abth. Malerische Innenräume Heliogravuren nach photogr. Aufnahmen v. O. Schmidt. M. erläuterndem Texte v. Joh. W. Deinin ger. M. 30 Taf. fol. Wien 1892. In Mappe. 40 —

1679 **Labarte**, J., hist. des arts industriels au Moyen Age et à l'époque de la Renaissance. 4 vols. de texte in 8. et 2 vols. de 148 planches dont la plupart superbement en couleurs rehaussées en or et en argent. 4. Paris 1864—66. br. n. r. Textbd. I u. II fehlen. 540 —

1680 **Lacher**, C., kunstgewerbl. Arbeiten aus d. culturhistor. Ausstellg. zu Graz 1883. M. 100 Lichtdrucktafeln. fol. Graz 1884. In Orig.-Hfz.-Mappe. (128 M.) Vergriffen. 86 —
_{Textile Kunst 8 Bll., Bucheinbände 3 Bll., Keramik 6 Bll., Holzarbeiten u. Möbel 26 Bll., Arbeiten aus Zinn u. Blei 5 Bll., Arbeiten aus Eisen 16 Bll., Arbeiten aus Bronze 9 Bll., Arbeiten aus Gold u. Silber 19 Bll., Elfenbein u. Fächer 4 Bll.}

1681 **Ledent-Degrace**, album de dessins de portes vitrées. 176 planches (dessins). 4. Liège ca. 1865. Hlwd. 12 —

1682 **Lefuel**, H., et E. **Baldus**, Palais du Louvre et des Tuileries. Motifs de décorations (intérieures et extérieures) tire des constructions exécutées au Nouveau Louvre et au Palais des Tuileries sous la direction de H. Lefuel. 3 vols. av. 300 planches en héliogravure par E. Baldus. fol. Paris 1869—75. In 3 Mappen. (450 fr.) 280 —

1683 **Lefuel et E. Rouyer**, les appartements privés de S. M. l'Impératrice au Palais des Tuileries. Av. 20 planches s. pap. de Chine. gr.-fol. Paris 1867. (50 fr.) 28 —

1684 **Louandre**, Ch., les arts somptuaires. Histoire du costume et de l'ameublement et des arts et industries qui s'y rattachent. 2 vols. texte et 2 vols. cont 322 planches en couleurs p. Hangard-Maugé. En tout 4 vols. 4. Paris 1858. Relié en 3 vols. d.-maroq. rouge, n. r. tête dor. Très bel exempl. 300 —

1685 **Luthmer**, F., malerische Innenräume moderner Wohnungen. In Aufnahmen nach d. Natur. 3 Serien mit je 25 Lichtdrucktafeln. gr.-fol. Frankfurt 1887. In Mappen. Jede Serie 25 —

1686 **Lützow**, C. v., Kunst u. Kunstgewerbe auf der Wiener Weltausstellung 1873. 16 Hefte. M. 398 Holzschn. u. 5 Kupf. 4. Lpz. 1875. (32 M.) 10 —

1687 **Marot**, D., (1650—1712) Second livre d'appartements. 6 Kupferst., von denen 5 prächtige Himmelbetten, 1 Stühle u. Draperien darstellen. fol. 22 —

1688 — Livre de décoration diferante. 7 Blatt Theaterdecoration à la Haye 1720. quer-4. Mit etwas Rand. 18 —

1689 **Meisterwerke Schwäbischer Kunst** aus d. kunsthist. Abtheilung d. Schwäb. Kreisausstellung Augsburg 1886. Hersg. v. d. Vorstand d. kunsthist. Ausstell. 33 Tafeln mit 245 Gegenständen u. erläut. Text. fol. München 1886. In Mappe. (36 M.) 20 —
_{Gold- u. Silberwaaren 17 Taf.; Eisenarb. u. Waffen 5 Taf.; Holzschnitzereien 6 Taf.; Keramik 2 Taf.; Bronzen 2 Taf.; Elfenbein 1 Taf.}

Karl W. Hiersemann in Leipzig, Königsstrasse 2. Catalog 108.

Innendecoration.

M. Pf.

1690 **Meubles**, bronzes et étoffes de style Empire. 41 photogr. orig.-fol. Paris 1891. 70 —
30 Blatt Moebel. 3 Bl. Bronzen und 11 Bl. Stoffmuster. Reproductionen kunstgewerbl. Gegenstände dieses Stiles sind sehr selten.

1691 **Müller**, S., la maison hollandaise au temps de Louis XIV. 10 planches en photogr. avec texte par S. Muller. fol. Utrecht 1891. En portef. 21 50

1692 (Les) **Musées** et Palais Nationaux. Mobilier d'art conservé au Louvre, Garde-Meubles, Versailles, Elysée, Fontainebleau etc. des époques gothique, Renaissance, Louis XIII, XIV, XV et XVI. 4 parties en 5 series de 60 planches photogr. chaque. fol. Paris 1891. En portefeuilles. 400 —
Ie. partie: Sièges, fauteuils, canapés, écrans, consoles etc. (60 pl.)
IIe. partie: Meubles sculptés, et d'ebénisterie (60 pl.)
IIIe. partie: 2 séries. Bronzes, appliques, flambeaux, cartels, vases, obenets, pendules, lustres etc. (120 pl.)
IVe. partie: Tapisseries, étoffes (60 pl)
☞ Jede Serie wird einzeln verkauft zum Preise von je 80 Mark.

1693 **Museum** der mod. Kunstindustrie. Muster-Sammlung v. hervorrag. Gegenst. der letzten Welt-Ausstellgn. v. London u. Paris. Ein Handbuch von Vorlagen f. Industrielle aller Zweige. M. ca. 2000 Illustr. 4. Lpz. 1873. (12 M.) 7 —

1694 **Pape**, J., Musterzimmer. Vollständige Decorationen f. bürgerl. u. herrschaftl. Wohnungen in Form u. Farbe. 2. Aufl. 2 Bde. mit 60 Taf., z. Th. in Farbendruck. fol. Dresden 1890. In 1 Hlwdmappe. (84 M.) 54 —

1695 — die Wohnungsausstattg. der Gegenwart; Entwürfe von perspect. Zimmeransichten zu mod. Wohnungen. /2. Aufl. 12 Lichtdrucktaf. fol. Dresden 1889. In Mappe. 16 —

1696 — prakt. Skizzenbuch f. Fassaden u. Innen-Decoration. Lfrg. 1—4. Mit 48 Taf. in Licht- u. Farbendruck. fol. Dresden 1891. 24 —

1697 **Paukert**, F., die Zimmergotik in Deutsch-Tirol. I.—IV. Sammlg. Mit je 32 Tafeln. fol. Lpz. 1892. In Hlwdmappen. Jede Sammlung 12 —

1698 **Pecht**, F., Kunst und Kunstindustrie auf der Wiener Weltausstellung 1873. Stuttg. 1873. (4½ M.)

1699 **Percier** et **Fontaine**, recueil de décorations intérieures compr. tout ce qui a rapport à l'ameublement. Av. des supplém. p. J. Borsari. Av. 120 pl. fol. Venezia 1845. Hfrz. Text franz. u. italien. 65 —

1700 — Innendecorationen, Moebel u. Geräthe. Neue Ausg. Mit 72 Taf. gr.-fol. Berlin 1888. Pgtbd. 30 —

1701 **Prignot**, E., L'architecture, la décoration et l'ameublement. 60 compositions. Paris s. d. fol. Mit 60 photogr. Tafeln. (150 fr.) 60 —

1702 — décors intérieurs pour édifices publics et privés, ensembles et détails. 75 planches photogr. fol. Paris 1873. In Mappe. (150 fr.) 60 —
Ganze Zimmeransichten und Details.

1703 **Racinet**, A., le costume historique: types principaux du vêtement et de la parure rapprochés de ceux de l'intérieur de l'habitation dans tous les temps et chez tous les peuples avec de nombreux détails sur le mobilier, les armes, objets usuels etc. 6 vols. (20 livr. d'atlas avec 500 planches en couleurs, or, argent ent. camieu, qui forment 5 vols. et 1 vol. de texte.) fol. Paris 1876—88. En 20 cartons. Texte broché. (525 fr.) Vollständig u. tadelloses Expl. d. Prachtausg. 295 —
Der Text bildet Bd. 1 und die Tafeln Bd. 2 - 6.

1704 **Rothbart**, G., d. Luther-Zimmer auf d. Veste Coburg. M. 5 Kupfert. quer-4. Nürnberg 1845. (6 M.) 3 50
Suppl. zu Hefteloff's Ornamentik.

1705 **Sammelmappe**, ornamentale und kunstgewerbliche. Serie I. Auswahl ornamentaler Motive des 18. Jahrh. von F. X. Habermann. 35 Blatt in Lichtdruck. In Folio-Mappe. 1887. 25 —

1705a **Sammelmappe, Serie II.** Rococo-Möbel. 35 Blatt 1888. In Mappe. 25 —
Diese Reproduction der schönen Ornament-Blätter des Rococo-Stils von F. X. Habermann, dem berühmten Augsburger Künstler des 18. Jahrhunderts, bringt aus dem umfangreichen Werke dieses Meisters das Schönste.
Kunstgewerbe-Museen und sonstige kunstgewerbliche Institute und Bibliotheken, Architekten, Musterzeichner, Gravure, Holzbildhauer etc. etc., kurz alle Diejenigen, welche schöner ornamentaler Muster bedürfen, werden darin Brauchbares finden.

1706 **Sauvageot, M. Cl.**, Recueil de cent planches extraites de l'art pour tous. Encyclopédie de l'art industriel et décoratif. gr.-fol. Paris 1868. Lwd. 28 —
Ornamente u. kunstgewerbl. Vorbilder aus d. 15.—19. Jahrh.

1707 **Schaupert, K.**, Zimmer-Einrichtungen. Entw. in bürgerl. Ausstattg. M. 25 Taf. fol. Weimar 1881. In Mappe. (10 M.) 6 —

1708 **Secrétan.** Catalogue (de vente) de la Collection S. Tome III: objets d'art et d'ameublement, marbres, terres-cuites etc. Av. 10 planches en héliot. fol. Paris 1889. 20 —

1709 **Selected** details of interior and exterior finish, for Architects, Carpenters and Builders. 32 lithogr. plates. fol. New York 1890. cloth. 30 —

1710 **Souvenirs** de la fête donnée le 26 sept. 1848 par le Cercle artistique et littéraire sous le patronage du Roi, du gouvernement et de la ville de Bruxelles aux Artistes exposants et aux membres du Congrès agricole. Avec 16 belles planches en partie color., dessinés et lithogr. par Mess. Billoin, Fourmois, Huart, Lauters, Stroobant, Schubert, W. Le Roy, et publ. sous la direction de M. Balat, architecte, par Dero-Becker. Imp.-fol. Brux. 1849. Nicht im Handel. 40 —
Die ersten 8 Tafeln bringen Darstellungen der prächtig geschmückten Festräume, belebt von der Menge der Festtheilnehmer. Die Tafeln 9—16 mit der Bezeichnung „Galerie artistique" bilden eine histor. Folge der bedeutendsten Maler aller Zeiten u. Schulen, begleitet von Abbildungen hervorragender Gemälde.

1711 **Stier, G.**, Vorlegeblätter für Maurer u. Zimmerleute. Nachträge. 2 Bde. M. 37 lithogr. u. 32 Kupferst. fol. Berlin 1844—50. cart. (27 M.) 12 —

1712 **Streitenfeld, A. u. L.**, Ausstattung vornehmer Wohnräume. Fensterdecorat., Portieren, Bettbehänge, Toiletten, ganze möbl. u. decor. Innenräume. 19 Taf. in Farbendr. u. Heliogr. gr.-fol. Berlin (1889). In Mappe. (36 M.) 24 —

1713 — die Kunst des Tapezierers u. Decorateurs. Fensterdecorationen, Portieren, Bettbehänge, Toiletten, Erker etc. I Serie. Mit 24 color. Tafeln. fol. Berlin (1889). In Hlwdcarton. (24 M.) 15 —

1714 — die Praxis des Tapezierers und Decorateurs. 2. u. 3. Serie je 24 Taf. (Farbendr.) 4. Berl. 1889. In Mappe. Jede Serie 24 —

1715 — Die Mustermappe des Decorateurs. 36 Tafeln in Mappe. 28 —

1716 **Thiollet et H. Roux**, nouveau recueil de menuiserie et de décorations intérieures et extérieures. Avec 72 planches. fol. Paris, Bance 1837. Hfz. 22 —

1717 **Thtz, E.**, Decorationen der Treppen u. der Treppenhäuser. Lfrg. I (einzige). Mit 10 Taf. fol. Glogau (1861.) 3 —

1718 **Trésor Artistique de la France.** Musée National du Louvre, Gallerie d'Apollon. Publ. sous la direction de P. Dalloz par P. de St. Victor, M. du Camp, P. Mantz etc. Mit 37 Tfln., meist in vollendetstem Farbendruck (Photochromie Vidal). Paris 1880. gr.-fol. (1000 fr.) Tadelloses Ex. in 2 rothen Halbmaroquinbdn., ob. Schnitt vergoldet. 400 —
Meisterhafte Reproduction der hervorragendsten kunstgewerbl. Schätze des Louvre.

1719 **Viollet-le-Duc**, dictionnaire rais. du mobilier français l'époque Carlovingienne à la Renaissance. 6 vols. Avec plus de 1800 gravures sur bois, sur acier et en chromolithographie. Paris 1872—75. gr.-8. (broch. 300 fr.) Schöne Hmaroqbde. 230 —

1720 **Völkerschau.** Eine Sammlung von Erzeugnissen d. Kunst- u. Gewerbefleisses aller Zonen und Zeiten. Hrsg. v. d. Mittelschweiz.

Karl W. Hiersemann in Leipzig, Königsstrasse 2. Catalog 108.

Decorations-Wand-Malerei und Fresken. 115

M. Pf.

geogr.-kommerz. Gesellsch. in Aarau. Bd. I mit 30 Taf. (11 in Farbendr., 18 Lichtdr., 1 japan. Färberschablone im Original) u. 7 Vignetten. fol. Aarau 1888—91. In Mappe. 30 —
1721 **Waring**, J. B., Masterpieces of industrial art and sculpture at the International Exhib. of 1862. 3 vols. fol. Lond. 1863. Braune reichvergoldete Maroquinbde. mit Goldschn. Einbände nicht frisch. (525 M.) 150 —
Prachtwerk enthaltend 501 Tafeln in Chromolith. nebst beschreib. Text; von hohem Werthe für das Kunstgewerbe. Die schönen Tafeln enthalten über 1000 Abbildg.
1722 — art treasures of the United Kingdom from the Art Treasures Exhib., Manchester. W. Frontisp., 100 chromos by F. Bedford, and num. woodc. by Dudley. W. essays by O. Jones, D. Wyatt, A. W. Franks, J. B. Waring, J. C. Robinson et G. Scharf jun. fol. Lond. 1858. calf, gilt edges (and with rich ornaments). (400 M. ohne Einband.) 230 —
1723 **Weber**, S., kunstgewerbl. Gegenstände der culturhistor. Ausstellung zu Steyr 1884. 8 Hefte. Mit 80 Lichtdrucktaf. fol. Steyr 1885. (60 M.) 32 —
1724 **Zimmereinrichtungen**, Ausgeführte, der Gegenwart. 20 Taf. Lichtdruck. fol. Berlin 1889. In Mappe. 20 —

Decorations-Wand-Malerei und Fresken.

M. Pf.

1725 **Albani**. Picturae Francisci Albani in aede Verospia (Romae). 16 Kupfertaf. u. Kupfertitel; davon 5 in doppelter Blattgrösse, nach A.'s Gemälden gez. v. Petrus de Petris, gest. v. J. H. Frezza. gr.-fol. Romae 1704. 30 —
1726 **Albani**, F., et Dom. **Zampieri** (vulgo il **Domenichino**), celeberrimae picturae opere Albario expressae in aedibus Justinianeis in oppido Bassani aere incisae ab J. A. Vasi. 17 Kupfertaf. mit 25 Platten nebst Titel mit Wappen u. 1 Textblatt mit dem Portrait des Fürsten Andrea Giustiniani. Imper.-fol. Florentiae 1754. Hfz. Fleckig. 36 —
Die Tafeln behandeln mythologische Vorwürfe nach Ovid, besonders hervorragend ist das grosse doppelseitige Deckengemälde: Der Sturz Phaëton's. Die 4 letzten Tafeln mit je 2 Platten bringen Porträts in Cartouchen mit allegor. Scenen. Als Stecher der Tafeln ist Hier. Frezza angegeben.
1727 **Albert**, F., bunte Blumen und Vögel. Blüthenzweige von Vögeln belebt. 28 Taf. in Farbendr. fol. Berlin (ca. 1885). In Mappe. (45 M.) 36 —
1728 **Albert**, Jos., Details, Wanddecorationen, Möbel, Geräthe etc. aus d. kgl. Bayer. Schlössern Neuschwanstein, Linderhof u. Herren-Chimsee, sowie aus d. kgl. Residenz in Mchn. Gesichtet u. m. einleit. Text versehen v. L. Gmelin. 10 Hefte. M. 100 Lichtdr.-Tafeln. fol. München (1892). 60 —
1729 **Allegorien** und decorat. Figuren. 25 Taf. in Photogr. fol. Wien o. J. (ca. 1892.) In Mappe. 35 —
1730 **Allori**, A., G. M. **Butteri** u. A., Decken-Malereien des ersten Korridors d. kgl. Gallerie zu Florenz (gemalt in d. Jahren 1581—82). 44 Taf. in Photogr. fol. Berlin 1888. In Mappe. (44 M.) 30 —
1731 **Anderson**, W., the pictorial arts of Japan with a brief hist. sketch of the associated arts, and some remarks upon the pictorial art of the Chinese and Koreans. 4 vols. W. 80 plates in chromolith., photogravure etc. and a large number of woodcuts. fol. Lond. 1886. In 4 Lwd.-Mpp. (168 M.) 120 —
1732 **Anděl**, Ant., Das polychrom. Flachornament. Ein Lehrmittel f. d. elementar. Zeichen-Unterricht an Real- u. Gewerbeschulen. Herausgegeb. m. Unterst. d. k. k. Ministeriums f. Cultus u. Unterricht. 80 Taf. in Farbendruck. fol. Mit 1 Textheft in-4. Wien 1880. In Mappe. (75 M.) 50 —

Karl W. Hiersemann in Leipzig, Königstrasse 2. Catalog 108.

Decorations-Wand-Malerei und Fresken.

M. Pf.

1733 **Antony, W., & Co.**, Vorlagen für Holz- u. Marmor-Malerei [in Farben nach der Natur]. 1. Band ca. 50 farb. Tafeln m. Text. fol. Oberwinter ca. 1890. In Mappe. 50 —
1734 **Art-Worker, The.** A. Journal of Design devoted to Art-Industry 45 lithogr. plates of Decoration and Ornament. 4. New-York 1878. in-Portfolio. 30 —
1735 **Aubé, B.**, description des restes d'un édifice antique à Palerme. Av. 1 plan et 5 planches photogr. 4. Paris 1872. 7 50
Die Taf. stellen Mosaikgemälde dar. M. Dedication des Autors.
1736 **Audran, Gérard** (1640—1703). Die Zwickelfiguren zur Geschichte der Psyche, nach Raphael's Fresken in der Villa Farnesina in Rom. 14 Blatt. quer-fol. m. breitem Rand, von dem an 1 Blatt eine Ecke abgerissen ist. (Robert-Dusm. 105—118). 30 —
1737 **Audsley, W. and G.**, Polychromatic Decoration as applied to buildings in the mediaeval styles. 36 plates in gold and colours with descr. text. fol. Lond. 1882. Lwd. (63 sh.) 28 —
1738 **Audsley, G. A.**, Ornamental Arts of Japan, 2 vols. in 4 parts. With 101 plates most of which are beautifully printed in gold and colours, and many woodengravings. gr.-fol. London 1882—84. In 4 Mappen. (420 M.) 360 —
Prächtiges Werk mit vollendet schönen Farbendrucktafeln. Die Abthlgn. sind: Painting, Embroidery, Textile fabrics, Lacquer, Incrusted-Work, Metal-Work, Cloisonne Enamel, Carving, Heraldry.
Der Ladenpreis wurde noch vor Ausgabe des 1. Theiles erhöht.

1739 **Azioni** gloriose degli uomini illustri Fiorentini espresse con loro ritratti nelle volte dell'imperial galleria di Toscana. Frontisp., Porträt u. 52 Taf., J. Menabuoni del., F. Zucchi, J. Papini, V. Franceschini etc. sculp., mit Text von M. Manni. Hrsg. v. J. Orsini. qu.-fol. (Firenze, o. J.) 45 —
Decken und Pfeiler-Gemälde, meist mit allegor. Darstellungen.
1740 **Baener, Joh. A.**, (ca. 1670.) 3 Blatt mit 6 sehr schönen Akanthusfriesen: bej Johan Alexander Baener zu verkauffen in Nürnberg. quer-fol. 15 —
1741 **Baldancoli, P.**, Motifs de décoration moderne. Serie I. Avec 20 belles planches. fol. Torino (1889.) En portef. 24 —
1742 **Baldus, E.**, Palais du Louvre et des Tuileries: motifs de décorations intérieures et extérieures. 3 vols. de 800 planches. Paris 1875. fol. (450 fr.) In 3 Mappen. Einige Gebrauchsspuren. 280 —
1743 **Bänziger, Ferd.**, Federzeichnungen. Material für Zeichner. 50 Blatt. fol. Heiden 1892. In Mappe. 50 —
1744 **Baumann. L., u. E. Bressler**, Barock. Sammlung v. Plafonds, Cartouchen, Gittern, Möbeln, Vasen, Ornamenten, Interieurs etc. a. d. Epoche Leopold I. bis Maria Theresia. Lief. 1—3: 30 Tafeln. fol. Wien 1884. (18 M.) 12 —
1745 **Baum- u. Blatt-Studien.** 7 Lithogr. nach französ. Meistern: Calame, Girard, Jullien etc. fol. 3 —
1746 **Behrens, W.**, Flachornamente für den Zeichenunterricht u. das Kunstgewerbe. Abthlg. I. 30 Bll. einfarbig, in Quartformat, und Abthlg. II, Lfg. 1—4 mit 32 Farbendrucktaf. in-fol. Cassel. 16 —
1747 **Behrens, W.**, Entwürfe für Decorationsmaler. Heft 1: Mit 3 Farbendrucktaf. u. 1 Pausbogen in Doppelformat. gr.-fol. Cassel. 5 50
1748 **Bendemann, E**, die Gesetzgeber u. Könige im k. Thronsaale zu Dr. (ausgeführt v. Bendemann. In Kupfer gest. v. E. Goldfriedrich. 16 Blatt fol. Dresden. In Carton. (18 M.) 9 —
1749 — Wandgemälde im Cornelius Saale d. königl. National-Galerie zu Berlin. 26 Photogr. qu.-fol. Berlin (ca. 1880.) In Mappe. (36 M.) 25 —
1750 — die Wandgemälde im Ball- u. Concert-Saal d. kgl. Schlosses zu Dresden. 12 Blätter, rad. von H. Bürkner, Text von J. G. Droysen. qu.-fol. (Dresd. 1859.) (16 M.) 11 —

Karl W. Hiersemann in Leipzig, Königstrasse 2. Catalog 108.

Decorations-Wand-Malerei und Fresken. 117

M. Pf.

1751 **Bendemann, E.**, der Fries im Thronsaale d. kgl. Schlosses zu Dresden, al Fresco gemalt. 16 Blt. radirt v. H. Bürkner m. erläut. Text deutsch u. engl. quer-fol. Leipzig ca. 1860. Lwd. (20 M.) 12 —
1752 **Berain**, J. (1649—1711), Ornemens inventés par J. Berain et se vendent chez Mr. Thuret aux Galleries du Louvre (1709). Titel u. 61 Bll. in sehr schönen Abdrücken, mit breitem Rand. 500 —
   Einzelne Blätter à 10 Mk.
1753 — 100 Planches principales de l'oeuvre complet de Berain. Album compren. 100 planches in-fol. grand aigle et reprod. aux encres (avec une fidélité absolue). Paris (1888). cart. (80 fr.) 45 —
1754 — ornemens peints dans les appartemens des Tuilleries dessinez et gravez par Berain. Paris, N. Langlois (vers 1690). 19 pl. facs. Reprod. fol. Lond. 1888. Halbmaroquin. 21 —
1755 — Decorationsmotive im Style Ludw. XIV. 42 Lichtdruckt. nach d. Originalst. im Kunstgew.-Mus., Berl. fol. Berl. 1889. In Mappe. Neu. 36 —
1756 **Bonheur, Rosa** Peyrol Auguste et Isidore, petites études d'animaux. 84 planches lithograph. fol. Paris s. d. In Mappe. 100 —
1757 **Boucher, Fr.**, amours et pastorales. Reprod. en facsim. par F. Bellanger. 16 belles planches en couleurs. 4. Paris 1891. 16 —
1758 — Amoretten u. decorative Figuren. 50 Tafeln in Tondruck. fol. Berlin (1890). In Mappe. 36 —
1759 — — 20 Blatt Lichtdruckreproductionen nach Boucher u. a. (Leips. ca. 1880). 5 —
1760 **Boucher, Huet, Bouchardon** u. a. Photolith. Reprod. d. interess. Stiche aus d. Kupferw. d. Gilles Demarteau. E. Motivenw. f. Decor., Porzell.- u. Ledermaler, Bildhauer, Modelleure etc. Lfg. 1 u. 2. M. 10 Taf. gr.-fol. Berlin 1886. In Mappe. (10 M.) 6 —
1761 **Boucher, Langret, Pater, de Troy, Eisen** etc., choix de tableaux et grav. 45 planches phot. 4. Paris (1886). En portef. Neues Exemplar. 36 —
1762 **Boutovsky, V. de**, hist. de l'ornement russe du 10. au 16. siècle d'après les manuscripts. Avec 200 belles planches dont 100 en chromo. 2 vols. fol. Paris 1870. (400 fr.) 215 —
1763 **Boyce, A. P.**, modern ornaments and interior decorator: practical illustration of the art of scroll and ornamental painting. W. 20 plates (some coloured). quer-fol. Boston 1874. cloth. 10 —
1764 **Buchert, J.**, la flore industrielle: fleurs de fantaisie. 20 belles planches en chromolithogr. fol. Paris 1888. In Carton. 40 —
1765 **Buchoz**, collection précieuse et enluminée des fleurs, les plus belles et les plus curieuses, qui se cultivent dans les jardins de la Chine, que dans ceux de l'Europe. 2 titres grav. et 200 pl. color. fol. Paris (1776—79). 2 vols. Halbkalbldrbde. 100 —
   Das prachtvolle und vorzüglich colorirte Blumen- u. Vögelwerk ist für alle Zweige des Kunstgewerbes von gleicher Wichtigkeit. „Ouvrage également utile aux naturalistes, aux fleuristes, aux peintres, aux dessinateurs, aux directeurs des manufactures en porcelaine, en fayance et en étoffes de soie, de laine, de coton et antres artistes."
1766 **Bühlmann, J.**, die Architektur des classisch. Altertums u. der Renaissance. 3 Abthgn. m. 75 Taf. fol. Stuttg. 1872—88. In 3 Mappen (60 M.) 43 —
   I. Die Säulenordng. — II. Bogenstellungen, Thüren u. Fenster, Façaden-Entwicklungen. — III. Architekton. Entwickl. u. Decoration der Räume.
1767 **Busscher, E. de**, peinture murale à l'huile du XV.e siècle à Gand. Av. 4 planches. Bruxelles 1858. Hfrz. Extr. 67 pp. 6 —
1768 **Bati, C.**, d. antiken Wandmalereien der Villa Negroni, welche zwischen dem Weinhügel u. d. Esquilinium 1777 entdeckt wurde. 7 Bl. aus der Serie von 11 n. A. R. Mengs' u. A. R. Maron's Zeichngn. gest. v. A. Campanella, P. Vitali u. H. Carattoni 1793. qu.-roy.-fol. Schöne Expl. d. äusserst seltenen Blätter. 60 —

Karl W. Hiersemann in Leipzig, Königsstrasse 2. Catalog 108.

118 Decorations-Wand-Malerei und Fresken.

M. Pf.

1769 **Cacialli, J.**, collection des dessins des batiments et ornements nouveaux exécutés dans le château du Poggio impérial. 2 pts. av. 69 pl. fol. Florence 1823. Hpgt. 40 —
1770 **Calame, A.**, oeuvres. Tableaux, esquisses, dessins, études, et facsimiles de croquis d'après nature. Suite complète de 108 planches lithogr. fol. Paris s. d. (ca. 1850—55.) 216 —
Prächtige Landschafts-Skizzen. Ohne Titel.
1771 — leçons de dessins appliqué au paysage, embrassant depuis les premiers éléments de la perspective jusqu'au fini de la composition. 168 feuilles lithogr. fol. Paris s. d. In Mappe. 200 —
Prächtige landschaftl. Skizzen d. berühmten Meisters.
1772 — forêts et montagnes. 10 belles planches lithogr. à plusieurs teintes, tirées de cette série. fol. Paris ca. 1840. 20 —
1773 — l'école du paysagiste. 6 planches lithogr. impr. en plusieurs teintes, tirées de cette série. gr.-in-fol. oblong. London 1844. 10 —
1774 — 7 Blatt Landschaften u. Blumen aus verschied. Serien. fol. (Einzeln à Blatt 2 M.) 12 —
1775 — 3 schöne Lithogr. in Tondruck: Landschaft u. mal. Baumgruppen. gr.-fol. 6 —
1776 **Camesina, A.**, d. Niello-Antipendium zu Klosterneuburg verfertigt im 12. Jahrh. v. Nicolas aus Verdun. In d. Originalgrösse lithogr. v. A. Camesina beschrieben u. erl. v. J. Arneth. Atlas von 28 Taf., wovon 28 in Gold u. Chromo, in-fol. Text in-8. Wien 1844. Nicht im Handel u. selten. 250 —
1777 **Campagnola, H.**, Pilaster-Malereien in der Kirche St. Guistina zu Padua. 11 Lichtdruckt. fol. Berlin (1875). cart. (12 M.) 9 —
1778 **Carpey, P. J.**, tableaux décoratifs. Plafonds et panneaux, allégories, groupes, attributs. 3 séries. Avec 45 planches phot. fol. Berl. (1880). In Mappen. Neues Ex. 95 —
1779 — — 2. série. 15 planches photogr. fol. Paris ca. 1880. In Mappe. (25 M.) 18 —
1780 **Carracci, A.** Galeriae Farnesianae icones Romae in aedibus ducis Parmensis ab A. Carracio coloribus expressae, cum ipsarum monocromatibus et ornamentis a P. Aquila delincatae incisae. Kupfertitel, Portrait, 2 unbezeichnete u. 21 nummerirte Kupfertaf. gr.-quer-fol. Romae, ap. J. de Rubeis, 1674. 56 —
1781 — Imagines Farnesiani Cobiculi cum ipsarum monochromatibus et ornamentis Romae in aedibus serenis. ducis Parmensis ab Annibale Carraccio pictae. 13 Kupfertafeln nach Carracci's Gemälden von P. Aquila gez. u. gestochen. gr.-quer-fol. Romae ap. J. de Rubeis s. a. (cca. 1670). Die Papierränder sind von den Tafeln abgeschnitten. 36 —
1782 **Chabal-Dussurgey**, compositions de fleurs exécutées en tapisserie par les manufactures nationales de Beauvais et de gobelins. 8 planches. fol. Paris s. d. 16 —
1783 — études de fleurs. 12 planches. fol. Paris s. d. 12 —
1784 **Champeaux, A.** de, hist. de la peinture décorative. Av. un grand nombre de grav. s. bois. Paris 1890. 12 —
1785 (**Charvet, A.**) Raccolta di Soffitti: del XVI, XVII, XVIII e XIX secolo dei migliore castellie palazzi del Piemonte. 40 Tafeln in Lichtdruck. fol. Torino o. J. In Mappe. 56 —
Diese prächtige Sammlung der mit feinem Verständniss gewählten besten italienischen Deckenmalereien bietet durch die sorgsame Wiedergabe der feinsten Einzelheiten besonders gut zu verwerthende Vorlagen.
1786 — moderne italien. Decken- u. Wanddecorationen in Stuck u. Malerei. 62 Taf. (Phot.) Imp.-fol. Berl. 1889. In Mappe. 75 —
1787 **Chavant, Fl.**, encyclopédie universelle d'ornements. Avec 84 planches. fol. Paris ca. 1860. Hfz. 28 —
1788 **Cicéri, E.**, croquis à la minute. Autographiés d'après nature. 124 planches lithogr. à un ou deux motifs sur la feuille. fol. Paris s. d. In Mappe. 124 —
Schöne landschaftl. Studienblätter.

Karl W. Hiersemann in Leipzig, Königsstrasse 2. Catalog 109.

Decorations-Wand-Malerei und Fresken.

M. Pf.

1789 **Claesen, Ch.**, recueil d'ornements et de sujets pour être appliqués à l'ornementation des armes d'après les dessins des princip. maitres. 33 planches en partie color. 4. Liège ca. 1870. In Mappe. 16 —

1790 **Collinot, E.**, et A. de Beanmont, encyclopédie des arts décoratifs de l'Orient. Recueil de dessins pour l'art et l'industrie. 6 séries. Avec 250 pl. en chromolithogr. rehaussées d'or et d'argent. gr.-fol. Paris 1880—83. (980 fr.) Vollständiges, tadelloses Ex. 200 —

Les ornements de la Perse, 60 pl.; de la Chine, 40 pl.; du Japon, 40 pl.; des Turcs, 30 pl.; des Arabes, 40 pl.; des Vénétiens, Hindous, Russes, Byzantins, 40 pl.

☞ Einzelne Serien soweit auf Lager zu entsprechenden Preisen.

1791 **Columbani, P.**, a new book of ornaments, cont. designs for modern pannels, exec. in stucco, wood or painting. Engr. title and 30 plates. 4. Lond. 1775. Hmaroq. 60 —

1792 **Compositions de fleurs.** I: Pensées. II: Fleurs des champs. 4 grandes pl. en chromolith. fol. Paris 1890. 8 50

1793 **Conder, J.**, the flowers of Japan and the art of floral arrangement. With many illustrations partly in colours by Japanese artists. fol. Tokio 1891. 42 —

1794 **Cornelius**, Peter von, Entwürfe zu den kunstgeschichtl. Fresken in den Loggien der K. Pinakothek zu München. Gestochen v. H. Merz. 48 Taf. Mit Text v. E. Förster. quer-fol. Lpz. 1875. Hlwd. (30 M.) 16 —

Wie neu.

1795 **Correggio**, A. Allegri, die Gemälde in der Kuppel des Domes zu Parma in Kupf. gest. v. Domenico Bonaveri. 15 Bl. in gr.-fol. Bologna 1697. Schöne Abdrücke in guter Erhaltung. cart. 50 —

1796 **Cundall, J.**, examples of ornament, selected chiefly from works of art in the Brit. Mus., Museum of ornamental art, etc. etc. W. 24 plates 6 of which coloured. 4. London 1855. cart. (42 sh.) 30 —

1797 **Cuvillier, F. de**, (1698—1768), 3 Blatt Plafonds, jedes Blatt mit 2 Sujets. A. de Lespilliez sc. 4. fleckig. 10 —

1798 **Day, L. F.**, text books of ornamental design: anatomy of pattern — planning of ornament — application of ornament. 3 pts. in 1 vol. W. 115 plates. Lond. 1887—88. cloth. 10 50

1799 **Decker, P.**, 2 Kupferstiche aus d. fürstl. Baumeister: Aufriss e. Seyte d. Vorgem. v. d. Audienzz. u. 1. Auffzug d. Fensterseite des Vorgemachs. gest. v. Montaleyre u. Wolff. 4 —

1800 — fürstl. Baumeister in 57 Tafeln neu herausg. m. einer Einleitung v. R. Dohme. 4. Berlin 1885. Hlwd. 50 —

1801 — 5 Kupferstiche aus d. fürstl. Baumeister, von denen 4 Plafonds darstellen (hierbei Plafonds d. Audienzzimmers u. d. Vorgem. d. Audienzz.) u. 1 den Aufriss e. Seyte d. Vorgem. v. d. Audienzz. 5 prachtvolle Ornamentstiche in guten Abdrücken. 10 —

☞ Fürstliche Baumeister oplt. siehe Nr. 1444.

1802 **Decoration** (a Journal) in painting, sculpture, architecture, studies in costume, artistic pottery, silver work for decorative figures, panels, art manufactures etc. With many high class engravings by J. Moyr Smith, Th. Gildar, J. Th. and R. Glaizier, R. Q. Lane etc., printed in colours. 1884—86. 6 vols. fol. London 1884—86. (30 sh.) 20 —

1803 **Detail Ornament**, parts 1—6 complete. 24 photo-lithograph. plates folio in-Portfolio. New York 1881. 28 —

1805 **Dewald, Ad.**, Skizzen u. Entwürfe für Decorationsmaler. 24 Tafeln in farb. Lichtdruck. 4. Nürnberg 1891. In Mappe. 15 —

1806 **Dietl, C.**, farbige Entwürfe für Decken- u. Wandmalereien Vorlagen im Renaissance-, Barock- u. Rococo-Styl. 1. Lfg. 8 Farbendrucktafeln. fol. Berlin 1891. In Mappe. 16 —

Die 1. Serie wird mit 3 Lfgn. à 16.— oplt.

1807 **Donop, L. V.**, Friedr. Geselschap und seine Wandgemälde in der Ruhmeshalle (in Berlin). M. 5 Lichtdrucken. 4. Berlin 1890. 2 —

Karl W. Hiersemann in Leipzig, Königsstrasse 2. Catalog 109.

Decorations-Wand-Malerei und Fresken.

M. Pf.

1808 **Dopf**, dessins de fantaisie. 23 planches photogr. 4. Paris (1888.) In Mappe. Neu. 28 —
1809 **Dorigny**, Nicolas, Die vier Evangelisten mit Attributen u. von Engeln begleitet, nach den Fresken in S. Andrea della Valle zu Rom des Domanico Zampieri (Domenichino). N. Dorigny del. et sc. 1707. Mit Dedication an den Landgrafen Carl von Hessen. 4 Capitelblätter. gr.-fol. Gute Abdrücke mit Rand. 100 —
1810 **Dresser**, Chr., Modern ornamentation: series of orig. designs for the patterns of Textile Fabrics, for the Ornament. of manuf. in Wood, Metal, Pottery etc. With 50 plates. fol. Lond. 1886. Lwd. 34 —
1811 — Japan: its architecture, art, and art manufactures. W. 202 woodcuts. Lond. 1882. cloth. ($31^1/_2$ sh.) 20 —
1812 **Dumont**, V., grandes études de fleurs d'après nature. 12 planches. fol. in double. Paris s. d. 24 —
1813 **Du Sommerard**, Adr. et Ed., les Arts au Moyen-Age. 5 vols. de texte gr. in-8 et Atlas (10 séries) et Album de 510 planches dont environ 120 illuminées, en or et en couleurs. gr. in-fol. Paris 1838—46. In neuen, prachtvollen Halbmaroquinbdn. (Ladenpreis für ein broschirtes Ex. mit schwarzen Tafeln 1500 fr.) 950 —
☛ Vollständiges und tadelloses Exemplar ohne die zahlreichen starken Stockflecken, die viele andere Exemplare haben.
1814 **Eisenlohr**, F., Ornamentik in ihrer Anwendung auf versch. Gegenstände d. Baugewerke. 1—17. Lfg. M. 103 Taf. wovon viele in Farbendruck. fol. Carlsruhe 1850—56. ($76^1/_2$ M.) 28 —
Erschienen sind noch Lfg. 18—21.
1815 **Eisenmenger**, A., 12 Deckengemälde im oesterr. Museum für Kunst u. Industrie darstellend die Kunstgewerbe. Auf Holz gez. v. H. Bürkner, geschn. von E. Riewel. Vorzügliche Abdrücke auf chines. Papier vor der Schrift. fol. (Wien 1886.) Tadellos. (48 M.) 30 —
1816 **Ernst**, R., figures allégoriques. 15 planches photograph. fol. Paris (ca. 1890). In Mappe. (25 fr.) 16 —
1817 **Essenwein**, A. v., die farbige Ausstattung des schneckigen Schiffes der Pfarrkirche zum heil. Gereon in Köln durch Wand- u. Glasmalereien. Entw., ausgef. u. hrsg. v. A. v. Essenwein. 36 Taf. in Photolithogr. von denen 16 prachtvoll in Farben ausgeführt sind. Mit Text. Imp.-fol. Frankf. 1891. In Mappe. 240 —
1818 **Ettmüller**, L., d. Frescobilder zu Konstanz. M. 5 z. Thl. col. Taf. 4. 1866. Zürich, Antiquar. Gesellsch., Leipzig, Verlag von Karl W. Hiersemann. 2 40
1819 **Etudes** de fruits. 12 planches chromolith. fol. Paris. 24 —
1820 — des fleurs detachées d'après nature. 12 planches chromolith. 4. Paris (1891). 18 —
1821 — d'oiseaux d'après nature. 16 pl. chromolith. fol. Paris. 32 —
1822 **Ewald**, E., Farbige Decorationen. fol. Berlin 1890—92. Bd. I. 80 Tafeln mit Text in Mappe. 200 —
— — Bd. II. Lfg. 1—3 von je 8 Tafeln. 60 —
Bd. II wird in 10 Lfgn. m. 80 Taf. complet werden.
1823 **Eysler**, (ca. 1730.) Gründliche Anweisung wie ein sauber Laub mit s. Eintheilungen solle entworffen .... werden. Erster Theil. 10 Blatt. — Anweisung nützlicher Art Laubwerck mit deren Umrissen. 2ter Theil. 10 Blatt. — Neu inventirtes Laub und Bandelwerck anderer Theil. 6 Blatt. — Beigeheftet 6 Blatt Friese in Laub- u. Bandelwerck im gleichen Geschmack wie die vorigen unbezeichnet, wahrscheinl. auch v. Eysler. 32 Blatt. quer-4. cart. Theilweise etwas fleckig. 110 —
1824 **Feldegg**, F. v., moderne Kirchen-Decorationen. Vorlagewerk f. ornam. Kirchenmalerei, nach Orig.-Aufnahmen aus d. Kirchen v. Wien u. Umgebung herausgeg. Mit 32 Farbendrucktaf. fol. Wien 1890. In Hlwdmappe. 56 —

Karl W. Hiersemann in Leipzig, Königsstrasse 2. Catalog 108.

Decorations-Wand-Malerei und Fresken.

		M. Pf.
1825	**Feldner. R.**, mod. Decorationsmalereien. Farbige Entwürfe für Decken, Wände, Friese, Zwickelfelder etc. 35 Farben-Tafeln u. 15 Detailbogen. fol. Bln. 1889. In Mappe.	60 —
1826	**Fenger, L.**, Dorische Polychromie. Untersuchungen über die Anwendung der Farbe auf dem dorischen Tempel. 8 Taf. in Farbendr. m. begleit. Text. Imp.-fol. Text 4. Berl. 1886. In Mappe. (64 M.)	58 —
1827	**Festbilder**, die Transparents der Festhalle des ersten deutschen Sängerbundesf. z. Dresden 1865. M. 42 Taf. Nach den Orig. Comp. v. Schnorr v. Carolsfeld, Gerlach, Gey, Kirchbach u. a., und die Apollo-Quadriga v. Brossmann. M. Text v. F. L. Bösigk. 4. Dresden 1865. Hlwd. (10 M.)	6 —
1828	**Finch, Hon. Daniel**, 52 Drawings in Water-colours, being Sketches of Picturesque Scenery In England, mounted on cardboard, russia, g. e. with arms of the Earl of Aylesbury in gold on sides, circa 1810. Laut einer der Sammlung beigehefteten Notiz wurde dieselbe an den früheren Besitzer von einem Händler für 16.16 £ = 336 Mark verkauft.	230 —
1829	**Flachornamente.** Ein Musterbuch für Dessinateure, Fabrikanten v. Tapeten, Geweben, Teppichen u. a. 150 Taf. theils in Farbendruck. fol. Stuttg. 1885. In Mappe. (25 M.)	18 —
1830	**Fleurs** Etudes. 12 planches (chromolith.) 4. Paris. Schöne Lemercier'sche Chromosbdrucke.	18 —
1831	**Floquet**, Compositions décoratifs. Av. 36 pl. phototyp. fol. Paris 1882. En portefeuille.	52 80
1832	— esquisses décoratifs (groupes avec encadrements décor.) 12 planches en héliograv. fol. Paris 1885. En portef. Neues Exemplar.	32 —
1833	**Florenz.** — Die Frescogemälde der Brancacci-Kapelle in Florenz. 18 prächtige Chromolithographien nach den Fresken v. Fcl. Lippi, Masaccio u. Massolino, gez. v. Mariannecci, Chromolith. v. Storch u. Kramer. Imp.-4., fol., u. Imp.-fol. London, Arundel Soc., 1861—68.	160 —
1834	**Fraipont**, G., l'album japonais. Motifs inédits de décoration japon. 2e éd. Avec 30 planches en partie color. fol. Paris (1887). En portef. Neues Exemplar.	36 —
1835	**Francia**, Fr. e G., pitture antiche nella chiesa di S. Cecilia rappresent. 10 storie della vita di Santa, date in luce da G. Canuti. C. 10 tav. litogr. fol. (Bologna) 1829. Hfz.	12 —
1836	**Francia.** — Das Begräbniss der hlg. Caecilia. Nach e. Frescogemälde in der St. Caecilia-Kirche zu Bologna, gez. v. Mariannecci, chromolith. v. Storch u. Kramer. gr.-fol. London, Arundel Soc., ca. 1865. Seltenes, prächtiges Blatt.	30 —
1837	**Frommel, C.**, landschaftliches Zeichenwerk in Studien n. d. Natur aus dem Grossherzogtum Baden. 8 Hfte. m. 48 lith. Taf., einige in Tondr. qu.-fol. Karlsr. ca. 1860. Etwas stockfleckig.	20 —
1838	**Fuhrmann, G.**, der Decorationsmaler. Mustersamml. von Plafond-, Fries-, Hohlkehl- u. Wandentwürfen in Rococo u. Renaiss. 27 lith. Taf., z. Thl. in Chromo. 4. Münch. 1888. cart.	14 —
1839	**Garnier, Ch.**, le Nouvel Opera de Paris: Peintures décoratives plafonds, panneaux, voutes, tympans. 20 planches photograph. gr.-fol. Paris 1876. In Mappe. (70 fr.)	40 —
1840	**Guteuil, M.**, recueil prat. de peinture décorative par une soc. de peintres décor. s. la dir. de M. Guteuil. Bois, marbres, lettres, ornements, décorations de chapelle etc. 48 planches en chromo. 4. Dourdan 1881. In Mappe.	23 —
1841	**Gattiker, J.**, fleurs stylisées. 50 planches en photogr. 4. Paris (1891). In Mappe.	52 —
1842	**Gehring, K.**, ornamentale Malereien v. Schloss Trausnitz b. Landshut. M. 49 Taf. fol. Landshut o. J. In Mappe.	12 —
1843	**Gélis-Didot, P. et H. Laffillée**, la peinture décor en France de l'11e au 16c siècle. Avec 60 planches en chromolith. et beaucoup de grav. s. b. dans le texte. fol. Paris 1891. In Mappe.	160 —

Karl W. Hiersemann in Leipzig, Königsstrasse 2. Catalog 108.

Decorations-Wand-Malerei und Fresken.

M. Pf

1844 **Gerlach, M.**, Allegorien und Embleme. Originalentw. von den hervorrag. modernen Künstlern des In- u. Auslandes. Nachbildungen alter Zunftzeichen, sowie moderne Entwürfe von Zunftwappen im Character der Renaissance. (Text von A. Ilg.) 3 Bde. mit Supplt. enth. 353 Taf. fol. Wien 1882—84. In 2 Leinw.-Mappen. (245 M.) Wie neu. 150 —
1845 — die Pflanze in Kunst u. Gewerbe. Darstellung der schönsten u. formenreichsten Pflanzen in Natur u. Stil z. Verwerth. f. d. Gebiet d. Kunst u. Kunstindustr. I. Serie. 81 Tafeln in Gold-, Silber- u. Farbendruck. Ornament. u. kunstgewerbl. Theil von A. Seder. M. Vorrede v. A. Ilg. fol. Wien 1886. In Mappe. (180 M.) 140 —
1846 — - 2 Thle. 200 Tafeln in Gold-, Silber- und Farbendruck. Stilistik von A. Seder. Mit Vorrede von A. Ilg. fol. Wien 1886. In Lieferungen. (450 M.) 360 —
1847 **Ghirlandaio**. — Das Abendmahl, nach e. Frescogemälde v. Ghirlandaio in d. Kirche Ogniasanti in Florenz. Gez. u. chromol. v. C. Schultz, gedr. v. Hangard-Maugé. quer-fol. London, Arundel Soc., 1868. 25 —
1848 — Der Tod des St. Franciscus. Nach e. Frescogemälde d. Gh., in d. Kirche St. Trinitat zu Florenz. Gez. v. Mariannecci, chromolith. v. Storch u. Kramer, Imp.-fol. London, Arundel Soc., 1860. Prächtiges, sehr seltenes Blatt. 60 —
1849 **Giancarli** (Polifilo) (ca. 1620) 12 B. Ornamente: Grotesken, Laubwerk etc. Kupferstiche in-quer-4 gest. v. Odoardo Fialetti. 3 Blatt ohne Nummer u. 9 weiter: nummerirt 2—10. Sehr gut erhalten. 80 —
1850 Der **Gigantenfries** am Altar zu Pergamon. 6 Lichtdrucktaf. (entworfen v. A. Tondeur). Imp.-fol. Berlin. In Hlwdmappe. In den weissen Rändern durch Nägel beschädigt. — Hierzu der Textbd.: Trendelenburg, A., die Gigantomachie des Pergaminischen Altars, erläutert. Mit Holzschn. und 2 Lichtdrucktaf. (24 M.) 18 —
1851 **Girandeau**, Mde. Anaïs, Recueil de 44 dessins à l'aquarelle, représentant des fleurs et bouquets de fleurs. Jolie collection d'une grande fraicheur de coloris. 4. En portefeuille d.-maroquin. 170 —
Eine Sammlung meisterhafter Original-Aquarelle.

1852 **Gonin**, F., R. **Morgari** u. A., Amoretten u. allegor. figürl. Kompositionen. 32 Taf. in Lichtdr. fol Berlin 1890. In Mappe. 48 —
1853 **Gonse**, L., l'art japonais. 2 vols. Avec 1000 grav. s. bois dans le texte et 64 illust. hors texte (planches en couleur etc.). fol. Paris 1883. In japan. Seide gebunden, unbeschn. (Subscriptions-Preis 250 fr., jetzt erhöht.) Schönes, tadelloses Ex. 120 —
Peinture. Architecture. Sculpture. Ciselure et le travail des métaux. Laoques. Tissus. Céramique. Estampes.

1854 **Goodyear**, W. H., the grammar of the Lotus, a new history of classic ornament as a development of Sun Worship. With observations on the „Bronze Culture" or prehistoric Europe, as derived from Egypt; based on the study of patterns. With 67 plates and 202 illustr. in the text. 4. London 1891. Hlwd. 75 —
1855 **Gozzoli**. — St. Augustin predigend. Nach e. Frescogemälde d. B. G. zu Gimignano (ca. 1463). Gez. v. Mariannecci, chromolith. v. Storch u. Kramer, Imp.-fol. London, Arundel Soc. ca. 1865. Prächtiges Blatt. 30 —
1856 **Grasset**, E., iconographie décorative. (Compositions allégor. et ornement.) Avec 12 planches. gr.-fol. Paris ca. 1885. In Carton. (40 fr.) 20 —
1857 **Grivaz**, E., croquis de genre. I: 20 Blatt Photographien Frauengestalten. fol. Paris 1888. In Mappe. Neu. 28 —
1858 **Gruner**, L., Vorbilder ornament. Kunst ital. Schulen d. 15. bis Anfang d. 17. Jahrh. 1. u. 2. Heft (alles Erschienene). M. 14 Taf., wovon 5 in Chromolith. Text deutsch und englisch. gr.-fol. Leipzig 1876 bis 77. (27 M.) 12 —
☞ Einzeln Heft 1 M. 7.—, Heft 2 M. 9.—.

Karl W. Hiersemann in Leipzig, Königsstrasse 2. Catalog 109.

Decorations-Wand-Malerei und Fresken.

M. Pf.

1859 **Gruner, L.**, Italian fresco decorations and stuccoes of churches and palaces in Italy, during the 15. and 16. centuries. With frontispiece and 56 plates, several elaborately finished in colours, and coloured key-plate. Imp.-fol. London 1854. Half morocco. 140 —
Schönes Exemplar.

1860 — "Lo Scaffale" or presses (or cupboards) in the sacristy of the church of Sta. Maria delle Grazie at Milan (constr. 15. cent.) Illustrations of the painted decorations. W. 31 plates in chromolithogr. fol. Lond. 1860. Rother Halbmaroquin. Selten. 110 —
Behandelt die gemalten Decorationen (v. Bernardo Luini): gleichwichtig für Decoration wie für eingelegte Arbeit (Intarsien).

1862 — specimens of ornamental art selected from the best models of the classical epochs (of Italy). 80 plates, most of which are splendidly executed in gold and colours, fol., with a volume of descriptions by E. Braun. 4. London 1850. Halbmaroquin mit Goldschnitt. Neues Ex. (252 M.) 200 —
I. Architectural ornaments, monochrome designs etc 29 plates. II. Pompejana. 7 pl. III. Church ornaments 26 pl. IV. Palaces. 18 pl.

1863 — decorations of the garden pavilion in the grounds of Buckingham Palace. With introd. by Jameson. W. 16 plates. fol. Lond. 1846. cloth. (31½ sh.) 20 —

1864 **Gruz, H.**, Motive der modernen Decorationsmalerei. M. 61 Taf. in Chromolith. fol. Berlin 1873. (112 M.) 75 —

1865 **Guffens, G. et J. Swerts**, peintures murales, frise éxéc. à la Chambre de Commerce d'Anvers. 8 pl. à l'eau-forte gr. p. Schwerdgeburth et Marschall sur papier chin. quer-fol. Anvers 1757. Selten, da fast die ganze Auflage verbrannte. 30 —

1866 — peintures murales exécutés à la chambre de Commerce d'Anvers. 9 photogr. par E. Fiorlants sur 5 planches. fol.-obl. Anvers 1860. 20 —

1867 **Gulchard, E.**, Grammatik der Farben (grammar of coulour — grammaire de la couleur). 765 Farbentaf., die hauptsächlichsten, durch Mischung der Grundfarben unter einander entstehenden Nüancen darst., m. Einschluss der durch Schwarz u. Weiss verticften u. erhöbten Nüancen. Erläut. Text in franz., deutsch. u. engl. Sprache. 3 vols. Quer-4. Paris 1882. Lwbde. (120 fr.) Neu. 85 —

1868 — dessins de décoration des principaux maitres. 40 belles planches. Avec une étude s. l'art. décorat. p. E. Chesneau. fol. Paris 1881. In Carton. (125 fr.) 68 —

1869 **Guilmard, D.**, Les maîtres ornemanistes. (Ecoles Française-Italienne-Allemande et des Pays-Bas.) Repertoire général enrichi de 180 planches tirées à part et de nombreuses gravures dans le texte. Introduction par Davillier. 2 vols. 4. Paris 1880. (55 fr.) 32 —

1870 — Geschichte der Ornamentik. Mit 42 Tafeln. 4. Berlin o. J. (1860) (8 M.) Titel lagerfleckig. 5 —

1871 — Ornamentenschatz. Die wicht. Ornamente d. versch. Baustyle v. Beginn d. christl. Zeitalters bis auf d. Gegenwart. 3. Aufl. M. 42 Taf. fol. Leipzig. (11¼ M.) 7 —

1872 **Günthert**, decorative Malerei im Mittelalter (nach Viollet-le-Duc.) M. 2 Taf. fol. Stuttgart 1867. 28 Seiten autographirt. Nicht im Handel. 10 —

1873 **Habermann, F. X.** (Augsburger Künstler des 18. Jahrh.), Auswahl ornamentaler Motive (im Rococo-Stil). 35 Blatt-Lichtdruck. In Folio-Mappe. Leipzig, Karl W. Hiersemann 1887. 25 —
Bildet die 1. Serie der „Ornamentale und kunstgewerbl. Sammelmappe."

1874 — Plafonds 6 Blatt (186 der Hertel'schen Folge mit 4 Blatt und Blatt 1 u. 3 der Folge No. 29) 10 —

1875 — — Thürbekleidungen in reichem Rococo. 3 Blatt. 7 —

1876 **Habert-Dys**, fantaisies décoratives. 12 livr. (complet). Avec 48 très belles planches en couleur. fol. Paris 1888. Neues Ex. 48 —

Karl W. Hiersemann in Leipzig, Königsstrasse 2. Catalog 108.

Decorations-Wand-Malerei und Fresken.

M. Pf.

1877 **Habert-Dys,** fantaisies décoratives. 2e Serie. Livrais 1—4 compr. beauc. d'illustrat. noires. fol. Paris 1891—92. 3 20
1878 **Hähnel,** J., Der Bacchuszug am (abgebrannten) königlichen Theater in Dresden. 8 Blatt in Lichtdruck. quer-fol. Dresden 1883. In Lwd-mappe. (20 M.) 15 —
1879 **Halté,** G. C., plant studies for artists, designers and art students. W. 50 plates and 500 woodcuts in the text. fol. Lond. 1886. cloth. (63 M.) 24 —
1880 **Halfpenny,** W., and J., R. **Morris,** and T. **Lightoler.** The Modern Builder's Assistant; or, a concise epitome of the whole system of architecture. 3 parts in 1 vol., with 85 copperplates. fol. London 1757. Hldr. 50 —
Part III enthält: Ornamental chimney-pieces, windows, doors, saloons, screens, ceilings, piers, gate-roofs etc., mit hübschen Bococco-Ornamenten.
1881 **Hasenauer,** K., Ausschmückung der Interieurs d. k. k. kunsthistorischen Hof-Museums in Wien. 80 Lichtdrucktafeln. fol. Wien 1892. In Mappe. 32 —
1882 **Heideloff,** C. v., die Ornamentik des Mittelalters. 200 Kupferst. m. Text. 4. Nürnberg o. J. In Mappe. (96 M.) 40 —
1883 **Heilmann,** J., die Wittelsbacher im Thronsaal d. neuen Residenz zu München. M. 12 Stahlst. Regensb. 1854. 2 —
1884 **Helbig,** W., Wandgemälde der vom Vesuv verschütt. Städte Campaniens. Nebst e. Abhandl. über d. antike Wandmalerei in techn. Beziehung v. O. Donner. M 3 Taf. im Text u. e. Atlas v. 23 Taf. infol. Leipzig 1868. Text br. Atlas cart. (24 M.) Vergriffen. 20 —
1885 **Hendley,** T. H., memorials of the Jeypore exhibition includ. reproduct. of the illustrations of the Razm Namah. 4 vols. with 388 beautiful illustrations of which 37 finely coloured and heightened with gold and silver. fol. Lond. 1883. Richly ornamented cloth, gilt edges. The only copy for sale in Europe. 1200 —
Dieses Prachtwerk ersten Ranges umfasst alle Gebiete des indischen Kunstgewerbes und ist durch seine Reproduction des Razm Namah auch für die Kenntniss der indischen Miniaturmalerei von höchstem Interesse. Das Werk wurde nur für Privatzwecke hergestellt und ist mein Exemplar das einzige, welches in Europa in den Handel gekommen ist.
1886 **Hertel,** G. L. (um 1760). 4 Blatt Wandfüllungen, reiche Arabeskenornamente mit Vögeln, Früchten etc. In der Mitte Medaillons mit den 4 Jahreszeiten in der Landwirthschaft. fol. J. G. Hertel exc. A. V. N. 290. Mit Rand. 16 —
1887 **Hess.** Die Fresco-Gemälde d. kgl. Allerheil. Hofkapelle zu München von Heinr. Hess, unter Mitwirk. v. J. Schraudolph, C. Koch u. J. B. Schreiner. 14 Hefte enth. 43 lithogr. Tateln. Imp.-fol. München 1837. In Mappe. Nicht im Handel. Hfrz. Selten. (Ladenpreis ca. 200 M.) 60 —
1888 **Hesse,** O., Fragmente u. Details moderner Ornamentik. Lfg. I mit 12 farbigen Tafeln. gr.-fol. Wien 1850. 8 50
1889 **Hirth,** G., der Formenschatz der Renaissance. Eine Quelle der Belehrung u. Anregung für Künstler u. Gewerbtreibende wie für alle Freunde stylvoller Schönheit. Bd. I u. II. Mit 252 Holzschnitt-Tafeln. 4. München 1877—78. Hfz. (20 M.) 15 —
— — Complete Reihe, Jahrg. 1—14 siehe Nr. 47.
1890 **Hofburgtheater,** das, in Wien. Erbaut von C. von Hasenauer. Mit 60 Lichtdruckt. quer-fol. Wien 1889. Cartonnirt. 62 —
Prachtvolle Malereien.
1891 **Hoffmann,** C. u. H. **Muus.** Decorations-Malereien. Serie I. Decken- u. Wandmuster, Friese, Füllungen u. s. w. 13 Lichtdr.-Taf. fol. Hamburg (1892). In Mappe. 10 —
1892 **Hoffstadt,** Fr., gothisches ABC Buch, d. i. Grundregeln d. gotbischen Styls, für Künstler u. Werkleute. 1.—7. Lieferung (mehr nicht ersch.). Mit 42 Kupfertafeln. fol. Frankf. 1840. 36 —

Karl W. Hiersemann in Leipzig, Königsstrasse 2. Catalog 108.

Decorations-Wand-Malerei und Fresken.

M. Pf.

1893 **Huber, Rococo.** Ornamente u. Decorationsmotive. 2. Aufl. 6 Tafeln. fol. in Lichtdruck. — 8 —
1894 **Hulme, F. E.**, suggestions in floral design. With 52 coloured plates. large 4. London (1883). cloth. (55 sh.) — 28 —
1895 **Huszka, J.**, Ungarische Ornamentik. I. Theil. 45 lithogr. Tafeln, davon 6 in reichem Farbendruck mit Gold gehöht, enthaltend 303 Muster. Der einleitende Text in ungarischer Sprache mit originellen Holzschnitten. In mit National-Ornamentik geziertem mit Gold gehöhtem Umschlag. kl.-fol. Budapest 1885. — 20 —
  Das mit Hilfe des ungar. Cultus-Ministeriums herausgegebene Werk bietet eine Fülle urwüchsiger Ornamentik, die sich im Laufe der Jahrhunderte aus der Stylisirung ungarischer Pflanzen- u. Insektenformen entwickelt hat und vom Herausgeber nach jahrelangem Aufenthalte unter der ländlichen Bevölkerung des Reiches der Stephanskrone hier zum ersten Male in höchst anregender Weise vereinigt ist.
1896 **Hymans, H.**, decorative u. allegorische Darstellungen grosser Maler und Bildhauer der klassischen alten Schulen. Photolithographien nach Originalkupferstichen. 2 Serien. 96 Tafeln in Photolithographie. fol. Berlin. In Mappe. — 54 —
1897 **Jacquand, Cl.**, hist. de la vierge: peintures murales éxécutées p. Cl. Jacquand, église St. Philippe de Roule à Paris. Avec 21 planches s. acier. fol. Paris ca. 1860. Hfz. — 23 —
1898 **Janssen, J. F.**, de Muurschilderijen de St. Janskerk te Gorinchem. Bijdr. tot de Geschied. der middeleeuwsche Kunst in Nederland. Mit 21 color. Tafeln. 4. Amst. 1858. cart. — 10 —
1899 **Janssen, L. J. F.**, de Gorinchemsche muurschilderijen. 4. Amst. 1858. Ausschn. 64 pp. — 12 —
  Eine interess. Monographie üb. die Wand-Malereien in der St. Johannis-Kirche in Gorkum. Mit 21 Taf., wovon 18 color.
1900 **Japan-Album.** Decorative japan. Handzeichnungen im kgl. Kunstgew.-Museum z Dresden, hrsg. v. E. Kumsch. Leipz. 1886. Serie I. 30 Foliotaf. Lichtdruck. — 20 —
1901 **Japanese paintings**, flowers and birds, by Taki Kwatei. 12 coloured plates printed from woodcuts, with title and preface in Japanese, English and French. quer-fol. Tokyo 1887. In japan. Cartonband. — 24 —
  Der Herausgeber sagt in der Vorrede selbst, dass das Werk unternommen worden sei, um die in der letzten Zeit gesunkene japanische Malerei wieder zu heben; und dass ihm vielfach gesagt worden sei, die Tafeln könnten unmöglich nur durch Holzschnitt hergestellt sein — ein Beweis für die ungewöhnliche Schönheit der Bilder.
1902 — — 31 color. Tafeln in Holzschnitt, z. Th. Doppeltafeln, mit japan. Text, u. e. engl. Empfehlung des Färbers S. Nishimura in Kioto. fol. Japan, Carton. — 21 —
1903 **Japanisches Originalwerk**: Abbildungen japanischer Thiere u. Pflanzen, hübsch colorirt. 2 Bde. mit 58 lith. Blättern. cart. Neue Publikation. — 20 —
1904 — die Vogelfauna des Landes in lebendigen u. charakterist. Bildern darstellend. 3 Bde. mit 78 getönten lith. Doppel-Tafeln. cart. Neue Publikation. — 12 —
1905 — die Vogelfauna des Landes in charakterist. color. Abbildungen darstellend. (II. Serie.) 3 Bde. mit 77 lith. u. getönten Doppel-Tafeln. 4. cart. Neue Publikation. — 12 —
1906 **Japanische** Zeichenstudien, enthalt. Thiere, Grotesken, Vasen, u. viel Ornamentik. 56 lith. u. getönte Blätter. 4. cart. Neue Publikation, flott u. lebendig gezeichnete Blätter. — 6 —
1907 **Japanisches** Originalwerk: Zeichenvorlagen für ornamentale u. kunstgewerbliche Zwecke. 5 Bde. mit 294 lith. Seiten. 4. cart. Neue Publikation. — 15 —
1908 — Zeichenvorlagen, fast ausschliesslich ornamentalen Inhalts. 146 lith. Tafeln. qu.-8. Moderne Publikation. — 4 —

Karl W. Hiersemann in Leipzig, Königsstrasse 2. Catalog 108.

Decorations-Wand-Malerei und Fresken.

M. Pf.

1909 **Japanisches** Lehrbuch der Ornamentik. 137 lith. Tafeln, mit e. Menge v. Mustern, eine Anzahl mit geometr. Wiedergabe von Schriftzeichen. qu.-8. cart. Neue Publikation. 4 —
1910 — Lehrbuch d. Ornamentik. 2 Bde. qu.-8., enthaltend 149 lith. Taf., von denen 6 color., mit sehr vielen Mustern. Neue Publikation. 8 —
1911 **Japan-Buntdruck,** Vögel. 25 Felder in-fol. cart. 15 —
1912 **Japanische Original-Drucke,** illustrirte. — Ich bin im Besitze einer grossen Sammlung meist alter japanischer Publicationen, welche meist colorirt und sowohl durch ihre eigenartigen Zeichnungen, als auch durch ihr lebhaftes originelles Colorit als Vorlagen-Werke ebenso interessant als wichtig sind ☞ Ich garantire Echtheit. Preise variiren von 4 M. bis zu 900 M.
☞ **Auswahlsendungen auf Wunsch.** ☜
1913 **Inghirami.** F., etrusco Museo Chiusino dai suoi possessori pubblic. Con aggiunta di alcuni ragionamento del D. Valeriani. 2 voll. C. 217 tav. fol. Poligrafia Fiesolana 1832—33. Halbkalbldrbdc. 90 —
1914 **Inonaye,** Sammlung ornamentaler Figuren. Ein starker japan. Original-Druck in-quer-8 (ca. 1880). cart. M. zahlreichen Ornam.-Fig. 4 —
1915 **Instrumenta** ecclesiastica. Ed. by the Ecclesiological Society. W. 72 plates. 4. London 1847. Halbmaroquin. Wenig fleckig. 24 —
Im wahrsten Sinne ein Handbuch der kirchl. Ornamentik.
1916 **Jones,** Owen, Grammar of Ornament. A series of 101 large and exquisitely coloured plates, exec. in chromolithography, compr. 3000 examples of the decorations of all ages and nations, with descript. letter-press, illustr. with woodc. Imp.-fol. Lond. 1856. Rother Halbmaroquin. Prachtvolles Exemplar der Original-Ausgabe. 300
1917 — Grammatik der Ornamente. Illustrirt mit Mustern von d. verschiedenen Stylarten der Ornamente auf 112 Tafeln, prachtvoll in Gold- u. Farbendruck ausgeführt. kl.-fol. London (1874). Lwdbd. m. G. (105 M.) 70 —
1918 **Jones,** Inigo, and W. Kent, ornamental designs engr. by J. Vardy. 53 fine plates of chimney pieces, candelabra, vases etc. fol. (ca. 1750). cart. Titelbl. fehlt. 42 —
1919 **Isella,** P., decorative Malerei, Sgraffitos und Intarsien. 2. Aufl. 36 Blatt in Lithographie. fol. Wien 1890. In Mappe, 20 —
1920 — Ornament. Malerei ital. Renaiss. im neuen k. k. Opernhause in Wien. 2. Aufl. Wien 1890. 13 50
1921 **Julienne,** E., l'ornemaniste des arts industriels, recueil complet de tous les styles d'ornements employés et ajustés dans la décoration, avec les notes descript. de chaque style. 50 pl. lithogr. et titre orné. fol. Sèvres (ca. 1865). In Mappe. (50 fr.) 30 —
Confus numerirt. Laut e. beiliegendem Lieferungsumschlag ist das Werk mit 50 Tafeln complet, manche Nummern kommen doppelt vor, viele fehlen in der Numerirung die bis Nr. 84 geht.
1922 **Kaulbach,** W. v., die Wandgemälde im Treppenhaus d. Neuen Museums zu Berlin. M. 16 Blatt Photographien u. Text v. K. Frenzel. 4. Berlin 1872. Lwd. m. G. (36 M.) 24 —
1923 — Wandgemälde im Treppenhaus d. Museum zu Berlin: Der Fries, 6 Blatt gest. v. E. Eichens u. A. Teichel. Imp.-fol. In Orig.-Lwdmappe. (63 M.) 45 —
1924 **Keller,** F., Wandverzierungen im Zürcher Chorherrenhause. M. 2 Lith. — Helvet. Heidengräber u. Todtenhügel. Mit 8 Lith. — 4. 1846. Zürich. 2 90
1925 **Kirchenschmuck.** Ein Archiv f. kirchl. Kunstschöpfungen u, christl. Altertbumskunde. Hrsg. v. Laib u. Schwarz. 27 Bde. mit 324 Mustertafeln u. Farbendrucken, nebst Universalregister. 4. Stuttg. 1857—70. 160 —
Eine für innere Kirchendecoration äusserst reiche Publication.

Karl W. Hiersemann in Leipzig, Königsstrasse 2. Catalog 108.

Decorations-Wand-Malerei und Fresken.

1926 **Klimsch,** F. C., Devisen, Vignetten und Allegorien für Decorationsmaler, Graveure, Lithogr. etc. 72 Blatt mit. vielen hundert Sujets. gr.-4. Frankf. a. M. 1884. In Mappe. (26$^1/_2$ M.) 18 —
1927 — Allerlei Zierrath fürnemlich für Decorationsmaler, Architekten, Graveure etc. Hrsg. v. Klimsch & Co. 96 Tafeln. fol. Frkft. 24 —
1928 **Kloucek,** Ornamente für Architektur u. Kunstgewerbe. Frankf. a. M. 25 —
1929 **Koch,** R., Rococo-Motive (für Architektur). 2. Aufl. Mit 24 Taf. fol. Berlin 1892. In Hlwd.-Mappe. 36 —
1930 **Kompositionen,** figürliche u. allegorische, für Plafond- u. Wand-Decoration, Zwickelfelder, Glasmalerei, Fächer, Mosaiken etc. I. Serie. 30 Tafeln. 2. Aufl. gr.-fol. Berlin. In Hlwd.-Mappe. 36 —
1931 v. **Kramer & Behrens,** Ornamentale Fragmente für das Kunstgewerbe. I. Serie. Mit 50 Taf., darunter 5 in Farbendruck. fol. 22 —
1932 — — II. Serie, mit Tafel 51—98. Z. Th. in Farbendruck. fol. Cassel. 22 —
1933 **Kraus,** F. X., die Wandgemälde in der St. Georgskirche zu Oberzell auf der Reichenau. Aufgenommen v. P. Bär, Text v. Kraus. M. 3 Tafeln in Chromolith., 13 Taf. in Lithogr. u. 4 Text-Illustr. gr.-fol. Freiburg 1884. (36 M.) 26 —
  Diese Wandgemälde sind die ältesten und wichtigsten in Deutschland. Gegen Ende des 10. Jahrh. ausgeführt, beweisen sie den byzant. Einfluss auf den Westen.
1934 **Krumbholz,** Karl, das vegetabile Ornament für flache u. malerische Decoration. Mit 30 Blatt Chromolithographien. fol. Dresden. In Mappe. (64 M.) Wie neu. 52 —
1935 **Kummer,** R., Album. Federzeichngn. nach der Natur, Landschaften. Leipz. 1883. 24 Foliotafeln. Lichtdr. In Mappe. (24 M.) 15 —
1936 **Kumsch,** E., Japan-Album. Decorative japan. Handzeichnungen im Kunstgewerbe-Museum zu Dresden. I. (einz.) Serie, 30 Lichtdruck-Taf. fol. Lpz. 1885. In Carton (20 M.) 13 —
1937 — Ornamente d. 18. Jahrh. Lfg. 1—3 = Barock Lfg. 1 u. Rococo Lfg. 1 u. 2. 30 Lichtdrucktaf. (nicht mehr erschienen). gr.-fol. Leipz. 1885—86. In 2 Mappen. (22$^1/$ M.) 15 —
1938 — — Rococo Lfg. 1. mit 10 Lichtdrucktaf. gr.-fol. Leipz. 1886. In Mappe. (7$^1/_2$ M.) 5 —
1939 — — Barock Lfg. 1. m. 10 Lichtdrucktaf. gr.-fol. Leipz. 1886. In Mappe. (7$^1/_2$ M.) 5 —
1940 **Lairesse,** G. de, les tableaux qui se trouvent à la Haye dans la chambre du conseil de justice. I planches, grav. par P. Tanjé et C. Duflos, d'après les desseins de Nic. Verkolje. fol. Amst. 1737. cart. 14 —
  Text holländisch u. franz.
1941 **Lambert,** H., Die decorative Flora. Farbige Blatt- u. Blumencompositionen. Mit 30 Farbentafeln. Imp.-fol. Berlin (1889). 45 —
1942 — flore naturelle. (1.e série). 20 planches en chromolith. fol. Paris 1890. In Mappe. 40 —
1943 — — 2.e série. 20 planches en chromolith. fol. Paris 1891. In Mappe. 40 —
1944 **Lambert** u. **Stahl.** Barock- u. Rococo-Architektur der Gegenwart. Lfg. 1—3. Mit 18 color. Taf. gr.-fol. Stuttg. 1892. 30 —
1945 **Lanfranchi,** J., deorum concilium in Pinciis Burghesianis hortis ab J. Lanfranco ad vivum imaginibus atque ornamentis expressum, a. P. Aquila delin. et incisum. 8 Kupfertaf. u. Kupfertitel in roy.-quer-fol. Romae s. a. 26 —
1946 **Layard,** A. H., Madonna and Saints painted in fresco by O. Nelli at Gubbio. — D. Ghirlandaio and his fresco of the death of S. Francis. — G. Sanzio and his fresco at Cagli. — The Brancacci chapel and Masolino, Masaccio and F. Lippi. — Weale, H. Memling. London, Arundel Soc. 5 Abhdlgn. in 1 Bde. Mit Holzschn. im Text u. Tafeln. Lwd. 18 —

Karl W. Hiersemann in Leipzig, Königsstrasse 2. Catalog 108.

128   Decorations-Wand-Malerei und Fresken.

M. Pf.

1947 **Le Brun**, Ch. et Eust. Le Sueur. Les peintures, qui sont dans l'hôtel du Chastelet cy devant la maison du président Lambert, dessin. par B. Picart et grav. tant par lui que par differ. graveurs. fol. Paris 1740. Hlbdr. 130 —
    Dieses seltne Werk enthält 2 gestoch. Titel, 2 gestoch. Dedicationsblätter und auf 54 Taf. 56 prächtige Kupf., davon 22 nach Le Sueur und 14 nach Le Brun.
1948 **Lebrun**, Charles, grand escalier du chateau de Versailles dit escalier des Ambassadeurs peint p. Ch. Lebrun. Titre et 9 pages de texte gravés, avec une très jolie vignette de tête (Parosel inv., L. Surugue f.) suivie d'un portr. et de 10 superbes planches (au lieu de 24). fol. Paris (1725). d. maroquin rouge. 40 —
1949 — grand escalier du château de Versailles dit Escalier des Ambassadeurs. 12 planches de cette superbe recueil. dess. p. J. B. Massé et gravées par Preisler Cochin etc. fol. et imp.-fol. 26 —
1950 — Divers dessins de décoration de Pavillons (du jardin de Marly). Titre gravé et 12 belles planches. gr.-fol. Paris, Edelinck s. d. (circa 1680). 36 —
    Schöne Abdrücke der reich ornam. Tafeln m. breitem Rand.
1951 **Leemans**, C., Oude Muurschilderingen van de Kerk te Bathmen in Oberijsel (13 Jahrh.). M. 11 Tafeln (1 davon colorirt). in-fol. u. doppelfol. Text in-4. Amsterd. 1872. 9 —
1952 **Leibig**, C., Rokokomotive aus Schloss Hirschberg für das Kunsthandwerk aufgenommen. 2. Aufl. 20 Tafeln. fol. München (1892?) In Hlwdmappe. 10 —
1953 — Rokokomotive nach alten Vorbildern, für das Kunsthandwerk aufgenommen. Neue Folge. 20 Tafeln. fol. München (1892). In Hlwdmappe. 10 —
1954 **Lepautre**, J., ornamentale Entwürfe im Stil des Barock. 60 Taf. fol. Berl. 1883. In Mappe. 25 —
1955 — differents morceaux d'ornements à la Romaine pour servir aux frises et corniches. planches 1, 3, 5, 6 de la suite de 6 planches. fol. Norimberg J. Sandrart. 8 —
1956 — diff. desseins p. faire des plaques et eaubénistiers nouv. inv. et gr. p. J. Le Pautre. 6 pl. y compris le titre. fol. 12 —
1957 — Frizes, feuillages ou Tritons marins ant. et mod. 6 pièces y compris le titre. quer-fol. 15 —
    (12 Darstellungen auf 6 Bl., num. 1—6.)
1958 — Frizes, Feuillages et Tritons marins. 10 pièces sur 5 ff. fol. obl. Nicht numerirt. 10 —
1959 — Frizes, Feuillages ou Tritons marins. 6 Stück auf 3 Bl. numerirt 1—3. (P. Schenk, dir.); beigefügt 3 Bl. Zwickelfiguren desselben Meisters (No. 3—5.) 8 —
1960 — Frises et ornements à la moderne. Suite No. 11 de 6 planches reprs. 12 sujets. fol. Norimberg, chez J. Sandrart. 9 —
1961 (**Lepsius**). Die Wandgemälde der verschiedenen Raeume in d. Abtheilung der aegypt. Alterthümer im K. Mus. M. 37 Taf. quer-fol. Berlin 1855. Selten. 12 —
1962 **Lessing**, O., Schloss Ansbach, Barock- u. Rococo-Decorationen a. d. XVIII. Jahrh. Lfg. 1/3 M. 30 Tafeln. fol. Berlin 1892. In Mappen. 30 —
1963 **Liénard**, spécimens de la décoration et de l'ornamentation au XIX. siècle. 3 part. en 1 v. Avec 125 planches. fol. Bruxelles 1876. (125 fr.) 60 —
1964 — Portefeuille. Sammelmappe, Motive der Decoration u. Ornamentik im 19. Jahrh. 125 Taf. in Farbendr. fol. Berlin o. J. (ca. 1870). In 3 Mappen. (100 M.) 75 —
1965 **Lièvre**, E., les arts décoratifs à toutes les époques. 2 vols. Avec 120 très belles planches en couleur. fol. Paris 1870. Prachtvolles Ex. in 2 Halbmaroquinbdn. (300 fr. brosch.) Vergriffen. 190 —
1966 **Lochner**. — Die Gemälde des Triptychon im Dom zu Köln gemalt von Stephan Lochner, ca. 1450. 5 herrliche Chromolithogr. v. C.

Decorations-Wand-Malerei und Fresken.

M. Pf.

Schultz, gedr. v. Hangard-Maugé, auf 3 Taf. fol. London, Arundel Soc., 1874. — 60 —
1967 Lohde, M., die Sgraffittobilder im Treppenhause des Sophien-Gymnasiums zu Berlin. 4 Chromolith. m. 1 Bll. Text. Imp.-fol. Berlin 1868. In Mappe. (14 M.) — 7 50
1968 Loire, A., nouveaux desseins d'Ornemens, de Paneaux, Lambris, Carosse etc. 15 calques (titre et 14 planches). qu.-fol. Paris. — 20 —
1969 Luini. — Die Anbetung der Weisen a. d. Morgenland. Nach e. Frescogem. zu Saronno, gez. v. Marianecci. Prächtige Chromolith. v. Storch u. Kramer. Imp.-fol. London, Arundel Soc., 1866. — 25 —
1970 Magaud, Ant., plafond et sujets allégoriques, exécut. à Marseille; grav. p. H. Valentin. 17 eaux-fortes. fol. Paris, 1863. Rmaroquin. — 25 —
1971 Magnus, F., Polychromie vom künstler. Standpunkte. Bonn 1872. — 1 20
1972 Mahélin, L., 12 motifs décoratifs: insectes u. fleurs. 12 pl. chromolith. Paris 1890. — 10 —
1973 — petits bouquets, genre Saxe pour la décor. de la porcelaine. 8 belles pl. chromolith. Paris 1890. — 10 —
1974 Maler-Journal, Deutsches, hrsg. v. A. Gnauth, Lesker u. Thiersch Plafonds, Vestibule, Treppenhäuser, Sgrafiten, Holz- und Marmormalerei, Blumen, Alphabete, Emblemo etc. Bd. 1—4 u. Bd. 5 Heft 1 u. 2. M. 88 Taf. in prachtv. Farbendruck u. 133 Details-Bogen (Schablonen). fol. Stuttg. 1876—80. Zum grössten Theil vergriffen u. sehr selten. — 140 —
1975 Marot's, Daniel, Ornamentstich-Sammlung. 264 Tafeln. Neue Ausgabe. Facs. Reproduct. Mit Unterstützung des Königl. Preuss. Ministeriums für Handel und öffentliche Arbeiten. fol. Berlin 1892. Lwd. — 120 —
1976 — 9 Kupferstiche, reich ornamentirte Plafonds darstellend, von denen 5 v. D. Marot, 3 andere sind bez. C. R. sc., Jer. Wolff exc., Aug. Vind. (ca. 1700). — 25 —
1977 Mayr, Jakob, Plafonds. Entwürfe f. Decorationsmaler. 25 Blatt. fol. München (1889). In Mappe. — 10 —
1978 Meissonier, F. A., (peintre, sculpteur, architecte et dessinateur du Roy Louis XV.) Recueil de ses Oeuvres d'ornement. Avec 118 planches y compris le portr. fol. Paris 1888. In Carton. — 40 —
1979 Memling. — Die Altargemälde im Dom zu Lübeck, gem. v. Memling 1491. 9 prachtvolle Chromolith. von C. Schultz, gedr. v. Hangard-Maugé u. Lemercier, auf 5 Tafeln. Imp.-fol. London, Arundel Soc. 1876—78. — 220 —
Die Kreuzigung 1 Blatt. — Die Kreuztragung, die Auferstehung, Engel Gabriel, Verkündigung, St. Aegidius, St. Hieronimus. St. Blasius, Johannes d. Täufer.
1980 — Die Gemälde des Triptychon in Bruges, gem. v. Memling 1479. 5 herrl. Chromolith. v. C. Schultz, gedr. v. Lemercier, auf 3 Taf. in imp.-fol. Lond., Arundel Soc., 1865. — 84 —
1981 Meyer, E., amours et figures décoratives appliqués à l'art industriel. 28 pl. fol. Liège (ca. 1880). In Mappe. (35 fr.) — 22 50
1982 Michel-Angelo Buonarotti. Peintures existant dans la chapelle Sixtine du Vatican, gravées p. D. Cunego, Fabri et Volpato; 44 pièces de divers formats, en 1 vol. gr. in-fol. max. d.-maroquin rouge. — 115 —
1983 — Pitture dipinti nella volta della cappella Sistina nel Vaticano. 68 tav. inc. da Adam. 4. Rom 1773. cart. Selten. — 45 —
È gest Titel (einer interessant ornamentirt) u sehr schönes Bildniss M.'s.
1984 — — frescoes in the Sistine Chapel. 42 facsim. plates by J. Linnell. India proofs, neatly mounted. fol. (London 1864.) Hfz. ob. Schn. verg. — 80 —
1985 Missirini, M., del tempio eretto in Possagno da A. Canova. Av. 14 pl. soign. gr. sur cuivre. gr. in-fol. Venezia 1833. (40 fr.) — 18 —

Karl W. Hiersemann in Leipzig, Königsstrasse 2. Catalog 108.

Decorations-Wand-Malerei und Fresken.

1986 **Modern** decorative art: a collection of original industrial art drawings for designers and artists. Part I. 28 lithogr. plates. fol. New York 1891. In Mappe. 18 —

1987 **Monnoyer**, J. B., (peintre et graveurs de fleurs connu sous le nome de Baptiste, 1635—99) oeuvres. 53 planches en photogr. réprod. les diverses suites de ce maitre: Livre de toutes sortes de fleurs d'après nature; livres de plusieurs vaze de fleurs; livres de plus. corbeilles de fl. etc. — Ajouté: J. Bailly (1629—79) diverses fleurs mises en bouquets, 12 pl. reprod. en photogr. Ensemble 65 photogr. 4. Paris 1890. En portef. 64 —

1988 **Morandi**, G., l'arte della decorazione italiana illustrata. Le Targhe delle carte geograf. del Vaticano. Con 14 tav. fol. Milano 1874. 14 —

1989 **Motifs** de decorations. 1. Série 50 planches color. fol. Paris. Hfz. Taf. 7 u. 13 fehlen. 45 —

1990 **Muster-Ornamente** aus allen Stilen in histor. Anordnung. Nach Origin.-Aufnahme v. Durm, Fischbach, Gnauth, Herdtle, Kachel, Ortwein, Reinhardt, Schill, Teirich u. A. 2. Aufl. 303 Taf. fol. Stuttg. In Mappe. (25 M.) 20 —

1991 **Neckelmann**, F. S., Decorative Skizzen. 20 Lichtdrucktaf. fol. Lpzg. (1887). 14 —

1992 — ornament. Phantasien. 20 Lichtdruckt. fol. Berl. (1880). In Mappe. (25 M.) 16 —

1993 **Neher**, B., Fresken im Schiller- u. Goethe-Zimmer d. grossh. Residenzschlosses in Weimar. 20 Blatt Photogr. nach d. Originalcartons. M. Text v. W. Lübke. fol. Stuttg. 1873. In Lwdmappe. (120 M.) 60 —

1994 **Niedling**, A., kirchl. Decorationsmalereien im roman. u. goth. Style nach alten Vorbildern. 24 Taf. in Farbendr. fol. Berlin (1890). In Mappe. 48 —

1995 **Nichols**, J. G., ancient allegorical, hist. and legendary fresco paintings in the walls of the Trinity Chapel (constructed 13—14. cent.) at Stratford on Aron. W. 57 plates (20 coloured). fol. Lond. 1833. cloth. 80 —
  Das seltene Werk enth. auf 20 color. Tafeln die Abbildungen der höchst interessanten Fresco-Malereien, welche für die Kunstgesch. höchst wichtig sind. 12 Taf. enth. Siegel u. Urkunden und die übrigen Schriftproben (in Facsimile) aus Urkunden des 14.—16. Jahrh.

1996 **Nilson**, figürl. u. ornament. Decorationsmotive im Stile des Rococo 36 Taf. fol. Berlin. In Mappe. 16 —

1997 **Normand**, Ch., (Ende d. 18. Jahrh.) Nouveau recueil en divers genres d'ornemens, panneaux, vases, plafonds, coupes, frises, lits, chaises fauteuils et autres meubles etc. 9 Hefte von je 4 Blatt = 36 Blatt, Titel u. 3 Bll. Text. fol. Paris, Joubert, an XI (1803). cart. Ganz vollständige Serie, von grosser Seltenheit. Etwas papierfleckig. 90 —

1998 **Nüll**, E. van der, u. P. Isella, Details der Ornamente in der neuen Kirche zu Alt-Lerchenfeld in Wien. Mit 6 schwarzen u. 10 Farbendrucktafeln. quer-fol. Wien 1864. Vergriffen. 26 —

1999 **Oiseaux** des îles. 12 planches (Chromolith.) 4. Paris. 18 —

2000 **Ornements** orientaux. Tapis, toiles peintes, étoffes, brodées dans les styles persan, indian etc. 25 planches photogr. fol. Paris 1892. En portef. 48 —

2001 **Ornamente** der Kapelle Sigismunds I. u. der zwei Grabdenkmäler der Krakauer Kathedralkirche. M. 16 schönen Photogr. fol. Krakau 1878. In Mappe. Mit Text in deutscher, poln. u. franz. Sprache. 45 —
  Sculptur Meisterwerke des 16. Jahrh.

2002 The **Ornamentist**: designs selected from the works of Dietterlein, Berain, Blondell, Meisonnier, Le Pautre, Zahn, Boetticher etc. W. an essay by W. B. Scott. W. 83 plates cont. about 800 designs. 4. Lond. 1845. Halbkalbldr. (45 M.) Nicht ganz sauber. 20 —

Karl W. Hiersemann in Leipzig, Königsstrasse 2. Catalog 108.

Decorations-Wand-Malerei und Fresken.

2003 Ossmann, R., Blüthen der deutschen Heimath. 12 Blatt (natural) Blumen in Chromolithogr. M. Poesien v. F. Schanz. fol. Leipzig 1885. In Mappe. (37½ M.) 20 —
2004 Panneaux et ornements de Style Louis XVI. 12 planches photogr. fol. Paris (1891). En portefeuille. 20 —
2005 Papillons et fleurs d'après nature. 12 planches (chromolith.) 4. Paris. 18 —
2005a Pietro Parboni (Kupferstecher in Rom, Ende vorigen und Anfang dieses Jahrh.) I celebri freschi di G. Possino nella chiesa di S. Martino a Monti in Roma, rappresent. i miracolosi fatti de SS^{ti} Elia ed Eliseo ora per la prima volta incisi da P. Parboni. 12 Blatt. Imp.-fol. Roma 1810. Hfrz. 35 —
   Vorzügliche alte Abdrücke dieses schönen Werkes darstellend die Wunder d. hlg. Elias u. Elisa al fresco gemalt von C. Poussin in d. Kirche S. Martino a Monti in Rom.
2006 Parvillée, L., architecture et décoration turques au 15. siècle. Avec 50 planches dont 31 en or ou en couleur. fol. Paris 1873. (120 fr.) 70 —
2007 Pastern, W., neue Decorations-Malereien im roman. u. gothischen Styl. Erster Halbband: Tafel 1—5, 7—11, 13—16 in Farbendruck. fol. Berlin 1891. In Mappe. 24 —
2008 Penet, E. F., figures décoratives. Groupes d'enfants. 15 séries. Avec 284 eaux-fortes, 40 photographies et 21 planches coloriées. 4. Paris 1880—90. In Mappen. 355 —
   Ich liefere diese 15 Serien auch einzeln zu folgenden Preisen: 1. 3. 5. Ser. (je 30 eaux-fortes) und 7—11. Ser. (je 21 eaux-fortes) zu je 23 M. — 2. u. 4. Ser. (je 20 photogr.) zu je 24 M. — 6. Ser. (21 eaux-fortes) 20 M. — 12. Ser. (21 eaux-fortes) 24 M. — 14. Ser. (21 eaux-fortes) 29 M. — 13. Ser. (26 eaux-fortes) 23 M. — 15. Ser. (21 pl. coloriées) 29 Mk.
2009 Pergolesi, Michel Angelo, A collection of Original Designs of Vases, Figures, Medallions, Frizes, Pilasters and other Ornaments in the Etruscan and Grotesque style. The complete engraved original series of 55 plates containing 370 very fine ornamental designs, including many original arabesques and 4 medallions engraved by Bartolozzi after Cipriani. 1777—85. Hfz. 320 —
   Vollständiges Exemplar der ursprüngl. erschienenen aus 55 Taf. bestehenden Serie, einige weitere Tafeln erschienen erst 1791.
2010 — A collection 24 plates containing 181 very fine ornamental designs including many original arabesques. 1780—85. Hfz. 130 —
   Containing plates: 7—9, 11 - 14, 26—29, 31—34, 41—45, 51—54.
2011 — Designs of frizes, pilasters and other ornaments. plate 56, 58, 59, 60 with 20 designs. fol. London 1791. 30 —
2012 Perugino. — Das Martyrium des St. Sebastian. Nach e. Frescogemälde d. P. Perugino zu Panicale, gez. v. Mariannecci. Chromolithogr. v. V. Brooks. Imp.-fol. London, Arundel Soc., 1856. 10 —
2013 Petit, Ornamente. 20 Blatt photogr. Facsimile Reprod. fol. Berlin ca. 1880. In Mappe. 30 —
2014 Petit, Jacob, ornements, décorations intér., meubles et objets de goût. 75 planches cont. 700 sujets. fol. Paris ca. 1840. Hfz. 28 —
2015 — collection de dessins d'ornement. Livr. 1. 2. et 4. avec 15 pl. gr. in-fol. Paris ca. 1820. 6 —
   Füllungen, Candelaber, Vasen, Moebel etc.
2016 Pfnor, R., ornementation usuelle dans les arts industr. et en architecture. 2: année. Avec 144 planches dont 52 en chromo. fol. Paris 1866—68. In Carton. Vergriffen. 40 —
2017 Phillips, G., rudiments of curvilinear design.: series of 48 plates of ancient and modern ornament. fol. Lond. 1840. (90 M.) 20 —
2018 Picard, B., (1673—1713). Pilasterfüllungen, 2 reich ornam. Blatt. ca. 1750. 59 × 11 cm. 12 —

Karl W. Hiersemann in Leipzig, Königsstrasse 2. Catalog 108.

Decorations-Wand-Malerei und Fresken.

M. Pf.

2019 **Picard**, A., l'ornementation fleurie. Compositions reprod. en photographie. 3. séries. 78 pl. fol. Paris 1882. In Mappen. 120 —

2021 **Pillement**, Jean, (pcintre du Roy de Pologne, 18. siècle) fleures baroque (fleures idéales) Reproduction de 35 planches. 4. Paris 1887. En carton. 40 —

2022 **Pillement et Boucher**, panneaux de chinoiseries style. Louis XV. Avec 55 planches photogr. d'après les gravures orig. fol. Paris. (ca. 1880.) En portef. Neues Ex. 65 —

2023 **Polisch**, C., Neue Decorations-Motive. Ornamente für Maler, Bildhauer etc. 2 Serien. M. 50 Lichtdr.-Taf. fol. Berlin (1884). In Mappe. Neues Exemplar. 70 —

2024 **Ponce**, N., Collection des tableaux et arabesques antiques trouvés à Rome, dans les thermes de Titus. Texte et 60 planches. — Le même, Arabesques antiques des bains de Livie et de la villa Adrienne avec les plafonds de la Ville-Madame peints d'après les dessins de Raphael. Texte et 15 planches gr.-fol. Paris 1838. Hfrz. 75 —

2025 **Portafoglio** delle arti decorative in Italia. Raccolta di riproduzioni in eliotipia di opere d'Arte decorativa esistenti nei musei pubblici e privati d'Italia. Anno I. M. 288 Lichtdrucktaf. Venedig 1891. 38 —

2026 **Poussin**, L. Nouvelle collection d'arabesques, propres à la décoration des appartemens, dessinées à Rome par Lavallée Poussin et autres célèbres artistes modernes (J. M. Moreau, Voisin, Le Clerc, Berthelot, Janneret), et gravées par Guyot, préc. d'une notice histor. s. le genre arabesque, et d'une explic. raisonnée des planches de la collection. Avec 40 planches d'ornements. 4. Paris s. d. (cca. 1790.) Lwd. 60 —

2027 **Presuhn**, E., die pompejan. Wanddecorationen. M. 24 chromol. Taf. u. 1 Plan d. Malereien Pompeji's. fol. Leipz. 1882. Lwdmappe. (45 M.) 12 —

2028 **Prieur**, L., (XVIII. Jahrh.) Friese und Füllungen mit Arabesken u. Grotesken in ital. Stil. 19 Blatt, Fay sculps. bis zum Rand beschnitten, aufgesetzt auf Cartons. 36 —

2029 **Prisse d'Avesnes**, E., l'Art Arabe d'après les monuments du Kaire depuis le 7e jusqu'à la fin du 18. siècle. 1 vol. de texte in 4., avec 34 pl. et beauc. de grav. s. bois, et Atlas de 200 pl. (la plus grande partie coloriée), 3 vols. gr. in-fol. Paris 1877. (1050 fr. br.) Textbd. in Hmaroq., Atlas in 3 Mappen mit Lwd.-Einschlägen. Schönes Ex. 660 —

2030 — hist. de l'art égyptien d'après les monuments depuis les temps les plus reculés jusqu'à la domination romaine. Atlas de 160 planches in-folio. Texte par P. M. de la Faye in-4. Paris 1879. Roth Hmaroquin, ob. Schnitt vergoldet. (Ladenpreis 840 fr. ohne Einband.) 550 —

2031 — Oriental-Album: characters, costumes and modes of life illustrated from designs taken on the spot. With descriptive letterpress by J. A. St. John, portrait of George Lloyd, 30 first class lithogr. plates and 34 woodcuts. fol. London 1848. half bound. (105 M.) 45 —
Wohlerhaltenes Ex. eines schönen Werkes.

2032 — la Décoration arabe: décors muraux, plafonds, mosaïques dallages, vitraux, boiseries, étoffes, tapis, bronzes, faïences, ornements divers. Avec 110 très belles planches en couleur. fol. Paris 1885. In Mappe. 42 —

2033 **Pugin**, A. W., glossary of ecclesiastical ornament and costume. 2. ed. enlarged by B. Smith. With 50 woodcuts and 73 plates, splendidly printed in gold and colours. gr.-4. London 1846. Roth Hmaroq., ob. Schnitt vergoldet. 120 —

2034 — details of ancient timber houses of the 15. and 16. centuries selected from those existing at Rouen, Caen, Beauvais, Gisors, Abbeville, Strasbourg etc., drawn on the spot. 22 finely etched plates. 4. London 1836. Lwd. (21 M.) 12 —
Reich ornamentirte Holzschnitzereien in goth. Style an Fenstern, Thüren, Altänen, Gebälken etc.

Karl W. Hiersemann in Leipzig, Königsstrasse 2. Catalog 108.

Decorations-Wand-Malerei und Fresken.

2035 **Queverdo et Normand**, décorations intérieures, frises, dessus de portes, panneaux, devants de cheminées, etc. Époque Louis XVI. 36 planches gr. s. cuivre. 4. Paris s. a. (cca. 1850.) cart. 20 —

2036 **Racinet**. L'ornement polychrome. 100 planches en couleurs, or et argent; cont. env. 2000 motifs de tous les styles, art ancien et asiatique: moyen âge, renaissance, XVII. et XVIII. siècle. Recueil historique et pratique publ. sous la direction de M. A. Racinet. Av. notes explic. et introduction générale. 2. éd. fol. Paris 1873. In Orig.-Leinenmappe. (150 fr.) 95 —

2037 **Racinet, M. A.**, D. polychrome Ornament. Uebers. v. R. Reinhardt. M. 100 Tafeln in Gold-, Silber- u. Farbendruck, enth. ca. 2000 Motive aus d. Antike, Renaissance, Orient, Kunst etc. fol. Stuttgart 1875. Hfz. (140 M.) 80 —

2038 **Raphael**, oeuvre complet, réduit et gravé au trait (d'après les tableaux et dess. des différ. musées d'Europe). Recueil de 475 planches (gravées p. Lebas, Devilliers et a. cont. plus de 600 compos. de R. Acc. d'une notice sur sa vie et d'une table rais. et expl. 4 vols. 4. Paris 1844. Lwd.-Exemplar mit frühen Abdrücken, nicht der spätere (auch vergriffene) Neudruck. Einige Papierflecken. 75 —

2039 — — Dasselbe. Paris 1863—64. br. unbeschnitten. 60 —

2040 — Psyches et Amoris nuptiae ac fabula a Raphaele Sanctio Urbinate in Farnesianis hortis ad veterum aemulationem ac laudem colorum luminibus expressa, a N. Dorigny ad similitudinem delineata et incisa. 12 Kupferstiche in Imp.-quer-fol. Romae, Dom. de Rubeis, 1693. Sehr schönes unbeschnitt. Exemplar mit vorzügl. Abdrücken. 60 —

2041 — La favola di Psiche disegnata da Raffaelle Sanzio da Urbino e intagliata a bulino in 32 mezzi fogli reali da intagliatori antichi. 32 Kupfertaf., bezeichnet Ant. Sal. exc. quer-fol. Roma, presso Carlo Losi, 1774. Roth Maroquin. 25 —
Die Tafeln in vorzüglich schönen Abdrücken sind ohne Rand aufgezogen, der Titel fehlt.

2042 — Scripture-Prints from the frescoes of Raphael in the Vatican, ed. by L. Gruner. 52 lithogr. and tinted plates. gr.-qu.-fol. London 1866. Hfz. (63 sh.) 36 —

2043 — les loges de Raphael. Collection complète des 52 tableaux peints à fresque qui ornent les voûtes du Vatican et représent. des sujets de la Bible, dessinés à l'aquarelle et gravés en taille-douce p. J. C. de Meulemeester et Calamatta. Avec texte p. le Baron de Reiffenberg. Brux. 1845. Imp.-fol., demi-maroquin rouge, tranches dorées. Edition avec les épreuves s. papier de Chine. 190 —

2044 — Loggien. Ornamentale Malereien an den Pfeilern u. Wänden, z. Th. von Raffaels Schülern, nament. Giovanni da Udine, ausgeführt. Nach Zeichngn. v. Camporeni u. Savorelli gest. v. J. Ottaviani. 28 Bll. gr.-fol., enthaltend die prächtigen Ornamentmalereien im Detail vollständig. Roma 1772. 80 —

2045 — Loggien im Vatican zu Rom. 43 Blatt Lichtdruck n. d. Stichen v. Volpato. fol. Dresden (1891.) In eleg. Mappe. 40 —

2046 — Historia del Testamento Vecchio dipinta in Roma nel Vaticano, et intagliata in rame da S. Badalocchi et G. Lanfranchi. 53 (instead of 54) fine etchings, square-4., neatly mounted (margins cut off) on oblong folio paper. Roma, G. Orlandi, 1607. Pgt. Schöne Abdrücke. 36 —

2047 — Historia del Testamento Vecchio dipinta in Roma nel Vaticano da Raffaelle d'Urbino, et intagliata in rame da S. Badalocchi et G. Lanfranchi. 55 tavole. quer-4. Roma, excudit Visscher, 1698. Ldr. Von den 55 radirten Tafeln enthalten die 4 ersten den Titel u. gestochenen Text. 50 —

Karl W. Hiersemann in Leipzig, Königsstrasse 2. Catalog 108.

2048 **Raphael**, les 52 tableaux représ. les faits les plus célèbres du Vieux et du Nouv. Testament peints p. R. d'Urbin aux voûtes des galéries du Vatican, gravés p. S. Bianchi. Av. portr. de Raphael. obl.-fol. Rom 1788. 60 —

2049 — Leonis X., admirandae virtutis imagines a Raphaele Urbinatis expressae in aulis Vaticanis: P. S. Bartolus del., J. J. de Rubeis incidit. gest. Titel u. 14 Kupfer. quer-fol. Romae s. a. (ca. 1650). 10 —

2050 — Pitture esistenti nelle Stanze del Vaticano, di nuovo incise in 11 rami. Titelblatt mit R.'s Portr. u. 11 Kupfertaf., S. Bossi disegno, A. Banzo inc. qu.-fol. Roma 1813. Die Tafeln verstaubt u. an den Ecken bestossen. 8 —

2051 — Deckengemälde der Stanza dell' Eliodoro im Vatican. Nach den Zeichnungen Niccola Consoni's gest. v. L. Gruner u. Th. Langer. M. erläut. Vorwort v. C. Ruland. M. 5 Kupfertaf. auf chin. Pap. u. 1 Chromol. quer-fol. Dresd. 1875. cart. (40 M.) 20 —

2052 — Fresken im Vatikan. — Picturae Raphaelis Sanctii Urbinatis ex aula et conclavibus palatii Vaticani, in aereas tabulas nunc primum deductae. Franc. Aquila sculp. 22 Tafeln in imp.-quer-fol. Romae, Dom. de Rossi, 1722. Tadelloses unbeschn. Exemplar von seltener Frische, mit vorzüglichen Abdrücken. 100 —

2053 — Fresken in den Loggien des Vatikans. Die Kuppelgewölbe der 13 ersten Arkaden. 13 Photographien auf Cartons, nach den Zeichngn. v. Savorelli u. den Stichen v. Ottaviani. 4. Beigelegt 2 Photogr., No. 14 u. 15, e. Ansicht der Loggien, u. die eine der 2 grossen Thüren darstellend. 10 —

2054 — Miscellaneae picturae vulgo Grotesques etc. — Recueil des grotesques de R. peintes dans les loges du Vatican des. et gravées p. F. de la Guertière. Collection de 16 grav. (sur 17) y compris le titre. fol. Paris ca. 1650. 30 —

2055 — Planetarium opere musivo elaboratum Romae in sacello Chisiorum Templi B. V. Mariae de Populo delin. et incisum a N. Dorigny. 9 Kupfertaf. gr.-fol. Romae 1695. 24 —

2056 — Die vier Sibyllen nach c. Frescogemälde Raphaels in S. Maria della Pace zu Rom, gez. v. Mariannecci. Prächtige Chromolithogr. v. Storch u. Kramer. quer gr.-fol. London, Arundel Soc., cc. 1870. 30 —

2057 — Füssli, H. H., Leben u. Werke Raphael Sanzio's. M. Portr. u. 3 Kupf. 4. Zürich 1815. 4 50

2058 **Rahn**, J. R., d. mittelalt. Wandgemälde i. d. ital. Schweiz. 2 Hefte m. 6 Taf. 4. 1881. 5 20

2059 **Raoul-Rochette**, peintures ant. inédites précédées de recherches s. l'emploi de la peinture dans la décoration des édifices chez les Grecs et Romains. Avec 15 pl. color. 4. Paris 1836. 28 —

2060 **Recueil** de panneaux d'ornements p. diff. graveurs du 16. siècle: Lucas de Leyde, Barth. et H. S. Beham, J. Bink, G. Pencz et H. Aldegrever. 54 planches en phototypie. 4. (Brux.) 1871. In Carton. (25 fr.) 14 —

2061 **Rehlender**, G., allerlei Sinnbilder.;!1000 Entwürfe. Symbole, Allegorien, Vignetten, Embleme, Cartouchen, Zierleisten, Initialen, Ornamente, Trophäen, herald. Motive u. sonstige decorative Vorbilder. Ein Formenschatz f. Architekten, Bildhauer, Graveure, Decorationsmaler etc. I. Serie, mit 24 Taf. fol. Berl. In Hlwd.-Mappe. 18 —

2062 **Rethel**, A., Bilder-Cyclus a. d. Leben Karls d. Gr. Fresco-Gemälde im Krönungssaale zu Aachen. Gez. u. d. Orig. v. A. Baur u. J. Kehren. 8 Taf. m. Text. qu.-fol. Lpz. 1870. Nicht im Handel. 10 —

2063 **Revue** des arts décoratifs. Années I—IV. Av. 177 planches noires et color. et de grav. s. bois. 4. Paris 1880—84. (100 fr.) 56 —

2064 **Ricordo** della prima esposizione Italiana d'architettura in Torino. Torino 1892. Eine Sammlung von 130 Lichtdrucktafeln in-fol.,

Decorations-Wand-Malerei und Fresken.

welche die besten Arbeiten der neuzeitlichen italienischen Architekten vorführen. Nicht nur alle Gebiete des Bauwesens sind vertreten, sondern auch die Innendekoration und das Kunstgewerbe werden in prächtigen Vorlagen wiedergegeben. Eine hochwichtige Publication. In 2 Mappen. 148 —

2065 **Riepenhausen**, F. u. J., Gemaehlde des Polygnotos in der Lesche zu Delphi. Nach d. Beschreibg. des Pausanias gez. 16 Kupf. querfol. Gött. 1805. 15 —

2066 **Riester**, M., fragmens d'ornemens puisés dans les quatre écoles. 30 planches. 4. Paris 1841—42. Hlwd. 15 —
Copien nach alten Ornament-Stichen.

2067 **Rivoire**, H., études de fleurs d'après nature. 10 planches. fol. Paris s. d. 12 —

2068 **Romano**, G., mytholog. Allegorien in der Villa Lante zu Rom. 15 Lichtdrucktaf. fol. Berlin 1881. In Mappe. 15 —

2069 **Rosaces**, Mosaiques, Plafonds. 26 planches lithogr. avec beauc. de motifs richement ornés. 4. Paris (Monrocq) ca. 1870. En portefeuille. 12 —

2070 **Bossiter** and **Wright**. Modern House Painting cont. 20 colored lith. plates, exhibiting the use of color. in exterior and interior House Painting, and embracing examples of simple and elaborate work in plain, graded, and parti-colors. Also the treatment of old styles of Houses. 2d revised edit. 4. New York 1883. Lwd. 20 —

2071 **Rousseau**, J., peintures monumentales exécutées par M. de Keyser pour la décoration du musée d'Anvers. 42 pp. 3 —

2072 **Ruch**, R., Fleurs. Modèles de fleurs. Cours progressif composé de 60 dessins au fusain. 60 planches en photogr. fol. Paris s. d. 144 —

2073 **Sarto Andrea del**, pitture e fresco esistenti nella compagni dello Scalzo in Firenze. Con vita d'A. del S. da Vasari. M. Portr. u. 15 Kupf. fol. Firenze 1830. Hfrz. 48 —

2074 **Schaller**, E. J., E. Ewald, O. Lessing etc., figürl. u. allegor. Kompositionen für Plafond- u. Wand-Decoration, Zwickelfelder, Glasmalerei, Fächer, Mosaiken u. sonst. dekorative Zwecke (Studienblttr. der Decorationsmalerei. 3. Aufl.) Lief. 1—9. 90 Taf. (Lichtdr.) Imp.-fol. Berl. 1889. In Mappe. 108 —

2075 **Schlüter**. Larven nach den Modelen des berühmten Schlüters gezeichnet u. in Kupfer geätzt v. B. Rode. 25 Blätter nach den Köpfen an den Fensterbögen des Berliner Zeughauses. 4. Berlin. Lwd. Von Titel, Textblatt u. 9 Kupfertaf. sind die Ränder abgeschnitten u. die Blätter (mit Plattenrand) aufgezogen. 25 —

2076 **Schrödter**, A., Arabesken-Fries. 7 lithogr. Tafeln, v. S. auf Stein gez. qu.-fol. Düsseldorf. 10 —

2077 **Schuller**, C., les fleurs: études et compositions coloriées. 20 belles planches chromolith. gr.-fol. Paris 1889. En carton. 48 —

2078 — les oiseaux. 15 planches chromolith. fol. Berlin (1885). In Mappe. Neues Exemplar. 45 —

2079 **Schultz**, A., Wandmalereien im Prämonstratenserkloster zu Brandenburg. 4. (Berlin ca. 1884.) Ausschn. 6 pp. 2 —

2080 **Schwind**, M. v., Wandgemälde im Schloss Hohenschwangau. 46 Kompos. nach d. Aquarell-Entw. in Kupf. gest. v. J. Naue u. H. Walde. 27 Taf. m. erläut. Text. quer-fol. Leipzig 1885. cart. (30 M.) 22 —

2081 — die Wandgemälde des Landgrafensaales auf der Wartburg, in Holzschn. ausgeführt von A. Gaber. Text von B. v. Arnswald. M. 8 Taf. qu.-fol. Stuttgart. Hlwd. (15 M.) 10 —

2082 **Seder**, A., Decorationen. 4 Blatt in Chromolith. fol. Lpz. 1892. 6 —

2083 **Seitz**, R., Decken- u. Wandmalereien ausgef. in d. Deutschnation. Kunstgewerbl. Ausstellung in München 1888. M. 17 Taf. in Farbendruck. Text v. F. Nauert. fol. München (1879.) In Mappe. 20 —

Karl W. Hiersemann in Leipzig, Königsstrasse 2. Catalog 108.

Decorations-Wand-Malerei und Fresken.

M. Pf.

2084 **Shaw, H.**, Illuminated ornaments selected from manuscripts and early printed books from the 6. to the 17. centuries. Drawn and engraved. W. descriptions by F. Madden. W. frontisp. and 60 colour. plates. 4. Lond. 1833. Rother Halbmaroquinbd., oberer Schnitt vergoldet, Seiten unbeschn. (210 sh.) 110 —

2085 — — 60 plates, (some coloured) with descript. by F. Madden. fol. London 1833. Hfz. (105 sh.) 50 —

2086 — the decorative arts: ecclesiastical and civil of the middle ages. W. many woodcuts and 45 plates (nearly all) in gold and colours. Lex.-8. Lond. 1851. Hfz. Selten. 55 —

2087 **Simakoff, N.**, les arts décoratifs de l'Asie Centrale, Recueil de 50 planches en chromolithographie rehaussée d'or, avec texte explicatif en français et russe. fol. St. Pétersbourg (1883). En portefeuille. (50 Rubel.) 75 —
Die 50 Foliotafeln bringen prachtvolle Muster der asiatischen Kunstindustrie in allen ihren Zweigen, wie Weberei, Wandmalerei, Metallindustrie, Holzschnitzerei sur Darstellung.

2088 — l'ornement Russe dans les anciens produits de l'art industriel national. 24 feuilles en chromolithographie rehaussée d'or, avec texte explicatif en français et russe. fol. St. Pétersbourg 1882. En portefeuille. 20 —

2089 **Smith, J. M.**, legendary studies and other sketches for decorative figure panels. 37 plates, printed in colours. fol. Lond. (1885). cloth. 7 —

2089a(Der) **Sport** in Musterblättern für Kunst und Gewerbe. 40 Tafeln enth. Allegorien, Thierstudien, Gruppen u. Typen, Embleme, Entwürfe zu Vereinsabzeichen, Ehrenpreisen etc. 4. Wien 1891. In Mappe. 22 —

2090 **Stassoff, W.**, l'ornement russe national: broderie, tissus, dentelles. Texte avec 82 chromolithogr. fol. Pétersb. 1872. 45 —

2091 — l'ornement slave et oriental d'après les manuscrits anc. et mod. Av. 156 pl. chromolith., texte en russe et en franç. fol. Petersb. 1887. In Mappe. 175 —

2092 **Statz, V.**, Wandmalereien im gothischen Style. Motive besonders geeignet für kirchliche Decorationsmalerei. Mit 15 Chromotafeln. 4. Berlin. Hlblwd. 15 —

2093 **Statz, V. u. G. Ungewitter**, gothisches Musterbuch. Mit Einleitung v. A. Reichensperger. 18 Lief. Mit 216 lithogr. Taf. fol. Lpz. 1856—61. (108 M.) 70 —

2094 **Stauffacher, J.**, Studien und Compositionen (besonders für Musterzeichner für d. Textil-Industrie). 4 Hefte mit 24 Taf., darunter 8 in Tuschmanier. gr.-fol. St. Gallen 1888. In Mappe. 40 —

2095 **Steinhausen, G.**, Zimmerwände, Durchfahrten, Vestibules etc. und ihre decorat. Ausstattung. M. 12 Taf. in-fol. Weimar 1881. In Mappe. (7½ M.) 4 50

2096 **Stuck, F.**, Karten und Vignetten. Hrsg. v. M. Gerlach. 2. Aufl. 51 Taf. fol. Wien (1888). In Mappe. (32 M.) 15 —

2097 **Surigny, A. de**, deux peintures murales de l'église Cathédrale de St.-Vincent à Macon. Av. 2 planch. 4. Chalon-s.-S. ca. 1850. Extr. 3 —

2098 **Teirich. V.**, Ornamente aus der Blüthezeit italienischer Renaissance (Intarsien). Lfrg. I. Mit 5 Farbendrucktaf. gr.-fol. Wien 1871. (10 M.) 3 50

2099 **Than, M.**, Ilona, die Feenkönigin. (Wandgem. i. Treppenhaus d. städt. Redoutenhauses i. Budapest.) Stich v. E. Doby. Auf chin. Papier vor d. Schrift. 16×34. Wien ca. 1879. (12 M.) 8 50

2100 **Thäter, J. C.**, Barbarossas Einzug in Mailand, n. J. v. Schnorr. 55×59½ cm. 6 —

2101 **Theaterdekorationen**, 23 Blatt, grossen Stils, meist antikisirend, u. mytholog. Inhalts, mit prächtig ornamentirter Architektur. Lodov. Burnacini inv. et del., Matth. Küsel sc. gr.-qu.-fol. (cca. 1720.) Ohne Rand, aufgezogen. 36 —

Karl W. Hiersemann in Leipzig, Königsstrasse 2. Catalog 109.

Decorations-Wand-Malerei und Fresken. 137

M. Pf.

2102 **Theaterdecorationen.** 2 color. Bll. in-gr.-fol.: Waarenraum eines Kaufmannes, und Unterirdisches Gewölbe. Anon. Lithographien, ca. 1830. jedes Blatt 3 —

2103 — van Westerhout, A. (1666—1725). Sehr interessante Folge von 17 Blättern Bühnendekorationen in gleichartiger Ausführung, 23×33 cm., anscheinend eine antike oder antikisirende Tragödie illustrirend (darunter 2 Bll. mit dem trojan. Pferd), welche sich z. Th. in architektonisch reich geschmückten Palästen abspielt. Die Tafeln, von denen nur 2 den Namen des Meisters tragen, sind vorzügliche Abdrücke und bis auf leichte Papierflecken vortrefflich erhalten. 50 —

2104 — Decorazioni degli 7 Intermedj dell' Opera rappres. in Firenze nelle nozze di Cosmo di Medici, Principe di Toscana, e Maria Maddalena di Austria, l'anno 1608. Folge v. 7 Blättern mit prachtvoll ausgestatteten Bühnenaufzügen, Kupferstiche, Giulio Parigi inv., Remigio Canta Gallina fec. (5 gestochen v. R. Canta Gallina, 2 von G. Parigi selbst), Bildgrösse: 19—20 × 26—27¹/₂ cm. Gute Abdrücke in tadelloser Erhaltung mit breitem Papierrand. S. Bartsch, Peintre-Graveur, No. 13—19. 48 —

2105 **Thomas, J.,** Portfolio of Japanese sketches. 24 plates. fol. Lond. (1885). In Carton. 20 —

2106 **Tiepolo, G. B.,** (gli affreschi) della Villa Valmarana. Studio di P. G. Molmenti. M. Portr. u. 60 Lichtdrucktaf. fol. Venezia 1880. In Mappe. (150 Lire). 90 —

2107 **Trenet,** recueil de plafonds décoratifs de tous les styles avec coupes et profils. 60 planches. 4. Paris (1888). En portef. Neues Exemplar. 40 —

2108 **Tronchon** (Trochon) A. R., Die vier Jahreszeiten. Engelgruppen mit Guirlanden etc. spielend. 4 Blatt Kupferst. nach N. N. Coypel. querfol. ca. 1740. Mit Rand. 25 —

2109 **Umé, G.,** l'art décoratif. Modèles de décoration et d'ornementation de tous les styles et de toutes les époques. Avec 121 planches. fol. Liège ca. 1875. In Carton. (60 fr.) 35 —

2110 **Ungewitter, G. G.,** Sammlung mittelalt. Ornamentik in gesch. u. system. Anordnung. fol. Lpz. 1862—65. (24 M.) 9 —

2111 **Ungewitter, C.,** Entwürfe zu gothischen Ornamenten, zunächst für Decken u. Wände. 8 lith. Taf. z. Th. in Farbendruck, mit Titelblatt in Gold u. Farben. fol. Lpz. (1854). 4 50

2112 **Van Eyck.** — Altargemälde der Brüder Van Eyck in der Kirche St. Bavo in Gent. 20 prächtige Chromofacs. von C. Schultz auf 7 Cartons in royal.-fol. Lond., Arundel Soc. 1868—71. Enthält auch die beiden höchst seltenen Chromolith. „Adam u. Eva." 280 —

2113 **Villeneuve, Th.,** décorations d'appartements. Meubles d'art de differents styles. 1e série. 32 planches en photolith. fol. Paris. In Mappe. 40 —

2114 — — 2e série. 20 planches en photolith. fol. Paris. In Mappe. 24 —

2115 **Viollet-le-Duc,** peintures murales des chapelles de Notre-Dame de Paris. Avec 62 planches chromolith. gr.-fol. Paris 1876. Tadelloses Exemplar des vergriffenen Werkes. In Mappe. 160 —

2116 **Vivien, N.,** six motifs décoratifs de fleurs. 6 belles pl. chromolith. fol. Paris 1890. 12 —

2117 **Vögelin, F. S.,** die Wandgemälde im bischöfl. Palast zu Chur mit d. Darstellgn. der Holbein. Todesbilder. M. Tabelle u. 4 lith. Taf. 4. Zürich 1878. Hlbmaroq. 5 —

2118 **Vorbilder,** decorative. Eine Sammlung von figürl. Darstellungen, kunstgewerbl. Verzierungen, plast. Ornamenten etc. etc. 1. u. 2. Jahrg. Je 60 color. Taf. Stuttg. 1890—91. Eleg. Lwdmappe. Der Jahrg. 15 —

Karl W. Hiersemann in Leipzig, Königsstrasse 2. Catalog 108.

Decorations-Wand-Malerei und Fresken.

              M. Pf.
2119 **Wach**, K. W., die Musen im Kgl. Schauspielhause zu Berlin. 1 Lichtdr. u. 9 Kupfertaf. gest. v. J. Caspar. M. Text von M. Jordan. fol. Berlin 1877. In Lwdmappe. (15 M.) 11 —
2120 **Wallis** A., a book of ornaments in the Palmyrene taste cont. upwards of 60 new designs for ceilings, pannels, pateras a. mouldings. 12 plates. London 1771. Frzbd. Selten. 28 —
2121 **Walther**, W. A., Sachsens Fürstenhaus. Sgraffitofries am kgl. Schlosse zu Dresden. Einleit. v. A. Stern. 8 Bl. in Lichtdr. fol. Dresden (1876) in Mappe. (18 M.) 12 —
2122 **Wasmuth's** neue Malereien. Sammlung moderner ausgeführter Dekorationen. Lieferung 1—4 m. 32 Blatt im Formate 50,5×69 cm. Berlin 1890—92. 40 —
2123 **Watteau**. Ant., l'oeuvre de, d'après les dessins originaux. 100 Taf. in Tondruck. fol. Paris (1891). In Mappe. 80 —
2124 — Decorationen und Malereien. Auswahl in 60 Tafeln in Farben- und Schwarzdruck. fol. Berlin 1889. cart. 20 —
   Vorzügliche Reproductionen dieser malerischen Schöpfungen des Grossmeisters der Rococozeit.
2125 **Weerth**, E. aus'm, Wandmalereien d. christl. Mittelalters in d. Rheinlanden. M. 55 z. Theil chromolith. Taf. fol. Leipzig 1880. Hlwd. (80 M.) 60 —
   Bildet zugleich Bd. 4 u. 5 der 2. Abthlg. der „Kunstdenkm. d. christl. M.-A. in d. Rheinlanden." — Tafel 1—17: Benedictiner-Abtei u. Kirche zu Brauweiler. Taf. 18—38: Kirchen zu Schwarz-Rheindorf. — Taf. 39—41: Kirche zu Bergheim. — Taf. 42—55: Kirche zu Ramersdorf.
2126 — die Wandmalereien in der Kirche zu Schwarz-Rheindorf. 21 Taf. (1 in Farben) mit Text. fol. Bonn 1891. Sep.-Ausg. 20 —
2127 **Weissbach**, K. u. E. **Lottermoser**, architecton. Motive f. Ausbau u. Decoration v. Gebäuden. 6 Hefte. M. 30 z. Theil color. Taf. fol. Leipzig 1868—71. (16 M.) 11 —
2128 **Weltbrecht**, C. die vier Jahreszeiten. E. Folge ländl. Darstellungen, compon. u. grösstenth. in Basrelief ausgef. als Fries in d. Kgl. württemb. Landhause Rosenstein. 70 Blatt. Imp.-qu.-fol. Stuttg. 1831—33. In Mappe. (40 M.) Vergriffen. 30 —
2129 **Wessely**, J. E. Das Ornament u. d. Kunstindustrie in ihrer geschichtl. Entwicklung auf d. Gebiete des Kunstdruckes, 1460—1790. 300 Bll. Lichtdrucke m. Text. 3 Bde. Berlin 1876—79. fol. In 3 Mappen. (800 M.) 240 —
   Eine Fundgrube für Ornamentisten u. Kunstgewerbetreibende.
2130 **Weyr**, R., Zwickelfiguren an dem k. k. kunsthistor. Hofmuseum in Wien. 3. Aufl. 22 Lichtdruckt. Quer-fol. Wien (1890). Cart. 20 —
2131 **Wichmann**, E., brauchbare Skizzen für Innen-Dekoration. Plafonds, ornamentale u. figürl. Decoration etc. Serie I. Mit 30 Farbendrucktaf. gr.-fol. Berlin 1892. 60 —
2132 **Wilke en Verbeet**, verzameling van arabesken, ornamenten en versierselen van vroeger en later tyd. M. 72 platen. 4. s'Hertogenbosch 1846. Hlwd. 12 —
   Einige Tafeln stockfleckig.
2133 **Willett**, Ralph, descriptions of the (decorative paintings in the) Library at Merly (Dorsetshire). W. 24 fine copperplates. gr.-fol. Lond. 1785. cart. 32 —
   Die letzten 2 Tafeln sind doppelt vorhanden.
2134 **Wüst**, F., figurale Compositionen. 24 Blatt Lithogr. 4. Wien 1892. In Mappe. 12 —
2135 **Zander**, Moderne Decorationsmalereien. Farbige Vorlagen für die Decoration von Decken und Wänden in Wohnzimmern, Salons, Speisezimmern, Treppenhäusern, Vorplätzen, Kirchen etc. in verschiedenen Stylarten. 30 Tafeln, Farbendruck. fol. (5 Hefte à 12 M.) Berlin 1885—88. 60 —

Karl W. Hiersemann in Leipzig, Königsstrasse 2. Catalog 108.

Glasmalerei. 139

M. Pf.

2136 **(Zanetti, A. M.)**, Varie pitture a fresco de' principali maestri veneziani, ora la prima volta con le stampe pubblicate. Con 24 tavole. gr.-fol. Venezia 1760. Schönes Ex. auf gross Papier mit sehr guten Abdrücken. 30 —
<small>24 Kupfertafeln nach Freacogemälden von Giorgions, Tizian, Tintoretto, Zelotti u. Paul Veronese, mit 12 Seiten Text.</small>

2137 — Con 24 tavole e titolo in rame, ed un ritr. del autore. fol. Hfz. unbeschn. 48 —
<small>Vorgeheftet ist 1 Blatt „Memoria," und „Notizie int. alla presente racolta" 12 pp. Nach einer Notiz von Q. in London, in dessen Cat. v. 1888, wo ein Ex mit Memoria zu 5 £ augezeigt ist, wurden uur 10 Ex. mit diesem Memoria zu Geschenken an die Familie Zanetti hergestellt. Die Tafeln sind nach Bildern von Giorgione (4), Tizian (3), Tintoretto (7), Zelotti (5) und Paolo Veronese (5).</small>

2139 **Zanetti, G.**, studii architettonico-ornamentali. 3. ed. con aggiunte da L. Urbani. Con. 215 tavole inc. in rame. quer-fol. Venezia 1870. (165 Lire.) 50 —

2140 **Zeyer & Drechsler**, moderne Ornamentik. Ausgef. plast. Arbeiten zur Decorirung von Plafonds, Façaden, Kunstgegenständen etc. 20 Taf. I. Serie. fol. Berlin (1891). In Mappe. 20 —

2141 **Zingaro** (A. da Solario) — Aloe, St. d', le pitture dello Zingaro nel chiostro di S. Severino in Napoli dinotati i fatti della vita di S. Benedetto in Napoli. M. Portr. u. 17 Taf. 4. Nap. 1846. Hfz. 32 —

Glasmalerei.

(Vergl. auch die Abtheilung Kirchliche Architektur.)

M. Pf.

2142 **Abbildungen** der Glasgemälde in der Pfarrkirche der Vorstadt Au München. 25 Tafeln in gr.-fol. München ca. 1850. In Mappe. Einzelne Taf. fleckig. 60 —

2143 **Aldenkirchen, J.**, die mittelalterl. Kunst in Soest. Mit Holzschn. u. 9 Tafeln. (Glasmalereien, Wandgem., Altartuch u. and. kirchl. Kunstdenkm.) 4. Bonn 1875. Vergriffen. 5 —

2144 **Ballantine, J.**, treatise on painted glass, shewing its applicability to every style of architecture. W. 8 plates (6 coloured). Lond. 1845. cloth. (10½ sh.) 7 50

2145 **Bastard, A.** de, hist. de Jésus-Christ en figures. Gouaches du XII.ᵉ au XIIIᵉ siècle conservées jadis à la Collégiale de St.-Martial de Limoges. 30 pl. color. fol. Paris 1879. In Mappe. (150 fr.) 80 —

2146 **Berlepsch, H. E. v.**, die Entwicklung der Glas-Malerei in d. Schweiz. M. 1 color. Taf. u. vielen Textill. fol. Münch. 1886. Auschn. 4 —

2147 **Bontemps, G.**, peinture sur verre au XIX. siècle. Paris 1845. 3 —

2148 **Bourgogne.** — Album de 17 planches publiées par la Soc. d'histoire et d'archéol. de Chalon-sur-Saône. gr.-fol. ca. 1860. Hldr. 30 —
<small>7 Taf. stellen dar die „Vitraux de l'hôpital de Chalon s. S., 6 die Peinturas Mural. de S. Desert."</small>

2149 **Cahier, Ch.**, et A. **Martin**, monographie de la Cathédrale de Bourges: Vitraux peints du 13. siècle. 2 vols. Avec 73 planches dont la plupart coloriées. gr.-fol. Paris 1841—44. 2 rothe Hmqnbde. Vollständig. 700 —

2149a — — vitraux peints de la cathédrale Saint-Étienne de Bourges. (Verrières du 13. siècle.) 15 livr. Avec 33 planches en chromo. fol. Paris 1842—44. Sehr selten. (Lief. 1 u. 2 m. 3 Tafeln fehlen.) 260 —
<small>Bekanntlich die bedeutendsten Werke über Glas-Malereien.</small>

2150 **Camesina, A.**, die ältesten Glasgemälde des Chorherrnstiftes Klosterneuburg und die Bildnisse der Babenberger in d. Cistercienser-Abtei Heiligenkreuz. Mit 27 Taf. und 22 Holzschn. 4. Wien 1857. 18 —

2151 — — Dasselbe, ohne den Text. 14 —

Karl W. Hiersemann in Leipzig, Königsstrasse 2. Catalog 108.

Glasmalerei.

M. Pf.

2152 **Chefs-d'oeuvre de la Peinture suisse sur verre.** Publiés par la société d'histoire et d'antiquité de Winterthur. 60 planches grand in-fol., avec un texte explicatif par Dr. A. Hafner. Berlin 1890. **160 —**

2153 **Denkmäler des Hauses Habsburg in der Schweiz**: Die Glasgemälde im Chor der Kirche zu Königsfelden. Mit 41 Taf., wovon 25 color., quer-4., Text 4. Zürich, Antiquar. Gesellschaft, Leipzig, Verlag v. Karl W. Hiersemann, 1867. **28 80**

2154 **Designs for ornamental window glass**, with explan. remarks. Patterns of Stock & Son's Glass and Lead Warehouse, Cannon Street. 200 partly coloured patterns on 48 lithogr. plates. kl.-4. London and Birmingham 1847. Lwd. **12 —**
Sehr reich ornamentirte Muster, von denen viele mit der Hand colorirt.

2155 **Des Méloizes, A.**, les vitraux de la cathédrale de Bourges postérieurs au XIII. siècle. Avec une introduct. par E. de Beaurepaire. Livr. 1/3. Imp.-fol. Paris 1891. In Mappe. **48 —**
Das Werk erscheint in 10 Lieferungen mit 30 prachtvollen Chromolithographien und soll binnen 3 Jahren abgeschlossen sein. Preis jeder Lieferg. 16 M., Abnahme der ersten verpflichtet zur Subscription auf das ganze Werk, welches ein werthvolles Supplement zu dem berühmten Werke v. Cahier u. Martin bildet.

2156 **Essenwein, A. v.**, die farbige Ausstattung des zehneckigen Schiffes der Pfarrkirche zum heil. Gereon in Köln durch Wand- u. Glasmalereien. Entw., ausgeführt u. hrsg. v. A. von Essenwein. 36 Taf. in Photolithogr., von denen 16 prachtvoll in Farben ausgeführt sind. M. Text. Imp.-fol. Frankfurt 1891. In Mappe. **240 —**

2157 **Essex, W. R. H.**, illustrations of the architec. ornaments and embellishements and painted glass of the Temple Church, London. W. an account of the restoration of the church by S. Smirke. W. 30 plates (of which 23 colour.). 4. Lond. 1845. Lwd. (42 sh.) **36 —**
10 Tafeln enthalten Glasmalerei.

2158 **Fischer's, J. A**, Kartons zu den Fenstern der Mariahilf-Kirche in der Au zu München u. zu den Glasgemälden des südl. Seitenschiffes im Dome zu Köln. 19 Lichtdruckblätter, mit Text v. R Paul. gr.-fol. München 1891. In Hlwdmappe. **24 —**

2159 **Fowler, Wm.**, (14) coloured engravings from subjects executed in ancient stained glass in the windows of the Hall at Aston near Birmingham. 14 most beautifully coloured plates in exact imitation of the original subjects, all mounted on thick drawing paper. Imp.-fol. Winterton 1803—1808. **180 —**

2160 **Gidde, Walter**, (um 1620), Sundrie sortes, of circuler, or compas draughtes for glazing and will fitly serve for diverse uses. 4. (London 1620). calf. 88 pp. Pages 43—44 wanting. Stained. **80 —**
Aeusserst selten. Eines der ältesten engl. Ornamentwerke, enthält einige Hundert Zeichnungen für Fenster, Fliesen etc.

2161 **Harting, F.**, Photographiën der geschilderde Kerkglazen van de St. Janskerk te Gouda, met beschrijving. Mit 34 Tafeln. 4. Gouda (ca. 1870). Hmaroq. Vergriffen. **60 —**

2162 **— 7 Blatt Photographieen der hervorragendsten Glasgemälde der St. Janskerk in Gouda**, aufgenommen v. F. Harting (neue Aufnahmen). kl.-folio. Auf Cartons. **12 —**

2163 **Herberger, Th.**, die ältesten Glasgemälde im Dom zu Augsburg. M. 6 Taf. (5 color.). 4. Augsb. 1860. Nicht im Handel. **8 —**

2164 **(Hucher).** Vitrail absidal de N.-D. de la Cour, commune de Lantic (Côtes du Nord) éxéc. au 15e siècle. 1 planche. gr.-fol. Le Mans 1887. **2 —**

2165 **Hucher, E.**, vitraux peints de la cathédrale du Mans: vitraux des 12., 13. et 14. siècles. Texte avec 100 planches coloriées très soigneusement à la main. Imp.-fol. Le Mans 1864. (450 fr.) Tadellos. **290 —**
Von Künstler-Hand colorirt, vorzüglich ausgeführt.
Eines der Haupt-Werke über Glasmalerei.

Karl W. Hiersemann in Leipzig, Königsstrasse 2. Catalog 108.

Glasmalerei. 141

2166 **(Hucher).** Le vitrail de la Passion de N. S. J. C. à l'abside de l'Eglise de Soire-le-Chateau. ézéc. 1532. 1 pl. in gr.-fol. (Tours 1883.) 2 —
2167 **Jaennicke, F.**, Handbuch d. Glasmalerei, zugleich Anleitg. f. Kunstfreunde z. Beurteilung von Glasmalereien. M. 31 Illustr. Stuttg. 1890. (4½ M.) 8 50
2168 **Jessel, L.**, Glasmalerei u. Kunstverglasung. M. 60 Taf. 4. Berlin o. J. In Mappe. 45 —
2169 **Joyce, J. G.**, the Fairford windows. A monograph, with 44 plates of which 32 colour. by hand. gr.-fol. London, Arundel Society 1872. Hmaroquin. 260 —
Schönes Ex. dieses prachtvollen u. seltenen Werkes, die herrlichen Glasmalereien in Farbendruck darstellend.
2170 **Klopfleisch, J.**, drei Denkmäler mittelalterl. Malerei aus den obersächs. Landen, m. Anhang üb. zerstörte alte Malereien zu Jena. M. 66 Holzschn. u. 11 Taf. Jena 1860. (4½ M.) 3 —
Taf. 1—5 behandeln die Glas-Malereien in der Kirche zu Veitsberg, 4—11 die Wand-Malereien zu Weida, Lichtenhain und Jena.
2171 **Langlois, E. H.**, essai hist. et descript. sur la peinture s. verre anc. et mod. Avec 7 planches. Rouen 1832. 12 —
2172 **Lasteyrie, F.** de, Histoire de la peinture sur verre d'après ses monuments en France. Texte, tome I (seul publ.) et Atlas de 110 Planches coloriées. = 2 vols. fol. Paris 1853—57. Hlbmaroq. 7 20
2173 **Lenoir, A.**, hist. de la peinture sur verre et description des vitraux anc. et mod. p. s. à l'hist. de l'art; ornée de gravures, notamment de celles de la fable de Cupidon et Psyché d'après les dessins de Raphael. Dessiné par Lenoir et Percier, gravé par Guyot. Avec 55 gravures. Paris 1803. 20 —
2174 **Levy et Capronnier.** Histoire de la peinture sur verre en Europe et particulièrement en Belgique. Avec 34 au lieu de 37 planches dont 18 color. Bruxell. 1860. cart. 50 —
2175 **Lübke, W.**, Glasgemälde im Kreuzgange zu Kloster Wettingen. M. 2 schwarzen u. 1 Chromotaf. 4. Zürich 1862. 2 80
2176 **Magne, L.**, l'oeuvre des peintres verriers français: verrières des monuments élevés par les Montmorency. (Montmorency-Ecouen-Chantilly). Text in-4. av. 122 typograv., et un atlas de 8 pl. in-fol. Paris 1885; toile av. lettre autogr. de l'auteur. 92 —
2177 **Michiels, J. F.**, die neuen Glasgemälde im Dome zu Köln (Geschenk Ludwig I. v. Bayern.) M. 5 Photogr. fol. Cöln 1858. 8 —
2178 **Oliphant, F. W.**, a plea for painted glass: inquiry into its nature, objects a. its claims as an art. Oxford 1855. 1 50
2179 **Rahn, J. R.**, d. Glasgemälde i. d. Rosette d. Kathedrale von Lausanne. M. 9 Taf. 4. Zürich 1879. 9 —
Vergriffen. Nur in wenig Expl. gedruckt. Sehr selten.
2180 — La Rose de la Cathédrale de Lausanne. Trad. de l'allem. p. W. Cart. Avec 9 planches. gr.-4. Lausanne 1879. 9 —
2181 — d. schweizer. Glasgemälde in d. Vincent'schen Sammlung in Constanz. M. 2 chromolith. Taf. u. 1 Portr. 4. Leipzig 1890, Verlag von Karl W. Hiersemann. 4
2182 **Schäfer & Rossteuscher**, ornamentale Glasmalereien d. Mittelalters u. d. Renaissance. gr.-fol. Berlin 1885. 150 —
2183 **Sharpe, E.**, decorated windows: illustrations of the window tracery of the decorated style of ecclesiastical architecture. With 60 plates.
— The same, rise and progress of decorated window tracery in England. With 97 woodcuts and 6 plates. = 2 vols. gr.-8. London 1849. Lwd., schönes Exemplar. 32 —
Wohl das ausführlichste Werk über Ornamentik des Fensters an Bauten (in Stein etc.)
2184 **Shaw, H.**, a booke of sundry draughtes for glasiers, plasterers and gardeners. With 117 plates. gr.-8. London, Pickering, 1848. Hlwd. Schönes Ex. 30 —

Karl W. Hiersemann in Leipzig, Königsstrasse 2. Catalog 108.

Möbel, Tapezierkunst.

M. Pf.

2185 (Smekens, Th.), les nouvelles verrières, de la cathédrale d'Anvers. Anvers 1873. 16 pp. 2 50
2186 Smith, W., ancient painted window of the early part of the 16th century, orig. forming a portion of one of the windows in the Cathedral at Basle. W. 9 coloured plates. fol. London ca. 1840. cart. Selten, da nicht im Handel. 30 —
2187 Swertschkoff, W. v., 8 ganze gemalte Fenster mit religiösen u. histor. Darstellungen und Ornamenten, ausgeführt oder projektirt in der Glasmalerei-Workstätte von W. v. Swertschkoff in Schleissheim bei München. 8 photogr. Taf. anf Cartons. gr.-fol. Musterblätter der Firma. 15 . .
2188 Thibaud, E., notions histor. sur les vitraux et l'art de la peinture vitrifiée. Av. append. sur la manuf. de vitraux peints. Clermont-F. 1838. 3 —
2189 Vincent. — Katalog der Kunstsammlung C. u. P. N. Vincent in Konstanz: Glasgemälde; Porzellane, Fayencen, Majoliken; Arbeiten in Metall, Elfenbein, Wachs etc. Mit 30 Tafeln (2 davon in Chromo). 4. Köln 1891. 15 —
<small>Die jetzt versteigerte Vincent'sche Sammlung ist hinreichend bekannt, ihr Hauptwerth bestand in den Glasgemälden, besonders schweizer, Herkunft in unerreichter Reichhaltigkeit (550 Nummern), 14 Tafeln enthalten vorzügliche Reproductionen von 75 Nummern, die übrigen 16 Tafeln enth. meist Keramik.</small>
2190 Westlake, N. H. J., history of design in painted glass. 3 vols. with numerous illustrations in the text. gr.-4. London 1881 —86. Lwd. 76 —
2191 Whittock, N., the decorative painters' and glaziers' guide: designs for decorating apartments, and information on the art of staining and painting of glass, with examples from ancient windows. With 74 plain and col. plates. 4. London 1827. Hfz. Leider fehlen 2 Tafeln u. 4 Seiten Text. 24 —
<small>Für Dekorations- u. Glasmaler u. für Tapezierer von gleichem Interesse.</small>
2192 Willement, Th., the principal works in stained glass that have been executed by W. With 1 plate. 4. (London) 1840. Privately printed. 75 pp. 10 —
2193 Wilmshurst, Thomas, notes on, and representations and exhibitions of painted and stained glass. W. biograph. notices of glass stainers, painters on glass and their works. 120 coloured plates and letterpress. 4. London. 120 —
<small>Diese von dem bekannten englischen Glasmaler Wilmshurst mit vieler Mühe zusammengestellte Sammlung von 120 color. Tafeln u. Handzeichnungen von Abbild. meist englischer Glas-Malereien, hat den Vorzug, dass sie manches enthält, was uur hier — weil nur in dieser Handzeichnung existirend — vorhanden ist, oder weil er hier Abbildungen vereinigte, die sonst in localgeschichtl. Werken vergraben geblieben wären.</small>
2194 Winston, Ch. Inquiry into the difference of style observable in ancient glass paintings especially in England, with hints on glass painting. 2. ed. 2 vols. With 76 plain and col. plates. London 1867. Lwd. Vergriffen. 45 —

Möbel, Tapezierkunst.

M. Pf.

2195 Album du comfort: sièges, 40 planches. quer-4. Paris ca. 1870. Hlwd. 12 —
<small>Stühle, Fauteuils, Tabourets etc.</small>
2196 — général de l'ameublement parisien. Av. 460 planches cont. près de 10000 figures. fol. Paris 1891. 120 —
2197 L'Ameublement; deuxième partie du journal le Garde-Meuble. Recueil de dessins: Sièges, Meubles et Tentures. Genre simple. 44e année de 36 planches coloriées contenant 24 Sièges, 24 Meubles, 24 Tentures. 4. Paris 1891. 24 —
<small>Elegante Möbel meist im Style Louis XV. et Louis XVI.</small>

Karl W. Hiersemann in Leipzig, Königsstrasse 2. Catalog 108.

Möbel, Tapezierkunst. 143

2198 **Androuet-Ducerceau, J.**, Oeuvre: Meubles et cheminées. 52 planches, reprod. par l'héliogravure de Baldus. Paris 1869. fol. Hfz. 36 —
2199 **Art-Worker, the.** A Journal of Design. Devoted to Art-Industry 55 lithogr. plates of furniture. 4. in Portfolio. New York 1878. 30 —
2200 **Aufnahmen**, photograph., aus d. Dresdener Ausstellung alter kunstgewerbl. Arbeiten 1875. 4. Abtheilg.: Tischler-Arbeiten, Intarsia, Boule-Arbeiten, Schnitzereien. 15 Lichtdrucktafeln. fol. Dresd. 1875. (20 M.) 15 —
2201 **Bajot, E.**, les meubles d'art au XIXe siècle, composés d'après les documents anciens des principales époques de la renaissance. 30 planches en phototypie. gr.-fol. Paris s. a. (cca. 1880.) Hlwdmappe. (45 fr.) 27 —
2202 — coll. de meubles anciens des musées du Louvre et de Cluny, relevés p. Ch. Ruprich. Av. 50 planches en héliogr. fol. Paris 1890. portef. (100 frs.) 75 —
2203 **Blondel**, Jacques Franc, 9 Blatt Kamine und ornam. Getäfel. Schöne Blätter. Mariette exc. Paris. fol. 15 —
2204 — 10 Blatt Kamine mit ornam. Wand- u. Spiegeldecoration. Paris. fol. 8 —
2205 — 25 Blatt ornamentirte Thüren. Schöne Blätter. Mariette exc. Paris. fol. 30 —
2206 **Booth, L.**, the exhibition book of original designs for decorative furniture etc. arranged for the hall, dining room, drawing room, bed room, boudoir and library. W. 134 plates. fol. Lond. 1864. Half-calf. 40 —
2207 **Boschen, H.**, die (in Eichenholz geschnitzte) Renaissance-Decke im Schlosse zu Jever. 25 Lichtdrucke. Mit Text v. F. v. Alten. fol. Lpz. 1883. (35 M.) 22 —
2208 **Boucher fils, J. F.** élévation d'une chambre à coucher avec portes à deux venteaux. — Élév. d'une chambre à coucher. — Décoration de lambris etc. p. un boudoir. — Cabinet de toilette. 4 pièces. Will., Augsb. 8 —
2209 **Braund's** illustrations of furniture, candelabra, musical instruments etc., from the Great exhibitions of London and Paris, with examples from Royal Palaces and noble mansions. fol. With 49 beautiful copperplates. London 1858. cloth. (£ 3. 3 sh.) 16 —
2210 **Bridgens, R.**, furniture with candelabra and interior decoration. With 60 coloured plates. fol. Lond. 1838. Hfz. Ex. auf Gross-Pap. (126 sh.) Vergriffen. 45 —
2212 **Caspar, L.**, innere Architektur u. Decoration der Neuzeit nach ausgef. Arbeiten hrsg. 25 Lichtdrucktaf. u. 16 autogr. Taf. fol. Frankf. a. M. 1888. In Mappe. (30 M.) 22 50
2213 — mustergült. Möbel des 15—17. Jahrh. aus Kunstsammlgn., Schlössern u. Privathäusern. 25 Lichtdruckt. fol. Frkf. 1888. In Mappe. Neues Exemplar. 30 —
2214 **Catalog** d. Sammlung von antiken Möbeln u. Ausstattungsgegenständen aus d. Nachl. d. Bildhauers Chr. Mohr. M. 6 Lichtdr. 4. Köln 1888. 4 —
2215 **Central-Möbel-** u. Decorations-Bazar. Original-Ansichten u. Details für Tischler, Holzbildhauer, Tapezierer u. Dekorateure. 12 Bde. Mit 260 color. u. 64 schwarz. Tafeln. fol. Berlin 1877. In Mappen. (161 M.) 40 —
Bd. 1. Zimmer-Einrichtungen. — 2—3. Garnituren, Sofas, Fauteuils. — 4 Schlafzimmer-Möbel. — 5. Tische. — 6—7. Schränke, Buffets, Schreibtische. — 8. Tische, Fauteuils. — 9. Spiegel. — 10. Füllungen. — 11—12. Gardinen u. Decorationen.

Karl W. Hiersemann in Leipzig, Königsstrasse 2. Catalog 105.

144   Möbel, Tapezierkunst.

M. Pf.

2216 **Charles, R.**, the compiler: furniture and decorations choice and select. designs fr. the best authors. 240 plates. 4. Lond. 1879. Halbkalbldr. 120 —
Sehr selten, da nur in geringer Auflage gedruckt und längst vergriffen. Diese 240 Tafeln bringen das Bedeutendste der engl. Möbelfabrikation.

2217 **Chenavard, A. M.**, recueil de dessins de tapis, tapisseries et autres objets d'ameublement. 36 planches, y compris le titre. quer-fol. Paris (ca. 1860.) Hfrz. Nicht im Handel. 20 —

2218 **Chippendale, Th.**, the Gentleman and Cabinet-maker's director; being a large collection of the most elegant designs of household furniture in the Gothic, Chinese and modern taste — — and other ornaments. 3. edition. W. 200 plates. fol. London 1762. Schöner schwarzer Maroquinbd. 460 —
Vollständiges Ex. der gesuchtesten Ausgabe des schönsten englischen Möbel-Werkes. Ein Blatt aufgezogen, einige wenig fleckig; sonst wohl erhalten.

2219 — — 2. edition. W. 160 plates. fol. London 1755. Franzband. Vollständiges, prächtiges Ex. des gesuchtesten engl. Möbelwerkes. 340 —

2220 **Daubourg, E.**, interior architecture. Doors, vestibules, staircases, anterooms, drawing-dining and bedrooms, libraries, offices, shop fronts and interiors, with detailed plans, sections, and elevations. With 40 plates. Imp.-fol. London 1877. Lwd. (52½ sh.) 36 —

2221 **Designs**, original, for Cabinet and Upholstery, Furniture, Glasses, etc., manufactured by W. Hunter & Sons. 512 figures (marked No. 997 to 1508) on 126 lithogr. plates. 4. London no. d. (ca. 1835). Hldr. Lagerfleckig. 15 —

2222 **Deville, J.**, Möbel u. Decoration in allen Stylen vom Alterth. bis zur Jetztzeit. Vorlagen f. Tapezierer, Möbel-Fabrikanten, Holzbildhauer u. Vergolder. M. 124 col. Taf. 4. Berlin (1885). In Mappe. Neues Ex. 65 —
Bildet zugleich d. Atlas zur 2. Aufl. des „Dictionnaire du tapisier".

2223 **Dienstbach, M.** Aus der Werkstatt, Abbildungen moderner meist einfacher Möbelstücke. I. Serie u. II. Ser. Lief. 1 u. 2. 60 Lichtdruckfol. Berlin 1886—88. In Mappe. (50 M.) 35 —

2224 **Eastlake, Ch. L.**, hints on household taste in furniture, upholstery and other details. 4. ed. Lond. 1878. (14 M.) 11 —

2225 **Ebhardt, C.**, 9 Photographien von ornam. Möbeln, besonders Schränken. Musterblätter der Möbelfabrik v. C. Ebhardt in Bremen. 4. u. 8. 4 —

2226 **Entwürfe** zu Möbeln. 32 Kupfert. m. Details u. Text. fol. Cassel. ca. 1860. Hfz. Text zu Tafel 27—32 fehlt. 6 —

2227 **Espana** artistica y monumental. Serie IV: Tapices de la Real Casa. — Real armeria de Madrid. Cuad. 1—5. 24 laminas en reprod. fototip. p. Laurent & Co. Con illustr. p. P. de Madrazo. Textos 8. laminas 4. Madrid 1889. 30 —

2228 **Foussier, E.**, nouveaux modèles de tentures. Décorations de lits. 21 planches color. et 12 coupes. fol. Dourdan 1892. En portef. 40 —

2229 **Garde-Meuble, le.** Journal d'ameublement. 52me année contenant 54 planches coloriées in-4. Paris 1891. 33 60

2230 **Gibbs, J.**, designs for Gothic ornaments, ecclesiastical and domestic furniture, for the use of architects and workers in wood, stone and metal. 48 lithogr. plates. (Lond. 1853). cloth. (21 sh.) 15 —

2231 **Glöckler, C.**, Vorlagen-Werk z. stilist. Ausbild. v. Möbelschreinern, Tapezierern, Dekorateuren. 1. Lfg. (nicht mehr erschienen). M. 10 Taf. u. 15 Detailblättern. fol. Stuttg. 1876. In Mappe. (18 M.) 8 —

2232 **Gurlitt, C.**, Möbel deutscher Fürstensitze. 40 Taf. in Lichtdruck. fol. Berlin. In Mappe 40 —
Eine reiche Anzahl mustergültiger Vorbilder, die hier dem Studium zum ersten Male zugänglich gemacht werden.

2233 **Habermann, F. X.** (Augsburger Künstler des 18. Jahrh.). Auswahl s. ornamentalen Motive (im Rococo-Stil). 35 Blatt in Lichtdruck. fol. Leipzig, Hiersemann 1887. In Mappe. 25 —

Karl W. Hiersemann in Leipzig, Königsstrasse 2. Catalog 108.

Möbel, Tapezierkunst. 145

2234 **Habermann**, F. K., Rococo-Möbel. 35 Blatt. Lichtdruck. fol. Leipz. 1888. In Mappe. 25 —
2235 **Harri's** New book of ornaments designed for decorating fancy furniture, etc. 5 etched and finely coloured plates with rich and delicate ornaments, and a coloured ornam. titlepage, J. Dixey invt. qu.-fol. London 1788. 60 —
Vorlageblätter zum Bemalen von Möbelstücken sind, zumal in so vorzüglicher Ausführung wie diese, von der grössten Seltenheit.
2236 **Havard**, H., dict. de l'ameublement et de la décoration depuis le XIII. siècle jusqu'à nos jours. 4 vols. Avec 256 planches hors texte en chromotypographie et plus de 2500 grav. s. bois. 4. Paris 1888—90. cart. État neuf. 160 —
2237 **Heaton**, J. A., furniture and decoration in England dur. the 18. cent. Facsim. reprod. of the choicest examples fr. the works of Chippendale, Adam, Richardson etc. fol. 200 plates (= 2 vols. of 10 parts each). Vol. 1, pts. 1 to 10 and vol. 2, parts 1 to 5 are out). Subscription price 6 shillings per part. Price for the complete work 130 —
2238 **Hettwig**, C., Journal für Tapezierer u. Decorateure. Orig.-Zeichnungen v. Polstermöbeln, Fenster-, Bett- u. Zimmerdecorationen. 4 Bde. mit 144 Tafeln. 4. Berlin o. J. (1870—74). In 4 Hlwdmappen. (57³/₃ M.) 20 —
2239 — — 2. Aufl. 8 Bde. M. 144 color. Tafeln. 4. Berlin 1868—74. cart. (96 M.) 30 —
2240 — Sammlung moderner Sitzmöbel für alle Räume des Hauses. Ansichten v. Stühlen, Sesseln, Sophas etc. in einf. u. eleg. Ausführ. Serie I—III mit 150 chromolith. Tafeln in 2 Mappen. Dresden. 90 —
2241 — Album moderner Verzierungen für alle Zweige der Möbel-Industrie. 3. Aufl. 4 Bde. M. 64 Tafeln. 4. Berlin 1870—72. cart. (40 M.) 12 —
2242 **Hoffmann**, A., moderne Rococo-Möbel in reicher Ausführung. Mit 15 z. Th. farb. Tafeln. 2. Aufl. fol. Berlin 1891. In Mappe. 15 —
2243 — Holzsculpturen u. Möbel im Rococo. 2 Theile à 30 Taf. Berlin 1891. In Mappen. 40 —
2244 **Hofmann**, N., Renaissance-Möbel u. Decoration. 50 Tafeln. fol. Berlin 1877. In Hlwd.-Mappe. (50 M.) 35 —
2245 **Holt**, J. L., Modern Furniture, original and select. 411 lith. plates, representing 1510 figures, with a general index. fol. London no d. (ca. 1860). Hmaroquinbd. Nicht im Handel. 30 —
2246 **Household** Furniture in genteel taste for 1760, by a Soc. of Upholsterers and Cabinet Makers. Containing upwards of 180 designs on 60 copper plates. Lond. 1760. Frzbd. 36 —
2249 **Huber**, A., Moderne Sitzmöbel. Polstermöbel u. Sitzmöbel mit sichtbaren Holztheilen. 2 Abtheilungen von je 2 Serien. 96 Tafeln. 4. In feinstem Farben-Lichtdruck auf Carton.
I. Abtheilung. Polstermöbel. 2 Serien. Preis der Serie von je 24 Tafeln 25 —
II. Abtheilung. Sitzmöbel mit sichtbaren Holztheilen. 2 Serien. Preis der Serie von je 24 Tafeln 25 —
2250 — Entwürfe moderner Möbel im Style der deutschen Renaissance. (Allerlei Schreinwerk. I. u. II. Serie). 2 Theile. 120 Tafeln Lichtdruck. fol. In Mappe. Preis der Serie von je 60 Tafeln 60 —
2251 — Allerlei Schreinwerk. III. Serie. Einzelheiten der Holz-Architectur. 2 Bde. 60 —
2252 — Die Arbeiten des Bautischlers im Style der deutschen Renaissance. Zimmerthüren, Hausthüren, Wandverkleidungen, Holzplafonds, Laden- und Restaurationseinrichtungen u. alle sonstigen Holzarbeiten des innern Ausbaues. Für Architekten, Baumeister und Bautischler. (Allerlei Schreinwerk, IV. Serie.) 60 Tafeln, Lichtdruck. In Mappe. 60 —
2253 — Möbel-Vorlagen im englischen Style. fol. Lfg. 1. 5 Lichtdrucktafeln. Berlin 1891. 5 —
(Erscheint in 6 Lieferungen.)

Karl W. Hiersemann in Leipzig, Königsstrasse 2. Catalog 109.
10

146 Möbel, Tapezierkunst.

M. Pf.

2254 **Jensen, J.**, album de dessins d'ornements pour découpeurs et ébénistes. Avec 32 planches. fol. Paris ca. 1850. Hlwd. 14 —
2255 **Intérieurs**, die, des Herrenhauses auf d. allgem. Land- u. Forstwirthschaftl. Ausstellung zu Wien 1890. 20 Bl. i. M. 20 —
2256 **Interior** och ornaments motiv från Kungl. Teatern i Stockholm. Uitg. af Svenska Slöjdföreningen. 6 Lichtdrucktaf. u. 1 Textbl. fol. Stockh. 1890. 9 —
2257 **Jonquet, A.**, original sketches for art furniture in the Jacobean, Queen Anne, Adams and other styles. 2. ed. W. 65 plates. fol. London 1880. Lwd. 23 —
2258 **Kolb und Seubert**. Der Decorateur. Mustersammlung für Tapezierer. Ausstattung von Innenräumen. 10 Lieferungen. Stuttgart 1885 —88. In Mappe. 100 —
2259 **Kramer, J.**, ausgeführte, practische Möbel-Verzierungen der Gegenwart. 2 Serien à 20 Tafeln. 4. Berlin 1890—91. In Mappen. 24 —
2260 — **Fantasie** u. moderne Möbel. Practische Vorlagen für Tischler, Bildhauer, Drechsler etc. 30 Taf. fol. Berlin 1890. In Mappe. 15 —
2261 **Krause, G. C.**, die Praxis des Möbeltischlers. Entwürfe zu modernen einf. u. billigen Möbeln. 70 lith. Taf. fol. Berl. In Mappe. 12 —
2262 — kleine Fantasie- u. Luxus-Möbel. Eine Sammlung von Möbelzeichnungen im modernen Geschmack nebst zahlreichen Details. 48 Tafeln. fol. Berlin 1891. In Mappe. 15 —
2263 — **Möbel** im modernen englischen Style. 1. Serie. 40 Taf. in Lithogr. quer-fol. Berlin (1889). In Mappe. 30 —
2264 **Kuhnt, F.**, Sammlung mod. Zimmereinrichtungen a. d. Industrie-Ausstellgn. zu Halle u. Karlsruhe. 100 Lichtdr.-Tafeln. fol. Dresden 1882—83. Hlbfrzbd. (100 M.) 60 —
Titelblatt fehlt.
2265 **Lalonde** (um 1760). Quatrième cahier de meubles et d'ébinisteries. 4 pièces (No. 1—4). quer-fol. Chez Will à Augsbourg. 10 —
2266 — Sitz-Möbel. 6 Stück auf 3 Taf. (No. 3. S. u. 4 bez.) fol. (Augsb., Will.) 6 —
2267 **Lenoir, G. F.**, theoretische u. practische Abhandlung f. den Tapezierer. Mit 80 Taf. fol. Brüssel 1891. In Mappe nebst Textband in-8. 40 —
2268 **Le Pautre**, 4 Blatt Schreinwerk reich ornament. Le Blond, av. privil. 4. No 3—6. Schöne Abdrücke. 15 -
2269 **Luthmer, Ferd.**, Werkbuch des Tapezieres. Darstellung aller in diesem Gewerbe vorkomm. Arbeiten und Materialien. Stuttgart 1885. Halbleder. (brosch. 10 M.) 8
2270 **Marcal**, dessinateur, meubles. Collection de 175 planches lithogr. cont. 657 dessins de toute sorte de meubles p. Marcal. gr.-fol. Paris (1870—85?) Halbmaroquin. 135 —
2271 **Marshall, A.**, specimens of antique carved furniture and woodwork. W. 50 photol. plates, and many woodc. gr.-fol. London 1888. hf. calf. 45 —
2272 **Meubles** et objets d'art des 15e, 16e et 17e siècles. 57 très belles planches photoglyptiques p. Goupil. (Collection M. A.) gr.-fol. Paris 1871. En carton. 100 —
2273 **Meubels-Details**, Münchener. 2 Hefte m. 18 div. lith. Tafeln. fol. München. Hlwd. 3 —
2274 **Möbel** (Holzbildhauer-Arbeiten). 40 color. Taf. aus Ackermann's Repository of Arts. London 1809—23. 20 —
2275 — von der Jubiläums-Gewerbe-Ausstellung Wien 1888. 60 Lichtdrucktaf. fol. Wien 1890. In Hlwd.-Carton. 60 —
2276 **Möbel-Album**, Wiener. 60 Lichtdrucktafeln. fol. Wien 1892. In Hlwd.-Mappe. 60 —
Eine sorgfältige Auswahl von reich ornamentirten Möbeln, vorwiegend im Renaissancestil.

Karl W. Hiersemann in Leipzig, Königsstrasse 2. Catalog 108.

Möbel, Tapezierkunst. 147

M. Pf.

2277 **Möbel-Journal**, deutsches. 2. Aufl. 6 Bde. M. 108 Tafeln. 4. Berlin 1872—74. cart. (48 M.) 15 —
2278 **Les Musées et Palais Nationaux**. Mobilier d'art conservé au Louvre, Garde-Meubles, Versailles, Elysée, Fontainebleau etc. des époques gothique, Renaissance, Louis XIII, XIV, XV et XVI. Ie partie: Sièges, fauteuils, canapées, écrans, consoles etc. Av. 60 pl. photogr. fol. Paris 1891. En portefeuille. 80 —
2279 — — IIe partie: Meubles sculptés et d'ebénistérie. Av. 60 pl. photographique. fol. Paris 1891. En portefeuille. 80 —
2280 **Naumann**, P., Möbel u. Zimmer der deutsch-nat. Kunstgewerbe-Ausstellung. Münch. 60 Taf. in Lichtdr. fol. Dresd. 1889. In eleg. Mappe. 50 —
2281 **Nicholson**, P. and M. A., The pract. Cabinet-Maker, Upholsterer and compl. Decorator. W. 92 ill. engrav. (35 col.). 4. London 1826. Pp. (ca. 50 M.) 25 —
Ganze Möbel. Möbel-Details. Decorationen. Ornamentik.
2282 **Niederhöfer's** Frankfurter Möbel-Bazar. Neue Entwürfe zur prakt. Ausführung billiger u. reicherer Möbel im Stil der Renaissance. 5 Bde. Mit 126 Taf. (z. grössern Theil in Farbendruck) u. 16 Detailbogen. fol. Frankf. 1880—84. (60 M.) Vollständiges, wohlerhaltenes Ex. 45 —
2283 **Novak**, A., Vorbilder für einfache Möbel in verschied. Stilarten, in modernem Charakter entworfen. Lfrg. I. 60 Farbendrucktaf. fol. Wien 1892. In Hlwdmappe. 20 —
2284 **Original-Musterbuch** enthaltend auf 11 Blatt 33 Abbildungen von Rohr-Stühlen in einfacher und künstlerischer Ausführung, farbige Originalzeichnungen mit Gold erhöht. Mit Angabe der Preise. quer-fol. (Paris? ca. 1830.) 16 —
2285 **Pabst**, A., Kirchenmöbel d. Mittelalters u. d. Neuzeit Chorgestühle, Kanzeln, Lettner u. andere Gegenstände kirchl. Einrichtung. Lief. 1—3. 18 Lichtdrucktafeln. fol. Frankf. a. M. 1891. In Mappe. 18 —
2286 **Péquègnot**, meubles de tout style d'après les maîtres gravés en fac-simile. 2 vols. avec 250 planches. gr.-4. Paris s. d. (cca. 1860.) In 2 Hlwdmappen. (140 fr.) 60 —
2287 **Pfnor**, R., le mobilier de la couronne et des grandes collections du XIII. au XIX. siècle. Meubles, tentures, tapisseries, bronzes objets d'art de toutes les époques et de tous styles. Vols. I et II, av. 80 planches, et 20 feuilles supplém. de details. fol. Paris s. d. (1872—74.) In Hlwdmappen. (120 fr.) 48 —
2288 **Pineau**, Nic., 5 Blatt Innendecorationen: Lit en Niche; Lambris pour un cabinet d'aisance; Lambris d'un chambre à coucher; Décorat. d'un chambre des bains; Porte couronnée d'un tableau. Paris, Mariette. fol. 12 —
2289 **Plasky**, E., embrasses, franges pour meubles et rideaux: Passementeries de style pour ameublement. Av. 40 planches chromolith. 4. Brux. s. d. In Hlwdmappe. 44 —
2290 **Pollen**, J. H., ancient and modern furniture and woodwork in the South Kensington Museum. W. woodcuts in the text and plates. London 1874. Halbmaroquin. 21 —
2291 **Prachtmöbel**. 6 Photogr. in gr.-fol. von grossen sehr reich ornam. Prachtstücken. — 5 Photogr. v. reich ornam. Möbeln. fol. 4 —
2292 **Prignot**, Liénard et Colgnet, l'ameublement moderne. 2 vols. Avec 144 belles planches. fol. Brux. 1880. En cartons. (120 fr.) 60 —
2293 **Prignot**, E., moderne Sitzmöbel. 25 Taf. ca. 60 Zeichngn., Sitzmöbel alle Formen u. Stilarten umfassend. fol. Berlin. In Mappe. 25 —
2294 — La tenture moderne. Vorlagen für Tapezierer und Decorateure. vier Serien mit je 25 Tafeln i. M. Jede Serie 25 —

Karl W. Hiersemann in Leipzig, Königsstrasse 2. Catalog 108.

10*

Möbel, Tapezierkunst.

M. Pf.

2295 **Pugin**, A. W., Gothic Furniture in the style of the 15th century. 25 beautiful etched plates (includ. the ornamental titlepage). 4. London 1835. Lwd. (21 sh.) 10 —
Gothische Luxusmöbel aller Art in sehr reich ornamentirter Holzschnitzerei.

2296 **Quétin**, (Albums de Meubles No. 10:) Album de Meubles Boulle. Modèles style Louis XV—Louis XIV et Louis XVI, en bois de rose, bois noir, porcelaines, bronze, marqueterie de cuivre et écaille, mosaique bois de toutes couleurs, etc. Grand format (36 × 27). 134 belles planches color. au pinceau. qu.-fol. Paris s. a. (ca. 1880). Roth Hmaroq. 60 —
Die Tafeln sind nummerirt No. 1. 2. 4—90, 92—126; die Tafeln 3 und 91 sind nicht erschienen. Das Buch enthält nur kunstvoll gearbeitete Möbel aller Art mit geschmackvollen und sehr reichen Verzierungen in eingelegter Arbeit.

2297 **Ranson** (18. Jahrh.). (Meubles à la mode): Lit à la Turque. — Lit à Colonnes dans le genre mod. — Lit à la Turque. — Lit à Colonnes dans le genre mod. 4 pièces. fol. (Will, Augsburg). 20 —

2298 **Reuter**, C., Decorations-Journal. Fach-Organ f. d. Tapez. u. Decorat. 1887—88. Mappe 1. 2 u. 6 m. 18 Taf. in Farbendr. u. 12 Schnittmustern. fol. Karlsr. 1887—88. In Mappen. (22½ M.) 16 —

2299 **Roccheggiani**, L., invenzioni diversi di mobili ed utensilj sacri e profani per usi comuni della vita. C. 100 tav. (Möbel u. andere Geräthschaften im Empire-Style.) quer-4. Milano ca. 1800. 18 —

2300 **Roubo**, A. J., die Kunsttischlerei. Die Grundregeln d. auf die Kunsttischlerei bezügl. Konstruktionen. Neu bearb. v. A. Trichet, E. Foussier u. A. Mit Atlas v. 100 Taf. in fol. Berlin 1890. (32 M.) 24 —

2301 — Vorlagen für Bautischlerarbeiten. Neu bearb. v. E. Delbrel, R. Pfnor, J. Verchère u. A. 2 Thle. 100 Taf. fol. Berlin 1891. In Mappen. (32 M.) 24 —

2302 — l'art de la menuiserie. Nouv. édition p. Dufournet. Texte 8. Avec atlas de 111 planches. fol. Paris 1878. (30 fr.) 15 —

2303 **Sanders**, W. B., examples of carved oak woodwork in the houses and furniture of the 16. and 17. cent. W. 25 plates. fol. Lond. 1883. Lwd. (31½ sh.) 22 —

2304 **Schreinerzeitung**, illustrierte. Möbel u. Bauarbeiten in prakt. Beispielen f. einfache u. reichere Ausführ. Hrsg. v. F. Luthmer. 5 Bde. (Jgge.) mit 240 autogr. u. photolith. Taf. fol. Stuttg. 1882—87. (180 M.) 120 —

2305 **Schübler**, J. J., vorhab. Werck, mit welchem er gesonnen, prächtige u. zierliche Meubeln, auch andere rahre u. künstl. Aufsätze, welche sowol zu innerer Aussiehrung fürstl. Paläste, auch Kirchen Gebäuden etc. gebraucht werden können. I. Thl. in 20 Abthlgn. M. 126 reich ornament. Kupfertaf. fol. Augsb., Jerem. Wolff. (ca. 1730). Lederbd. 140 —
Eine Taf. der 18. Abth. fehlt, erschienen sind ausser d. vorlieg. I. Thl. nur noch 2 Abth. d. II. Thls., ganz complete Exempl. kommen fast nie im Handel vor, aber auch so vollständige Reihen, wie die vorliegende, sind sehr selten. Die reich ornament. Taf. im Stile v. Decker's fürstl. Baumeister, stellen Betten, Stühle, Grabsteine, Uhrenverkleidungen, Gartensäle, Cantzeln, Altäre, Beichtstühle, Orgeln, Kamine, Wasserplumpen etc. etc. dar. Die Abdrücke meist von prächtiger Schärfe.

2306 — 6 Blatt Cabinetausstattung (Sessel, Tische, Leuchter etc.) fortlaufend numerirt. fol. Am unteren Rand beschnitten, so dass theilweise ein Stück des erklärenden Textes fehlt. Schöne u. reiche Ornamentik. 15 —

2307 — 6 Blatt Betten und Plafonds, fortlaufend numerirt, Jer. Wolfli Haeredes exc. 18 —

2308 — Anweisung zur unentbehrl. Zimmermannskunst. Mit 44 Taf. fol. Nürnb. 1731. Hldr. 10 —

2309 — Interieurs u. Mobiliar d. 18. Jahrh. Nachbildgn. d. Orig.-Stiche in Facs.-Druck. M. Einltg. v. Dr. A. Ilg. 25 Taf. fol. Wien 1885. In Mappe. (25 M.) 15 —

Karl W. Hiersemann in Leipzig, Königsstrasse 2. Catalog 108.

Möbel, Tapezierkunst.

2310 **Schumann, R.**, das Zimmer d. Gegenwart. Neue meist einf. ausgef. Möbel stylvoller Zimmereinrichtungen. 50 Lichtdrucktaf. fol. Leipz. (1887). In Mappe. (42½ M.) 32 —
2311 **Schwenke, F.**, ausgeführte Möbel- u. Zimmer-Einrichtungen der Gegenwart. 2 Bde. mit 144 Taf. in Lithogr. u. Lichtdruck. fol. Berlin 1882—84. (120 M.) 80 —
2312 **Shaw, H.**, specimens of ancient furniture drawn from existing authorities. W. descript. by S. R. Meyrick. W. 74 plates. London 1866. Hfz. (84 M.) Schönes Ex. 35 —
2313 **Shaw, H.**, and **Meyrick**, ancient plate and furniture from the colleges of Oxford and the Ashmolean Museum. W. 10 colour. plates. fol. Lond. 1837. cart. 22 —
2314 **Sheraton, T.**, Modell- u. Zeichnungsbuch für Ebenisten, Tischler, Tapezierer u. Stuhlmacher, u. sonst für jeden Liebhaber des guten Geschmacks bey Möblirung u. Einrichtung der Putz- u. Prachtzimmer. Aus d. Engl. v. G. T. Wenzel. 3 Bde. mit 90 Kupfertaf. 4. Lpz. 1794. cart. Die Schlussblätter des Textes fehlen im 3. Bande, sowie die Seiten 257—264 im 2. Theil. 52 —
2315 **Small, J. W.**, ancient and modern furniture. With 50 plates. 4. Edinb. 1883. Hlwd., ob. Schnitt verg. 25 —
2316 **Smith, B. E.**, designs and sketches for furniture in the Neo-Jacobean and other styles. 36 plates with short explanations in letterpress. quer-fol. London 1876. Lwd. Nicht im Handel. Selten. 60 —
2317 **Smith, G.**, a collection of designs for household furniture and interior decoration in the most approved and elegant taste. With 158 engrav. plates in colours fr. orig. drawings. 4. London 1808. Orange Kalbleder m. Goldschn. 90 —
2318 **Smith, G.**, original designs for household furniture. 39 plates of cabinet and upholstery designs in the various stiles of Grecian, Gothic, Louis XIV., etc. quer-fol. London no d. (ca. 1850). Gebraucht, im oberen weissen Rande leicht ölfleckig. 10 —
2319 **Smits, J. A.**, cahier de dessins pour draperies. Titre et 30 pl. color. qu.-4. Rotterdam ca. 1810. 30 —
   Alcoves, lits, croisés, draperie antique Indienne, Turque etc.
2320 **Spiegelrahmen.** 18 Blatt Photographien in-fol. auf Cartons, Modelle zu ornamentirten Spiegelrahmen. Mit beistehenden Maassen der Grössenverhältnisse. 15 —
2321 **Stüler u. Strack**, Vorlegeblätter f. Möbeltischler. Neue Aufl. M. 24 Taf. quer-fol. Potsdam 1846. cart. (8 M.) 3 50
2322 **Style**, the modern, of cabinet work examplified in new designs. 72 plates (some coloured) cont. 227 designs. 4. Lond. 1829. Hfz. (40 M.) 14 —
2323 **Talbert, Bruce J.**, fashionable furniture a collection of 350 original designs representing Cabinet Work, Upholstery, and Decoration also a Series of Domestic Interiors by H. Shaw. 116 lithogr. plates and 4 pages of letterpress in portfolio. 4. New York (1890). 35 —
   Tafel 49 u. 61 fehlen.
2324 — examples of ancient and modern furniture, metal work, tapestries decorations etc. (Part. II.) W. 21 plates. fol. London 1876. cloth. (32 sh.) 20 —
2325 **Tapezierer-Arbeit:** Draperien u. Fensterdecorationen. 40 color. Taf. aus Ackermann's Repository of arts. London 1809—23. 20 —
2326 — Betten, Sessel, Sofas etc. 40 color. Taf. aus Ackermann's Repository of arts. London 1809—23. 20 —
2327 **Tapezierkunst**, Die. Lieferg. 1—4 (mehr nicht erschienen) 32 Blatt in Farbendruck. fol. Berlin 1887—90. In Mappen. (80 M.) 60 —

Karl W. Hiersemann in Leipzig, Königsstrasse 2. Catalog 108.

150   Skulptur.

                                                                    M. Pf.
2328 **Taylor's** original and novel designs for decorative household furni-
     ture and upholstery. W. 30 coloured plates. 4. Lond. 1824.   9 —
     Polster-Sits-Möbel.
2329 **Thomsen,** P., the Cabinet Maker's sketchbook: a series of original
     details of modern furniture. W. 100 plates. fol. Glasgow circa
     1840. Hfz.   30 —
2330 **Töpfer,** A., Möbel f. d. bürgerliche Wohnung, ausgef. Entwürfe nebst
     Detailzeichnungen in Naturgrösse a. d. Techn. Anstalt f. Gewerbe-
     treib. zu Bremen. 40 Blatt Aufrisse u. 40 Bogen Werkzeichngn. fol.
     Lpz. 1888. In 1 Mappe. (20 M.)   12 —
2331 **Toscanelli** collection. — Album conten. la reproduction des tableaux
     et meubles anciens. 55 phototyp. (an lieu de 59, numerotées 1—52).
     fol. Firenze (ca. 1860.) Lwd.   26 —
2332 **Ungewitter,** G. G., Entwürfe zu gothischen Möbeln. 6 Lief. M.
     48 Taf. fol. Glogau (1865).   12 —
2333 **Verchère,** J., l'art du mobilier. Traité graphique d'ameublement
     des styles renaissance Louis XIII, XIV, XV et XVI. Avec coupes
     et plans, accomp. de tous les éléments d'ornementation etc. (2. éd.)
     87 planches (gravures et lithogr. numerotées 1—61). fol. Paris ca.
     1882. (100 fr.) In Mappe.   60 —
2334 — recueil d'ameublements. 64 planches. fol. Paris 1875. In Mappe. 40 —
2335 — recueil de meubles. Avec 44 planches. 4. Paris 1875. Hlwd.   30 —
2336 — recueil de siéges anciens et mod. Av. 186 sujets sur 96 planches.
     4. Paris 1876. In Hlwdmappe.   26 —
     Bl. 69, 70 ist nicht erschienen.
2337 **Verdellet,** J., geometr. Handbuch für Tapezierer. M. 65 Taf. fol.
     Berlin (1886). In Mappe. Neues Exemplar.   72 —
2338 **Villeneuve,** Th., le mobilier d'art. Moderne Pariser Moebel-Vorlagen:
     Buffets, Betten, Spiegelschränke, Säulen etc. etc. 72 Taf. in Licht-
     druck. fol. Paris 1889. In Mappe.   40 —
2339 — meubles d'art de differents styles. 64 planches en photolith. 4.
     Paris. In Mappe.   32 —
2340 **Viollet-Le-Duc,** M., dictionnaire raisonné du mobilier franç. de l'époque
     carlovingienne à la renaissance. 2. éd. Vol. I: Meubles. Av. 28 pl.
     dont plus. color. et beauc. de grav. s. bois. Paris 1868. Hfrz. 20 —
     ☛ Das complete Werk siehe unter Nr. 1719.
2341 **Vredemann de Vriese,** plusieurs menuiseries comme portaulx, gar-
     derobbes, buffets, chalicts, tables, arches, selles, bancs etc. etc. 1630.
     Reprod. 40 planches. 4. Brux. 1869. cart.   25 —

Skulptur.

Allgemeines.
                                                                    M. Pf.
2342 **Alberti,** L.-B., de la statue et de la peinture. Trad. du latin en
     franç. p. Cl. Papelin. Paris 1869. (10 fr.)   6 —
2343 — **Hoffmann,** P., Studien z. L. B. Albertis de re aedificatoria.
     Frankenb. 1883.   — 80
2344 **Aldegrever,** H. (1502—55), Ornamente. Facsimiles von (61) Original-
     stichen im Kupferstichcab. zu München auf 25 Lichtdrucktaf. (v. Ober-
     netter). fol. Regensb. (1890). In Carton. (24 M.)   12 —
2345 **L'Ape italiana delle belle arti.** Giornale dedicato ai cultori ed ama-
     tori di osse, pubbl. da G. Melchiorri. Vol. I—V e vol. VI fasc. 1. 2.
     Con. 188 tav. gr.-fol. Rom 1835—40.   36 —
     „Jeder Jahrgang enthält 33—36 gut gestochene Blätter nach Gemälden u. Sculpturen
     älterer u. neuer Meister. Subscriptionspreis für jeden Jahrgang 7 Thaler." Bud.
     Weigel's Kunstkatalog No. 9777.

          Karl W. Hiersemann in Leipzig, Königsstrasse 2. Catalog 108.

Skulptur.

M. Pf.

2346 **Aufleger, O.,** Altäre und Sculpturen d. Münsters zu Salem. Mit 20 Taf. in Lichtdr. fol. München 1892. In Mappe. 20 —
   Süddeutsche Architector u. Ornamentik d. 18. Jahrh. 6. Band.
2347 **Baldus, E.,** Palais du Louvre et des Tuileries: motifs de décorations intérieurs et extérieures. 3 vols. de 800 planches. Paris 1875. fol. (450 fr.) In 3 Mappen. Einige Gebrauchsspuren. 280 —
2348 **Bamberger, R.,** Wiener Vergolder-Vorlagen. Entw. von Fantasie-Möbeln, Etagères, Ofenschirmen, Rahmen etc. in modernem Rococo. M. 20 Taf. in Tondruck. fol. Wien 1891. In Mappe. 20 —
2349 **Barye.** — Ballu, Roger, l'oeuvre de Barye précédé d'une introduction de E. Guillaume. Av. 24 pl. et nombr. vignettes, dans le texte. fol. Paris 1890. Toile. (100 fr.) 60 —
2350 **Baudot** et Mieusement, la sculpture au Moyen-Age et à la Renaissance, 1e edition avec 120 planches, dont 15 en héliogravures et 105 en reproduction photographique. fol. Paris 1884. En portefeuille. (256 fr.) 185 —
2351 **Boll, F. B.,** 36 designs for Wood Carving (Relievos). 36 lithogr. plates. fol. Bristol no d. In Mappe. (28 sh.) 21 —
2352 **Benk,** figuraler Schmuck im Kuppelraume und im Stiegenhause des k. k. kunsthistorischen Hofmuseums in Wien. Ausgeführt von Joh. Benk, Carl Kundtmann und Rud. Weyr. 1 Band. 4. 28 Blatt Lichtdruck. Wien. 26 —
2353 **Bildwerke** aus dem Mittel-Alter; Sammlg. auserwählter Skulpturen im byzant. u. deutschen Stil nach Gipsabg. im Max.-Museum z. Nürnberg. M. 24 Kupfert. von J. Walther u. Text von G. Lochner. Roy. fol. Nürnberg 1856. (35 M.) 7 50
2354 **Bischop (Episcopius) J.,** Signorum veterum icones. Titel und 100 Blatt Radirungen v. J. Episcopius nach Zeichnungen v. Doncker, Doudyns, Neefs, Jacop v. Ghein etc. fol. (Haag ca. 1670). cart. 24 —
   Antike Statuen in vorzügl. Radirungen des berühmten holländ. Kupferstechers.
2355 **Blondel,** 14 Blatt Aussendecorationen. Giebel, Schlusssteine für Thüren und Fenster etc., meist emblemat. Figuren u. Gruppen darstellend. 16 --
2356 **Bode, W. u. H. v. Tschudi,** Beschreibg. der Bildwerke der christl. Epoche in den kgl. Museen zu Berlin. Mit 68 Taf. u. 70 Holzschn. 4. Berl. 1888. (20 M.) 16 —
2357 **Bode, W.,** Geschichte der deutschen Plastik. Mit 29 Taf. u. Farbendrucken u. sehr vielen Textillustrationen. 4. Berlin 1887. (Einzelpreis M. 20.) Geschichte der deutschen Kunst Bd. II. 14 —
2358 — die italien. Skulpturen der Renaissance in den kgl. Museen. II. Bildwerke des Andrea del Verrocchio. M. 8 Holzschn. gr.-4. (Berlin 1882.) Ausschn. 50 pp. 6 —
2360 **Brandon, R. u. J. A.,** an analysis of Gothick Architecture, illustr. by a series of upwards of 700 examples of doorways, windows etc., and accomp. with remarks on the several details of an ecclesiastical edifice. New ed. 2 vols. with 158 plates and many woodcuts. 4. London 1858. Hmaroq. Hin u. wieder unbedeutende Papierflecken, sonst schönes Ex. (105 M.) Enthält ausschliesslich ornamentale Details. 70 —
2361 **Burges, W.,** et Didron ainé, iconographie des chapiteaux du palais ducal de Venise. Av. 3 planches. 4. Paris 1857. Hmaroq. Schn. vergold. 10 —
2362 **Burgess, J.,** notes on the Amarâvati Stupa. W, 17 plates. 4. Madras 1882. (Archaeolog. survey of S. India. No. 3.) 15 —
   Die Taf. 5—17 enth. Abbildgn. der Skulpturen etc. u. gewähren einen interess. Einblick in die ind. Ornamentik.
2363 **Bussler, F.,** Verzierungen aus dem Alterthume. 21 Hefte. Mit 126 Taf. 4. Berlin (1805) (52 M.) 20 —
2364 **Campana, G. P.,** Antiche opera in plastica della collezione Campana. Imp.-fol. Roma 1842. 6 ptes. C. 31 tav. color. In Carton. 40 —

Karl W. Hiersemann in Leipzig. Königsstrasse 2. Catalog 108.

152   Skulptur.

                                                                M. Pf.
2365 **Canova**, Werke. 2. Aufl. M. C.'s Leben v. Latouche. M. 100 Lithogr.
     Stuttgart 1835. Pp. (15 M.)   7 50
2366 **Carrier-Belleuse**, decorative Statuetten. Alleg. u. mythol. Figuren,
     Amoretten, Büsten etc. Orig.-Aufn. d. Terrakotten. 25 Taf. in
     Phototypie. fol. Berlin 1891. In Mappe.   32 —
2367 **Carstens** Werke in ausgewählten Umriss-Stichen v. W. Müller. Hrsg.
     v. H. Riegel. 2 Bde. m. Portr. u. 79 Taf. m. Text. 2. Aufl. qu.-fol.
     Leipz. 1869—74. cart. (44 M.)   25 —
2368 **Carter, John**, specimens of the ancient sculpture and painting in
     England from the earliest period to Henry VIII: statues bas-reliefs,
     busts, sculptures, brasses, monumental effigies, paintings on glass,
     walls, and panells, missal illuminations; carvings, ancient furniture,
     archit. ornaments etc. New improved ed. by S. R. Meyrick, D.
     Britton etc. W. 120 fine plates many of which coloured. fol.
     Lond. 1838. Halbmaroquin. (315 M.)   120 —
     Ein wenig bekanntes Werk über mittelalterl. Kunst in England: höchst wichtig für Kunstgesch. u. Kunstgewerbe.
2369 **Colling**, J. K., examples of English mediaeval foliage and coloured
     decoration, taken from buildings of the 12th to the 15th century.
     W. 76 plates and many woodc. 4. Lond. 1874. Lwd. (42 sh.) 25 —
2370 — art foliage for sculpture and decoration; with an analysis of geo-
     metric form. 2. ed. W. 80 plates and many woodc. 4. London 1878.
     Lwd. (42 sh.)   25 —
2371 **(Combe and Hawkins)**, descriptions of ancient marbles in the British
     Museum. Parts II to V and VII. With 131 fine engrav. 4. Lond.
     1815—35. Large paper copy. (Ladenpreis 13 £ 13 sh. = 273 M.) 90 —
2372 **Comparetti, D.**, e G. de Petra, la villa Ercolanese dei Pisoni i suoi
     monumenti e la sua biblioteca. C. 24 tavole fototip. fol. Torino 1883.
     Hlwd. (125 Lire.)   95 —
     Bronze- u. Marmorstatuen.
2372 **Courajod, L.**, Germain Pilon et les monuments de la chapelle de
     Birague à St.-Catherine-du-Val-des-Écoliers. Av. grav. Paris 1885.
     Extr. 18 pp.   1 20
2374 — Oeuvre inédite de Jean Bullant ou de son école. Avec grav. s.
     b. Paris 1880. Extr. 24 pp.   2 —
2375 — Les débris du musée des monuments franç. à l'école des beaux-
     arts. Av. 4 pl. et grav. s. bois. Caen 1885. Extr. 24 pp. 2 50
2376 **Daly, C.**, motifs historiques d'architecture et de sculpture d'ornement
     pour la composition et la décoration des édifices publics et privés
     (16. à 18. siècle). Détails extérieurs. 2 vols. avec 198 planches. fol.
     Paris 1869. In Mappen. (300 fr.)   150 —
2377 **Dannecker, J. H.** v., Werke in einer Auswahl hrsg. v. Grüneisen u.
     Wagner. M. 24 Taf. 4. Hamb. (1841). Pp. (7¼ M)   5 —
     Text deutsch u. franz. Einige Taf. leicht stockfl.
2378 **Delafosse, J. Ch.** (18. Jahrh.). Nouvelle iconologie historique ou at-
     tributs hiéroglyphiques, composés et arrangées de manière qu'ils peu-
     vent servir à toutes sortes de décorations. (Franc.-hollandais).
     Av. 103 planches. Amsterd. (1768), in-fol., dem.-veau. Exemplaire grand
     de marges.   150 —
     Cartouches, bordures, médaillons, vases, frises, tombeaux, pendules, trophées etc.
2379 **Delestre, J. B.**, études des passions appliquées aux beaux-arts, à la
     peinture, à la sculpture etc. 3. éd. Paris 1853.   3 —
2380 **Del Rosso, G.**, Osservatore Fiorentino sugli edifizj della sua patria.
     3 ed. 8 vols. Mit 1 Plan u. 16 Tafeln. Firenze 1821. brosch. un-
     beschn. (96 Paoli).   30 —
2381 **Demenieux, E.**, Coysevox, Charles Ant., (1640—1720). Notice sur sa
     vie et ses ouvrages. Paris 1882.   4 —

              Karl W. Hiersemann in Leipzig, Königsstrasse 2. Catalog 108.

Skulptur. 153

M. Pf.

2382 **Description** of the collection of ancient marbles in the Brit. Museum (by Hawkins). Part 10. W. 60 plates. 4. London 1845. cart. (63 sh.) 50 —
Seite 43 u. 44 u. Taf. 20 fehlen.

2383 **Eberhard**, H. W., Typen pittoresk-plastisch-architectonischer Ornamente aus der vaterländ. Flora in Versuchen ihrer Anwendg. für Kunst u. Gewerbe. Mit 48 Taf. 4. Lpz. o. J. (12 M.) 7 —

2384 **Entwürfe** im Wettbewerbe für d. künstl. Ausgestaltung der Dreigiebel-Façade d. Römergebäudes nach d. Römerberg in Frankfurt a. M. 12 Lichtdruckt. fol. Frankf. 1890 12 —

2385 **Episcopius**, J., paradigmata graphices variorum artificum, ex formis Nic. Visscher. Titel, 2 Bll. Text, Kupfertitel (dieser aufgezogen), u. 57 Kupfertaf., gestochen v. Joh. Bischop nach antiken u. modernen Sculpturen u. nach Gemälden. fol. Hagae Com. 1671. Pgt. Im weissen Rande wasserfleckig. 18 —

2386 **Erker** der Stadt St. Gallen hrsg. v. Ingenieur-Architekten-Verein, Kunstverein u. histor. Verein. Aufgen. u. gez. v. J. L. Meyer. 10 Taf. Imp.-fol. O. O. u. J. (St. Gallen 1884). Nicht im Handel. 16 —
In architecton. ornamentaler u. kunstgeschichtl. Hinsicht gleich interessant.

2387 **Fogelberg**, B. E., l'oeuvre de. Publié p. C. Leconte. Avec 39 très belles planches y compris le portr. fol. Paris 1856. Schönes Ex. in Halbmaroquin, oberer Schnitt vergoldet. (60 fr. brosch.) 23 —
2 Tafeln scheinen zu fehlen (14 u. 31).

2388 **Förster**, E., die Bildnereien der Chorschranken in der Liebfrauenkirche zu Halberstadt. M. 4 Taf. 4. Lpz. (1860) A. 8 pp. 4 —

2389 **Fossier** (2. Hälfte d. 18. Jahrh.). Livre de différents trophés représ. l'amour des arts. 3 (au lieu de 4) pièces. Berthault sc. fol. Paris, Mondhare. Mit Rand. 15 —

2390 **Frulini**, L., Oeuvres de sculpture. Collection variée de motifs d'ornements. Amorini ed ornamenti in legno scolpito. Avec 20 belles pl. photogr. fol. Torino (1889). En portef. 32 —

2391 **Gagini**. — Gallo, A., elogio stor. di Antonio G., scult. ed archit. Palermit. C. effigie. 4. P. 1821. 3 —

2392 **Galleria Giustiniana** del marchese Vinc. Giustiniani. 2 Bde. mit 320 Tafeln: Statuen, Büsten, Reliefs etc., nach Zeichnungen v. Sandrart, Lanfrancus, Perrier, J. Guido etc. gestochen v. Bloemaert, Natalis, Persyn, Matham u. A. gr.-fol. O. O. u. J. (Rom ca. 1640). Hldr. Bd. I theilweise leicht wasserfleckig. In Bd. I fehlt Tafel 2, in Bd. II fehlen Tafel 5 u. 6. 105 —

2393 **(Gori.)** Museum Fiorentinum, exhibens insigniora vetustatis monumenta, quae Florentiae sunt in thesauro mediceo, cum observationibus A. F. Gorii. Florent. 1731—66. 12 voll. c. multis tabb. gr.-fol. Hfrz. 600 —
Selten complet. Inhalt: Statuae 1 vol. — Gemmae 2 voll. — Numismatae 3 voll. — Serie di Rittratti degli Pittori 4 voll — Supplemento alla Serie per A. Pazzi Parte I (un.) in 2 voll.

2394 **Gropius**, C., Ornamente in verschied. Baustylen. 14 Hefte = 84 Taf. quer-4. Berlin 1844—49. (31½ M.) 8 —

2395 — Ornamente in verschied. Baustylen nach Modellen, in Steinpuppe ausgeführt in d. Fabrik v. C. Gropius. Für Architekten, Bauhandwerker u. Maler. 3. Ausg. 90 Tafeln. qu.-fol. Berlin ca. 1880. cart. (16 M.) 10 —

2396 **Habermann**, F. X. (Augsburger Künstler des 18. Jahrh.), Auswahl ornamentaler Motive (im Rococo-Stil). 35 Blatt Lichtdruck. In Folio-Mappe. 1887. 25 —

2396a — Rococo-Möbel. 35 Blatt. 1888. In Mappe. 25 —

2397 **Hähnel**, E. J., Sculpturen am kgl. Museum u. d. alten kgl. Hoftheater zu Dresden, ferner Denkmäler, Statuen, Entwürfe, Reliefs etc. M. 121 Lichtdruckt. fol. Dresden 1882. (120 M.) Wie neu. 75 —

Karl W. Hiersemann in Leipzig, Königsstrasse 2. Catalog 108.

Skulptur.

                                                                                          M. Pf.
2398 **Hasenauer.** — Statuarischer Schmuck der Façaden des kk. kunsthist. Hof-Museums in Wien. Erbaut v. C. v. H. 30 Lichtdrucktaf. fol. Wien. cart. 22 50
2399 **Hauptmann,** A., moderne ornamentale Werke im Stile d. italien. Renaissance. 3. Aufl. 138 Taf. in Lichtdruck. fol. Dresden 1876. In Lwdmappe. (123 M.) 90 —
2400 **Hittenkofer,** Formenelemente aus der gesammten Ornamentik für Architekten etc. Mit 25 Taf. 4. Aufl. fol. Leipz. 1881. In Mappe. (10 M.) 7 —
2401 **Hochwind,** J. C., mittelalterliche Verzierungen Englands u. Frankreichs, nach Originalien der vorzüglichsten Architekten. 8 Hefte in 1 Bde. mit 48 Tafeln. qu.-4. München (1847.) br. (8½ M.) 5 —
2402 **Hoffmann,** A., Holzsculpturen in Rococo, 1.–3. Serie m. 90 Photographien auf Carton. 4. Berlin (1885–87). In Mappen. (112½ M.) 98 —
2403 **Hopkins,** J. V., ornaments of the 16. century. 24 lithogr. pl. O. O. u. J. (1840.) (20 sh.) 12 —
2404 **Horst, Tielemann von der,** theatrum machinarum universale; of nieuwe algem. bouwkunde, waarin . . veelerley soorten van Trappen, ... Cieraaden en Lofwercken, Lantaarens etc. Mit 30 Kupfertaf. in doppelter Grösse, gestochen v. J. Schenk. gr.-fol. Amst. 1739. Hldr. 24 —
Treppenbau, verzierte Treppengeländer, Treppenhäuser.
2405 **Hymans,** decorat. u. allegor. Darstellungen grosser Maler u. Bildh. der klass. Schulen. (I. Serie.) 48 Taf. Berl. o. J. In Mappe. 27 —
2406 — — der alten Schulen. (II. Serie.) M. 48 Tafeln. Berlin 1892. 27 —
2407 **Johnson,** Th. (um 1760), carver, one hundred & fifty new designs, consist. of ceilings, chimney pieces, slab, glass & picture frames etc. etc. the whole well adapted for decorat. all kinds of ornam. furniture in the present taste. Engr. on 56 copper-plates. fol. Sold by Robert Sayer. — London 1761. Halbkalbldr. 180 —
Titel aufgezogen. Taf. 25, 26, 54, 55, 56 fehlen, im übrigen sehr wohl erhaltenes Ex. dieser geschätzten Ornamentstiche in Rococostil. Ob Tafel 54–56 überhaupt erschienen, scheint fraglich.
2408 **König,** O., figurale Ausschmückung des Saales XXVIII der K. Gemälde-Gallerie in Wien u. div. andere plastische Arbeiten. 25 Taf. in Lichtdr. u. Portr. gr.-4. Wien 1891. In Mappe. 26 —
2409 **Königsberg** in Preussen. 5 Blatt Skulpturengruppen von der Neuen Börse in Königsberg; Europa, Asien, Afrika, Amerika; der Löwe auf der Treppenrampe. 5 Foliobll., Photographien, auf Cartons. 3 —
2410 **Kraft,** Adam, u. seine Schule. (1490–1507.) E. Sammlg. vorhandener Steinbildwerke in Nürnberg. M. Text-Abbildgn. u. 31 Taf. auf Holz gez. u. mit deutsch., engl. u. franz. Texte versehen v. Fr. Wanderer. fol. Nürnb. (1869). Lwd. (42 M.) Tadellos erhalten. 25 —
2411 **Krauss,** F., die Lehrjahre e. Bildners a. d. Steiermark. Biogr. Skizze üb. Hans Brandstetter. M. 9 Lichtdruckillust. Graz 1885. (5 M.) 3 50
2412 **Landl,** G., architectural decoration. 28 beautifully coloured plates, repres. ornamental chimneys, ceilings, fronts of houses, halls, saloons, furniture, Chinese houses and their interior decorations, etc. Imp.-fol. London 1810. cart. Ohne Titel. (210 M.) 110 —
Farbenprächtige Entwürfe mit sehr reicher Ornamentik.
2413 **Langer,** Theodor. Die beiden Giebelfelder am Kgl. Hoftheater zu Dresden, n. E. Rietschel. 2 Bl. gr.-oblong. fol. Abdr. auf chines. Papier. 6 —
2414 **Lefèvre,** le decorateur; recueil de modèles de bois et marbres. 20 pl. en chromolith. 4. Paris 1884. In Mappe. (20 M.) 16 —
2415 **Le Pautre,** chaires de prédicateurs nouvellem. inv. et gr. p. J. le P. Paris, Pierre Mariette, 1659. 6 Blatt fortl. numer. fol. unbeschn. 20 —
2416 — portails de l'église à italienne. 4 Batt. fol. 6 —

Karl W. Hiersemann in Leipzig, Königsstrasse 2. Catalog 108.

Skulptur. 155

2417 **Lessing, O.**, ausgeführte Bauornamente der Neuzeit. Sammlg. hervorragender Ornamentausführungen der bedeutendsten Architekten u. Bildhauer in Deutschland u. Oesterreich. 100 Lichtdrucktafeln. gr.-fol. Berlin 1884. (100 M.) — 70 —

2418 — Bauornamente der Neuzeit. Band II. 100 Tafeln in Lichtdruck. fol. Berlin 1890. In Mappe. 100 —

2419 — Bauornamente Berlin's. 100 Tafeln in Lichtdruck u. Lithogr. gr.-fol. Berlin 1881. In 4 Hlwdmappen. (100 M.) 80 —

2420 **Liénard**, spécimens de la décoration et d'ornementation au 19e siècle. 125 planches. fol. Liège a. d. (1866). In Mappe. (125 fr.) 60 —

2421 — (Les arts industriels du 19me siècle symbolisés.) 6 grosse prächtige Kupferstiche auf Chines. Papier, Lienard inv. 1846, Riester sculp., darstellend Symbole der verschied. Zweige des Kunstgewerbes in reich ornamentirter Gruppirung. Die Tafeln sind nummerirt 1—6 und benannt: „La Sculpture au 19me siècle", la Fonte de Fer; les Bronzes; l'Orfèvrerie; l'Ébénisterie; Porcelaine, Cristaux et Poterie au 19mo siècle. Die weissen Ränder sind etwas staubig u. haben theilweise Einrisse; bei der 5ten Tafel geht ein Riss bis in unbedruckte Theile des Plattenrandes. Die Serie ist ohne Titel. 15 —

2422 **Tentative Lists** of objects desirable for a collection of casts, sculptural and architectural, intended to illustrate the History of Plastic Art. For private circulation among those whose advice is sought in the preparation of final lists, publ. by the Metropolitan Museum of Art, New York. 4. New York 1891. X pp. and 121, printed on one side only of thick paper. 25 —

Sehr interessanter Privatdruck, nur in geringer Anzahl hergestellt. Mit Preisen der Abgüsse.

2423 **Litta, P.**, famiglie celebri italiani. Vols. 1—12. Con molte tavole. fol. Milano et Torino 1819—80. Neues Exemplar. 780 —

Vorliegende 12 Bände enthalten die Genealogie von 148 Familien auf 848 Tafeln Text; jeder Genealogie ist das Wappen, sorgfältig u. sauber colorirt, beigefügt. Diese Tafeln (nahezu 400) stellen Porträts, Grabinschriften, Grabmonumente, Münzen u. Medaillen etc. dar. Das Haus Savoyen bildet einen ganzen Band für sich. — Es ist dies Werk eines der hervorragendsten der in letzter Zeit in Italien erschienenen.

2424 **Livre**, nouveau, de portes de la chambre (p. Le Pautre?). 6 Kupferst. fol. Amst. ca. 1700. 12 —

2425 **Lübke, W.**, Geschichte der Plastik von d. ältesten Zeiten bis auf die Gegenwart. Mit 231 Holzschn. Lpz. 1863. Hfz. (17 M.) 6 —

2426 **Luthmer, J.**, plastische Decorationen aus d. Palais Thurn und Taxis zu Frankf. a/M. M. 20 Taf. in Lichtdr. fol. Frankf. 1890. In Mappe. 20 —

2427 **Marchal, E.**, mémoire sur la sculpture aux Pays-Bas, pendant les XVIIe et XVIIIe siècles, précédé d'un résumé hist. 4. Brux. 1878. Extr. CXXIV et 261 pp. 9 —

2428 **Marmor Homericum.** Designed by H. de Triqueti. Photographed by S. Thompson (11 fine plates). W. text by. Ph. S. Worsley. fol. Lond. (1874). (52½ sh.) Maroquin. 20 —

2429 **Marot, D.**, Portes Cochères et d'Églises. 6 Kpfste. m. 13 schön ornamentierten Thüren u. Thoren. fol. ca. 1690. 18 —

2430 **Mauch, J. M.**, Classische Verzierungen als Vorlegeblätter für Architecten u. Gewerbtreibende. 3 Hefte. Mit 15 (statt 18) Taf. fol. Berl. 1837—39. (24 M.) Ohne Titel u. Text, mit Gebrauchsspuren. 4 —

2431 **Melly**, das Westportal des Domes zu W., in s. Bildwerken u. ihrer Bemalung. M. 50 Holzschn. 4. Wien 1850. (7 M.) 4 50

2432 **Metropolitanus Fiorentina** illustrata (la). Con 38 tavole. 4. Firenze. 1820. Hldr. (15 fr.) 9 —

Die Tafeln stellen dar: architekton. Details, Grabmäler, Bas-reliefs etc.

2433 **Millin, A. L.**, l'Orestéide ou description de deux bas-reliefs du palais Grimani à Venise. Av. 3 pl. 4. Paris 1817. 5 —

Karl W. Hiersemann in Leipzig, Königsstrasse 2. Catalog 108.

156   Skulptur.

M. Pf.
2434 **Millingen**, J., ancient inedited monuments: I. Painted Greek vases from collections in various countries principally in Great Britain. W. 40 colour. plates. II. Statues, busts, bas-reliefs and other remains of Grecian art. W. 22 plates. 2 vols. in 1. Large 4. London 1822—26. Hmaroq. (189 M.) 70 —
2435 — — Part. II. Statues, busts, bas-reliefs, and other remains of Grecian art, from collections in various countries, illustrated and explained. With 17 (instead of 22) plates. gr.-4. London 1826. Hfz. 15 —
  Angebunden sind noch vom I. Theile: Painted Greek Vases, die Seiten 79—106 (Schluss) und Tafel 37—40.
2436 **Molinier**, E., une oeuvre inédite de Luca della Robbia. Av. 2 pl. 4. Paris 1884. Extr. 9 pp. 3 —
2437 **Moelle**, W., das Steinwerk der alten Fenster des Domes zu Minden. Mit 7 Taf. gr.-fol. Minden 1881. (7 M.) 4 —
2438 **Moncornet**, Balthasar, livre nouveau de toutes sortes d'ouvrages d'orfévreries. (Paris, Jean Moncornet, vers 1670). 12 pl. facs. Reprod. fol. Lond. 1888. Hmaroq. 21 —
2439 **Münchener** Renaissance u. Barock. Plastik u. Architectur. M. 60 Blatt in Lichtdruck. fol. München. In Mappe. Aufgezogen. 28 —
2440 **Musée Campana**. Galerie des marbres antiques du Musée Campana à Rome: sculptures grecques et rom. Avec une introd. et texte descript. p. H. D'Escamps. 2. éd. Avec 107 photogr. fol. Berl. 1868. (180 M.) 70 —
2441 **Musée Impérial du Louvre**: Collection Sauvageot, dessinée et gravée à l'eau-forte par Ed. Lièvre, accomp. d'un texte histor. et descriptif p. A. Sauzay. 2 vols. Avec 120 belles planches gravées et tirées s. papier de Chine. fol. Paris 1863. d. maroquin vert, tête dorée. (180 fr. broché.) Épuisée. 136 —
2442 **Musso** fil[u] e Papotti, plastica ornamentale. 20 tavole in fototipia. gr.-fol. Torino (1892). In Hlwdmappe. 26 —
2443 **Museum** van Kunstnijverheid te Haarlem. 29 Tafeln in Lichtdruck u. Heliogravure. fol. Leiden 1892. In Mappe. 16 —
  Das schöne Werk enthält besonders Darstellungen skulptureller Werke der Italien. u. deutschen Renaissance, berücksicht. jedoch auch alle anderen Kunstperioden, wie die assyr., japan., griech., römische Kunst. Zur Darstellung gebracht sind Statuetten, Reliefs, Intarsien, Waffen, Trinkgefässe etc.
2444 **Museum Worsleyanum**, or a collection of antique Basso-relievos, Bustos, Statues and Gems. 2 vols. with 152 pl. and a portr. Lond. 1824. Imp.-4. cloth. Oberer Schnitt vergoldet. (£ 12. 12 sh. = 252 M.) 75 —
2445 **Muster-Ornamente** aus allen Stilen in histor. Anordnung. Nach Orig.-Aufnahme v. Durm, Fischbach, Gnauth, Herdtle, Kachel, Ortwein, Reinhardt, Schill, Teirich u. A. 2. Aufl. 303 Taf. fol. Stuttg. in Mappe. (25 M.) 20 —
2446 **Musterblätter** aus dem Städtischen Kunstgewerbe-Museum (zu Köln) u. Kölner Privat-Sammlungen. Hrsg. v. A. Pabst. Heft I: Gotische Holzschnitzereien. 12 Lichtdrucktaf. fol. Köln 1890. 10 —
2447 **Mustersammlung** gangbarer Profil-, Formsteine, u. Terrakotten der Greppiner Werke bei Bitterfeld, Ziegelei- u. Thonwaaren-Fabrik. 62 lith. Taf. 4. Greppin 1883. Nicht im Handel. 4 50
2448 **Oakeshott**, G. J., detail and ornament of the Italian renaissance. W. 40 plates. fol. London 1888. cloth. 32 —
2449 **Ornamente**. 7 Photographien architekton. Ornamente aus d. Sammlungen der kgl. Kunstgewerbeschule zu Nürnberg. 7 Quartbll. auf Cartons. 4 —
2450 — 8 Photographien mit 22 Darstellgn. zur Architekturornamentik: Friese, Capitäle, Medaillons. 8 Bll. fol. auf Cartons, aus d. photogr. Atelier v. G. Böttger, München. 4

Karl W. Hiersemann in Leipzig, Königsstrasse 2. Catalog 108.

Skulptur. 157

M. Pf.

2451 **Ornamenti** di tutti gli stili classificati in ordine storico. 303 tavole
con testo de C. Boito. fol. Milano 1881. In Mappe. 50 —
Architecton. Motive überwiegen, doch sind auch Holz-, Gold-, Silber- etc. Arbeiten reichlich vertreten.

2452 **Otzen**, J., Goth. Bauornamente. 20 Tafeln in Lichtdr. fol. Berlin.
In Mappe. 20 —

2453 **Over**, ornamental architecture in the Gothic, Chinese and modern
taste. 54 engrav. plates. Lond. 1758. 12 —
Stakete. Gitter. Garten-Sitze, Tempel. Garten-Häuser. Cascaden etc. etc.

2454 **Overbeck**, J., Gesch. d. Griech. Plastik. M. Illustr. 2 Bde. Lex.-8.
Lpz. 1857—8. cart. (24 M.) 9 —

2455 — — 2. Aufl. 2 Thle. in 1 Bde. Mit vielen Illustr. Lpz. 1869—70.
Lwd. (22½ M.) 10

2456 **Pape**, J., ornamentale Details im Barock- u. Rococo-Stil. 72 Lichtdruck-Taf. fol. Dresden 1886. In Mappe. (72 M.) 50 —

2457 **Perkins**, Ch. C., les sculpteurs ital. trad. p. Ch. Ph. Haussoullier.
2 vols. avec atlas de 80 eaux-fortes et 85 grav. s. b. dans le texte.
gr.-8. (atlas 4 en portefeuille.) Paris 1869. (45 fr.) 29 —

2458 — — 2 vols. av. des fig. s. bois. gr.-8. Paris (1869). Atlas manque. 9 —

2459 **Perry**, W. C., hist. of Greek and Roman sculpture. W. 268 illustr.
London 1882. cloth. (31½ sh.) 15 —

2460 **Petersen**, C., die Kunst des Pheidias am Parthenon u. in Olympia.
Berl. 1873. (8 M.) 5 50

2461 **Petit**, J., a series of lithograph. drawings of useful and elegant ornaments 50 plates on Indian paper. obl.-fol. Lond. ca. 1824. Hfrz. 36 —
Vasen, Trophäen, Armleuchter, Rahmen u. allerh. andere schöne Ornamente.

2462 **Photographien** hervorragender alt. italien. Kunstwerke in Kirchen
u. Galerien Italiens. 24 Blätter Gemälde, 5 Bll. Skulpturen, 4 Bll.
Metallarbeiten. 4. 18 —

2463 **Photographs**, permanent, of Madras and Burmese art-ware. 50 plates.
quer-fol. London, Autotype-Company, 1886. Lwd. m. G. 45 —
50 schöne Lichtdrucktafeln mit Darstellungen hervorragender kunstgewerblicher Arbeiten indischer Künstler aus d. Gebieten der Goldschmiedekunst, Metallarbeiten, Holz- u. Elfenbeinschnitzerei, Textilbranche, Keramik etc.

2464 **Pigalle**. — Tarbé, P., vie et les oeuvres d. J.-B. Pigalle, sculpture.
Paris 1859. (6 fr.) 3 50

2465 **Pineau**. — Recueil des oeuvres de Nicolas P. (sculpteur et graveur
de la cour du regent): plaques, consoles, torchères et médaillers, vases,
sculpt. en bois etc., 18 cartouches très contournés etc. etc. 24 planches.
4. Paris 1888. In Mappe. 16 —

2466 — 5 Blatt Cheminées. Reich ornamentirt. Paris, chez Mariette. fol. 12 —

2467 **Quellinus**, A., Pilaster Festonen, 3 Hefte à 6 Blatt, fol., zu finden in
Nürnberg bei Jac. Sandrart. 30 —

2468 **Quellinus**. Sculpturen im kgl. Palais zu Amsterdam von Arthur
Quellinus, nach d. Radirungen von Hubert Quellinus. Mit 87 Tafeln.
gr.-fol. Berlin 1892. 20 —

2469 **Quentel**, Peter, Modellbuch (Ornamente und Stickmuster). Nach der
höchst seltenen Cölner Ausgabe (1527—29) auf 80 Tafeln in Lichtdruckreproduction herausgegeben. 4. Leipzig 1880. In Mappe. (16 M.) 10 —

2470 **Raccolta** delle vere da pozzo (marmi pluteali) in Venezia. 2 portafogli
con 260 tavole riprod. in eliotipia. gr.-4. Venezia 1889. Lwd. Nur
in 100 Ex. gedruckt. 160 —
Eine Sammlung interessanter Brunneneinfassungen, zum Theil nach Aquarellen von Grevembroch (holländ. Künstler d. vorigen Jahrh.), zum Theil nach Aufnahmen nach der Natur.

2471 **Rade**, M., Königliches Historisches Museum zu Dresden. Auswahl von
Ornamenten zum prakt. Gebrauch. Liefg. I—IV, mit 40 Lichtdrucktafeln. gr.-fol. Dresden 1883. (24 M.) In Hlwdmappe. 16 —
Fast ausschliesslich Darstellungen von prächtig ornamentirten Waffen u. Rüstungen, in der Grösse der Originale.

Karl W. Hiersemann in Leipzig, Königsstrasse 2. Catalog 108.

158   Skulptur.

M. Pf.
2472 **Ragnenet, A.**, matériaux et documents d'architecture et de sculpture classés p. ordre alphabétique. Autels, cheminées, fontaines, grilles, portes etc. de tous les styles et de toutes les époques. Années 1—20. ou livr. 1—240. 4. Paris 1872—91. In 2 Mappen. 240 —
Einzelne Bände zu entsprechenden Preisen immer auf Lager.
2473 **Ramdohr**, F. W. B. v., üb. Mahlerey u. Bildhauerarbeit in Rom. 3 Bde. Lpz. 1798. Pp. 6 —
2474 **Rauch.** — Abbildgn. d. Bildhauerwerke R.'s. M. Text in 3 Sprachen von G. Wagen. 1. Lfg. M. 6 Taf. fol. Berlin 1837. (7 M.) 2 —
Es erschien nur noch eine 2. Lfg.
2475 — Eggers, K., Briefwechsel zwischen Rauch u. Rietschel. Bd. I. Mit 1 Lichtdruck d. Büste, d. Phototypie 1 Briefes Rauchs u. mehreren Hochätzungen. Berlin 1890. (10 M.) 8 50
2476 — F. Eggers, Ch. Dan. Rauch. 2 Bde. M. Portr. Berl. 1873—78. (17 M.) 12 —
2477 — Eggers, F., Christian Daniel Rauch. 4 Bde. mit Portrait u. Facsim. gr.-8. Berlin 1873—87. (33 M.) 22 —
2478 **Ravesteln.** — Musée de R.; catalogue descript. (des collections égypt., vases peints, terres cuites, bronzes, ivoires, marbres, numismat. etc.) 3 vols. av. 10 planches. Imp.-8. Liège et Brux. 1871—82. (45 fr.) 20 —
2479 **Raffei, S.**, ricerche sopra un Apolline della villa del Cardinali Albani e osserv. sopra alc. ant. monumenti essist. nella villa Albani. 7 ptes. 1 vol. C. 16 tav. fol. Roma 1821. Hfz. 10 —
2480 **Redford, G.**, manual of sculpture, Egyptian-Assyrian-Greek-Roman. W. 160 ill., a map of Greece etc. Lond. 1882. Lwd. (5 sh.) 3 —
2481 **Rée, P. J.**, Peter Candid (de Witte) sein Leben u. s. bis zum Anfange d. 17. Jahrh. geschaff. Werke. Leipz. 1885. 1 80
2482 **Robinson, J. C.**, Italian Sculpture of the middle ages and period of the revival of art. A descriptive catalogue of the works forming the above section of the South Kensington Museum. With 20 plates. London 1862. Roth-Hmaroq. 7 —
2484 **Romberg, A.**, Handbuch für den Bildhauer, Stukator u. Gipser. M. 48 lith. Taf. quer-4. Freiburg 1837. 3 —
Ornamente.
2485 **Ruscelli, G.**, imprese illustri. Aggiuntovi nuovam. il quarto libro da V. Ruscelli. 4. Venetia 1584. Hfz. 45 —
M. 150 emblemat. Kupfern, deren Cartouchen u. Ornamentik s. Th. wahre Meisterwerke dieser Kunst sind. — Ausserdem vier prächtig ornamentirte Kupf.-Titel.
2486 **Ruschweljh, F.**, Bassorilievi ant. della Grecia o sia fragio del tempio di Apollo epicurio in Arcadia. Design. dagli originali da Wagner. Con 25 tav. fol.-obl. Roma 1814. 14 —
2487 **Russische Ornamentik.** 21 Blatt Photographien, Quartblätter, darstellend Musterbeispiele von ornamentalen Details aus russ. Kirchen, ferner Goldschmiede- und Metallarbeiten, Skulpturen, Spitzen, Geweben etc. Sehr interessante Sammlung origineller und eigenartiger Blätter. 28 —
2488 **Sacken, E. v.**, die ant. Sculpturen des Münz- u. Ant.-Cab. Wien. M. 35 phot. Taf. u. 16 Holzschn. fol. 1873. In Mappe. (120 M.) 75 —
2489 **Sandrart, J.** de, sculpturae veteris admiranda, s. delinatio vera perfectissimarum eminentissimarumque statuarum una c. artis hujus theoria. Cum 71 tabb. aen. fol. Norimb. 1680. Ldr. 18 —
2490 **Sarayna**, Torrellus, de origine et amplitudine civitatis Veronae. M. Bildniss u. zahlr. Holzschn. (meist ornament. Details v. Gebäuden) nach J. Carotte. fol. Veronae 1540. Pgt. 34 —
2491 **Schadow, J. G.**, Kunst-Werke und Kunst-Ansichten. gr.-8. Berlin 1849. (6 M.) 3 50

Karl W. Hiersemann in Leipzig, Königsstrasse 2. Catalog 108.

Skulptur. 159

		M. Pf.
2492	**Schadow**, Gottfr., Aufsätze u. Briefe, n. Verzeichn. s. Werke v. J. Friedlaender. Düsseld. 1864. (3 M.)	2 —
2493	— Abbildungen der Bildhauer-Arbeiten J. G. Schadow's u. s. Sohnes Rud. M. 33 Taf. fol. M. Text. Berl. 1849.	20 —
2494	— Das Sch.-Fest zur 80jähr. Geburtsfeier. M. 1 Portr. 4. Berl. 1844. cart.	1 20
2495	**Schaefer & Hauschner** Modellsammlung architektonischer Ornamente in Stein u. in Bronce. 119 photograph. Tafeln in-4., auf Cartons. Muster des Etablissements von Schaefer & Hauschner in Berlin.	40 —
2496	**Scheult**, F. L., recueil d'architecture dess. et mes. en Italie. 72 planches gr. p. H. J. Picou, représ. façades de maisons tombeaux, sarcophages, monuments d'architecture et de sculpture pour la décor. des jardins etc. fol. Paris 1830. cart. (50 fr.)	25 —
2497	**Schieferstein**, H., Intarsien. Kunstvoll eingelegte Ornamente aus dem 16. Jahrh. M. 14 Taf. fol. Berlin (1886). In Mappe. (16 M.)	14 —
2498	**Schirmer**, R., plastische Ornamente für Bau- u. Kunstgewerbe. 1. Serie. 35 Taf. in Lichtdr. fol. Berlin (1890). In Mappe.	35 —
2499	**Schmuck**, Figuraler, im Kuppelraume u. dem Stiegenhause des k. k. kunsthist. Hof-Museums in Wien. 28 Blatt Lichtdruck. Wien 1892. In Mappe.	26 —
2500	— statuarischer, der Façaden des K. K. Naturhistor. Hof-Museums in Wien. 30 Lichtdruckt. 4. Wien 1883.	22 50
2501	**Schönfeld**, P., Andrea Sansovino u. s. Schule. Mit 30 Abbild. in Lichtdruck. 4. Stuttg. 1881. (15 M.)	11 —
2502	**Schoy**, A., la cheminée du Franc de Bruges et le portail de la chambre échevinale à l'Hotel de ville d'Audenarde. 4. Brux. 1876.	2 —
2503	**Schröter**, J. F., (1771—1836). Eine Reihe von 51 Kupfertaf. von J. F. Schröter gest.: antikisirende Friese und andere sculpturale Bau-Ornamente. quer-fol. (1805).	20 —
2504	**Schwanthaler**, Ludw., Werke. (I. Mythen der Aphrodite, Fries im Königsbau, München. II. Kreuzzug Kaiser Friedrich Barbarossa, Fries in d. K. Residenz, München.) Gestochen v. S. Amsler, mit Text v. K. Schnaase. Mit 31 Kupf. quer-fol. Düsseld. 1839—40. Lwd. (43 M.)	28 —
2505	**Schwanthaler**. — Trautmann, F., Ludwig S.'s, Reliquien. München 1858. Am unteren Bande fleckig. (3½ M.)	1 50
2506	**Seemann**, Th., Klassiker der Plastik: Moderne Plastiker. M. 80 Lichtdr. (Reprod.) Leipz. 1883—84. (10 M.)	6 —
2507	**Soldi**, E., les arts méconnus; Les camées et les pierres gravées, l'art au moyen-âge, l'art persan, l'art Khmer, les arts du Perou et du Mexique, l'art égypt., les arts industr., les musées du Trocadéro. 2e éd. Avec 400 grav. s. b. Lex.-8. Paris 1881. (25 fr.) Tadellos.	9 50
2508	**Statz**, V., u. G. Ungewitter, gothisches Musterbuch. Mit Einleitung v. A. Reichensperger. 2 Bde. mit 216 lith. Taf. fol. Lpz. 1856—61. In 2 Hfzbdn. (106 M.)	70 —
2509	**Stegmann**, C., Ornamente der Renaissance aus Italien. 24 Tafeln. fol. Weimar 1861. In Mappe. (15 M.) Wie neu.	9 —
2510	**Strack**, H., architectonische Details (ausgeführt an Berliner Gebäuden). Heft I. mit 6 Tafeln. gr.-fol. Berlin 1857.	2 —
2511	**Streit**, C., Tylmann Riemenschneider, Leben und Kunstwerke des Fränkischen Bildschnitzer's. Quellenmässig zusammengestellt und erläutert, mit 93 Abbildungen. 94 Tafeln in Glanzlichtdruck. Folio mit Text. 2 Bände in Mappe. Neu.	100 —
2512	**Stuck-Arbeiten** von Zeyer & Drechsler, Bildhauer in Berlin. Musterbuch mit 135 photograph. Tafeln auf starken Cartontafeln. 4. Berlin 1874. Lwd.	25 —

Karl W. Hiersemann in Leipzig, Königsstrasse 2. Catalog 108.

Skulptur.

	M. Pf.
2513 **Tatham**, C. H., ancient ornamental architecture drawn from the originals in Rome etc. W. 100 plates. fol. Lond. 1799. Hldr.	26 —
2514 **Thomassin**, S., Recueil des figures, groupes, thermes, fontaines, vases, statues et autres ornemens de Versailles. 4 parties avec 215 (au lieu de 218) planches et 1 plan. La Haye 1724. 4. In 1 Frzbd.	25 —
2515 **Thorwaldsen**. Oeuvres de T. au Musée Thorwaldsen à Copenhague. 4 Photographien auf Cartons: Ganymède, Jason, Mars et l'Amour, Vulcain. fol.	4 —
2516 — die 12 Apostelstatuen in der Frauen-Kirche in Kopenhagen. 12 Blatt Photogr. fol. Kopenh. ca. 1870. In Mappe.	12 —
2517 — Alexander des Grossen Einzug in Babylon. Marmorfries. Nach Zeichngn. v. F. Overbeck in Kupfer gest. v. S. Amsler. Mit Erläut. v. L. Schorn. 22 Taf. quer-fol. München 1836. In Mappe. (42 M.) 1. Ausg.	30 —
2518 — **Thorvaldsen's vaerker i frue kirke**. 17 fototypie er og 7 autotypier med Text af S. Müller. 4. Kopenhagen 1891. In elegantem Umschlag. *Vorzügliche Reproductionen.*	10 —
2519 — **Hammerich**, M., Thorvaldsen u. seine Kunst. Aus d. Dän. M. Portr. u. 3 Taf. in Holzsch. Gotha 1876. (3 M.)	2 —
2520 — **Plon**, E., Thorvaldsen: his life and works. Transl. by C. Hoey. With 39 engrav. on steel and wood. 4. Lond. 1864. Lwd. (25 sh.)	11 —
2520a — **Thiele**, J. M. Thorvaldsens arbeider og livsforhold i tiderummet 1828—1844. 2 Bände Text 4. und zwei Bände m. 205 Kupfertaf. in gr.-4. Kopenhagen 1848—50. Hfzbde. *Abgesehen von einigen Stockflecken, tadellos.*	75 —
2520b — — den danske Billedhugger Bertel Thorvaldsen og hans vaerker. 2 Bände Text mit Tb. Facsimile und 2 Bände 4. mit 159 Kupfertafeln. Kopenhagen 1831—32. *Exemplar in der Originalcartonnage, unbeschn. der Subscriptionsausgabe, die nicht in den Handel gekommen ist. Das Exemplar ist, von einigen Rostflecken abgesehen, tadellos erhalten.*	55 —
2521 — — Thorvaldsen's Leben. Deutsch v. Helms. 3 Bde. M. Bildn. u. 3 Taf. Lpz. 1852—56. (18 M.)	8 50
2522 — **Thorwaldsen's Jugend 1770—1804**. Nach s. Briefwechsel, Aufzeichn. u. hinterl. Papieren v. J. M. Thiele, deutsch v. H. Wachenhusen. Berlin 1851. Hlwd. (4 M.)	2 —
2523 **Ungewitter**, G., Lehrbuch der gothischen Constructionen. gr.-8., mit Atlas von 46 Tafeln in fol., davon 1 in Farbendruck. Lpz. 1864. Hfz., Atlas Lwdbd. (36 M.)	22 —
2524 — — 3. Aufl., neu bearb. v. K. Mohrmann. 2 Bde. m. 1407 Illustr. im Text u. auf (147) eingehefteten Tafeln. Lex.-8. Lpz. 1890—92.	26 —
2525 **Vauthier et Lacour**, sculptures, basreliefs et statues du Musée des Antiques et d'après Jean Goujon, Germain Pilon, etc. 30 planches gravées. gr.-fol. Paris, Morel & Cie., ca. 1880. Hlwd.	30 —
2526 (**Visconti**, C. Q.,) Sculture del palazzo della villa Borghese della Pinciana. 2 parts. Rom 1746. Mit 258 Tafeln. — Monumenti Gabini della villa Pinciana. 1 vol. C. 60 tav. Rom 1747. (Zusammen 3 Bde.) Hpgtbde.	28 —
2527 — monumenti Gabini della villa Pinciana. C. molte tav. Roma 1797. Pp.	6 —
2528 — Oeuvres: Musée Pie-Clémentin. — Monumens du Musée Chiaramonti. 1 vol. — Avec 516 planches. Milano 1818—22. veau. *(Im Musée Pie-Clémentin vol. V fehlt Tafel 35).*	48 —
2529 — **Opere varie italiane e francesi**. Raccolte e pubbl. per G. Labus. 4 vols. Milano 1827/31. Con 60 tavole. Halbjuchtenbde.	25 —
2530 **Vredeman de Vriese**, A., 16 Blätter Ornamentstiche, davon 6 Prachtbrunnen, 4 monumentale Grabdenkmäler, 6 architekton. Entwürfe grossen Stils. 4. fol. u. quer-fol. (cca. 1600.) 1 Blatt mit Wurmlöchern, 5 Bll. durch Feuchtigkeit beschädigt.	14 —

Karl W. Hiersemann in Leipzig, Königsstrasse 2. Catalog 108.

Cartouchen. 161

2531 **Wagner, Fr.**, Nürnberger Bildwerke d. M.-A. 3 Hefte. M. 30 Kupfertaf. 4. N. 1847. 6 —
  1. H. Marienbilder. 10 Taf. — 2. H. Christusbilder. 10 Taf. — 3. H. Sculpturen v. Schonhofer u. Visscher. 10 Taf. Text deutsch, englisch u. französ.

2532 **Waring, J. B.**, sculpture in marble, terra-cotta, bronze, ivory and wood. Selected from the Royal and other collections. W. 18 chromolith. by F. Bedford, several woodc. by R. C. Dudley and an essay by T. Scharf jun. fol. Lond. s. a. cloth gilt edges. 40 —

2533 — Masterpieces of industrial art and sculpture at the International Exhib. of 1862. 3 vols. fol. London 1863. Rothe Maroquinbände mit Goldschn. (Ladenpr. 525 M.) 150 —
  Prachtwerk enthaltend 301 Tafeln in Chromolith. nebst beschreibendem Text; von hohem Werthe für das Kunstgewerbe. Die schönen Tafeln enthalten über 1000 Abbildungen.

2533a — Stone Monuments, Tumuli and Ornament of remote ages; with remarks on the early architecture of Ireland and Scotland. With 108 plates. fol. London 1870. Lwd. (84 sh.) 60 —

2534 **Welcker, F. G.**, Alte Denkmäler. Theil I—IV. Mit 61 Kupfertaf. Göttingen 1849—61. Hmaroq. (35 M.) 20 —
  Thl. I. Giebelgruppen u. a. griech. Gruppen u. Statuen. M. 7 Taf. — II. Haarreliefs u. goschn. Steine. M. 16 Taf. — III. Gr. Vasengemälde. M. 36 Taf. — IV. Die Teruetischen Wandgemälde von Herculanum u. Pompeji. M. 2 Taf.

2535 — Die Giebelgruppen u. a. griech. Gruppen u. Statuen. M. 4 (anstatt 7) lithogr. Taf. Götting. 1849. cart. (8 M.) Viele Stellen d. Textes am Rande angestrichen. 3 —

2536 **Wesche u. Rameke**, Album moderner Baudecorationen. I. Serie: Bauornamente. 42 Taf. in Lichtdr. m. 222 Motiven. fol. Berlin 1840. In Mappe. 36 —

2537 **Woburn Marbles**. Outline engravings and descriptions of the Marbles at Woburn Abbey (the seat of the Duke of Bedford from drawings by H. Corbould, the letterpress written by the Duke himself with an appendix on the Lanti Vase by Christie. With 48 plates on India paper. 1822. gr.-fol. Selten. 160 —
  Wurde auf Privatkosten gedruckt und kam nicht in den Handel.
  Mein Exemplar ist ein in vielfacher Hinsicht höchst werthvolles und interessantes. Es ist erstens ein Geschenk-Exemplar des Duke of Bedford an Sir J. Wyatville, dessen Bücher-Zeichen es trägt; zweitens enthält es einen Original-Brief des Geschenkgebers an W. und drittens ist es ein Pracht-Exemplar ersten Ranges, durch den kostbaren Ganz-Juchtenband (mit Goldschnitt) der es bekleidet und dessen Rücken und Seiten mit sehr schönen ornamentalen Gold-Pressungen geschmückt sind.

2538 **Wölfer, M.**, Magazin d. mod. u. geschmackvollsten Verzierungen enth. alleg. u. myth. Gegenst., Gruppen etc., Säulenordn., Altäre, Candelaber etc. 90 Taf. 4. Quedlinb. (ca. 1840). Hfrz. 3 —

Cartouchen.

2539 **Baretti, P.**, (Mitte d. 18. Jahrh.) A new book of ornaments on 16 leaves for the year 1766, very useful for cabinetmakers, carvers, painters. engravers etc. qu.-4. London 1766. 48 —
  Zierliche Rococo-Ornamente in Umrissen u. ausgeführten Tafeln, grösstenteils Cartouchen.

2540 **Bella, Stefano della**. 1 Blatt mit 4 Cartouchen u. 1 Groteskenornament. fol. Skizzirt. Schöner Abdr. 4 —

2541 — Ornamenti di fregi et fogliami. 15 Bll. je 1 oder 2 Friese von Akanthus, Thieren, Figuren etc. schm. qu.-fol. Paris, Veuve l'Anglois dit Chartres. ca. 1650. 60 —

2542 — 4 Bll., die Jahreszeiten, symbol. Gestalten in schönen Cartouchen. Israel exc. schmal-8. Schöne Abdrücke. 4 —

Karl W. Hiersemann in Leipzig, Königsstrasse 2. Catalog 108.

Cartouchen.

M Pf.

2543 **Bellay**, (Mitte des 18. Jahrh.) 6 Blatt Cartouchen, 12 Sujets in Rococomanier. J. G. Merz exc., Aug. Vind. N. 2—7 einer Folge. 24 —
2544 **Cock**, H., recueil de cartouches de la renaissance flamande, publ. au XVIe siècle à Anvers. Avec 18 planches en reprod. facsim. photolithogr. fol. Anvers, s. d. (ca. 1870). en portef. 13 —
2545 **Corvinus**, J. A., (1683–1738). 12 Rococo-Cartouchen um bibl. Darstellgn. 12 Bll. aus Scheuchzer's Physica sacra. fol. Schöne Abdrücke. 4 —
2546 **Cousin**. — Le livre de fortune. Recueil de 200 dessins inédits de J. Cousin, publ. d'après le Ms. orig. p. L. Lalanne. 4. Paris 1883. (30 fr.) 20 —
Schöne Cartouchen.
2547 **Dilich**, W., (Baumeister zu Frankfurt a/M. 1640—1680). 3 prachtvoll ornamentirte Cartouchen in-fol. ca. 1640. 14 —
2548 **Fortitudo** leonina in utraque fortuna Maximiliani Emanuelis Com. Palat. Rhen. et electoris, Herculeis laboribus repraesentata etc. Mit Frontisp., 13 Taf., mit zahlr. Portraits, 2 genealog. Taf. u. 64 Emblemen, z. Thl. in sehr schönen Cartouchen, in Kupfer gest. v. Bodenehr, Reinshart, Kleinschmidt etc. fol. Monach. 1715. Hldr. Vollständiges, schönes Ex. 18 —
2549 **Fridrich**, Jacob Andreas, (1683—1751). 100 Rokoko-Cartouchen um biblische Darstellungen. 100 Bll. aus Scheuchzer's Physica sacra. fol. Alle verschieden. Schöne Abdrücke. 30 —
2550 **Göz**, G. B., (1708—1770). 8 Blatt Rokokocartouchen mit allegorischen Figuren (fortuna, oraculum) und Personen aus der griech. Geschichte (Diogenes, Democritus etc.) B. S. Setletzky sc., J. G. Hertel exc. 20 —
2551 — — 2 Blatt derselben Folge. 2 —
2552 **Habermann**, (1721—96), 13 Blatt Cartouchen und Muschelwerk-Ornamente aus verschiedenen Serien. 15 —
2553 **Haid**, Joh. Gottfr., 1710—76. 9 Blatt Rococo-Cartouchen aus verschiedenen Serien. Joh. Gg. Hertel exc. A. V. fol. Zum Theil etwas fleckig. 20 —
2554 **Harder**, Philipp Gottfried. (1710—49.) 24 Cartouchen um biblische Darstellungen. (23 Bll. aus Scheuchzer's Physica Sacra.) fol. Alle verschieden. Schöne Abdrücke. 9 —
2555 **Heckel**, Catharina, (Sperlingin, 1700—1742). 15 schöne Rococo-Cartouchen um biblische Darstellgn. (15 Bll. aus Scheuchzer's Physica sacra.) fol. Schöne Abdrücke. 8 —
2556 **Herrera**. — 48 Cartouchen in Kpfst. von u. nach Francisco de Herrera (gen. el Viejo, berühmter Maler u. Kupferstecher, geb. zu Sevilla 1576, † zu Madrid 1656). 48 Bl. (auf 16 Cartons.) Madrid 1653. 30 —
2557 — 49 Cartouchen in Kpfst. von u. nach Francisco de Herrera 49 Bl. (auf 17 Cartons). Madrid 1653. 30 —
2558 **Heumann**, Georg Daniel. (1691—1759). 159 Rococo-Cartouchen um biblische Darstellungen. (159 Bll. aus Scheuchzer's Physica sacra.) fol. Alle verschieden. Schöne Abdrücke. 48 —
2559 **Hueber**, Franz Michael. Fortitudinis et clementiae ectypo. Eine Folge von 13 (statt 15) schönen Kupferblättern nebst Kupfertitel, E. M. Hueber delin., J. A. Friedrich sculp. Aug. Vind., welche im oberen Theile emblemat. Darstellungen von Loewe und Lamm u. in der unteren Hälfte dazu gehör. latein. Verse in reich verzierten Cartouchenumrahmungen (Barockstil) enthält. fol. O. O. u. J. cart. Beigelegt sind noch 5 kleinere Cartouchenblätter. 12 —
Es fehlen die Tafeln 4 u. 7.
2560 **Hulle**, A. van, pacificatores orbis christiani s. icones principum, ducum et legatorum qui Monasterii atque Osnabrugae pacem Europae reconciliarunt. 131 sehr schöne Portr., gest. v. P. Pontius, P. de Jode,

Karl W. Hiersemann in Leipzig, Königsstrasse 2. Catalog 109.

Cartouchen. 163

C. Waumans, C. Galle, T. Matham, Borrekens u. a. fol. Roterod.,
P. van der Slaart, 1696. Frzbd. Sehr gute Abdrücke. 135 —
Dem Ex. ist am Schlusse noch ein 132. Porträt beigefügt, darst. Arnoldus Teekmannus, Prediger zu Utrecht. Durch die prachtvollen Cartouchen, von welchen die Porträts umgeben sind, hat das Werk auch noch einen hohen ornamentalen Werth.

2561 **Hulsius**, Lev. XII primorum Caesarum et LXIV ipsorum uxorum et parentum ex antiquis numismatibus in aere incisae effigies. Francof. 1597. 4. Ldr. 50 —
Mit reizender Titelbordure und 75 in den Text gedruckten Medaillen mit grasiös ornamentirten Umrahmung von Theod. de Bry. Die Ausg. v. 1599 wurde bei Sunderland mit 64 M. bezahlt.

2562 **La Joue**, de, 5 Blatt Cartouchen in Rococostil. B. Winckler sc. Joh. G. Merz exc. Aug. Vind. (ca. 1750). fol. N. 2—6 der Folge. 30 —

2563 **Krauss**, J. U., 37 Cartouchen in Kupfst. 1705. 37 Bl. in 8. 16 —

2564 **Küsell**, M., 23 Kupferstiche von Melchior Küsell nach P. Strauch. (ca. 1750.) in-8. Jeder der Kupferstiche mit verschiedenartiger Cartouche. 9 —

2565 **Lessing**, J., Rahmen. Heft 1—2. Mit 26 Tafeln. fol. Berlin 1888. cart. (20 M.) (Vorbilderhefte d. kgl. Kunstgewerbe-Museums.) 16 —
Enthält: Italien u. Duschld. XVI. Jahrhundert.

2566 **Lichtensteger**, Georg (1700—1780.) 10 verschied. Cartouchen um biblisch-symbol. Darstellgn. (10 Bll. aus Scheuchzer's Physica sacra.) fol. Schöne Abdrücke. 5 —

2567 **Niderndorff**, H. (S-J.), doctrina ethicae christ. sive morum christian. recta institutio ex triplici hominis officio. M. Frontisp. u. ca. 115 Kupf. 4. Wirceb. 1742. Frz. 28 —
Die Kupf. enth. symbol. Darstellgn. in reich ornamentirten Cartouchen. Am Schlusse wurmstichig.

2568 **Ortelius**. 47 Cartouchen aus Ortelius, theatrum orbis terrarum, sehr sauber colorirt, mit Gold erhöht, die geschmackvollen Umrahmungen sind vielfach durch Figuren belebt. fol. 1575. 30 —

2569 **Pintz**, Joh. Georg (1698—1767.) 158 verschied. Cartouchen um biblisch-naturgeschichtl. Darstellungen. (158 Bll. aus Scheuchzer's Physica sacra.) fol. Schöne Abdrücke. 45 —

2570 **Saavedra**, D., idea de un principe politico y christiano, representada en cien empressas. 4. Valencia 1695. Hldr. M. 100 emblemat. Kupf. mit ornament. Cartouchen. 10 —

2571 **Sedletzky**, Balth. Siegm. (1695—1770.) 11 verschied. Cartouchen um biblisch-naturgeschichtl. Darstellgu. (11 Bll. aus Scheuchzer's Physica sacra). fol. Schöne Abdrücke. 5 —

2572 **Sperling**, Hieronymus (1695—1777.) 21 verschied. Rococo-Cartouchen um biblische Darstellungen. 21 Bll. aus Scheuchzer's Physica sacra. fol. Schöne Abdrücke. 10 —

2573 **Springer**, R., 100 Cartouchen verschied. Stile (ausgewählt u. herausgeg.) Mit 33 Lichtdrucktaf. fol. Berl. 1879. Hlwd. (20 M.) 13 —

2574 **Ströhl**, H. G., Kartouchen u. Umrahmungen. 24 Orig.-Kompos. (Brennätzung). 4. Wien o. J. In Mappe. 10 —

2575 **Thelott**, Jacob Gottlieb (1708—1760.) 18 verschied. Rococo-Cartouchen um biblische Darstellungen. 18 Bll. aus Scheuchzer's Physica sacra. fol. Schöne Abdrücke. 10 —

2576 **Typotius**, J., symbola divina et humana pontificum, imperatorum, regum, ex musaeo Octavii de Strada. M. 175 emblemat. Kpfrn. m. ornament. Cartouchen. 12. Arnh. 1666. Ldr. 6 —

2577 **Tyroff**, Martin (1705—1758.) 88 Cartouchen um biblische Darstellgn. 88 Bll. aus Scheuchzer's Physica sacra. fol. Schöne Abdrücke. 30 —

2578 **Vico**, Aeneas, le imagini delle Donne Auguste intagliate in istampa di rame sopra le vite ed iapositioni sopra i riversi delle loro medaglie antiche. Libro primo. Con 63 tavole. 4. Vinegia 1557. Pgt. 45 —
Sehr schönes Ex. eines nicht häufigen Werkes. Die 63 sehr gut gestoch. Tafeln nebst Kupfertitel sind bräunlich gedruckt u. stellen Porträts röm. Kaiserinnen u. Prinzessinnen nach Münzen dar, um welche sich reiches ornamentales Beiwerk in Blumen u. Früchten, symbol. Figuren, Arabesken, architekton. Form etc.

Karl W. Hiersemann in Leipzig, Königsstrasse 2. Catalog 108.

164   Cartouchen.

                                                                          M. Pf.
      gruppirt, besonders sind auch viele Tafeln in Cartouchenform ausgeführt. Zahl-
      reiche hübsche Holzschnitt-Initialen in einem grösseren u. e. kleineren Alphabete
      bringen Scenen aus Ovid's Metamorphosen; in dem vorwiegend benutzten Grossen
      Alphabet kommen bis auf B, O, R, J, X, Y, Z alle Buchstaben vor.
2579 Vico, Aeneas, Augustarum imagines aenis formis expressae etc. Cum
     63 tabb. aen. 4. Venet. 1558. Schwldr. Mit einigen Lagerflecken,
     sonst gutes Ex. mit breitem Rande.   32 —
2580 Visscher, G., 2 Blatt mit (12) verschlungenen Monogrammen u. (4)
     Cartouchen. fol. (Amsterdam ca. 1770.) N. 3 u. 4 einer Folge.   5 —
2581 Vredeman de Vriese, recueil de cartouches, suite de 24 planches,
     reproduct. facsim. de l'éd. originale. 4. Bruxelles 1870. En carton.   12 —
2582 Winter, A. de (fin XVII. siècle), livre des plus belles devises enrichies
     des fleurons et autres ornements nouv. inv. 2 pties. 34 planches sur
     12 feuilles. 2 belles frontisp. et 88 emblèmes entournés de belles
     cartouches. fol. Amsterd., C. Danckerts exc. d.-toile. Très-rare.
     Pas cité p. Guilmard.   95 —
2583 — livre des plus belles-devises enrichies des fleurons et autres
     ornaments. Tome I. Titre et 12 pl. qu.-4. Amsterdam. ca. 1680.   36 —
      Die 12 Blätter enthalten 48 sehr schöne Cartouchen, in welchen sich emblematische
      Darstellungen mit Sinnsprüchen befinden. Der Titel selbst ist von einer pracht-
      vollen Cartouche umgeben.
2584 — verscheyde gefleuroncerde t' zamen-gevlogte Naam-Letteren of
     Chifres. — Verscheyde dooreen-gevlogte Naam-Letteren etc. 11 un-
     vollständige Teile dieser Werke mit 10 gestochn. reich ornumen-
     tirten Titeln in 2 verschiedenen Ausführgn. u. 86 Kupf.-Tafeln ent-
     hält. 370 künstlerische Monogramme. qu.-4. Amsterdam ca. 1650.   75 —
      72 der Monogramme werden durch verschieden, hübsch verzierten Cartouchen um-
      rahmt. Einige Taf. sind ungeschickt colorirt.
2585 Wüst, F., Cartouchen. Hrsgb. v. J. Heim. 24 lithogr. Taf. 4.
     Wien o. J. In Mappe.   10 —

2586 Cartouchen, 30 aus (Poirtiers) Af-Beeldinge van d'eerste eeuwe
     der Societeyt Jesu. Antwerpen, Plantin. 1640. Prächtige, reich
     ornament. Cartouchen, Aufgez. auf Cartons.   20 —
2587 — Cartouchen 40 aus (Poirtiers) Af-Beeldinge van d'eerste eeuwe
     der Societeyt Jesu. Antwerpen, Plantin, 1640. Mit reicher Ornament.
     Aufgez. auf Cartons.   25 —
2588 — Cartouchen. — 97 Cartouchen z. Theil colorirt und sehr Figuren-
     reich aus Homann's Atlas aufgesetzt auf 67 Blatt. fol. (ca. 1740).   20 —
2589 — Cartouchen. — 7 planches d'encadrements. Paris, chez Mareilly.
     fol. unbezeichn. Schöne Einrahmungen in Rococostil.   10 —
2590 — Cartouchen. — Sammlung von 69 Blatt Cartouchen, Originalstiche
     von Meistern d. vorigen Jahrh. U. a. von Toro, Feichtmayer,
     Mondon etc.   30 —
2591 — 25 Cartouchen um biblische Darstellungen, von Augsburger u.
     Nürnberger Künstlern gestochen. 25 Bll. aus Scheuchzer's Physica
     sacra. fol. Schöne Abdrücke.   10 —
      Delsenbach, 2 Bll. — J. D. Hers, 2 Bll. — P. A. Kilian, 5 Bll. — Nessenthaler,
      1 Bll. — J. A. Pfeffel jun., 2 Bll. — J. M. Preissler, 3 Bll. — J. B. Probst, 7 Bll.
      — Rogenfuss, 1 Bl. — Schaubzer, 1 Bl. — Stridbeck, 1 Bl. — J. J. Wagner,
      1 Bl. — G. G. Winckler 1 Bl.
2592 — 100 biblische Darstellungen, feine Kupferstiche aus d. Anfang des
     18. Jahrhdts., umgeben von Cartouchen im Barockstil. qu.-4. Aus
     den Tafeln von 3 verschied. Werken geschnitten.   30 —

                              Kamine.
                                                                          M. Pf.
2593 Buck, C. C., Album of Mantles in wood, stone, slate and brick.
     Sixty plates of Original designs. 4. cloth. New York 1883.   34 —
      A fine collection of stylish Mantle-pieces.

      Karl W. Hiersemann in Leipzig, Königsstrasse 2. Catalog 108.

Cartouchen. Eisen-, Bronce- und Zink-Arbeiten.

M. Pf.
2594 **Bullet**, verschyde schoorsteenmantels nieulykx geinv. door B. 22 Kupf. C. Danckerts fec. fol. Amst. ca. 1610. — J. Le Pautre, Pavillons. 6 Kupfert. C. Danckerts fec. fol. Amst. ca. 1650. Pp. 38 —
Kamine. Ornamente. Details.
2595 **Clarkson**, fonts, mural tablets, chimney pieces, and balustrades. W. 48 plates. fol. London 1859. cloth. (42 sh.) 20 —
2596 **Collot**, P., pièces d'architecture où sont comprises plusieurs sortes de cheminées, portes, tabernacles et autres parties avec tous leurs ornements et appartenances nouvellement inventés. 11 Kupfertafeln inclus. Kupfertitel. fol. Paris 1633. 30 —
2597 **Courajod**, L., La cheminée de la salle des Caryatides au musée du Louvre. Av. grav. Paris 1880. Extr. 14 pp. 1 50
2598 **Forty**, J. F., (18. Jahrh.) feu de cheminée (Cahier C. No. 6). N. Foin sc., Chereau exc. 3 —
2599 **Kamine**. 9 color. Ornament-Taf. aus Ackermann's Repository of arts. Lond. 1809—23. 4 —
2601 **Marot**, D., (1650—1712) Nouvelles cheminées à panneaux de glace à la manière de France. 6 Bll. reich ornam. Kamine in Kupferstich. ca. 1690. 20 —
2602 — Nouveaux lievre de cheminées à la Hollandaise. 6 Bll. reich ornam. Kamine in Kupferst. ca. 1690. 20 —
2603 — Novae cheminae, quales plurimum in usu sunt apud Hollandos. 6 äusserst reich ornamentirte, prächtige Kamine in Kupferstich, aufgez. auf 3 Cartons. 20 —
2604 — 6 Kupferst. reich ornamentirte Kamine darstellend. fol. ca. 1690. 20 —
2605 **Morris**, R., Architecture improved, in a collect. of modern elegant and useful designs from slight recesses, lodges and other decor. in parks, gardens etc. 50 copperpl. London 1757. Frz. 30 —
15 Tafeln stellen reich ornamentirte Kamine dar.

Eisen-, Bronce- u. Zink-Arbeiten.

M. Pf.
2606 **Antoni**, G., Album du serrurier Parisien. Travaux en fer forge. 100 planches. 4-obl. Paris (ca. 1870.) Hlwd. 28 —
Eisengitter, Thore, Gewächshäuser, Betten, Einfassungen etc.
2607 **Atlas** of the engravings to illustrate and practically explain the construction of roofs of iron, intended to further elucidate this partic mode of building with iron for public edifices 15 plates. 4. London 1859. cloth. 4 —
2608 **Birch**, S., and Th. G. **Pinches**, the Bronze Ornaments of the Palace Gates of Balawat. (Shalmaneser II., B. C. 859—825.) Ed. with an introduction by S. Birch, with descriptions and translations by Th. G. Pinches. Parts 1—4. With 72 plates. gr.-fol. London 1880—82. Nicht im Handel. 120 —
Diese hervorragende Publication wird in 5 Theilen complet sein. Das Ganze wird 90 Tafeln enthalten, welche diesen wichtigen Fund genau darstellen. — Für Archäologen, Ethnographen, Historiker und Sprachforscher von gleicher Wichtigkeit, Theil 5 (mit Text) wird 30 Mark kosten.
2609 **Bloem**, J., u. E. **Härring**, Sammlung v. Musterblättern für Schlosser u. Schmiede. Bd. I in 6 Lfrgn. und Bd. II in 3 Lfrgn. (soviel erschienen). Mit 66 Tafeln. gr.-fol. Dresden o. J. In Orig.-Ldw.-mappe. (40 M.) 28 —
2610 **Breckenmacher**, F., moderne Kunstschmiedearbeiten, ausgeführt v. F. Brechenmacher, Kunstschlosser in Frankfurt a. M. I. Serie. 20 Tafeln. Fol. Berlin. In Hlwdmappe. 16 —
2611 **Briseville**, Hugues, diverses pieces de serruriers inv. p. H. Brisuille, maitre serrurier à Paris et gravés par Jean Berain. Paris, N. Langlois (vers 1670). 17 pl. facs. Reprod. fol. Lond. 1888. Halbmaroquin. 21 —

Eisen-, Bronce- und Zink-Arbeiten.

                                                                                                     M. Pf.

2611a **Bury et Hoyau**, modèles de serrurerie, choisies parmi ce que l'aris offre de plus remarquable sous le rapport de la forme et de la décoration. Avec 73 planches. fol. Paris 1826, Halbjuchtenband.   30 —

2612 **Camesina**, A., die Darstellungen auf der Bronzethüre des Haupteinganges von St. Marco in Venedig. Mit 18 farb. Tafeln. gr.-4. Wien 1860. (A.)   8 —

2613 **Charvet**, J., statue et vases de bronze exposés par J. Charvet au Palais d l'Industrie. Avec 3 planches col. et 4 grav. s. bois dans le texte. fol. Paris 1860. En carton. Épuisé.   10 —
    Trois bronze de la Renaissance italienne: Statue de Mercure adolescent. Deux cratères.

2614 **Collection Sabouroff**. Monuments de l'art grec. Publ. p. A. Furtwängler. 2 vols. av. 149 pl. en héliogr. et en chromo et beauc. de grav. s. bois dans le texte. fol. Berlin 1883—87. Hlwdmppn. (375 M.)   240 —
    Die durch Schönheit und Bedeutung ihrer Stücke hervorragende Sammlung befindet sich jetzt z. Th. in den k. Museen z. Berlin, z. Th. in der k. Ermitage zu Petersburg. Das Werk zerfällt in drei Abtheilungen: Denkmäler der Sculptur, Thongefässe, Terracotten (nebst einigen Bronzen), von denen namentlich die letztere an Grösse kaum übertroffen werden dürfte.

2615 **Coutelier**, E., (livre d'échantillons d') ornements estampés et repoussés poor le bâtiment; zinc, cuivre, tôle et plomb. 67 planches. 4. Paris (ca. 1875). cart.   15 —

2616 **Cuvilliés**, Fr. de, Kunstschmiedearbeiten im Style d. Rococo. 12 Taf. fol. Berlin o. J. In Mappe.   12 —

2617 **Ehemann**, F., Kunstschmiedearbeiten im Style des Barock und Rococo. 20 Taf. in Lichtdruck. fol. Berlin 1888. In Mappe. Neu.   20 —

2618 **Evans**, J., ancient bronze implements, weapons, and ornaments of Great Britain and Ireland. With num. illustrat. London 1881. cloth. (25 sh.)   19 —

2619 **Fordrin**, L. (ca. 1723), nouveau livre de serrurie conten. toutes sortes de grilles d'un gont nouveau, propres pour les coeurs d'eglise, portes de vestibules, péristiles et de jardins etc. 30 planches en facsim. Av. texte expl. p. A. Champeaux. Fol. Paris 1890. In Mappe   32 —

2620 **Forty**, J. F. [1730—90), oeuvres de sculptures en bronze, gravés par Colinet et Foir. 21 Blatt von dieser aus 8 Heften à 6 Blatt bestehenden Folge. Meist nur breitrandige, schöne Ex., z. Theil bis an die Einfassungslinie beschnitten, aufgezogen auf weisse Cartons. Schöne Abdrücke.   150 —
    Die Blätter vertheilen sich auf die einzelnen Hefte wie folgt:
    Aus Heft A; Girandoles 6 Blatt (cplt.) — C: Feux de cheminées 5 Bll. (N. 2—6). — E: Bras de cheminées 3 Bll. — F: Pendules en cartels 1 Bll. (N. 5). — G: Baromètres 3 Bll. — H: Lustres 3 Bll. (N. 1. 3. 5).

2621 — Cahier de six bras de cheminées. J. F. Forty del. chez J. M. Will à Augsbourg. 7 Blatt quer-fol. (Suite von 4 Blatt u. drei einzelne Blatt numerirt 2, 2, a. 3).   35 —

2622 — oeuvres de sculptures en bronze conten. girandoles à l'usage des orfèvres et de fondeurs. No. 3 u. 4 einer Folge, mit je 3 Sujets gravé par Hauser. quer.-fol.   10 —

2623 **Fuhrmann**, G., der prakt. Kunst- und Bauschlosser. E. Sammlung leicht ausführb. Gegenst. 36 lith. Taf., z. Thl. in Chromo. 4. München o. J. (1888). cart.   10 —

2624 — Arbeits- u. Detailzeichnungen f. Kunst- u. Bauschlosser. 25 Taf. in fol. München (1891). Hlwd.   10 —

2625 **Galvanisation du fer**. Serrurerie artistique de la maison Thiry jeune. Grilles, chenils, clotures, grillages mécaniques, jardins d'hiver, serres, verandahs (!) etc. Av. frontispice et 53 planches. gr.-4. Paris (1881). Hlwd.   12 —

2626 **Gateuil**, N., et C. Daviet, recueil de serrurerie pratique. Années 1 à 15, et 16e livr. 1 à 4. = livraisons 1 à 185. 4. Dourdan (Seine-et-Oise) 1876—91. (225 fr.)   120 —

Karl W. Hiersemann in Leipzig, Königsstrasse 2. Catalog 108.

Eisen-, Bronce- und Zink-Arbeiten.

M. Pf.

2627 **Geiss, M.**, Zinkguss-Ornamente nach Zeichnungen v. Schinkel, Stüler, Persius, Schadow u. A., sowie Statuen u. Sculpturen nach antiken u. modernen Modellen, ausgeführt u. gegossen in der Zinkgiesserei für Architektur v. M. Geiss in Berlin. Mit Vorwort v. Schinkel. Heft 1—17. Mit 85 (statt 102 Tafeln). 4. Berlin (1840—48). In Blättern, theilweise etwas unrein. Das Inhaltsverz. zu Heft 17 fehlt. (38¼ M.) 9 —
Es erschienen 21 Hefte zu je 6 Tafeln.

2628 **Gerke, P.**, Das Metallgeräth. Kunst-Luxusgegenstände in Bronce, Silber, Zink etc. I. Serie. In Mappe. 25 —

2629 **Girand, J. B. B.**, les arts du métal. Recueil descriptif et raisonné des principaux objets ayant figuré à l'exposition de 1880 de l'Union central des beaux arts. Avec 50 belles planches en héliogr. fol. Paris 1881. (150 fr.) En Carton. 85 —
Die prachtvollsten Arbeiten besonders des 13—18. Jahrh. in Bronze, Gold, Silber, Email, Eisen etc.

2630 **Grados, L.**, ornements pour bâtiment. Travaux artist., plomb, zinc, cuivre, tôle album. 84 planches lith. 4. Paris 1869. Hlwd. 24 —

2631 **Griggs, W.**, Portfolio of Italian and Sicilian Art. 56 plates executed in photochromolithography from examples chiefly in the collections of the South Kensington Museum. fol. London 1890. Hfz. 36 —
Von den 56 Tafeln stellen 50 kunstvolle Gewebe dar, die übrigen 6 Metall- u. Goldschmiede-Arbeiten.

2632 **Hasselmann.** — Aus der Kunstschmiede-Eisensammlung des Architecten Friedr. H. 60 Blatt Albertotypien. gr.-fol. München 1881. In Mappe. (50 M.) 38 —

2633 **Husson, F.**, l'architecture Ferronière. Recueil de 88 planches gravées, exemples de la construction en fer et la serrurie d'art. 4. Paris 1873. In Mappe. (50 fr.) 30 —
Kunstschlosserei u. Constructionen in Eisen.

2634 **Jousse, Math.**, reproduction of illustrations of ornamental Metal-Work, forming l'art serrurier par Math. Jousse. (Fleche: Gg. Griveau, 1627). W. 26 plates in Photolithogr. fol. Lond. 1889. cloth. 11 —

2635 **Kramme, C.**, Modell-Sammlung seiner Bronce-Waaren-Fabrik, Spezialität: Lampen in allen Formen, Leuchter, Wandarme, Ampeln, Candelaber, Kronleuchter etc. 174 lith. Tafeln, mit einer Menge der verschiedenartigsten Formen, grosstentheils reich ornamentierte Kunstwerke. fol. Berlin, cca. 1880. Hlwd. Mit beigelegtem Preis-Courant. 32 —

2636 **Krug, A., u. A. Pertsel**, Ornamentik für Schlosser u. Architekten (Schmiede-Eisen-Arbeiten). 4 Hefte. M. 117 Taf. 4. Gera 1871. (24 M.) 15 —

2637 **Lamour, J.**, recueil des ouvrages en serrurerie que Stanislaus le Bienfaisant, roy de Pologne etc. a fait poser sur la place de Nancy à la gloire de Louis le Bien Aimé et plusieurs autres dessins de son invention. 28 belles planches av. texte explic. Imp.-fol. Nancy o. J. (ca. 1805). cart. 60 —

2638 **(Lasinio).** Le tre porte del battistero di San Giovanni di Firenze (opera in bronzo di Andrea Pisano e di Lorenzo Ghiberti). C. 69 tav. inc. da G. P. Lasino. fol. Firenze 1821. Hfz. 40 —

2639 **Magazin** von Abbildungen der Eisengusswaaren aus der Kgl. Eisengiesserei zu Berlin. 8 Hefte mit 69 Tafeln. fol. u. gr.-quer-fol. Berlin 1823—83. (45 M.) Vergriffen. 20 —

2640 **Martin, P.**, la serrurie, recueil des ouvrages en fer et en bronze (fabriqués à Lyon) du X° au XVIII° siècle. I° vol. (seul publié) av. 20 pl. 4. Paris 1865. 8 —

2642 **Metz, F.**, Musterbuch von feinen Eisenguss mit Schmiedeeisenarbeiten v. F. Metz in Frankfurt. (Pferdestall-Einrichtungen, Geländer, Grabplatten, Kreuze etc.) 74 Taf. (von denen 5 fehlen.) 4. Frankf. o. J. In Mappe. 10 —

Karl W. Hiersemann in Leipzig, Königsstrasse 2. Catalog 108.

168   Denkmäler, Büsten, Statuen, Triumphsäulen.

M. Pf.

2643 **Modèles de serrurerie** choisis parmi ce que Paris offre de meilleur goût. Paris, Bance 1826. 56 Kupfertafeln. — Beigeb.: **Hoyau**, Art du serrurier. Avec 17 pl. renfermant 400 figg. Ebd. 1826. fol. Lwd. 40 —

2644 **Meser**, Ferd., der Kunstschlosser. Entwürfe zu Kunstschlosserarbeiten vorzugsweise im Style des 16., 17. u. 18. Jahrhunderts. Mit 24 Tafeln. In Mappe. fol. Berlin. 20 —

2645 (**Les Musées et Palais Nationaux**. Mobilier d'art conservé au Louvre. Garde-Meubles, Versailles, Elysée, Fontainebleau, etc. des époques gothique, Renaissance, Louis XIII, XIV, XV et XVI. IIIe partie: Bronces, — appliques, flambeaux, cartels, vases, chenets, pendules, lustres etc. Av. 60 pl. photographiques. fol. Paris 1891. En portefeuille. 80 —

2646 **Muster-Karte** der Metallwarenfabrik v. Joh. Jos. Hayde. M. 60 Kpftfl. qu.-fol. ca. 1800. Ppbd. 26 —
   Der interessante Band enthält in 885 Piècen ungemein viele Vorlagen für künstlerische Metallarbeiten, wie Gefässe, Schlösser, Rosetten, Füsse, Handgriffe etc., sowie einen grossen Schatz von Ornamentik.

2647 **Pugin**, A. W., designs for iron and brass work in the style of the 15th and 16th centuries. 26 beautiful etched plates (includ. the ornam. titlepage). 4. London, Ackermann & Co., 1836. Lwd. 12 —
   Reich ornamentirte Metallarbeiten, in goth. Stil.

2648 **Puricelli**, Gusswaaren-Abbildungen (Musterbuch) der Gebrüder Puricelli vorm. Fr. W. Utsch auf den Rheinböller-Hüttenwerken bei Bingerbrück. 148 Blatt. quer-4. 1864. cart. 15 —
   Oefen, Säulen, Kreuze etc.

2649 **Redfarn**, W. B., ancient Wood and Iron Work in Cambridge. 28 lith. plates, with letterpress by J. W. Clark. fol. Cambridge (1886). Lwd., neu. (35 sh.) 18 —

2650 **Repoussé brass work**. By W. F. With 6 working drawing (plates), and numerous illustr. by the author. 4. Dublin (ca. 1870). cart. Nicht im Handel. 6 —
   Anleitung zur Herstellung getriebener Messingarbeiten.

2651 **Ritter**, L., Universal-Musterschatz. 20 Taf. mit üb. 200 Mustern für alle Branchen d. Textilindustrie, Druckerei, Tapeten, Eisengiesserei, Glas- und Porzellanmalerei. I. Jg. fol. Rossbach 1892. In Lwdmappe. 18 —

2652 **Sacken**, Ed. v., die ant. Bronzen d. Münz- u. Antiken-Cabinetes in Wien, beschr. u. erklärt. 1. (einz.) Theil: Die figuralischen Bildwerke class. Kunst. M. 54 Taf. in Kupferst. gr.-fol. Wien 1871. cart. 36 —

2653 **Schmiedekunst**, die. Nach Originalen des XV.—XVIII. Jahrhunderts. M. 100 Taf. fol. Berlin 1887. Halblwd. 44 —

2654 **Schübler**, J. J., 6 Blatt Gartenportale. G. Lichtensteger sc. fol. M. breitem Rand, numer. 1—6, scharfe Abdrücke. 20 —

2655 **Val d'Osne**. — Livre de modèles de la Société anonyme des hauts-fourneaux et fonderies de l'usine de Val d'Osne. 408 planches. 4. ca. 1875. Lwd. 40 —
   Ausserst reichhaltiges Musterbuch dieses bedeutenden Hüttenwerkes.

2656 **Weisse**, R., Dresdner alte Schmiedearbeiten des Barok- u. Rococo. Zeichnerische und photogr. Aufnahmen. 1. u. 2. Lfg. 20 Tafeln. fol. Dresden 1892. 20 —

Denkmäler, Büsten, Statuen, Triumphsäulen.

M. Pf.

2658 **Albert-Memorial**. National Memorial to H. R. H. Prince Consort. W. 25 engrav. plates and chromolith. and 11 woodcuts. Imp.-fol. London 1873. Grün-Hmaroq. m. Goldschn. (£ 12. 12 sh. = 252 M.) 100 —

Karl W. Hiersemann in Leipzig, Königsstrasse 2. Catalog 106.

Denkmäler, Büsten, Statuen, Triumphsäulen.

M. Pf.

2660 (Baltard, L. P.), la colonne de la place Vendôme, cont. les détails des bas-reliefs qui décorent cette colonne etc., av. 146 planches, gr. par L. B. Baltard. imp.-fol. Paris 1810. demi-rel. ... 90 —
Das Erscheinen d. Werkes war lange Zeit unterbrochen u. wurde erst von 1830 ab wieder fortgesetzt. Nur eine sehr geringe Anzahl von Exempl. kam in den Handel.

2661 **Bellorius,** J. P., Columna Cochlis M. Aurelio Antonio Augusto dicata Romae ad viam Flaminiam execta. 80 tab. aen. brevibus notis. qu.-fol. Romae 1704. ... 36 —

2662 **Courajod,** L., le buste de Pierre Mignard du musée du Louvre. Av. 2 illustr. 4. Paris 1884. Extr. 15 pp. ... 1 50

2663 — La Diane de bronze du château de Fontainebleau. Av. 1 pl. Paris 1885. Extr. 10 pp. ... 1 20

2664 — Buste de Jean d'Alesso au musée du Louvre. Av. 1 pl. et grav. s. bois. Paris 1883. Extr. 21 pp. ... 1 50

2665 — Jean Warin, ses oeuvres de sculpture et le buste de Louis XIII. du musée du Louvre. Avec grav. Paris 1881. Extr. 50 pp. ... 3 —

2666 — statue de Robert Malatesta, autrefois à St.-Pierre de Rome, aujourd'hui au musée du Louvre. Av. grav. s. bois. gr.-8. Paris 1883. Extr. 15 pp. ... 1 50

2667 — Buste de P. Mignard du musée du Louvre. Av. 2 grav. s. bois. gr.-8. Paris 1884. Extr. 15 pp. ... 1 50

2668 **Edelinck.** Venus. — Diane. — Bergère. — Latone entre ses deux enfans — 3 statues et 1 grouppe de marbre dans les jardins de Versailles p. B. Marsy de Cambray. D'après les desseins de Lebrun, J. (et) G. Edelinck sc. 1679. 1680. 1681. 4 Blatt. gr.-fol. M. sehr breiten Rändern. ... 20 —

2669 **Förster,** E., der Egsterstein in Westfalen. M. 1 Taf. 4. Lpz. (1860). A. 8 pp. ... 1 50

2670 **Gerardi,** F., intorno alla statua di Bolivar opera del P. Tenerani. Con 6 gr. e belliss. tav. fol. Livorno 1845. Hfrz. Selten. ... 28 —

2671 **Gorringe,** H. H., Egyptian obelisks, recording to the most minute particulars the operations of removing and transporting many of these monuments, with 50 plates some of which in chromolith. 4. Lond. 1885. ... 18 —

2673 **Grillparzerdenkmal,** das, in Wien. Ausgef. von Kundmann, Weyr u. Hasenauer. 8 Blatt in Lichtdruck nach Original-Aufnahmen. fol. Wien 1889. ... 7 50

2674 **Kundmann,** K., Schubert-Denkmal im Wiener Stadtpark. Heliograv. nach d. Gem. v. A. Groll. Epreuve d'art. Auf chin. Pap. 29×22. Wien 1886. (12 M.) ... 7 —

2675 — Idealfiguren der Kunst-Industrie u. der Architectur. (2 Bl. m. je 2 versch. Aufnahmen). Heliograv. nach d. Figuren d. Hofmuseums. Auf chines. Pap., v. der Schrift. quer-fol. Wien 1886. (12 M.) ... 8 —

2676 **Laborde,** L. de, descr. des obélisques de Louqsor. Av. ill. Paris 1833. 16 pp. ... 2 —

2677 **Le Potre.** Six statues dans les jardins de Versailles p. L. Lerambert (2) et Ph. Buyster (4). Le Potre sculp. 1672—75. gr.-fol. 6 Blatt. Mit sehr breiten Rändern. ... 12 —

2678 **Maertens,** H., d. deutschen Bildsäulen-Denkmale des XIX. Jahrh. nebst einer Abhandlung über d. Grössenverhältnisse, d. Materialienwahl, die Gruppirung, d. Aufstellungsweise u. d. Kosten derartiger Monumente. Lfg. 1—3, 12 Taf. i. Lichtdruck. fol. Stuttgart 1892. ... 9 —

2679 **Millingen,** J., ancient inedited monuments: I. Painted Greek vases from collections in various countries principally in Great Britain. W. 40 colour. plates. II. Statues, busts, bas-reliefs and other

Karl W. Hiersemann in Leipzig, Königsstrasse 2. Catalog 108.

170   Grabdenkmäler.

| | M. Pf. |

remains of Grecian art. W. 22 plates. 2 vols. in-1. Large 4.
London 1822—26. Hmaroq. (189 M.) 60 —
2680 **Monumente** u. Standbilder Europas. Lfg. 1. 10 Tafeln in Lichtdr.
fol. Berlin 1892. In eleg. Hlwdmappe. 10 —
2681 **Moscanus**, D., deux mots s. les obélisques d'Egypte. Av. pl. 4.
Alexandrie 1877. 16pp. 2 —
2682 **Perrier**, F., segmenta nobilium Signorum et Statuarum quae temporis
dentem invidium evasere Urbis aeternae ruinis erepta typis aeneis
commissa. Kupfertitel, 100 Kupfertaf. antike Statuen darstellend, u.
2 gestoch. Index-Blätter. fol. Romae 1638. Frz. Tadelloses
Exemplar der seltenen Orig.-Ausgabe. 50 —
2683 **Perrier**, F. B., cent statues dessinées et gravées à Rome en 1638.
(Nouvelle édit. faite sur les planches originales.) 100 planches sur
chine. 4. Paris (ca. 1880). In Hlwd.-Mappe. (35 fr.) 18 —
Es fehlen Tafel 39. 54. 73. 76.
2684 **Piranesi**. Collection de plus belles statues de Rome. 30 pl. grav.
sur cuivre. Corazzi, Roccheginni, Piroli, Angeletti, Gagnerau dis. et
Piranesi incise. imp.-fol. Rome 1786. d. rel. 120 —
2685 — 3 Bll. Kupferstiche: Antike Statuen u. Ornamente. gr.-fol. u.
gr.-qu.-fol. 4 50
2686 **Plantet**, E., la collection de statues du Marquis de Marigny, directeur
du bâtim. du Roi 1725—81, catal. descript. av. 28 héliogr. Paris
1885. (15 fr.) 10 —
2687 **Quatremère** de Quincy, le Jupiter Olympien, ou l'art de la sculpture
antique etc. Av. 32 planches dont la plupart color. fol. Paris
1815. cart. 130 —
Nur in 150 Ex. gedruckt. Vergriffen und selten.
2688 **(Schnorr v. Carolsfeld, Hans Veit)** — Abgüsse antiker und moderner
Statuen, Figuren, Büsten, Basreliefs in Gyps, fester Masse, künstl.
Marmor üb. die besten Originale geformt, in d. Rost. Kunsth. Leipz.
57 Kupfert. v. Hans Veit Schnorr von Carolsfeld. 10 —
2690 **Schynvoets**, S., (1652—1724) Vorbeelden der Lusthof-Cieraaden zijnde
Piramiden, Eerzuylen en andere Bijwerken. 30 Blatt. — Voor-
beelden der Lusthof Cierraaden zijnde Vasen, Pedestallen, Orangie-
bakken, Blompotten etc. 24 Blatt. =: 54 Blatt. fol. Amsterd. ca.
1700. Sehr schöne Ornamentstiche des bedeutenden Künstler in vor-
züglicher Erhaltung. Ganz vollständige Serie, breitrandig, nur 1 Blatt
ist stärker beschnitten. 70 —
2691 **Skizzen**, Biographische, der Personen, der das Grabmahl Kaisers
Maximilian I. in der Kirche z. hlg. Kreuz in Innsbruck umgebenden
28 Statuen. Imp.-fol. Innsbruck 1823. Hfrzbd. 40 —
Mit 28 prächtige Kupfern, gestochen von Eichler u. A. nach den Zeichnungen von
J. G. Schedler, dessen Portrait beigefügt ist. Selten. Interessantes Exemplar,
in welchem Hofrath Birk das Gewicht der einzelnen von Gregor Löffler ge-
gossenen Statuen beisetzte.
2692 **Statues** et bustes antiques au Palais des Thuilleries. Collection de
61 gravures p. Mellan et St. Baudet. 1669—1681. gr.-fol. 40 —
2693 **Zumbusch**, K., Beethoven Denkmal in Wien. Gesamtans. u. 3
Details. 4 Heliogravuren, auf chines. Pap., épreuve d'art. fol.
(Wien 1884.) 10 —

Grabdenkmäler.

| | M. f. |

2694 **Aquino**, C. de, Sacra exequialia in funere Jacobi II Magnae Bri-
tanniae regis exhibita a Cardinal Barberino. Mit 17 Kupfern v.
Specchi nach Zeichn. v. Cipriani (mehrere in Doppelformat). fol.
Romae 1702. Selten. 40 —
Das 1. Kupfer in imper.-fol. stellt das prachtvoll dekorirte Innere der Kirche dar,
die übrigen meistens Embleme in verzierten Umrahmungen.

Karl W. Hiersemann in Leipzig, Königsstrasse 2. Catalog 109.

Grabdenkmäler. 171

M. Pf.

2695 **Armand**, sur le tombeau de l'evêque Ragnégisile conservé à Troyes. Av. 2 pl. (1834.) Extr. — 2 —
2696 **Boissardus**, J. J. Antiquitates Romanae. Tomus V. Mit 129 Kupfertaf., Th. de Bry sc. fol. Francof. 1600. Sehr schöner gleichzeitiger u. vortrefflich erhaltener Lederbd. mit reichen vergold. Pressungen u. dem Wappen des Erzbisthums Mainz auf der vorderen Decke. Die schönen Kupfer von de Bry stellen verzierte Grabdenkmäler dar. Am unteren Rande stockfleckig. Tafel 10 fehlt. 10 —
2697 **Boxhorn**, M. Z., Monumenta illustrium virorum et elogia. Cum 125 tabb. aen. fol. Amst., Jansson, 1638. Eleg. Hfz., schönes Ex. 30 —
Die 125 radirten Tafeln nebst Kupfertitel enthalten eine Fülle schöner Ornamente u. viele reich verzierte Grabdenkmäler. Im Text zahlreiche hübsche Holzschnittinitialen. — Prachtvoll ornam. Titelbl.
2698 **Brindley**, W., and S. **Weatherley**, ancient sepulchral monuments, cont. illustr. of over 600 examples from various countries and fr. the earliest per. to the end of the 18th cent. 212 plates w. descr. text. fol. Lond. 1887. Lwd. (Subscript.-Preis 84 sh.) 80 —
2699 **Buondelmonti**, G., delle lodi dell' A. R. del Seren. Gio. Gastone VII. Gran duca di Toscana. 4. Firenze 1737. Mit Abbildung d. Katafalks in gr.-fol. in Kupferst. 6 —
2699a **Campana**, P., di due sepolcri romani del secolo di Augusto scoperti tra la Via Latina e l'Appia presso la tomba degli Scipioni. 2 ptes. M. 16 Taf. 4. Rom 1852. A. 184 pp. 15 —
2700 **Canina**, L., Descriz. di Cere (città) antica, ed in partic. del monumento sepolcr. scop. nell' a. 1836. C. 10 tav. fol. Roma 1838. Pp. Ex. auf Velinp. 15 —
2701 **Canova**, Ant. — Monumentum aeternae memoriae Mariae Christinae archiducis Austriae a Alberto Duce Viennae in templo D. Augustini e marmore erectum opera A. Canovae 1805. M. 6 Kupf. v. Agricola (Grabmahl u. s. Details). Mit lat. Gedicht v. Melchior v. Birkenstock u. deutsche Uebersetzg. u. Epilog v. Grafen Enzenberg. fol. Wien 1813. cart. 25 —
2702 **Clochar**, P., monumens et tombeaux, mesurés et dessinés en Italie. Av. 40 belles planches. gr.-fol. Paris 1815. Hlwd. 25 —
2703 **Cochin fils**, C. N. (1713-90). Pompe funèbre d'Elisabeth Thérèse de Lorraine, reine de Sardaigne en l'église de N. D. de Paris 22. Sept. 1741. — De Bonneval inv., C. M. Cochin fils del. et sc. 30 —
Grosses, figurenreiches Blatt mit dem Katafalk mit allegor. Beiwerk in der Mitte. Wenig beschädigt.
2704 **Conestabile**, G., il sepolcro dei Volunni per G. Vermiglioli, nuovam., ed. con note, aggiunte e 16 tav. in rame da Conestabile. (Text 4 Atlas in-fol.) Perugia 1855. — Conestabile. monumenti etruschi e rom. della necropoli del palazz. in Perugia circostanti al sepolcro dei Volunni (Text 4, Atlas v. 9 Taf. fol.) 1856. — Conestabile, iscriz. etrusche e etruscolat. in monumenti nella Galleria degli Uffizi di Fir. (C. 2 tav. monumenti) e 73 tav. d'iscriz. 2 Theile. 4. Fir. 1858. In 2 Halbmaroquinbdn. (1 quart, 1 fol.) Selten. 95 —
2705 **Cotman**, J. S., engravings of sepulchral brasses in Norfolk and Suffolk tending to illustrate the ecclesiast., military and civil costume as well as to preserve memorials of ancient familes in that county. 2 vols. w. 171 colour. pl. fol. Lond. 1839. Green half marocco, top gilt, uncut. (315 M.) 90 —
2706 **Couraȷod**, L., Quelques monuments de la sculpt. funér. des XVe et XVIe s. Av. 2 héliogr. et grav. s. bois. Paris 1882. Extr. 28 pp. 2 50
2707 — 2 épaves de la chapelle funéraire des Valois à St.-Denis, aujourd' hui au musée du Louvre. Av. Supplém. Avec 3 pl. et grav. s. bois. Paris 1878. 2 Extr. 33 et 16 pp. 4 50
2708 — fragment du tombeau de l'amiral Chabot à l'Ecole des Beaux A. Avec 6 grav. s. b. et 1 héliogr. Lex.-8. Paris 1882. S.-A. 1 80

Karl W. Hiersemann in Leipzig, Königsstrasse 2. Catalog 108.

Grabdenkmäler.

2709 **Conrajod**, fragments des mausolées du Cte de Caylus et du Mis du Terrail. Avec 2 grav. s. bois. Paris 1878. Extr. 15 pp. — 1 50
2710 — Tombeau de M. de Mavolles autrefois dans l'église St.-Sulpice aujourd'hui au musée du Louvre. Av. 2 grav. Paris 1885. Extr. 8 pp. 1 20
2712 **Daly**, C., architecture funéraire contemporaine. Spécimens de tombeaux, chapelles funéraires, mausolées, sarcophages, stèles, pierres tombales, croix, etc. 119 planches av. texte descriptif. gr.-fol. Paris 1869. In Hlwd.-Mappe. 95 —
2713 **Description** du Monument qui vient d'être érigé à Rheinsberg. Av. 4 pl. fol. (Berlin), Decker, 1790. Privatdruck. Beigefügt e. schöne Radirg. in-fol., e. Grabdenkmal darst. 6 —
2714 **Dionysii**, Ph. L., S. Vaticanae Basilicae cryptarum monumenta. C. comentariis Contin. A. Sarti et J. Settele. Ed. II. 2 voll. c. 127 tabb. Romae 1828—1840. fol. Hfrz. 90 —
2715 **Dios de la Rada y Delgado**, J. de, Necropolis de Carmona. Avec 25 pl. dont 7 en couleurs. 4. Madrid 1885. Extr. 180 pp. 15 —
2716 **Farcy**, M. L. de, notices archéolog. sur les tombeaux des évêques d'Angers. Av. atlas de 16 planches. 4. Av. Text descr. in-8. Angers 1877. 8 —
2718 **Fendt**, T., (pictor Vratislav.) monumenta sepulcrorum cum epigraphis virorum illustrium, tam prisci quam nostri saeculi ex archetypis express. M. 129 Grabmonum. in Kupf. gest. v. Fendt. fol. Vratislav. 1574. Frzbd. Erste Ausgabe, etwas wurmstich. 48 —
2719 **Fichot**, Ch., tombeaux et figures hist. de l'église imp. de St.-Denis. 2 vols. av. 146 photogr., dont 2 sur les titres. fol. Paris 1867. Hfz. Die Taf. sind handschriftl. bezeichnet. Nicht im Handel. *verkauft.*
2720 **Fischer**, L. H., Grabmal der Caecilia Metella. Radirung n. Poussin. Auf chin. Papier vor der Schrift. 24 × 29 cm. Wien ca. 1884. (20 M.) Tadellos. 14 —
2721 **Funérailles** de S. M. Léopold, premier Roi des Belges. Av. 1 portrait du roi, 1 belle planche héraldique chromolith., et 5 planches lith. à 2 teintes, Dedoncker del. et lith. gr.-fol. Brux. 1866. Hlwd. 12 —
Die Tafeln, meistens auf chines. Papier, stellen dar: Verlesung der Todesnachricht, Leichenconduct bei Fackellicht, das Paradebette, den Leichenwagen, die Exequien.
2722 — de S. A. R. Louise-Marie-Thérèse-Caroline-Isabelle, Princesse d'Orléans, Reine des Belges. Av. 1 portrait lith. de la Reine, 1 belle planche héraldique chromolith., 9 planches lithogr. à 2 teintes d'après les peintures de Hendrick, Dedoncker, et van Derhecht, et 1 dessin architectural du catafalque. gr.-fol. Bruxelles 1850. cart. 20 —
Die schönen in Paris gedruckten Tafeln stellen das Sterbelager, Gruppen des Trauerconducts, n. die Exequien in der reich dekorirten Kirche dar und sind wegen der Militär- u. Civilkostüme des Zuges sowie wegen der Trauerdekorationen bemerkenswerth.
2723 — de Louise-Marie-Thérèse-Caroline-Isabelle, princesse d'Orléans, reine des Belges. Avec portr. et 11 planches dont 1 color. fol. Brux. 1850. cart. 15 —
2724 **Funerali** per Carlo III., re delle Spagne, e per l'Infante di Napoli D. Gennaro Borbone. Av. portraits grav. de Charles III. et Ferdinand, roi des deux Siciles et 5 gr. planches gr. p. Gramignani. fol. Palermo 1789. Hlwd. 15 —
2725 **Gailliard**, F., inscriptions funéraires monumentales de la Flandre occidentale des données historiques et généalogiques. 3 vols. Avec beaucoup de belles planches dont la plus grande partie en couleurs. 4. Bruges 1861—1887. Hmqnbde. 70 —
2726 **Gerlach**, H., die mittelalterlichen gravirten messingenen Grabplatten, insbesond. in d. Dome zu Meissen u. Freiberg. M. 1 Taf. Freiberg 1866. 16 pp. 1 20

Karl W. Hiersemann in Leipzig, Königsstrasse 2. Catalog 108.

Grabdenkmäler.

	M Pf.
2727 **Grabdenkmäler**, ausgef., u. Grabsteine. Lfg. 1—4. Mit 40 Lichtdrucktaf. fol. Berlin 1889—91. In Mappen.	40 —
2728 — mod. Wiener. Die künstlerische Ausschmückung d. Wiener Friedhöfe durch Werke d. Bildhauer. Jos. Benk, Joh. Kalmsteiner u. s. w. Mit einem Vorwort v. A. Ilg. 1. Serie. M. 30 Lichtdr.-Tafeln. fol. Wien 1891. In Mappe.	30 —
2729 — im Dome zu Mainz. 24 Blätter in Lichtdruck, nach Photogr. v. H. Emden in Frkft. a. M. (Mainz 1858.) 4.	20 —
2730 — Auswahl d. vorzüglichsten Grabdenkmale, des Münchener Kirchhofes. 1—7. Heft. M. 55 Tafeln. 4. München ca. 1865.	9 —
2731 **Gresy**, monument funér. des Seign. de Courceaux au 13e siècle dans le cimet. de Montereau-sur-le-Jard. Av. 3 pl. Meaux 1865. Extr.	2 —
2732 **Grimm**, H., die Sarkophage d. Sacristei v. San Lorenzo. M. 4 Holzschn. gr.-4. (Berlin 1884.) Ausschn. 14 pp.	3 —
2733 **Gründling**, P., Grabdenkmäler. Sammlg. v. Grabsteinen, Kreuzen, Platten, Familiengräbern etc. M. Details in nat. Grösse. Lfg. 1 m. 6 Tfln. u. Detailbogen. fol. Lpz. 1882. (5 M.)	2 —
2734 **Havergal**, F. T., monumental inscriptions in the Cathedral Church of Hereford. W. 19 plates by R. Clarke, mostly in colours. 4. Lond. 1881. cart. ob Schn. verg. Die Tafeln stellen meist Grabdenkmäler und Wappen dar.	22 —
2735 **Hocker**, J. L., Hailsbronn. Antiquitäten-Schatz: derer Burggrafen v. Nürnberg, derer Fürsten u. Marggrafen v. Brandenburg (u. Anderer) Grabstätte, Wappen etc. M. 17 Kupf. fol. Onolzbach 1731. Hpgt. Mit 4 Portr. 1 Ansicht v. Heilsbronn, 2 Ans. des Gesundbrunnens daselbst, 2 Wapp.-Taf. u. 12 Taf. mit Abbildungen der Grab-Monumente ihrer Sculpturen u. deren Ornamentik.	18 —
2736 **Illustrations** of monumental brasses. Publ. by the Cambridge Camden Soc. 3 pts. W. 32 plates repres. fonts, doors, windows, piscinae etc. 4. Cambridge 1846. Lwd. Vollständige Ex. (mit 55 Tafeln) kommen fast nie vor. Einige Tafeln sind wasserfleckig.	30 —
2737 **Inscriptions** funéraires et monumentales de la Province d'Anvers. Livrais. 1—141 avec un très grand nombre de gravures dont environ 2000 représ. des armes et 1000 des pierres sépulcrales. 4. Anvers 1856—87. Hfrz., cart., u. in Lfgn. Text holländisch u. französisch. Vollständig liegen vor Bd. I: Anvers, église cathédrale. II u. III: Anvers, Eglises paroissiales IV, V, VI; Anvers, Abbayes et couvents. Die Bände welche die anderen Städte der Provinz Antwerpen umfassen sind noch nicht vollständig erschienen.	100 —
2738 — funéraires et monumentales de la Province de la Flandre orientale. 4 vols. Avec 92 pl. dont 76 présentent monuments sépulcr. 4. Gand 1865—70. gbdn. Inhalt: 1ère série: Eglises paroissiales: Gand 2 Bde. — 2ème série: Eglises conventuelles: Gand — 2 Bde. in 1. 3ème série: Eglises communes paroissées du doyenné de Gand extra muros. Tome premier.	70 —
2739 **Kraft**, P., ausgeführte Grabdenkmäler alter u. neuer Zeit. M. 30 Lichtdrucktaf. fol. Frankf. 1889. In Mappe.	30 —
2740 **Löffler**, J. B., Gravmonumenterne i Ringsted Kirke. Med XV tavler efter tegninger af M. Petersen og J. B. Löffler. fol. Kopenh. 1891. Grabmonumente d. 14.—16. Jahrh.	20 —
2741 **Marot**, Jean. Tombeaux ou Mosolées (sic!) nouvellement inventées. Titel u. 7 Blatt prächtig ornamentirte Grabdenkmäler. fol. Aufgezogen, mit wenig. Rand.	18 —
2742 **Pieraccini**, F., e G. P. Lasinio, il Tabernacolo della Madonna d'Orsanmichele, lavoro insigne d'Andrea Orcagna, e altre sculture d'eccellenti maestri, le quali adornano la loggia e la chiesa predetta. 14 tavole con dichiaraz. da G. Masselli. Imp.-fol. Firenze 1873. Lwd.	20 —
2743 **Quaglia**, les cimetières de Paris. Recueil des plus remarquables monuments funèbres, avec leurs inscriptions. Plus de 200 monuments	

Karl W. Hiersemann in Leipzig, Königsstrasse 2. Catalog 108.

174   Grabdenkmäler.

                                                                      M. Pf.
sur 24 planches, gr. p. Colette. fol. Paris s. d. (cca. 1860). Hlwd.
(25 fr.)   12 —
2744 **Quicherat, J.**, un tombe plate dans l'église de Ste.-Praxède à Rome.
Av. 1 pl. Paris 1879. Extr.   1 50
2745 **Ram, P. F. X.** de, recherches s. les sépultures des ducs de Brabant
à Louvain. Av. 7 planches (vitraux, peintures etc.) (Brux.) 1845.
4. Extr.   3 —
2746 **Reindel**, Albert Christoph. Das Sebaldusgrabmal v. Peter Vischer
zu Nürnberg. 44×55 cm. Bis an den Plattenrand beschn., wenig
beschädigt.   5 —
2747 **Richardson, E.**, the monumental effigies, and tombs in Elford Church,
Staffordshire with a memoir and pedigree of the Lords of Elford.
With 13 lithogr. plates coloured. fol. London 1852. Lwd. (42 sh.) 25 —
2748 **Riess, C.**, Grabmonumente. Eine Sammlung von Grabsteinen, Stelen,
Grabkreuzen, Obelisken etc. in versch. Stilarten. 40 T. in Lichtdr.
fol. Stuttgart 1891. In Mappe.   30 —
2749 **Rogers, W. H. H.**, antient sepulchral effigies and monumental and
memorial sculpture of Devon. With 87 plates and numerous wood-
cuts in the text. 4. Exeter, printed for the author, 1877. cart.
Nicht im Handel.   60 —
2750 **(Rossini, G.)** Lettere pitt. sul Campo Santo di Pisa. C. 6 vign.
4. P. 1810.   3 —
2751 **Ruggiero, M.**, alcuni monumenti sepolcrali fatti in Napoli. C. 10 tav.
fol. Napoli 1851. cart.   18 —
2752 **Serres, J. T.**, picturesque views of the principal monuments in the
cemetery of Père La Chaise near Paris. 10 lithogr. and coloured
plates with descr. text. fol. London 1825.   10 —
2753 **Stoss, Veit.** — Förster, E., das Grabmal König Casimirs IV von
Polen. M. 2 Taf. 4. Lpz. (1860). A. 4 pp.   2 —
2754 **De Swart**, description de la chambre et lit de parade sur lequel le
corps de son Altesse Anne, princesse royale de la grande Bretagne....
a été exposé en fevr. 1759. Av. 4 pl. La Hage 1759. — P. C. la
Fargue, convoi-funèbre de .. Anne, exécuté le 23 fevr. 1759. Av.
16 pl. = 20 planches gravé par S. Fokke. fol. La Haye 1791. Pergt. 35 —
Text franzòs. u. niederländ.
Die 16 Taf. stellen den Leichenzug der Prinzessin dar. — Die beiden Werke sind
kostbamlich von Interesse (zahlreiche Abbildgn. v. Militär- u. Civil-Costümen).
2755 **Tombe** ed monumenti illustri d'Italia. Classe VII: Firenze, ducati di
Toscana e Lucca. Con 24 tavole. fol. Milano 1823. Hmaroquin. 18 —
2756 **Tosi, F.**, raccolta monumenti sacri e sepolcrali scolpiti in Roma nei
sec. XV e XVI. Opera premiata d. Accad. Rom. d. belle arti. 5 vols.
en 1. Av. 150 planches. gr. in-fol. Roma 1853—56.   100 —
2757 **Tottie, C.**, designs for sepulchral monuments. W. 12 plates. fol.
London 1838. cloth. (36 sh.)   7 50
2758 **Troyon, F.**, description des tombeaux de Bel-Air près Chescaux sur
Lausanne. Avec 6 planches. 4. Laus. 1841.   4 —
2759 **Ungewitter, G. G.**, Entwürfe zu Grabsteinen. M. Frontisp. u. 48 Taf.
fol. Lpzg. o. J. (1850). Hblrd. (18 M.)   10 —
Text deutsch u. franz. Fleckig.
2760 — Grabdenkmäler u. Steinornamente im gothischen Style. 3. Aufl.
m. 48 Taf. fol. Berlin 1891. In Mappe.   30 —
2761 **Vallet de Viriville**, sépultures de Blanche de Popincourt et de Jean
Pluyette dans l'église à Mesnil-Aubry. (15. siècle.) Av. 2 pl. et fig.
(Paris ca. 1875.) Extr.   3 —
2762 **Vande Putte, F.**, notice sur le mausolée de la famille de Gros. Avec
1 belle planche coloriée. Bruges 1842. d.-maroq. n. r., tête dorée. 10 —
2763 **Visconti, P. E.**, intorno gli ant. monumenti sepolcrali scoperti del
ducato di Ceri. C. 13 tav. 4. Roma 1835. Hpgt. Extr.   10 —

           Karl W. Hiersemann in Leipzig, Königsstrasse 2. Catalog 108.

Monumentalbrunnen. 175

M. Pf.

2764 **Wüst, J. L.** (um 1630), 5 Blatt Entwürfe zu prächtigen Grabdenkmälern mit religiösen Bildern u. Reliefsculpturen. Kupferst., J. L. Wüst sc., Jer. Wolff exc. Aug. Vind. fol. (ca. 1730.) Die Blätter sind 1—4 u. 6 bezeichnet. Vorzügliche Abdrücke. 12 —

Monumentalbrunnen.

M. Pf.

2765 **Boucher, F.** Neu inventirte zierliche Spring-Brunnen. G. G. Winckler sculp., Joh. Gg. Merz exc. Aug. Vind. No. 1. 2. 6. 7 der Folge von 7 Blatt. 10 —
2765a — — No. 6 u. 7 derselben Folge. 4 —
2767 **Decker, Paul,** Dritter Königl. Lust Bronnen. P. Decker inv. et del., J. A. Corvinus sc. J. B. Probst excud. 35 × 41 cm. Grosser aufs reichste ornamentirter Prachtbrunnen. 6 —
2768 **Delafosse, J. C.,** recueil de fontaines, frontispices, pyramides, cartouches, dessus-de-portes, bordures, médaillions, trophées, vases, frises, lutrins, tombeaux, pendules, cheminées, pyramides, chandeliers etc. inventées p. Delafosse et gravées p. J. de Wit (auch mit holländ. Titel: Allgemeen kunstenaars handboek) 2 Thle. in 1 Bande. 105 Kupfertaf. (inclus. der 2 Titel). fol. Arnst. (vers. 1775). Prächtiges Ex. in neuem Halbmaroquinbde., oberer Schnitt vergoldet. 110 —
2769 **Falda, J. B.** (17. Jahrh.) Le fontane di Roma nelle piazze e luoghi publici della citta con li loro prospetti. Stamp. da G. G. de Rossi. Libro primo. Titre frontisp. e 32 belles planches. obl. fol. Roma (ca. 1680) vél. 20 —
2770 — Romanorum fontinalia sive intra et extra urbem Romam fontium vera, varia et accurata delineatio. M. 2 gest. Vign. u. 42 meist doppelblattgr. Taf. fol. Nürnberg 1685. Perg. 28 —
2771 **Le Brun, Ch.** (1619—1690). Recueil de divers dessins de Fontaines et de Frises Maritimes (pour Versailles et pour l'escalier du fer à cheval en face du bassin de Latone à Versailles) inventez et dessignez par Le Brun, premier Peintre du Roy. Titre gravé et 27 belles planches. gr.-fol. In Mappe. 75 —
Schöne Abdrucke der reich ornamentirten Tafeln mit breitem Rand, zum grossem Theile 2, 3 und mehr Sujets auf einem Blatt. Vergl. Guilmard pag. 77 u. 78.
2772 **Le Pautre, Fontaines,** cuvettes et cartouches. 6 pl. (y compris le titre) fol. 12 —
2773 **Maggi, G.,** (Romano pittore e archit., 1566—1620) fontane diverse che si vedano nel Alma Citta di Roma et altre parte d'Italia con diverse altre novam. dal I stesso inventate et poste in luce ad instäza d. G. Rossi Milanesi. (Rubeis.) 23 acqueforti (einschliessl. Titel). Roma 1618. Wasserfleckig. 55 —
2774 **Peyre, M.-J.,** oeuvres d'architectur, nouv. éd. Av. 21 pl. Paris 1795. D. veau. 30 —
Auf 5 Taf. sind 11 schöne Monumentalbrunnen dargestellt.
2775 **Rossi, G. B.** (um 1690), Nuova raccolta di fontana in Roma. Titel u. 30 Kupfertaf. (Abb. v. Fontainen). quer-fol. ca. 1690. Hlwd. 16 —
2776 **Sammelmappe** hervorrag. Concurrenz-Entwürfe. Heft 8: Hasselbach Brunnen f. Magdeburg. 10 Taf. fol. Berlin 1885. (6 M.) 4 50
2777 **Visconti, L.,** fontaines monumentales constr. à Paris et projetées pour Bordeaux. Avec 14 planches, portr. de Napoleon III et portr. de l'auteur en fol.-double. Paris 1860. 90 —

Mosaiken. — Fliesen.

M. Pf.

2778 **Amé, E.**, carrelages émaillés du moyen-âge et de la Renaissance, précédés de de l'hist. des anciens pavages: mosaiques, labyrinthes, dalles incrustées. Avec 60 dessins dans le texte et 90 pl. en couleurs. 4. Paris 1853. 88 —
<small>Sehr selten. Gedruckt in 300 Ex. No. 193.</small>
2779 **Arneth, J.**, Archaeolog. Analecten. 23 Tafeln, davon 15 color. qu.-fol. Wien 1851. cart. 12 —
<small>Von den 23 Tafeln stellen 12 röm. Mosaikfussböden dar.</small>
2780 **Aubert, E.**, les mosaiques de la cathédrale d'Aoste. Av. 2 pl. 4. Paris 1857. S.-A. 8 pp. 3 —
2781 **Bolton, A. F.**, examples of mosaic pavings, from rubbings of floors at Pompei and Venice, with addit patterns from Palermo and Rome. With 12 partly coloured plates. gr.-fol. London 1891. Hlwd. Nur in 100 Ex. gedruckt. 25 —
2782 **Bremano, G. B.**, explicatio musivi in Villa Burghesiana asservati, quo certamina amphitheatri repraesentata extant. M. 7 Taf. 4. Rom 1852. A. 85 pp. 6 —
2783 **Brenci, G.**, Majolikafliesen aus Siena 1500—1550. Nach Originalzeichnungen. Text von Prof. Dr. Julius Lessing. 30 Tafeln in Photolithographie. fol. Berlin 1884. cart. 20 —
2784 **Church, W. A**, patterns of inlaid tiles, from churches in the diocese of Oxford. W. 24 colour. plates. 4. Wallingford 1845. 10 —
2785 **Encaustic Tiles**. Patterns of Minton, Hollins & Co.'s Patent Tile Works, Stoke upon Trent. Encaustic, Venetian, and plain tiles for mosaic pavements, also of majolica, enamelled, and glazed tiles, suitable, for fire-places, walls, and all purposes of mural decoration. 24 beautiful chromolith. plates including a great many patterns of all styles. fol. London (ca. 1875). cart. Nicht im Handel. 18 —
<small>Prachtvoll ausgestatteter Musterkatalog</small>
2786 **Furietti, J. A.**, de musivis, c. 6 tabb. 4. Rom 1752. Perg. 8 —
2787 **Herdtle, H.**, Vorlagen f. d. polychrome Flachornament. E. Samml. italien. Majolica-Fliesen. 26 Chromolithogr. fol. Wien 1885. In Mappe. Wie neu. (25 M.) 18 —
2788 **John, Barr & Co.**, the Worcester encausting tiles. 12 plates with 77 illustr. 4. Lond. 1844. Wasserfleckig. 4 —
2789 **Jones, Owen**, designs for mosaic and tesselated pavements. W. essay on their materials and structure. W. 11 exquisitely colour. plates. fol. Lond. 1842. Hlwd. Selten. 21 —
2790 **Leval, A.**, les principales mosaïques, peintures et sculptures existant à Kahrié-Djami à Constantinople. Texte (catalogue explicatif) avec 42 photographies. 4. (Texte 8.) Const. 1886. Photographieen aufgezogen. 85 —
<small>Ladenpreis 106 fr. (für die losen Photogr.) Darstellungen aus der bibl. Geschichte. — Das Aufziehen auf Cartons kostete 14 Mark.</small>
2791 **Meurer, M.**, Italienische Majolikafliesen aus dem Ende des XV. und Anfang des XVI. Jahrhunderts. 24 Tafeln in reichstem Farbendruck. Nach Originalaufnahmen. fol. Berlin. In Mappe. 50 —
2792 **Minton, Hollins & Co.**, album of encaustic, Venetian and mosaic pavements. Chromolith. titel and 32 chromol. pl. represent. 227 specimens. fol. Lond. ca. 1870. hfcalf. 10 —
2793 **Oldham, Th.** antient Irish pavement tiles in St. Pt. Patrick's cathedral, Howth, Mellifont, and Newtown Abbeys. W. 27 plates. 4. Dublin (ca. 1845). 10 —
2794 **Roman Mosaic Pavements** found in England. 6 colour. sheets. Large-fol. 1804 and 1823. (Ladenpeis ca. 60 M.) 26 —
<small>Basire-Fisher, Roman tesselated pavement disc. in Leadenhall Street. Text w. 1 plate (1804). — Mosaic Pavement discovered at Wellow by J. Skönner 5 colour. sheets.</small>

Karl W. Hiersemann in Leipzig, Königsstrasse 2. Catalog 108.

Gartenarchitektur.

2795 **Salviati.** Vetri e mosaici del Dr. S. all' esposiz. marittima di Napoli 1871. 1 20
2796 **Shurlock,** M. tiles from Chertsey Abbey, Surrey repres. early romance subjects. With frontisp and 40 plates print. in colours. fol. London 1885. Titelblatt eingerissen. 20 —
2797 **(Tarbé,** Pr.), dalles du XIIIe siècle à St.-Remi de Reims. Av. 6 planches lithogr. fol. Reims 1847. demi-mar. 18 —
2798 **Transactions** of the Society of arts for 1846 — 47 (or part. 1). W. plates. 4. London 1852. 6 —
Enth. u. A.: D. Wyatt, the art of mosaic, ancient and modern. W. 6 colour. plates.
2799 **Wilks,** 44 plates encaustic tiles. 4. London ca. 1845. 12 —
2800 **Wilmowsky,** röm. Villa zu Nennig u. ihr Mosaik. M. Taf. Bonn 1866. 1 50
2801 **Wyatt,** M. D., specimens of the geometrical mosaics of the middle-ages, with a hist. notice of the art. W. 21 beautiful plates in gold and colours. fol. London 1848. Hldr. (52½ sh). Selten. 30 —

Gartenarchitektur.

2803 **Agram.** — Park Jurjaves bei Agram in Croatien. 13 lithogr. Ansichten in Tondruck mit Situations-Plan u. Text. Royal-Quer-fol. Wien 1853. 20 —
2804 **Alphand,** A., Les promenades de Paris; histoire, description des embellissements, dépenses de création et d'entretien des Bois de Boulogne et de Vincennes, champs élysées, parcs, squares boulevards, places plantées etc. 2 vols. Avec 487 gravures sur bois, 80 planches gravées et 23 chromolithogr. gr. in-fol. Paris 1867—73. In 2 Mappen. (600 M.) 200 —
2805 **(d'Argenville,** A. D.), théorie et pratique du jardinage, ou l'on traite à fond des beaux jardins app. les jardins de plaisance etc. Av. 49 pl. gr. (p. Le Blond.) 4. éd. Paris 1747. Frzbd. 30 —
Enthält viele Gartenparterres, Gartenhäuser etc.
2806 **Atlas** de 128 planches de l'architecture des jardins. obl. 4. (Paris ca. 1830.) d.-veau. 18 —
Gartenhäuser, Gewächshäuser, Fontainen, Gartenparterres, Moebel etc.
2807 **Becker,** W. G., Taschenbuch für Gartenfreunde. Jahrg. 1, III—V: 1795. 97. 98. 99. = 4 Bde. Mit vielen feinen z. Th. color. Kupfern nach d. Architekten Klinsky: Pavillons, Lusthäuser, Eremitagen etc. in Grundrissen u. Ansichten, Gartenmöbel, Grundrisse v. Anlagen etc. Lpz. 1795—99. Pp. Der Titel zu 1799 fehlt. 10 —
Interessante u. umfangreiche Abhandlungen verschiedener Verfasser zur Gartenarchitektur u. höheren Gärtnerkunst. Am Schluss jeden Bandes ausführl. Berichte über die Gartenliteratur der 4 Jahre.
2808 **Bella,** Stefano della. 6 Bll. Grotten- u. Garten-Anlagen. gr.-qu.-fol. Vorzügl. Abdr. Schöne, auch costümlich interess. Blätter. 36 —
2809 **Blondel,** 11 Blatt Gartenarchitectur: Gartenparterres, Fontainen, Vasen etc. Paris ca. 1740. 12 —
2810 **Böckler,** G. A. architectura curiosa nova, d. i. Sinn- u. kunstreiche Bau- u. Wasserkunst: zierliche Bronnen, Fonteynen u. Wasserkünste, kostbare Grotten, Lusthäuser, Pallaste etc. 4 Theile. 1 Bd. Mit 200 Kupferst. fol. Nürnberg 1701—4. Leder. 40 —
2811 **Boitard,** traité de la composition et de l'ornement des jardins. 3. édit., av. 96 planches reprós. des plans de jardins, des fabriques propres à leur décoration, et des machines pour élever les eaux. qu.-4. Paris 1825. Hfz. 20 —
2812 **Bouché,** C. D. u. J., Bau u. Einrichtung d. Gewächshäuser. 1 Bd. Text u. Atl. v. 29 Taf. in 4. Bonn 1886. Text br. Atl. cart. (24 M.) 10 —
2813 **Boussard,** J., constructions et décoration pour jardins, kiosques — orangeries — volières — abris divers. 10 livr. av. 50 planches à l'eau-forte. fol. Paris 1881. (60 fr.) 44 —

Karl W. Hiersemann in Leipzig, Königsstrasse 2. Catalog 108.

Gartenarchitektur.

M. Pf.

2814 **Breuërius van Niedek, M.**, het zegenpralent Kennemerlant, vertoont in 100 heerelyke gezichten van deszelfs voornaemste Lustplaetzen, adelyke Huizen, Dorp-en Stede-en-Gebouwen, naer 't lewen getekent en in 't Koper gebragt door Hendrik de Leth. 2 Thle. in 1 Bde. fol. Amsterd. o. J. (ca. 1735). Hfz. 30 —
Die 100 hübschen Kupfer (auf 50 Taf., mit 2 Kupfertiteln) sind hauptsächl. Abbild. von Gartenanlagen bei Harlem.

2815 — heet verheerlykt waatergraafs- of Diemer-Meer, by Amsterdam, vertoont in verscheide gezichten van lustplaatzen, landhuisen, hoven, tuinen, fonteinen. vyvers, gras-en bloemperken. Ry-en wandelweegen, Malibaan herbergen en bruggen. Mit 1 frontisp. 30 Taf., enth. 2 Pläne u. 58 Ansichten von Dan. Stopendaal. fol. Amsteld. 1768. Hfz. Unbeschn. 40 —
Für Gartenarchitektur u. Gartenanlagen höchst interessant.

2816 **Cause, D. H.**, de Koninglycke hovenie aanwyzende de middelen om Boomen, Bloemen en kruyden, te zaayen, planten aonqueeken en voort teelen. Met 16 konstige koperen platen verciert. Amsterdam (1676). — Angeb.: Commelyn, J., Nederlantze hesperides dat is, oeffening en gebruik van de limoer en oranje-boomen gestelt na den aardt, en climaat der Nederlanden. M. 25 kopere platen. fol. Amsterdam 1676. Ldr. 40 —

2817 **Cieraad** der Lusthoven, bestaande in allerhande soorten van Drooge en Natte kommen, Parterres, Graswerken en fonteynen . . . . door J. V. D. M. Mit Titelkupfer u. 30 schön gest. Tafeln. fol. Leyden 1789. cart. 18 —

2818 **The Copper Plate Magazine**; or Monthly Treasure for the admirers of imitative arts 126 plates: Portraits of celebrated personages, historical (mythological) subjects, and perspective views of seats of the English gentry; engraved by the best artists, from orig. designs by P. Sandby. 4. London, Kearsly, 1778. Ldr. 90 —
Eine Sammlung vortrefflicher Kupferstiche von den besten engl. Künstlern. Das Werk erschien in 40 Lieferungen, von denen jede 1 Porträt nach dem besten Orig.-Gemälde, 1 histor. oder mytholog. Darstellg. u. 1 Ansicht e. engl. Adelssitzes enthielt. Die mytholog. Blätter sind Ovid u. Telemaque entnommen Sujets u. nach Eisen, Moreau u. Monnet gestochen, die Landsitze des engl. Adels sämmtlich nach Orig.-Zeichnungen v. P. Sandby.

2819 **Csullik, A.**, Wiener Gärten im vor. Jahrhundert. Aufgen. v. Canaletti, Fischer v. Erlak, Kleiner etc. 30 Lichtdrucktaf. m. Text. fol. Wien 1891. In Mappe. 24 —

2819a— Wiener Gärten i. J. 1890. 24 Lichtdrucktaf. m. Text. fol. Wien 1891. In Mappe. 24 —

2820 **Dahlberg**, Suecia antiqua et hodierna. 3 tomi in 1 vol. Mit 354 schönen Kupferst., darstellend Ansichten v. Städten, Pallästen, öffentl. Gebäuden, Gärten, Kirchen etc., sowie Wappen, Alterthümer, Portraits, Karten etc. gr.-quer-fol. Holmiae (1693—1714). Starker Ldrbd. Schönes Ex. 85 —
Interessantes Werk, besonders reich an Abbildungen von Schlossgärten, Parks u. Landsitzen adeliger Geschlechter.

2821 **Danreiter, F. A.**, die Garten Prospecte von Hellbrun. 16 Kupf. (statt 19) gest. v. Reinshard u. Fridrich. quer-fol. Augsp. ca. 1720. 50 —
Prachtvges Gartenarchitekton. Werk mit vorzügl. Abdrucken.

2822 **Decorations** for parks and gardens. Designs for gates, garden seats, alcoves, temples, baths, entrance gates, lodges, façades etc., with plans and scales on 55 plates. Lond. (ca. 1790). 20 —

2823 **Diesel, M.**, Erlustierende Augenweide in Vorstellung herrlicher Garten- u. Lustgebände. Zweyte Fortsetzung, vorstellend die Churf. Residenz in München, als auch die Pallatia u. Gärten, so Ihre Durchl. in Bayern erbauen lassen. Mit 42 Tafeln, mit Einschluss des ornam. Kupfertitels, gestoch v. Corvinus u. Remshart. J. Wolff excud. Aug. Vind. (ca. 1630.) quer-fol. cart. Schönes Ex. mit sehr guten Abdrücken u. breitem Rande; die 2 letzten Tafeln sind ohne Rand aufgezogen. 50 —

Gartenarchitektur.

M. Pf.

2824 **Durand, J. N. L.**, précis des leçons d'architecture données à l'école polytechn. 3 vols. av. 98 pl. 4. Paris 1821—25. (60 fr.) 36 —
Enthält viel Gartenarchitektur.

2825 **Falda, G. B.**, Li giardini di Roma, disegn. da G. B. Falda, nuov. dati alle stampe con diret. di G. G. de Sandrart. 18 Kupfertaf. fol. Norimb. (ca. 1690). Hpgt. 15 —

2826 **Furttenbach, J.** Architectura recreationis, d. i.: Von allerhand nützlich u. erfrewlichen Civilischen Gebäwen: Angenehme Wohnhäuser, Lust- u. Baumgärten, Adeliche Schlösser, Pallast, Lust- u. Thiergärten, u. Grottenwerck, Sciene di Comedia, Bibliotheca u. Kunst-Kamern, neben Lust-, Irr-, Haag- u. Thiergärten, Rathhäuser, Zoll-Geschank- u. Werckhäuser, Brunnen, Grotten, Wasserwerke etc. Mit doppelseit. Kupfertitel u. 35 schönen Doppeltafeln, M. Remboldt sculp. meistens Lustgärten, Grotten, Brunnen, Bühnendecorationen, Palastfaçaden etc. darstellend. fol. Augspurg 1640. Pgt. Schönes Ex. der besten Ausgabe, welche am Schlusse ein ausführliches Verzeichnis aller in Furttenbach's Werken vorkommenden Kupfer enthält. 40 —

2827 **Garten-Magazin**, allgemeines deutsches, od. gemeinnützige Beiträge für alle Teile d. prakt. Gartenwesens. Jahrg. 1—7. 7 Bde. M. 259 Kupf. Weimar 1804—1810. Hlbldr. (144 M.) 48 —
Die grösstentheils colorirten Kupfer enthalten Darstellungen von Gartengebäuden, künstlerischen Umsäunungen etc., Parterres, Zierpflanzen etc.

2829 **Grohmann, J. G.**, Ideenmagazin für Liebhaber von Gärten, Englischen Anlagen, u. für Besitzer von Landgütern. Bd. I. II. u. Bd. III. Heft 1—4. Mit 272 zum Theil color. Kupfertafeln. 4. Lpz. 1796—97. In 2 Hfzbdn. 42 —
Die Tafeln enthalten Abbildgn. von Lust- u. Gartenhäusern, Gartenmöbeln, Brücken, Decorationen, Urnen, Denksteinen, Thoren u. Gittern, Mausoleen etc. Die zahlreichen Ornament- u. Decorationstafeln sind gut colorirt. Der Text in deutscher u. französ. Sprache. Es erschienen 5 Bde. oder 60 Hefte zu je 9—10 Blättern. Ladenpreis (jetzt nach Baumgärtner's Katalog) 60 M.

2830 **Halfpenny, W. and J.**, rural architecture in the Chinese taste, being designs for the decoration of gardens, insides of houses etc. 2. ed. 4 parts with 60 plates. Lond. 1750. br. unbesch. 20 —

2831 **James, J.**, theory and practice of gardening; wherein is all that relates to pleasure gardens, parterres, groves, bowling greens etc, W. 81 pl. of plans of ornam. gardens, terraces, summer houses etc. 4. London 1712. Frz. 28 —

2832 **Ideas** for Rustic Furniture proper for garden seats, summer houses, hermitages, cottages, etc. 25 engraved plates of ornam. furniture. Lex.-8. London 1838. Lwd. 12 —

2833 **Kleiner, S.**, viererley Vorstellungen angenehm u. zierlicher Grundrisse folgender Lustgärten u. Prospecten so ausser der Residenz Stadt Wienn zu finden, nemlich 1. die Kays. Favorite, 2. Ihrer Durchl. v. Schwarzenberg, 3. Ihrer Durchl. v. Lichtenstein, u. 4. Ihr. Ex. v. Altpan. I. (einz.?) Thl. Titel, Dedic. u. 32 (statt 33) Kupfertaf, gez. v. S. Kleiner, gest. v. Thelot, Corvinus, Heumann u. a. quer-fol. Augsb., A. Pfeffel, o. J. (ca. 1740). cart. Von grösster Seltenheit. Taf. 10 fehlt. 80 —
Es scheint sehr fraglich, ob von diesem Werke ein 2. Tul. je erschienen ist, auch der 1. Thl. ist fast gänzlich unbekannt. Die Abdrücke sind sehr schön. Sauberes Ex dieser schönen, meist prächtige Gartenanlagen darstellenden Werkes — Acht kleine Stücke (kleine weibl. Statuen darst.) sind herausgeschnitten, wodurch 7 Tafeln unwesentlich beschädigt sind.

2833a **Krafft, J. Ch.**, Construction, plans et décorations des jardins de France, d'Angleterre et d'Allemagne. (2e série de l'ouvrage: Plans des plus beaux jardins pittor. de France, d'Angleterre et d'Allemagne.) Nouv. édit. Avec 96 planches. qu.-fol. Paris 1831. Pp., unbeschn. Text französ., engl. u. deutsch. 20 —

Karl W. Hiersemann in Leipzig, Königsstrasse 2. Catalog 108.

Gartenarchitektur.

M. Pf.

2834 **Laar**, G. van, magazijn van Tuin-Sieraden of Verzameling van modellen van aanleg en sieraad voor groote, en kleine Lust-hoven etc. 190 Taf. m. Text. 4. Alkmar 1802. Hfrz. 30 —
Gartenparterres, Pavillons, Brücken etc.

2835 — — 190 color. Taf. m. Text. 4. Alkmar 1802. Hfrz. 50 —
Gartenparterres, Pavillons, Brücken etc.

2836 **Laborde**, Cte. Alex. de, description des nouveaux jardins de la France, et de ses anciens châteaux (le texte en franç., en allemand, et en anglais). Av. 130 belles planches après des dessins p. Ch. Bourgeois. fol. Paris 1808. Hfrz. 110 —
Gartenanlagen. Parks. Gartenhäuser etc.

2837 (**Le Blond**), la théorie, et la pratique du jardinage, où l'on traite des jardins de plaisance et de propreté cont. plusieurs plans et dispositions de jardins, desseins de parterres, de bosquets, labyrinthes etc. 3. éd. av. 42 belles pl. 4. La Haye 1739. Hfrz. 30 —

2838 (**Liger**,) la nouvelle maison rustique ou économie rurale, prat. et générale de tous les biens de campagne. Nouv. éd. par J. F. Bastien. 3 vols., av. 60 planches. 4. Paris 1798. veau. 14 —
Viele der Tafeln stellen Gartenpläne, Spalier u. heckenartige verschnittene Bäume und Sträucher etc. dar.

2839 **Liger**, la nouvelle maison rustique ou économie gén. de tous les biens de campagne. 9. éd. 2 vols. av. un grand nombre de grav. s. cuivre. 4. Paris 1768. veau. Einige Bll. am Rande fleckig. Bd. II enth. u. a. 14 Abbildungen von Gartenparterres etc. 10 —

2840 — — 10e éd. 2 vols. Av. des grav. en taille douce et 38 pl. 4. Paris 1775. Hfrz. 10 —
Viele der Tafeln stellen Gartenparterres dar.

2841 (**Ligne**, Th. de), coup d'oeil sur Bel-Oeil. Bel-Oeil, imprim. du Prince Ch. de Ligne, 1781. Hbldr. Selten. 25 —
pp. 95 à 102 on parle des jardins de Csars-Koselo, Oranien-boom, Peterhof etc.

2842 **Milner**, H. E., the art und practica of landscape gardening. W. 22 plates. 4. Lond. 1890. Lwd., ob. Schnitt verg., Seiten unbeschn. 32 —

2843 **Neumann**, M., Grundsätze u. Erfahrgn. üb. d. Anlegung, Erhaltung u. Pflege v. Glashäusern aller Art. Aus d. Frz. m. Zusätzen v. F. v. Biedenfeld. 2. Aufl. Mit 195 Abbildgn. auf 41 Taf. 4. Weimar 1852. Hlwd. (6 M.) 4 —

2844 **Over**, Ch., ornamental architecture in the Gothic, Chinese and Modern Taste being 54 plates of plans, sections and elevat. for gardens, parks etc. cont. garden seats, grottos, hermitages, temples, cascades etc. etc. Lond. 1758. Frz. 12 —

2845 **Petit**, V., habitations champêtres, recueil de maisons, villas, châlets, pavillons kiosques, parcs et jardins. 100 planches imprimées en couleur. 4. Paris ca. 1855. 48 —

2846 — petites constructions pittoresques pour la décoration des parcs, jardins, fermes et basses-cours. 50 planches color. gr.-4. Paris s. d. (ca. 1865.) In Mappe. 25 —
Gartenpavillons, Stallungen, Brücken, Gitter, Badehäuser, Gewächshäuser etc.

2847 **Piringer**, Garten-Verschönerungen od. Entwürfe zu geschmackvollen Gartengebäuden u. Zierden. M. 14 Kupf., davon 2 Pläne zu Gartenanlagen v. Rosenthal. qu.-fol. Wien o. J. (ca. 1810). cart. 15 —

2848 **Plaw**, J., Ferme ornée; or rural improvements. A ser. of domestic and ornamental designs suited to parks, plantat. rides, walks, rivers, farms etc. 38 Tafeln in Sepia Manier m. Text. 4. Lond. 1796. Frz. 14 —

2849 **Pückler-Muskau**, Prince de, Aperçu sur la plantation de parcs en général joint à une description detaillée du parc de Muskau, trad. de l'allemand. Av. atlas de 45 vues et 4 plans en couleurs. Texte in-8. Atlas obl.-in-fol. Stuttgart 1847. En portefeuille. (256 fr.) 160 —

2850 **Repton**, H., designs for the Pavillon at Brighton. W. 12 coloured and 2 plain illustr. fol. Lond. 1808. Ppbd. 42 —
Für Garten-Architektur- und G.-Ornamentik v. hohem Interesse.

Karl W. Hiersemann in Leipzig, Königsstrasse 2. Catalog 108.

Gartenarchitektur.

2851 **Repton**, H. and J. A., fragments on the theory and practice of Landscape Gardening includ. some remarks on Grecian and Gothic architecture. W. 40 mostly colour. plates with movable slips. 4. London 1816. Juchtenbd. Seite 21—24 mit 2 Illustrat. fehlen, sonst schönes Exempl. auf gr. Papier. 80 —
2852 **Robertson**, W., dessoins d'architecture représ. des siéges de jardins, des entrées de parcs, des voliéres etc. Trad. de l'anglais. Av. 24 pl. coloriées. obl.-fol. Londres 1800. cart. 20 —
2853 **Rohland**, G. A., Album für Gärtner u. Gartenfreunde. Prakt. Führer zur Anlegung u. Pflege v. Nutz-, Zier- u. Lustgärten. 4. Aufl. 2 Thle. in 1 Bde. Mit 44 fein color. Gartenplänen. Lex.-8. Leipzig 1865. Hfz. 9 —
2854 **Schneider**, K. E., die Aesthetik der Gartenkunst. E. Beitrag z. Einführ. ders. in d. Kunstsystem. Leipz. 1890. (6 M.) 4 —
2855 **Schübler**, J. J., neu inventirte Perrons und Garten Prospecten m. kleinen Cascaden. 6 Blatt. fol. numer. 1—6. 20 —
2856 **Schwetzingen.** — Tempel d. Wald-Botanic in d. Churf. Schwetzinger Garten. Schön color. Kpfst. n. d. Nat. gem. u. gest. v. C. Kuntz. ca. 1820. 42 × 59 cm. Tadellos erhalten. 12 —
2857 — Der Minervatempel in d. Churf. Schwetzinger Garten. Kpfst. in prachtvollem Colorit, n. d. Nat. gem. u. gest. v. C. Kuntz. ca. 1820. 41 × 55 cm. Tadellos erhalten. 12 —
2858 **Siebeck**, R., das Decameron, oder 10 Darstellungen vorzüglicher Formen und Charakterverbindungen aus d. Gebiete der Landschaftsgartenkunst. 2. Ausg. 10 grosse color. Tafeln, die in den Brüchen theilweise nicht mehr zusammenhängen. gr.-quer-fol. Lpz. 1864. Hlwd. Das Textheft fehlt. 15 —
2859 **Traité** de la composition et de l'ornement des jardins. 5. éd. Av. 161 planches, représ. des plans de jardins etc. obl.-4. Paris 1839. d.-veau. 24 —
2860 **Vibert**, T., parc de Lyon, Album de 10 gravures à l'eau-forte. 4. Lyon (ca. 1884.) (20 fr.) In Mappe. 12 —
2861 **Villa Pamphilia** eiusque palatium cum suis prospectibus, statuae, fontes, vivaria, theatra, areolae, plantarum viarumque ordines, cum villae delineatione. M. Portrait von Camillus Pamphilius, gest. von L. Visscher, Frontisp., und 82 Taf. fol. Romae, s. a. Perg. 40 —
 Taf. 1—73, gest. v. D. Barriére, stellen antike Statuen u. Büsten dar, die übrigen Taf., von Falda gest., enthalten architecton. Grund- u. Aufrisse; sowie Partien aus den Gärten und Anlagen.
2863 **Wallis**, N., the carpenter's treasure, a collect. of designs for temples with their plans gates, doors, rails and bridges in the Gothic taste, form a complete system for rural decorations. New ed. W. 16 plates. Lond. 1773. Enth. viel Ornamentik. 12 —
2864 **Wrighte**, W., grotesque architecture, consist. of plans, elevations and sections for summer and winter hermitages, grottos, cascades, pavillions etc. etc. W. 29 plates. Lond. 1767. 12 —
2865 — grotesque architecture, or rural amusement; consist. of plans, elevations, and sections, for huts, hermitages, terminaries, grottos etc. etc. Frontisp and 28 plates, with an explanation. New ed. Lond. 1790. 10 —
2866 **Zeyher** u. **Roemer**, Beschrbg. d. Gartenanlagen zu Schwetzingen. M. 9 Kupf. u. 1 Plan. Mannh. (1815). (7½ M.) 4 50

Perspektive u. Künstleranatomien.

M. Pf.

2867 **Adhemar, J.**, traité de perspective à l'usage des artistes. 8, av. Atlas de 62 planches in-fol. Paris 1836. br., Atlas in Hlwdmappe. 12 —
2868 **Barbaro, D.**, pratica della perspettiva. M. vielen Abbild. fol. Venetia, Borgominieri, 1569. Prgt. Theilweise wasserfleckig. Mit reich ornamentirten Initialen. Selten. 20 —
2869 **Berger, G.**, Lehre der Perspective. Mit 4 schwarzen u. 1 color. Tafel. fol. Berlin 1855. Gebrauchsspuren. 2 —
2870 **Biblena, A. G.**, disegni del nuovo teatro de quattro cavallieri eretto in Pavia 1773. Titre gravé 3 gr. planches. (D. Mercoli del.) et 2 fll. de texte. fol. S. l. n. d. 10 —
   Plan, Façade u. Aufriss d. Theaters.
2871 — Tempel für die Schaubühne. Kupferstich v. A. Schlicht in Mannheim 1876, darstell. das Innere e. Kuppelbaues mit prächt. Ornamentik. fol. In Braundruck. 8 —
2872 — Theaterdecorationen, Innenarchitectur u. Perspectiven. Entw. im Style des Barock. M. 12 Tafeln in Photographie. fol. Berlin 1877. In Mappe. 24 —
2873 — — M. 26 Taf. i. Lichtdruck. fol. Berlin 1890. In Mappe. 40 —
2874 **Cuyer, E.**, et Fau, anatomie artistique du corps humain. Av. 17 pl. et beaucoup d'illustrations. Paris 1886. (12 fr.) 7 50
2875 **Dürer, A.** Institutionum geometricarum libri IV. Cum multis figg. ligno inc. fol. Paris 1535. cart. Im weissen Rande wurmstichig, ein Wurmloch auf einer Anzahl Blätter zugemacht, sonst gutes Ex. 36 —
2876 — Vnderweysung der messung mit dem zirkel u. richtscheyt, in Linien ebnen vnnd gantzen Corporen, zu nutz allen kunstliebh. mit zugehör. figuren. Mit vielen Holzschn. fol. Nürnberg 1525. 89 Blatt. Einige Blätter leider etwas fleckig und beschädigt. 60 —
2877 — Vnderweysung der messung mit dem zirckel vnnd richtscheyt in Linien, ebnen vnnd gantzen corporen. Mit vielen Holzschn. fol. Arnheim 1603. Gepr. Schweinsldr. m. Pgtrücken. 34 —
2878 — Nurembergensis pictor hujus aetatis celeberrimus versus ex German. lingua in latinam, Pictoribus, fabris aerariis ac lignariis etc. prope necessarius .. Quatuor his suarum Institutionum Geometricarum libris, lineas et solida corpora tratavit etc. fol. Paris, Wechel 1532. Perg. Schönes Ex. 60 —
   Erste sehr seltene Ausgabe, mit vortrefflichen Holzschnitten.
2879 — de symmetria partium humanorum corporum libri IV, in lat. conversi. Mit Titelvignette u. vielen Abbildgn. fol. Paris 1557. Schönes Ex. 48 —
2880 — della simmetria dei corpi humani libri quattro, nuovam. trad. da G. P. Gallucci et accresc. del quinto libro nel quale si trattu della diversità della natura de gli huomini et donne, etc. Mit vielen Holzschn. fol. Venetia 1591. Pgt. 25 —
2881 **Eckhardt, A. G.**, descr. d'un graphomètre universel, nouvel instrument, propre à dessiner toutes sortes d'objets de la maniere la plus exacte et la plus prompte. Ire partie. Avec 12 planches. gr.-fol. La Haye 1778. Eleg. Hfz. Schöner Druck auf holländ. Papier, die Tafeln meist gestochen v. J. Punt, darunter e. Ansicht aus dem Haag. 15 —
2882 **Fock, H. C. A. L.**, anatomie canonique ou le Canon de Polyclète, retrouvé. Avec 15 planches. gr.-fol. Utrecht 1866. Hlwd. 28 —
2883 **Fokke, S.**, (Amsterd. 1712—84.) 9 Blatt Theaterscenen, aufgeführt zu Amsterdam 1768. quer-fol. 27 × 39 cm. 30 —
   Hübsche Blätter mit schöner Perspective.
2884 **Gennerich, O.**, Lehrb. d. Perspective f. bild. Künstler. M. 101 Holzschn. u. Atlas v. 28 Taf. in-fol. Leipz. 1865. Hfrz. Atlas in Lederbd. (14 M.) 9 —

Karl W. Hiersemann in Leipzig, Königsstrasse 2. Catalog 103.

Perspektive und Künstleranatomien.

2885 **Graef**, G., Vorbildersammlg. f. d. Elementar-Freihandzeichnen. Mit 120 Taf. 4. Lpz. In Hlwd.-Mappe. 6 —
2886 — **Wandtafeln** f. d. Unterricht im Freihandzeichnen. 20 Blatt auf Hanfpapier, 64 × 84 cm. gross. Lpz. 1887. In 1 Folio-Hlwdmappe. 10 —
2887 **Hirth**, G., Ideen über Zeichenunterricht u. künstler. Berufsbildg. Münch. 1887. — 60
2888 **Hogarth**, W., Zergliederung der Schönheit, die schwankenden Begriffe von dem Geschmack festzusetzen. Aus d. Engl. v. C. Mylius. 4. Mit 2 Kupfertaf. in gr.-fol. Berlin 1754. Pgt. 6 —
2889 **Hondius**, H., grondige Onderrichtinge in de Optica ofte perspective konste. M. 36 Kupfertaf. fol. Amsterd., de Wit, 1647. Perg. 14 —
2890 **Hoet**, G., de voornaamste gronden der tekenkonst, waar in door natuurl. voorbeelden zoo mannen als vrouwen in hunne verscheide gestalten vertoond worden. 89 Kupfertaf., G. Hoet del., P. Bodart fec., menschl. Gestalten in allen möglichen Stellungen sowie einzelne Theile d. menschl. Körpers darstell. fol. Leyden 1723. Hldr. Wasserfleckig. 15 —
2891 **Jacobsz**, C. Ph., ausführl. Unterr. in der Perspective. M. 60 Kupfertaf. 2 Thle. Wien 1817. 7 —
2892 **Lairesse**, G. de, Grundlegung zur Zeichen-Kunst. Aus d. Holländ. Mit Kupfern. 4. Nürnb. 1727. — Derselbe, Grosses Mahler-Buch. Aus d. Holländ. 2 Thle. mit vielen Kupfern. 4. Nürnb. 1728—30. Pgt. 10 —
2893 — Anleit. z. Zeichenkunst. Aus d. Holländ. Neue Ausg. M. 2 Frontisp. u. 12 Kupf. 4. Nürnb. 1780. Frz. 5 —
2894 **Neunzig**, J., system. Darst. e. Knochen u. Muskellehre, nebst Angabe üb. d. Russ. Unterschied d. versch. Menschenkörper. M. 10 Taf. 4. Düsseld. 1825. 4 —
2895 **Pequegnot**, leçons de perspective. 4. Av. atlas de 28 pl. in-fol. Paris 1872. cart. Nicht im Handel. 15 —
2896 **Piazzetta**, G. B., studj di pittura, intagliati da M. Pitteri, pubblic. a spese di G. B. Albrizzi. Con 48 tavole. qu.-fol. Venezia 1760. Hfz. 28 —
<small>Zeichnungen des menschl. Körpers, 24 Taf. in Umrissen u. 24 ausgeführte Tafeln, die ersten von Bartolozzi gestochen, die ausgeführten v. Pitteri; ferner 1 Frontispice mit d. Portrait des Verfassers u. 4 Vignetten.</small>
2897 — Etudes de peinture. Av. frontisp. et 48 pl. grav. sur cuivre par M. Pitteri, publ. de J. B. Albrizzi. quer-fol. Venise 1764. Text in Ppbd. gebdn., Taf. lose. 8 —
<small>Die Tafeln 15. 36. 39. fehlen.</small>
2898 **Pozzo**, A., der Mahler u. Baumeister Perspectiv. Hrsg. v. J. Boxbarth. 2 Thle. in 1 Bde., mit 224 Kupfern gestochen v. Bodenehr. fol. Augsburg 1706—9. Pgt. 25 —
<small>Text lat. u. deutsch.</small>
2899 — — 1. Teil herausgegeb. v. Boxbarth, II. Tl. v. Bodenehr. 2 Bde. m. 224 Kupf. fol. Augsburg 1719. Hldr. Text latein. u. deutsch. 25 —
2900 — — Neue Aufl. 2 Tle. mit 219 Kupf. fol. Rom ca. 1765. 22 —
2901 **Preissler**, J. D., theoret.,prakt. Unterricht im Zeichnen (des menschl. Körpers, Aktstudien). Theil I—IV. Mit 69 (statt 73) Taf. fol. Nürnb. 1797. Hldr. 10 —
2902 **Racknitz**, J. F. v., Briefe über die Kunst an eine Freundin. 2 Thle. Mit 13 Taf., darunter eine Radirung v. Ramberg. 4. Dresden 1792. Selten. 56 u. 76 S. Schönes Ex. auf Schreibpapier. 5 —
2903 **Roth**, Ch., plastisch-anatomischer Atlas z. Studium des Modells u. der Antike. 2. Aufl. Mit 34 Tafeln. fol. Stuttg. 1886. In Hlwdmappe. (16 M.) 13 50
2904 **Schadow**, G., Lehre v. d. Knochen u. Muskeln, v. d. Verhaeltnissen des menschl. Körpers u. v. d. Verkürzungen. Mit 80 Tafeln. fol. Berlin 1892. Hlwd. 20 —
2905 — Polyclet, oder von den Maassen des Menschen nach d. Geschlechte u. Alter. 5. Aufl. Mit Atlas v. 30 Taf. in gr.-fol. Berlin 1886. Text (8) br., Atlas Hlwd. 20 —

Karl W. Hiersemann in Leipzig, Königsstrasse 2. Catalog 108.

2906 **Schübler**, J. J., Perspectiva pes picturae, d. i. prakt. Regul zur perspectiv. Zeichnungs-Kunst. 2 Thle. in 1 Bde. Mit 47 Kupfertaf. u. 2 reich ornamentirten Titelkupfern. fol. Nürnb. 1719—20. Hpgt. Leichte Gebrauchsspuren. 15 —
2907 **Schultz**, W., die Harmonie in der Baukunst. Nachweis. der Proportionalität in den Bauwerken d. griech. Alterthums. Thl. I: mathemat. Grundlagen d. angew. Proport.-Systems. M. 60 Holzschn. 4. Hannover 1891. (10 M.) 7 50
2908 **Seiler**, D., u. **Böttiger**, Erklärungen der Muskeln u. Basreliefs an E. Matthaei's Pferde-Modelle. Mit 3 Kupf. 4. Dresden 1823. 3 —
2909 **Steiner**, C. F. C., Reisskunst und Perspectiv f. Künstler, Gewerke etc. I. Thl. Elemente d. Reisskunst. M. 24 Kupfertaf. 4. Weimar 1828. (10 M.) 3 —
2910 **Vesalius**, abregé d'anatomie accommodé aux arts de peinture et de sculpture, publ. p. Fr. Tortebat. Av. titre gravé et 10 pl. gr. s. cuivre. fol. Paris 1760. 10 —
2911 — Zergliederung des menschl. Körpers, auf Mahlerei u. Bildhauer Kunst gericht. M. 14 Holzschn.-Taf. nach Titian. fol. Augspurg 1706. Etwas fleckig. 10 —
2912 **Viator**, (Jean Pelerin, dit) de artificiali Perspectiva. Impressum Tulli 1509. Reprod. par Pilinski, avec notices hist. et bibliogr. et beauc. d'illustr. 2 parties. fol. Paris 1860—61. toile et br. (60 fr.) 20 —
2913 **Vredemann Frisen**, (geb. 1554). Perspective c'est à dire, le très renommé art du point oculaire d'une veuë dedans où travers regardante etc. 2 parties. Avec 73 planches, 2 portr. et 2 titres gravés p. Hondius. quer-fol. Lugd. Bat. 1604—05. Pgt. 55 —
2914 — 43 Bll. aus s. Perspectiva, Paläste, Gärten, Fontainen u. andere grossart. Decorationen darstellend. quer-fol. (Leiden ca. 1570). 18 —
2915 **W(erner)**, G. H., die Erlernung der Zeichenkunst durch die Geometrie u. Perspectiv. 2 Thle. mit 34 Taf. Erfurt 1763. — Derselbe, nützl. Anweisg. zur Zeichenkunst derer Blumen, nach geometr. u. perspektiv. Grundsätzen. Mit 10 Taf. (Erfurt) 1765. Pp. 6 —
2916 — Anweisung zu der Zeichenkunst derer 4 füss. Thiere, wie solche nach bestimmten Regeln der Geometrie u. Perspective zu zeichnen. Mit 12 Taf. auf 10 Blättern. (Erfurt) 1766. Hldr. Selten. 6 --
Mit origin. Titel mit interess. Rococo-Ornament.
2917 **Zeichnenschule**, allgem., in 84 Blättern od. 210 Vorlagen. 14 Hefte. 7. Aufl. qu.-4. Lpz. 7 --

Ingenieurwissenschaft.

M. Pf.

2918 **Anweisung** zum Bau u. z. Erhaltung v. Kunststrassen. M. 14 Taf. (von denen 8 Wohnhäuser v. Chaussee-Einnehmern u. Wegewärtern darstellen). 4. Berlin 1834. cart. (Amtlich.) (16½ M.) 5 —
2919 **Architekten-Verein** zu Berlin. — Veröffentlichungen aus d. Gebiete des Ingenieurwesens. Jahrg. 1886. Mit 11 Taf. Nicht im Handel. 5 —
Entwurf z. Kreuzung des Rhein-Weser-Elbe-Kanals mit der Weser. — Verbindung d. Rhein Ems Kanals mit d. Seehafen zu Emden.
2920 (The) **Artizan**. Record of the progress of civil and mechanical engineering, 1863—1871, = Vol. 21—29. With many plates. 4. London. 5 Bde. Lwd. 4 Bde. in Heften. (Ladenpr. ca. 140 M.) 25 —
Zu Jg. 1867 fehlt Titel u. Index, zu den ungebundenen Jgrn. fehlen 5 Hefte.
2921 **Bashforth**, F., Anweis. z. Construct. schiefer Brücken m. Spiral u. m. abgewog. Schichten. Aus d. Engl. v. Hertel. M. 8 Taf. 4. Weimar 1851. (3⅔ M.) 2 —
2922 **Böckler**, G. A., Theatrum machinorum novum, d. i. Schauplatz der Mechan. Künsten / Handelt von allerhand Wasser-, Wind-, Ross-, Gewicht- und Hand-Mühlen / — — — Wasser-Künsten Als da seynd

Karl W. Hiersemann in Leipzig, Königsstrasse 2. Catalog 108.

Ingenieurwissenschaft.

		M.	Pf.

Schöpff- Druck- Bronnen etc. Werckeu. M. 154 Kupfert. u. Titelk. fol. Nürnberg 1673. Ldr. — 8 —

2923 **v. Brand, C.**, prakt. Darstellg. des Ziegelverbandes. Mit 11 Taf. Berlin 1864. — 1 —

2924 **Brandt, E.**, Lehrbuch der Eisen-Konstruktionen, mit besond. Anwendg. auf den Hochbau. Mit 4 Taf. u. 1175 Holzschn. gr.-8. Berlin 1865. (17 M.) — 5 —

2925 **Derand, Fr.**, l'architecture des voûtes ou l'art des traits et coupes des voûtes. 3. éd. revue. Av. 82 planches en taille douce. fol. Paris 1755. Frz. — 36 —
Das gesuchte Werk über den Bau der Gewölbe. Die Tafeln enthalten auch ornament. Cartouches.

2926 **Fölsch, A.**, Bericht üb. d. Wasser-Versorgung der kgl. Residenz- u. Hauptstadt Dresden. Dresden 1864. ($4^{1}/_{2}$ M.) — 3 —

2927 **Gercke**, Nienburg, Franzius, Projekt z. Korrektion d. Unterweser. M. 6 Taf. u. 1 Karte. 4. Leipzig 1882. cart. — 6 —

2928 **Hatzel, H.**, die Statik der Baukonstrukzionen ohne Anwendg. der Differenzial- u. Integral-Rechng. Mit 159 Holzschn. Frankf. 1855. Hfz. ($8^{1}/_{4}$ M.) — 3 —

2929 **Hunaeus**, Sammlung v. Constructionen aus der darstell. Geometrie. Nach s. Vorträgen gezeichnet v. Carl Müller. (ca. 1850). 54 schöne z. Th. color. Tafeln in Federzeichng. — Rühlmann, Entwürfe aus d. Gebiete des Maschinenwesens, nach s. Vortrage bearb. v. C. Müller zu Hannover 1853. 24 sehr schöne Tafeln mit kalligraph. Titel. quer-fol. In 1 Hlwdbde. Vorgebunden 14 Taf. mit Zeichngn. v. Instrumenten u. Geräthen zur Bautechnik etc. Interessantes Band mit Handzeichnungen von ungewöhnlicher Schönheit. — 10 —

2930 **Jahrbuch**, deutsches, üb. die Leistungen u. Fortschritte auf den Gebieten der Theorie u. Praxis der Baugewerbe, herausg. v. H. Zwick. Jahrgang VII: 1876. Mit vielen Illustr. Lex.-8. Lpz. 1877. (18 M.) — 7 —

2931 — der Baupreise Berlins. Hrsg. v. Bunde d. Bau-, Maurer- u. Zimmermeister zu Berlin. Mit Holzschn. 2. Jg.: die Preise d. J. 1876. Halle 1877. (11 M.) — 3 —

2932 **Knibel, A., u. H. Meyer**, Handbuch für Fabrik- u. gewerbliche Baukunde. 2 Bde. Mit vielen Holzschn. Lpz. 1881—84. — 16 —

2933 **Köhler, O. D. J.**, der Bau des Sächsisch-schlesischen Bahnhofes in Dresden. M. 7 lith. Taf. gr.-fol. Berlin 1848. Hfrz. ($7^{1}/_{2}$ M.) — 5 —

2934 **Koenen, M.**, Tabellen der Spannweiten für Träger und Balken. Lex.-8. Lpz. 1858. Lwd. (3 M.) — 1 80

2935 **König, F.**, Anlage u. Ausführung v. Wasserleitungen u. Wasserwerken, mit besond. Rücks. auf d. Städteversorgung. Mit 84 Holzschn. u. 6 Taf. Lpz. 1868. (6 M.) — 2 —

2936 **Linke** (Oberbaurath), Vorträge über Kameralbau. Mit sehr vielen Illustrationen nach Federzeichnungen. 4. Berlin o. J. (cca. 1860). Hlwd. 344 Seiten. — 12 —
Vorträge gehalten vom Ober-Bau- und Ministerial-Rath Linke in der kgl. Bau-Acad. zu Berlin, und wohl nur zum Studium der Akademieschüler bestimmt. Das Werk ist in Schreibschrift ganz in lithograph. Ueberdruck ausgeführt u. nicht im Handel erschienen.

2937 **Locke, S.**, die Verbindung u. Uebereinanderstellg. d. Säulen. M. 60 Kupf. fol. Dresden 1788. Hfrz. — 12 —

2938 **Manger, J.**, die Bauconstructionslehre der Treppen in Gusseisen u. Eisenblech. Mit 204 Holzschn. Berlin 1859. — 1 —

2939 **Müller, H.**, elementares Handbuch der Festigkeitslehre, mit besond. Anwendg. auf d. statischen Berechng. der Eisen-Construktion des Hochbaues. Mit 278 Holzschn., vielen Tabellen u. 4 Tafeln. Berlin 1875. Lwd. (10 M.) — 3 50

Karl W. Hiersemann in Leipzig, Königsstrasse 2. Catalog 108.

186   Nachtrag.

	M. Pf.
2940 **Rebber**, W., Anlage u. Einrichtungen v. Fabriken (maschinelle u. bauliche Anlagen). Weimar 1888.	2 25
2941 **Reinigung** u. Entwässerung Berlins. Verhandlgn. u. (offizielle) Berichte über angestellte Versuche u. Untersuchgn. Heft V: Bericht üb. die Grundwasser-Verhältnisse in Berlin. Mit Holzschn., 15 Foliotaf. u. 18 Tabellen. Berlin 1871. — Mit Anhang v. O. Reich: Wie ist die Verunreinigung der Flüsse vorzubeugen. Berl. 1871.	2 —
2942 **Ringleb**, A., Lehrbuch d. Steinschnitts d. Mauern, Bogen, Gewölbe u. Treppen. M. e. Atlas v. 48 Taf. in gr.-quer-fol. 4. Berlin 1844. Hfrz. (30 M.)	10 —
2943 **Rust**, das Deichwesen an der unt. Elbe (insbesond. im Rgbzk. Magdeburg). Mit 5 grossen Karten in Farbendr. Berlin 1870. (4 M.)	2 50
2944 **Sammlung** von grösstentheils ausgeführten Tunnel- u. Brücken-Portalen gezeichnet durch Eleven des oberen Kurses d. Ingenieurschule am Polytechnikum zu Karlsruhe. 50 Blatt Lithogr. fol. Karlsruhe 1863. Hfz. (33 M.)	10 —
2945 **Simonin**, traité élément. de la coupe des pierres ou art du trait. Av. 49 pl. 4. Paris 1792. Frz. m. G.	6 —
2946 **Schübler**, J. J., sciagraphia artis tignariae, od. Eröffnung zu der sichern fundamentalen Holtz-Verbindung bey d. Gebrauch der Zimmermanns-Kunst. Mit 44 Kupfertaf. fol. Nürnb. 1736. Ldr.	10 —
2947 — Anweisung zur Zimmermannskunst, worinnen von d. antiquen u. mod. proportionirten Dächern die Projection vorgestellet u. daraus die italiän., französ., u. deutsche Heng- u. Spreng-Werke begreifflich gemacht. Mit 44 Kupfertaf. fol. Nürnberg 1731. Ldr.	10 —
2948 **Stooss**, C., üb. die Construction der Maasswerke. Mit 15 Tafeln. fol. Lübeck 1853. Hlwd. Mit Fingerspuren.	3 50
2949 **Wiebe**, E., die Reinigung und Entwässerung der Stadt Danzig. Mit e. Atlas von 18 Taf. in gr.-fol. Berlin 1865. Vergriffen.	20 —
2950 — die Reinigung u. Entwässerg. der Stadt Berlin. Mit Atlas von 55 lithogr. Tafeln in-gr.-fol. Berlin 1861. cart. (30 M.)	20 —

Nachtrag.

	M. Pf.
2951 **Androuet-Du-Cerceau**, J. A., livre d'Architecture, contenant les plans et dessaings de cinquante bastimens tous différens. Avec 69 planches. fol. Paris 1611. Roth Hmaroq., sehr schönes Ex.	90 —
2952 **Androuet-Du-Cerceau**, J., les plus excellents bastiments de France. Nouv. édit. publ. sous la direction de H. Destailleur. 2 vols. Avec 136 pl. gr. en facsim. p. Faure Dujarric, augm. de planches inédites de Du Cerceau. fol. Paris 1868—70. In 2 Hlwd.-Mappen. (300 fr.)	160 —
2953 **Architectural** Association Sketch Book. 12 vols. (old series complete) with 864 plates. gr.-fol. London 1867—80.	580 —
2954 **Barrington**, A., chronolog. chart of British Architecture, with the genealogy of the Sovereigns of England etc. With dates of British and general history, genealogical table with 36 finely coloured arms, and 62 samples of early Engl. architecture. One sheet in fol.-max., lithogr., mounted on linen, bound in cloth, fol.-oblong. „This chart is by express command dedicated to his R. H. the Prince of Wales"	12 —
2957 **Bilderatlas**, kulturhistorischer. Abthlg. I: Alterthum, bearb. v. Th. Schreiber, mit 100 Tafeln. — u. Abthlg. II: Mittelalter, bearb. v. A. Essenwein, mit 120 Taf. qu.-fol. Lpz. 1883—85. (20 M.)	14 —
2958 **Bing**, S., japanischer Formenschatz. Jahrg. I u. II. Mit vielen Farbendrucktaf. u. zahlr. Textillustr. gr.-4. Lpz. (1888—89.) In Heften. (40 M.)	30 —

Karl W. Hiersemann in Leipzig, Königsstrasse 2. Catalog 108.

Nachtrag. 187

M. Pf.

2959 **Bordeaux.** Vues de Bordeaux. Collection de 28 planches lithogr. à 2 teintes, reprćs. des vues générales, de ponts, de rues, de la rade, d'églises, de places publiques, etc.; suivies de 2 planches color. de costumes: Grisettes bordelaises. qu.-fol. (Collection sans titre, vers 1850.) Lwd. 30 —

2960 **Boucher, F.**, le Salon du comte de La Béraudière. Tapisseries. Album composé de 34 facsimilés en couleurs (imitation du lavis), savoir: La Toilette de Vénus avec son cadre, deux attributs, trois écrans, un canapé, et 24 motifs pour fauteuils, d'après les peintures de François Boucher. fol. Paris s. d. (vers 1880). In Lwd.-Mappe. (300 fr.) 140 —

Exemplaire sur papier bleuté: tirage spécial de 150 exempl. pour les souscripteurs, publié à 500 fr.

2961 **Boutell, Ch.**, Christian monuments in England and Wales; an histor. and descr. sketch of various classes of sepulchral monuments which have been in use in this country from the Norman conquest to Edward IV. With nearly 200 engravings an wood. gr.-8. London 1854. Lwd. 15 —

Die Illustrationen sind ganz verschieden von denen in den „Monumental Brasses" u. dem „Handbook".

2962 **Boutell, Ch.**, the monumental brasses of England. With 149 plates. London 1849. Lwd. Vergriffen u. selten. 36 —

2963 **Brinckmann, J.**, Kunst u. Handwerk in Japan. Bd. I. Mit 225 Holzschn. Lex.-8. Berlin 1889. (12 M.) 9 —

2964 **Britton, J.**, the fine arts of the English School, illustr. by a series of engravings, from paintings, sculpture, and architecture, of eminent English artists, with ample biogr., crit., and descript. essays. With 24 copperplates. fol. London 1812. Hfz. Edition on large paper. (231 M.) 60 —

2965 **Brooks, S. H.**, designs for cottage and villa architecture; cont. plans, elevations, sections, perspective views, and details, for the erection of cottages and villas. With 111 plates. 4. London 1840. Hfz. (39 sh.) 28 —

2966 **Bulletin** d'histoire ecclésiastique et d'archéologie religeuse des diocèses de Valence, Digne, Gap, Grenoble et Viviers. Années I. à XI, avec les livraisons supplémentaires. Romans 1880—91. 56 —

2967 **Buzonnière, L. de**, hist. architecturale de la ville d'Orléans. 2 vols. in-8, avec un atlas in-fol.: Ch. Pensée, anciens monuments religieux, civils et militaires les plus remarqu. de cette ville et quelques maisons particulières de l'époque de la renaissance. 64 planches lithogr. Paris 1849. Sehr selten mit dem Atlas. Leichte Papierflecken. 52 —

2968 **Cattois**, essai s. deux édifices de renaissance chrétienne (Chapelle du château de Touvent — Couvent de l'Assomption à Auteuil). Av. 20 planches. gr.-4. Paris 1861. 26 —

2969 **Chambers, W.** (1796), plans, elevations, sections, and perspective views of the gardens and buildings at Kew, seat of the Princess of Wales. With 43 plates. Royal-fol. London 1763. In Brocateinband. 55 —

Auch in architektonischer Hinsicht von Interesse.

2971 **Cotman, J. S.**, architectural antiquities of Normandy; accompanied by historical and descriptive notices by Dawson Turner; containing 100 plates, comprising views, elevations and details of the most celebrated and most curious remains of antiquity. 2 vols. Super Royal. London 1820—22. cloth (Publishing price £ 25.5 = 505 M.) 110 —

2972 **Danske Mindesmaerker**, udgive af C. F. Holm, H. Hansen, C. F. Herbst, N. Hoyen, J. Kornerop, C. A. Strunk og J. A. Worsaae. kl.-folio. 82 pp. mit 44 lith. Tafeln: Ansichten, Schnitte, Grundrisse, und Ornamente der wichtigsten dänischen Kirchen darstellend. Kopenhagen 1869. Hfzbd. 85 —

Karl W. Hiersemann in Leipzig, Königsstrasse 2. Catalog 108.

188   Nachtrag.

M. Pf.

2973 **Cotman**, J. S., engravings of Sepulchral Brasses in Norfolk and Suffolk, tending to illustrate the ecclesiast., civil and military costume of former ages, as well as to preserve memorials of the most ancient families in those counties. With letterpress descriptions. 2. ed., with notes by S. R. Meyrick and other distinguished antiquaries. With 171 fine plates, 2 of which splendidly illuminated. fol. London 1838. Half bd. olive morocco, uncut, top edges gilt, very fine copy.   90 —

2974 **Decorations** for parks and gardens. Designs for gates, garden seats, temples, lodges, façades, prospect towers, ruins, bridges, green houses etc., with plans and scales. 55 plates. — Middleton, C., designs for gates and rails suitable to parks, pleasure grounds, balconys, etc.; also some designs: for trellis work. 27 plates. gr.-8. London no d. (about 1780). Hfz.   24 —

2975 **Dehli, A.**, and J. H. **Chamberlain**, Norman monuments of Palermo and environs. 4 parts with 82 plates partly reproduc. fr. photogr. taken fr. the original, partly fr. measured drawings by the authors. With letterpr. illustr. by numer. sketches. fol. Boston 1892. (In preparation.)   105 —

2976 **Denkschriften-Reihe** betr. den Dom zu Metz und dessen Wiederherstellung; ausgearbeit. i. A. d. kais. Minist. f. Elsass-Lothringen, I: das neue Dach der Kathedrale, mit 21 Tafeln. — II: der Ausbau d. Hauptfront d. Domes. mit 8 Taf. quer-fol. u. fol. Metz 1882—91. Hfz. Als Manuscript gedruckt und nicht im Handel.   60 —

2977 **Dohme**, R., Kunst u. Künstler d. Mittelalters u. d. Neuzeit bis z. Ausg. d. 18. Jahrh. 6 Bde. — Kunst u. Künstler d. 19. Jahrh. 2 Bde. = 8 Bde. m. zahlr. Illustr. 4. Leipz. 1875—85. Prachtexemplar in uniformen Hmaroquinbdn. (Ldnpr. br. 222 M.) Vergriffen.   135 —

I. Abth.: Deutschland u. Niederlande 2 Bde — II. Abth.: Italien 3 Bde. — III. Abth.: Spanien, Frankreich, England 1 Bd. — IV. Abth.: Künstler d. 19. Jahrh. 2 Bde.

2978 **Dörpfeld, Graeber, Borrmann** u. **Siebold**, üb. d. Verwendg. v. Terrakotten am Geison u. Dache griechischer Bauwerke. Mit Textillustr. u. 4 Farbendrucktaf. 4. Berlin 1881.   2 40

2979 **Dursch**, G. M., Aesthetik d. christl. bildend. Kunst d. Mittelalters in Deutschland. Tübing. 1854. Pbd. (6 M.)   4 —

2980 Ein **Entwurf** S. M. des Kaisers Friedrich III. zum Neubau des Domes u. zur Vollendg. des Kgl. Schlosses in Berlin. Hrsg. v. J. C. Raschdorff. 9 Tafeln in Lichtdruck, mit Text. Imp.-fol. Berlin 1888. In Pergt.-Mappe. (25 M.)   20 —

2981 **Falke**, J. v., aus dem weiten Reiche der Kunst. Berlin 1889. (6 M.)   4 —

2982 **Falkener**, E., on the Hypaethron of Greek temples. With woodcuts. gr.-8. London 1861. Lwd.   2 —

2983 **Festgabe** der Technischen Hochschule in Karlsruhe z. Jubiläum der 40jähr. Regierung d. Grossherzogs Friedrich v. Baden. Mit Abhandlgn. zur Architektur, Kunstgeschichte, Technologie etc. v. Lübke, Rosenberg, Weinbrenner, Bücher u. A. Mit Holzschn. u. 27 Lichtdrucktaf. gr.-4. Karlsr. 1892. Hlwd.   40 —

2984 **Fuesli**, H., collection de vues suisses, remarquables par rapport à l'histoire, dess. d'après nature et accomp. d'une descript. histor. 2 vols. av. 24 planches. qu.-fol. Zuric 1802. Pp.   35 —

Enthält 24 sehr schöne Ansichten, nach F.'s Zeichnungen in Kupfer gest. u. sorgfältig mit der Hand getuscht.

2985 **Galerie de Florence**. Tableaux, statues, bas-reliefs et camées de la Galerie de Florence et du Palais Pitti, dessinés p. Wicar, peintre, et gravés sous la direction de G. L. Masquelier, le texte par Mongez. 4 vols. av. 500 sujets sur 200 planches. gr.-fol. Paris 1856—66. br. n. r. (300 fr.)   200 —

2986 **Geiss**, M., Zinkguss-Ornamente nach Zeichngn. v. Schinkel, Stüler, Strack, Persius, Schadow u. A., sowie Statuen u. Sculpturen nach antiken

Karl W. Hiersemann in Leipzig, Königsstrasse 2. Catalog 108.

Nachtrag. 189

M. Pf.

u. modernen Modellen, ausgeführt u. gegossen in der Zinkgiesserei für Architektur v. M. Geiss in Berlin. 2. Ausg. mit 126 Taf. 4. Berlin 1863. In Carton. (26 M.) 15 —

2987 **Gilbert, L.**, la Marbrerie. Choix de dessins reprês. des traveaux de marbrerie, monuments funéraires. cheminées, autels, fonds baptismaux, dallages, etc. 120 planches gravées. gr.-4. Paris (1866). Hlwd. (90 fr.) 38 —

2988 **Gladbach, E. G.**, die Holzarchitektur der Schweiz. 2. Aufl. M. 108 Illustr. 4. Zürich 1885. (7 M.) 5 —

2990 **Gurlitt, C.**, das Barock- u. Rococo-Ornament Deutschlands. 80 Lichtdrucktaf. fol. Berlin 1889. In Hlwdmappe. (80 M.) 60 —

2991 **(Haines, H.)** manual for the study of monumental brasses, with a descript. catalogue of 450 rubbings in the possession of the Oxford topogr. and heraldic indices etc. With col. plate and 53 engravings. Oxford 1848. cloth. Selten. 14 —

2992 **Harding, J. D.**, picturesque selections. A series of 30 large tinted plates containing 48 studies for the artist (landscapes and picturesque architecture), drawn on stone by the author. gr.-fol. London 1861. Hfr. (84 sh.) 60 —

2993 **Hartel, A.**, Köln in seinen alten u. neueren Architecturen. 20 Lichtdrucktaf. gr.-fol. Lpz. 1886. In Hlwd.-Mappe. Nicht in den Handel gekommen. 12 —

2995 **Lambert, A.**, u. **E. Stahl**, das Möbel. Ein Musterbuch stilvoller Möbel aus allen Ländern in histor. Folge. 17 Hefte. 102 z. Thl. farbige Tafeln mit Text, fol. Stuttg. (1887—90.) (33 M.) In Hlwd.-Mappe. 24 —

2996 On the **Landscape-Architecture** of the great painters of Italy. By G. L. M. With 55 lith. plates of romantic scenery, K. W. Burgess delin., printed by C. Hullmandel. 4. London 1828. Hfz. 25 —

2997 **Ledoux, C. N.**, (architecte de Louis XV), l'architecture considérée sous le rapport de l'art. Plans, élévations coupes, vues perspectives, de palais, églises, châteaux, maisons de ville et de campagne, hôtels-deville, théâtres, marchés, édifices destinés aux récréations publiques, pavillons, parcs, bergeries, etc. (Publ. p. D. Ramée.) 2 vols. Av. 300 planches gravés. Roy.-fol. Paris 1847. Hmaroq. (ca. 500 fr.) 140 —

2998 **Lenoir, A.**, architecture monastique. 3 parties en 2 vols., av. beaucoup de grav. s. bois et 4 planches. 4. Paris 1852—56. Cart. n. r. 40 —

2999 **Lindenschmit, L.**, die Alterthümer unserer heidnischen Vorzeit. Bd. I—III u. Bd. IV. Heft 1—4. Mit 292 Taf. 4. Mainz 1864—87. Bd. 1 u. II Hlwd., III cart., IV in Mappe. (133½ M.) Schönes Ex. 100 —

3000 **Loftie, W. J.**, Westminister Abbey. With 2 etched plates and many illustr. in the text. fol. London 1890. Half crimson morocco, gilt top. (84 sh.) Large paper copy with proof plates, only 100 printed; this is No. 34. 72 —

3001 **Lübke, W.**, Geschichte der Renaissance in Frankreich. 2. Aufl. Mit 163 Holzschn. Lex.-8. Stuttg. 1885. Hlwd. (14 M.) 10 —

3002 — Altes und Neues. Studien u. Kritiken. Breslau 1891. (8 M.) 5 —

3003 — Lebenserinnerungen. Mit Portrait. Berlin 1891. (6 M.) 4 —

3004 **Lutsch, H.**, die Kunstdenkmäler des Reg.-Bezirks Liegnitz (beschrieben). Breslau 1891. (22⅕ M.) 15 —

3005 **Mangin, A.**, les jardins. Histoire et description. Dessins par Anastasi, Daubigny, Foulquier, Français, Freeman, Giacomelli, Lancelot. Tours 1867. Lwd. (Ladenpreis ungebdn. 100 frcs.) 70 —

3008 **Mauch, J. M. v.**, die archit. Ordnungen d. Griechen u. Römer, bearbeitet v. H. Lohde. Mit 62 Tafeln, 1 Nachtrag mit 40 Tafeln u. 1 Detailbuch mit 6 Tafeln (zus. 3 Hefte). Berlin 1875—1890. 24 50

3009 **Merrifield**, Orig. treatises from the XIIth to XVIIIth centuries in the arts of painting in oil, miniature, mosaic, and on glass; of gilding, dyeing, and the preparation of colours and artificial gems. 2 vols. London 1849. cloth. 30 —

Karl W. Hiersemann in Leipzig, Königsstrasse 2. Catalog 108.

Nachtrag.

M. Pf.

3010 Mettray. Album de la colonie agricole et pénitentaire de Mettray. Titre et 20 planches lithogr. à 2 teintes, A. Thierry del. qu.-fol. S. l. ni d. Lwd. Einige Tafeln papierfleckig. **15 —**

3011 Mieusement, collection de photographies formée sous la direction de la Commission des Monuments Historiques, comprenant la reproduction des ouvrages exposés au Musée de Sculpture comparée (Palais du Trocadéro et des exemples empruntés aux monuments français. 24 planches photogr. tirées s. cartons. qu.-fol. In Hlwd.-Mappe. **36 —**
Alte französ. Skulpturen, meistens aus Kirchen: Statuen, Ornamente, Hautreliefs, Grabdenkmäler etc.

3013 Murray, A., the book of the Royal Horticultural Society. 1862—63. With 3 chromolith., 12 photos and numerous illustr. in the text. 4. London 1863. Cloth gilt, gilt edges. (31½ sh.) **22 —**
Schön ausgestattetes Werk, jede Seite in farbiger Umrahmung.

3014 Neslield, W. E., specimens of Mediaeval Architecture, chiefly sel. from examples of the 12. and 13. cent. in France and Italy. 100 plates fol. London 1862. Hmaroq. (80 M.) **30 —**

3016 Pabst, A., Kirchen-Möbel des Mittelalters u. der Neuzeit, Chorgestühle, Kanzeln, Lettner u. andere Gegenstände kirchlicher Einrichtung. Lfrg. 1—3. Mit 18 Lichtdrucktaf. gr.-fol. Frankf. 1891. In Hlwd.-Mappe. **18 —**

3017 Pape, J., prakt. Skizzen-Buch für Fassaden- u. Innen-Decoration. I. Jahrgang. (5 Lfrgn.) Mit 60 Taf. in Licht- u. Farbendruck. fol. Dresden 1891—92. **30 —**

3019 Pellassy de l'Ousle, hist. du palais de Compiègne. Chronique du séjour des souverains dans ce palais. Avec 77 planches et vignettes. Paris, Imprim. impr., 1862. Maroquin bruu fil. tranche et dos dor. filets intér. (Prix de publication non compris la reliure: 120 fr.) **80 —**
Bel ouvrage exécuté par l'Imprimerie Impérial pour l'Exposition universelle de Londres.

3020 Pérau, abbé, description histor. de l'hôtel royal des Invalides; avec les plans, coupes, élévations géométrales de cet édifice, et les peintures et sculptures de l'église, dessin. et grav. par le sieur Cochin. Av. frontispice gravé et 108 planches. fol. Paris 1756. Hfz. **70 —**

3022 Petersburg. — Collection, nouvelle, de 40 vues de St.-Pétersbourg et de ses environs. Av. 40 planches lithogr. et 1 plan de la ville. gr.-qu.-fol. Pétersb. 1825. Hldr. **60 —**
Vorgeheftet noch 1 Quartblatt: Plan général de Catherinoff. 1834.

3023 Petit, V., souvenirs des Pyrénées. Vues prises aux environs des eaux thermales de Bagnères de Bigorre, Bagnères de Luchon, Cauterets, Saint-Sauveur, Barèges, les Eaux Bonnes, les Eaux Chaudes et Pau. Dessinées d'après nature. 2 pts. en 1 vol. Av. 49 belles planches lithogr. à 2 teintes (dont 3 grandes vues panoramiques). fol. Pau s. d. (ca. 1870). Hfz., wie neu. **60 —**

3025 Postbauten des Deutschen Reichs. 30 Lichtdrucktaf. nach photogr. Orig.-Aufnahmen mit begleit. Text. gr.-fol. Lpz. (1887). In eleg. Lwd.-Mappe. (30 M.) **20 —**

3026 Pyne, W. H., history of the Royal residences of Windsor Castle, St. Jame's Palace, Carlton House, Kensington Palace, Hampton Court, Buckingham House, and Frogmore. 3 vols. With 100 fine aquatint plates. gr.-4. London 1819. Hlwd. (500 M.) **150 —**
Sehr selten. Dieses splendid ausgestattete Work ist durch die schönen Tafeln, welche hauptsächlich die innere Ausstattung der königlichen Schlösser wiedergeben, eine reiche Quelle für den Architekten, Dekorateur, Ornamentisten, überhaupt für jeden Künstler. Besitzer von Nash und Richardson sollten auch dieses Work erwerben.

3027 Quellinus, A., architecture, peinture et sculpture de la maison de ville d'Amsterdam .. où l'on trouve non seulement l'élévation des quatre faces du dehors, mais encore tous les ornemens du dedans, comme: statues, colonnes, bas-reliefs, corniches, frises, tableaux, pla-

Karl W. Hiersemann in Leipzig, Königsstrasse 2. Catalog 108.

Nachtrag. 191

M. Pf.

fonds etc. Avec 1 belle vignette av. le portrait d'Erasmus de Rotterdam, et 109 belles planches en taille-douce p. A. Quellinus. fol. Amsterdam 1719. Hfz. 110 —
Besonders werthvoll wegen der prachtvollen Sculpturornamente.

3028 **Rauch.** — Briefwechsel zwischen Rauch u. Rietschel, hrsg. v. K. Eggers. 2 Bde. Mit 2 Portraits, 2 facsim. Briefen und Vignetten. Berlin 1890—91. (20 M.) 14 —

3029 **Ravignat,** E., le Jura pittoresque. Recueil de 24 vues lithogr. représentant les sites, monuments et ruines historiques, ouvrage d'art, avec une carte du département du Jura. Frontispiece en couleur et titre ornamenté. Texte par Sauria. in-fol. Besançon (1850). Toile. 30 —

3030 **Reade,** T. M., suggestions for the formation of a new style of Architecture, specially adapted to civic purpose. 7 pp. of letterpress and six engraved lithogr. plates. Imp.-fol. London 1882. Boards. 10 —
Contents: Doorway or Entrance to a public building Pile of offices. Canopied windows. Colonnade. Shop. Portico. Ornamented title.

3032 **Richardson,** C. J., observations on the architecture of England during the reigns of Queen Elizabeth and King James I. With 60 plates. gr.-4. London 1837. Hmaroq., ob. Schnitt vergoldet. Die Tafeln papierfleckig. (36 sh.) 25 —
Die grosse Lithographie v. Day & Haghe: Facsimile of an old drawing on parchment by Robert Pyte an Engl. artist of the reign of Henry VIII, ein prächt. ornamentaler Bau mit eigenthüml. menschl Figuren, in Probedruck.

3033 **Richardson,** George, a book of ceilings composed in the style of the antique grotesque. Livre de plafonds composés d'après les grotesques antiques. Avec 48 planches gravées et en partie coloriés. gr.-fol. Londres 1776. Hldr. 90 —

3037 **Robinson,** P. F., designs for lodges and park entrances. With 12 lith. plates on India paper, printed by C. Hullmandel, and 36 plates of details engr. on copper. 4. London 1833. Hmaroq., ob. Schnitt vergoldet. (42 sh. ungebdn.) 25 —

3038 **Rosenberg,** A., Geschichte der modernen Kunst. Bd. I–III: Die französ. u. die deutsche Kunst. gr.-8. Lpz. 1884—89. Hlwd. (30 M.) 20 —

3039 **Roussel,** P. D., hist. et description du château d'Anet depuis le 10. siècle jusqu'à nos jours, préc. d'une notice s. la ville d'Anet et s. les seigneurs et propriétaires du château, et conten. une étude sur Diane de Poitiers. Avec beauc. de fig. s. bois et 53 planches en partie color. fol. Imprimé à Paris par Jouaust pour l'auteur, 1875. Belle reliure pleine veau gris, dos et tête d'or., fil. dent s. l. plats, dentelles intér. 54 —
Die schönen Tafeln, davon eine Anzahl in Farbendruck, bringen architekton Darstellg. des Schlosses u. seiner Theile, ferner Abbildgn. von Plafonds, Füllungen, Wandmalereien, Kunstschmiedearbeiten, Gobelins, Fayencen, Glasgemälden, Gefässen etc. Der Abschnitt über Diane de Poitiers füllt die Seiten 144—171 u. ist v. Porträts u. Tafeln begleitet.

3040 **Ruggieri,** Ferd., studio l'architettura civile; scelta di architetture antiche e moderne della città di Firenze; edizione seconda ampliata in 4 volumi da G. Bouchard. 4 Bde. fol. mit 279 Tafeln von Grundrissen, Portalen, Fenstern und Ornamenten. Firenze 1755. Prachtvoll in Halbmarocco geb. Schönes Exemplar. 830 —
Die erste Ausgabe dieses besten Werkes über Florentiner Baukunst vom J. 1722 bestand aus nur 3 Bänden mit 237 Tafeln. Der vierte Band enthält Piante ed Alzati, Interiori et Esterne della chiesa di St. Maria del Fiore, Metropolitana Fiorentino, da G. B. Nelli e Sgrilli.

3043 **Schmidt,** R., Schloss Gottorp, ein nordischer Fürstensitz. Beitrag z. Kunstgeschichte Schleswig-Holsteins. Mit 20 Lichtdrucktaf. fol. Lpz. 1887. Hlwd. (37 M.) 25 —

3044 **Sgrilli,** B. S., descrizione e studj dell' insigne fabbrica di S. Maria del Fiore, metropolitana Fiorentina. Mit Vignetten, 1 Portrait u. 17 grossen architekton. Tafeln. fol Firenze 1733. cart. 30 —

3046 de **Sinety,** voyage du duc de Montpensier à Tunis, en Égypte, en

Karl W. Hiersemann in Leipzig, Königsstrasse 2. Catalog 103.

Nachtrag.

M. Pf.

Turquie et en Grèce. (Vues pittoresques, architecture, costumes etc.)
32 belles planches lithogr. à 2 teintes (réhaussées de blanc.) roy.-fol.
Paris s. d. (vers 1860). Halbkalblederbd. 60 —

3047 **Smith, J.**, select views in Italy, with topographical and historical descriptions in English and French, 2 vols in one, small-fol., map and
72 copperplates. London 1792. Full morocco, gilt edges. 55 —

3048 — Cabinet-Maker's and Upholsterer's Guide, drawing-book and repository of new and orig. designs for household furniture and interior
decoration, includ. specimens of the Egyptian, Grecian, Gothic, Arabesque, French, English and other schools of the art. With 151 plates,
36 of which are coloured. 4. London 1826. Hlwd. 20 —

3050 **Swinburne, H.**, picturesque tour through Spain. With a map and
20 copperplates: Views of towns. gr.-fol. London 1823. Hfz. 20 —

3051 **Tallis's** History and description of the Crystal Palace, and the Exhibition of the World's Industry in 1851. Edited by J. G. Strutt.
2 vols. With 99 (instead of 103) beautiful plates engr. on steel and
a title-page in chromo with the armorial ensigns of all nations. 4.
London (1852). Hmaroq. m. G. (63 sh.) Mit leichten Gebrauchsspuren. 20 —

3053 **Ungewitter, G. G.**, plans and designs for Gothic furniture. With 48
plates. gr.-fol. London 1858. Hlwd. (31½ sh.) 15 —

3054 **Vande Velde, H.**, les vitraux incolores des anciens monuments de
Belgique. Av. 58 grav. s. bois. Anvers 1865. Hlwd. 2 50

3055 **Vauchemer, E.**, monographie de la Maison d'arrêt et de correction
pour hommes à Paris. Av. 9 planches s. pap. de Chine. gr.-4. Paris
1871. Hfz. Ganz lithographirt, nicht im Handel. 18 —

3056 **Venuti, R.**, accurata descriz. topografica e istorica di Roma moderna.
2 vols. Mit 53 Kupfertaf. v. Piranesi u. A. 4. Roma 1766. Pgt.
Ex. mit breitem Rande. 14 —

3057 **Vitet**, Monographie de l'église Notre-Dame de Noyon. Texte p. L. Vitet
in-4°, av. 23 planches de plans, coupes, élévations et détails, dessinées
p. D. Ramée, gr.-in-fol. Paris 1845. (60 fr.) Text cart., Atlas in
Blättern. 36 —

3059 **Wastler, J.**, das Landhaus in Graz. (Entstehg., Baugeschichte u.
künstler. Bedeutg.; mit Anhang: Politische Geschichte, v. J. v. Zahn.)
Mit 6 Lichtdrucktaf. u. 36 Holzschn. 4. Wien 1890. (12 M.) 7 50

3060 **Whittock, N.**, the Oxford drawing book, or the art of drawing and
the theory and practice of perspective contain. progressive information
on sketching, drawing, and colouring landscape scenery, animals, and
the human figure. With upwards of 100 lithogr drawings, partly coloured, from real (English) views, taken expressly for this work. qu.-4.
London 1828. Hldr. 15 —

3061 **Winckelmann, J. J.**, Monumenti antiche inediti. 2. ediz. 3 tomi. in
2 voll. Con 208 tavole. fol. Roma 1821. Hfz. — Mit dem Supplement: Raffei, St., 7 dissertazioni s. alcuni monumenti antichi esistenti
nella villa del card. Aless. Albani. Con 16 tavole. fol. Roma 1821.
Hfz. Schönes Ex. 45 —

3062 **Wright, Thomas**, the Archaeological Album; or Museum of National
Antiquities, with more than 200 woodcuts by Fairholt bearing on
mediaeval life and Fine Arts. Half calf. 20 —

3063 **Yapp, G. W.**, Art Industry: Furniture, upholstery, and house-decoration, illustrative of the arts of the carpenter, joiner, cabinet maker,
painter, decorator, and upholsterer. With about 1200 wood-engravings
and diagrams. gr.-4. London 187. . Lwd. (63 sh.) 45 —
Reich illustrirte kunstgewerbl. Publikation (ca. 1200 Illustr.), enthalt. ca. 300 Möbel,
ca. 350 Web- u. Stickmuster etc.

Druck von Emil Herrmann senior in Leipzig.

INHALTSVERZEICHNISS:

Zeitschriften 1
Geschichte der Baukunst und der Baustyle. Säulenordnungen. Biographien. Sammelwerke. Lexica 10

Baudenkmale alter und neuer Zeit:

Baudenkmale der Griechen und Römer 30
  ,,   der Aegypter . . . 36
  ,,   Kleinasiens u. Syriens 38
  ,,   der Perser 39
  ,,   Indiens 40
  ,,   Chinas und Japans . 42
  ,,   der Türkei u. Arabiens 43
  ,,   Deutschlands . . . 44
  ,,   Englands 50
  ,,   Frankreichs 53
  ,,   Hollands und Belgiens 57
  ,,   Italiens 59
  ,,   Oesterreichs 64
  ,,   Russlands 65
  ,,   der Schweiz 66
  ,,   Skandinaviens . . . 68
  ,,   Spaniens und Portugals 69
  ,,   Amerikas . . . 71

Kirchliche Architektur:

Sammelwerke 73
Monographien von Kirchen und Klöstern etc. 78
(siehe auch Glasmalerei.)

Profanbauten:

Allgemeines, einschliesslich Wohn- und Geschäftshäuser 90
Verwaltungsgebäude, Schulen, Universitäten, Theater, Museen und andere öffentliche Bauten . . . 92
Schlösser, Paläste, Burgen etc. . . 96
Festungsbauten 100
Triumphbögen, Festbauten . . . 101
Villen, Land- und Arbeiterhäuser . 104
Bauausführungen in Ziegelrohbau, in Holz und Metall 106

Innendekoration:

Allgemeines 108
Decorationsmalerei und Freskenmalerei 115
Glasmalerei 139
(siehe auch kirchliche Architektur.)
Möbel und Tapezierkunst . . . 142

Skulptur:

Allgemeines 150
Cartouchen 161
Kamine 164
Eisen- und Broncearbeiten . . . 165
Denkmäler, Statuen und Triumphsäulen 168
Grabdenkmäler 170
Monumentalbrunnen 175
Mosaiken und Fliesen 176
Gartenarchitektur 177
Perspektive u. Künstleranatomien 182
Ingenieurwissenschaft 184
Nachtrag 186

Abkürzungen.

Bücher ohne Format-Angabe sind 8 (octav). — 4 = quart. — fol. = folio — br. = broschirt, ungebunden. — Lwd., Hlwd. = Leinwand-, Halbleinwandband. — Frz., Hfrz. = Leder, Halblederband mit Titel. — M. G. = Mit Goldschnitt. — Vols., tom., Bde. = Bände.

Preise in Reichsmark. (1 M. = 1 shilling = 1 franc 25 cts.

KARL W. HIERSEMANN

LEIPZIG, Königsstr. 2
SPECIAL-BUCHHANDLUNG FÜR KUNST UND KUNSTGEWERBE.
ARCHITEKTUR.

GRÖSSTES LAGER VON ARCHITEKTURWERKEN.

Der vorliegende Catalog bietet ein Spiegelbild meines Lagers von Architekturwerken und dürfte in Folge der ungewöhnlichen Fülle der besten Erscheinungen aller Zeiten und Länder, die ich hier in systematischer Anordnung vorlege, darauf Anspruch machen können, in seiner Art einzig dazustehen.

BESUCHER STETS WILLKOMMEN.

Es macht mir stets besondere Freude, die bei mir vereinigten litterarischen Schätze vorlegen zu können und bitte ich meine Herren Abnehmer des In- und Auslandes, mich auch ferner mit ihren Besuchen beehren zu wollen, denen ich stets meine persönliche Aufmerksamkeit widmen werde.

ANSICHTSSENDUNGEN BEREITWILLIGST.

Auch mit Ansichtssendungen stehe ich, wie bisher, gerne zu Diensten und kann durch ein ausgedehntes Lager kostspieliger Werke, durch buchhändlerisches Wissen und langjährige Erfahrung auch weitgehenden Ansprüchen genügen; sind mir doch Fälle nicht neu, wo Fachleute bei mir Specialwerke in reicher Auswahl vorgefunden haben, die sie in allerersten Bibliotheken vergeblich gesucht haben. Man wolle sich direkt mit mir in Beziehung setzen.

EINRICHTUNG VON BIBLIOTHEKEN.

Bei Einrichtung von Bibliotheken wolle man einen Voranschlag von mir verlangen, da ich in der Lage bin, die günstigsten Preise bei grossen Aufträgen zu gewähren und meine Rechnung gerne dem Stand des Budgets anpasse.

ANKAUF WERTHVOLLER WERKE.

Da ich unablässig mein Lager vervollständige, sind mir Angebote von einzelnen, werthvollen Werken und ganzen Bibliotheken stets willkommen; ich zahle willig den vollen Marktwerth der Werke.

VERLAGSANERBIETEN ERWÜNSCHT.

Mit dem Ausbau meines Verlags beschäftigt, bitte ich um Vorschläge betreffs neu herauszugebender Werke, die ich für eigene Rechnung veröffentlichen könnte oder auch in Commissionsverlag nehmen würde.

Durch gütige Weitergabe an bücherkaufende Freunde des vorliegenden Catalogs, der mit einem grossen Aufwand von Arbeit und Kosten hergestellt ist, werden Sie mich zu persönlichem Dank verpflichten.

www.ingramcontent.com/pod-product-compliance
Lightning Source LLC
Chambersburg PA
CBHW032128160426
43197CB00008B/564